宋代書籍出版史研究

田建平 著

人民出版社

目 录

绪　论

一、研究状况

（一）20 世纪初至 1949 年，考据学向印刷史研究转型期

中国书籍史研究进入学者视野，产生了一批论著，其中自然也涉及到宋代书籍出版问题。代表性论著主要有《书林清话》、《中国雕板源流考》、《中国书史》等。①

此阶段体现了由传统考据学及明清版本、目录、校雠学治史方法向近代史学过渡的显著特征。宋代书籍出版作为研究主体之一逐渐被塑造出来。《百宋一廛书录》为"佞宋"之作，但已具有宋代书籍史研究的独特性。《五代两宋监本考》则对宋代监本书籍作了专项考证。《书林清话》初步构建出了宋代书籍出版的整体性。《中国印刷术的发明及其西传》、《中国书史》、《中国出版界简史》则标志着印刷史、书籍史及出版史三者的确立。

黄丕烈之《百宋一廛书录》，以藏书家、版本学家、校雠学家的身份记录了"宋椠本一百十二种"②。

《书林清话》是晚清著名藏书家、版本学家、目录学家叶德辉（1864～1927）的名作。该书是一部学术札记性质的考据学著作，凡十卷，总体上对中国书籍史作了考证与论述，对后来中国书史研究影响深远。该书卷三、卷

---

① 本书所列论著，仅限于正式出版与公开发表者，且严格限于出版史（主要是宋代书籍出版史）之界。此处所谓代表性论著，仅代表笔者个人观点。需要特别声明者，有价值有特色的论著绝不仅本书所举，恕本书不可能一一列举。详细论著目录可参阅张秀民著，韩琦增订：《中国印刷史》（插图珍藏增订版，浙江古籍出版社，2006 年版）附录五"中国印刷史论著目录"。[美]钱存训著，郑如斯编订：《中国纸和印刷文化史》（广西师范大学出版社，2004 年版）附录一"中国印刷史书目"。

② 〔清〕黄丕烈、王国维等撰：《宋版书考录》，民国二年乌程张钧衡刻《适园丛书》之识文，北京图书馆出版社，2003 年版。

六，以及卷二比较集中地对宋代书籍出版作了考论。特别是卷三中"宋司库州军郡府县书院刻书"、"宋州府县刻书"、"宋私宅家塾刻书"、"宋坊刻书之盛"，以及卷二之"宋建安余氏刻书"、"南宋临安陈氏刻书之一、二"对宋代书籍出版作了较为详细的目录学意义上的考证，从而为后来研究者提供了明清诸家藏书中宋版目录比较系统的研究材料，省去了爬梳整理之劳。此外，该书还涉及到宋代国子监刻书、牌记、版式、纸墨等方面。但是总体上显得零散，各自为条，互不搭界。有学者对叶氏《书林清话》提出了中肯的批评："叶德辉生于湖南，湘中藏书远逊江浙。虽然湘军将帅或有弆藏，然亦为同治军兴时得自江浙者。叶氏治版本，几于无米之炊，故其精力转致于辑录前人著作中论及版本者，著成《书林清话》一书，类似版本学教科书，其影响翻出东南簿录之上。"①

关于宋代书籍出版，叶氏认为："书籍自唐时镂版以来，至天水一朝，号为极盛。而其间分三类：曰官刻本，曰私宅本，曰坊行本。"②叶氏这句话对于《书林清话》全书中关于宋代书籍出版的学术札记式体例起到了整体建构作用。这句话与正文中内容合为一体，从而为宋代书籍出版史研究开辟了园地。

王国维之《五代两宋监本考》③，依据《宋史》、《玉海》、《麟台故事》等史料考证出北宋国子监出版书籍 118 种，南宋 69 种，合计 187 种。

孙毓修之《中国雕板源流考》一书，对雕板源流问题作了一定考证，提出了："世言书籍之有雕板，始自冯道。其实不然（监本始冯道耳），以今考之，实肇自隋时，行于唐世，扩于五代，精于宋人"④ 的著名论点。"雕刻印卖，始于唐季，至宋而极盛矣。"⑤ 不难看出，这两句话存有明显抵牾。该书对于了解宋代书籍出版有一定作用，但是关于宋代的内容并不集中，且总体水平不出《书林清话》之上。

---

① 刘宗翰：《从〈相台书塾刊正九经三传沿革例〉一文看张政烺先生的版本学成就》，《古籍整理出版情况简报》，1994 年第 5 期。

② 叶德辉撰：《书林清话·叙》，上海古籍出版社，2008 年版。

③ 〔清〕王国维撰：《王国维遗书》（十一），上海古籍书店印行，1983 年版。

④ 孙毓修撰：《中国雕板源流考》，第 1 页，上海古籍出版社，2008 年版。此书最早由上海商务印书馆于 1918 年出版，作者题为留菴编纂。

⑤ 孙毓修撰：《中国雕板源流考》，第 19 页，上海古籍出版社，2008 年版。

陈登原之《古今典籍聚散考》①，凡六卷四十九章，书中论述了两宋时代之禁书运动、书籍聚散、火灾之厄及藏书三个问题。该书属于藏书史著作，论述中并未区分写本书与印本书，但所论问题足以引起学者的关注与兴趣。

陈彬龢、查猛济之《中国书史》② 是近代来第一部以"书史"命名的通史性著作。书凡二十题，中有五题专论宋代书籍，分别论述了"宋代刻书的题识"、"宋代刻书的发达"、"宋代刻书的特征"、"宋代刻书本的缺点"、"宋代藏书家的历史"。主要考论了"宋代刻书的发达"，但基本同于《书林清话》同一内容。关于题识、特征、缺点、藏书家的论述十分简略。

杨寿清之《中国出版界简史》③ 是第一部出版史著作。然全书不足 4 万字，对宋代书籍出版之论述微乎其微。

美国学者卡特之《中国印刷术的发明及其西传》作为"汉译世界名著"由中国台湾商务印书馆于 1968 年出版，其核心观点从书名上即鲜明地表达了出来。该书第十章题为"中国雕板印刷术的鼎盛时代——宋太祖建隆元年至元武宗至大元年（西元九六〇年至一三〇八年）"，主要论述了整个宋朝及元初的书籍出版业。书中认为宋朝"在文教上是和盛唐分庭抗礼的"，"举凡历史、自然科学以及政治等方面的巨著，都产生于此时"。"这样的成果只有古希腊曾昙花一现外，实在是中西空前未有。"④

书中指出，宋朝"印刷术方面的发展亦然，唐末犹是世人鲜知的佛教徒的技术，五代时期却急迅的发展。冯道所雕印的诸经完成于宋太祖即位之前七年，所以前人的努力成果，都被宋朝收获。儒家之得以解脱佛教的窒息而复兴，实在是冯道刊印九经之赐。正如欧洲的文艺复兴是得力于印刷术的应用"。⑤"宋版书之精美，世间无以伦比者。""印刷术方面，宋代更有重大的

---

① 陈登原著：《古今典籍聚散考》，商务印书馆，1936 年版。
② 陈彬龢、查猛济撰：《中国书史》，上海古籍出版社，2008 年版。此书最早由上海商务印书馆于 1935 年出版，为该社"国学小丛书"之一。
③ 杨寿清撰：《中国出版界简史》，上海永祥印书馆，1946 年版。
④ ［美］卡特著，胡志伟译：《中国印刷术的发明及其西传》，第 66 页，台北：商务印书馆，1980 年版。此书最早由美国哥伦比亚大学出版社于 1925 年出版。1928 年上海商务印书馆出版了刘麟生节译本，题为《中国印刷源流史》，为该社"汉译世界名著"丛书之一。1957 年商务印书馆出版了吴泽炎译《中国印刷术的发明和它的西传》。
⑤ ［美］卡特著，胡志伟译：《中国印刷术的发明及其西传》，第 66～67 页，台北：商务印书馆，1980 年版。

改进，如活字排版印刷即始于此时。"① "有宋一代学术思想之突飞猛进，诚印刷术之助长使然。"②

卡特在该书末尾总结认为："世间所有的伟大发明中，以印刷术最具有国际性。中国发明了造纸，并且最先实验雕版及活版印刷术。"③

但是，该章一万余字的篇幅显然不可能对宋代书籍出版业作出全面、系统的论述。尽管如此，由于该书作者阅读了当时最新发现的文献以及大量的海外资料，得到了列宁格勒大学、大英博物馆东方艺术部、剑桥大学、法国国家学院、巴黎现代语学院、柏林大学等机构及其专家学者的学术帮助，因而具有世界性学术视野，提纲挈领，尤其是在中西文化交通（传播）的视角中，对宋代书籍出版的论述至今不失其经典意义，具有原则与规范意义。但是该书并没有从宋代历史的本位出发对宋代书籍出版史作出系统、全面、详实的主体性研究。

该阶段之宋代书籍出版史研究，主要以考据法见长，研究成就也主要体现在考证上。

（二）1949～1978 年，现代书籍史研究主体确立时期

现代书籍史研究主体得以确立，主要体现在高等教育、书籍史知识普及、史料整理与出版、印刷史研究本土化创举四个方面。

1950～1951 年，王利器先生于北京大学开设《中国书史》课程。1953～1959 年，出版界前辈张静庐先生辑注之《中国近代出版史料》及《中国现代出版史料》④ 相继出版，凡 250 万字，令人肃然起敬。图书馆学家刘国钧先生

---

① ［美］卡特著，胡志伟译：《中国印刷术的发明及其西传》，第 67 页，台北：商务印书馆，1980 年版。

② ［美］卡特著，胡志伟译：《中国印刷术的发明及其西传》，第 79 页，台北：商务印书馆，1980 年版。

③ ［美］卡特著，胡志伟译：《中国印刷术的发明及其西传》，第 209 页，台北：商务印书馆，1980 年版。

④ 张静庐辑注：《中国近代出版史料》甲编，群联出版社，1953 年版。《中国近代出版史料》二编，群联出版社，1954 年版。《中国现代出版史料》甲编，中华书局，1954 年版。《中国现代出版史料》乙编，中华书局，1955 年版。《中国现代出版史料》丙编，中华书局，1956 年版。《中国现代出版史料》丁编（上下卷），中华书局，1959 年版。《中国现代出版史料》补编，中华书局，1957 年版。

撰写并出版了《可爱的中国书》①、《中国书的故事》② 等读物。

1958 年，张秀民先生有感于卡特《中国印刷术的发明及其西传》一书，出版了《中国印刷术的发明及其影响》③，以第一手史料为基础，进一步论证了该研究主题，使得该主题之研究完全具有了中国现代学术研究的主体意义及色彩。书中只对宋代活字印刷作了一定研究。

然而，此时期关于宋代书籍出版史之研究却少得可怜，并无新的进步。

（三）1978 年至今，书籍史研究主体勃发与研究多元化时期

新时期，中国书籍史研究呈现出了欣欣向荣的局面，产生了一批新的论著。研究理念、风格呈多样性态势。国内研究明显受到国际学术界的影响。除了专治出版史者外，其他学科（如哲学、史学、文献学、文学、传播学、社会学、科学史等）也都从各自学科视角涉足书籍史领域，呈现出各学科相互交融的特征。宋代书籍出版史研究必亦受此时代学术风气之影响。一方面，中国书籍史研究主体更加确立，内涵更为丰实；另一方面，中国书籍史研究主体犹如千手千眼之观音，化身亿万，充分显示出其媒介属性中公共性的一面。

中外史学著作及其他相关学科著作中涉及宋代印刷术（书籍出版）者比比皆是，但多呈碎片化状态，并非专门论述，亦非主体论述，然亦不失其参考价值。

历史学家漆侠之《宋代经济史》，从宋代社会发展、经济与科技发展及文化发展的高度充分肯定了宋代印刷术广泛应用及书籍出版的伟大作用。他认为"我国雕板印刷在两宋 300 年间有了很大的发展和进步，首先表现在庆历年间毕昇发明的活字印刷术"，"在广泛使用木板雕刻的同时，出现了铜版雕刻，并将其使用在纸币的印刷上"，"以木板为主的雕版印刷在宋代之所以取得很大的发展，是因为它适应了社会的广泛需要。……雕版印刷不但同社会经济生活、政治生活有着如此密切联系，而且与文化生活有着更加密切的联系，起着更加重大的影响和作用。""雕版印刷业便空前地兴盛起来。宋代刻

---

① 刘国钧著：《可爱的中国书》，建业书局，1953 年版。
② 刘国钧著：《中国书的故事》，中国青年出版社，1955 年版。
③ 张秀民著：《中国印刷术的发明及其影响》，人民出版社，1958 年版。

书之多之快之好，后世为之赞叹不已。""就总的方面看，宋代刊书有了很大的发展。"

"宋代的雕版印刷业确实发展到一个新的高度……既保存宋以前的传统文化，又推动了宋代创造的新文化，宋代雕版印刷业起了不可估量的作用。"

"宋代雕版印刷术之所以取得这样一个重大的成就，造纸业的发达和进步固然是一个重要的因素，但刻字工匠的知识水平以及他们的辛勤劳动，私家书铺和官府主管印书机构对雕版印刷的积极努力，则是取得这一重大成就的根本保证。"

宋代坊刻，"这些书铺对我国古代文化的传播起了不可磨灭的重要的作用"。

该书凡三十三章，第二十章"宋代造纸业和刊刻印刷业的发展。墨、笔、砚的生产"，从经济史的角度集中论述了宋代书籍出版业的材料生产。宋代"纸、雕版印刷业，以及墨、笔、砚的生产，对我国古代文化的继承和发展起了极其重大的作用，对古代艺术诸如书法和绘画等也起了极其重大的作用。不仅如此，纸和雕版印刷对世界文化的继承和发展也同样起了巨大的作用。……由于纸和雕版印刷的传入，欧洲文化的发展才有了起色。因而纸和雕版印刷是我国对世界人类的重大贡献。"①

漆侠在其《宋学的发展和演变》一书中刻意指出了书籍出版对新学发展及王安石变法的推动作用。嘉祐六、七年间（1061～1062）王安石《淮南杂说》与《洪范传》"雕版印行"②；"王安石的《老子注》当是在嘉祐三年到六年（1058～1061）之间完成雕印的。"③"《老子注》成书之后即雕版印行，受到人们的赞誉，被认为是真正懂得'道德性命'的著作。""正是由于《老子注》的印行，宋神宗于熙宁四年（1071）八月召见了王雱……从此王雱积极投入了变法革新运动。"④ 王安石《老子解》"大约在嘉祐年间刊行"，"之后，王雱、吕惠卿、陆佃、司马光等的《老子解》陆续成书，《老子》研究成为一个热点"⑤。

① 漆侠著：《宋代经济史》，《漆侠全集》（第四卷），第690～703页，河北大学出版社，2009年版。
② 漆侠著：《宋学的发展和演变》，第319页，河北人民出版社，2002年版。
③ 漆侠著：《宋学的发展和演变》，第320页，河北人民出版社，2002年版。
④ 漆侠著：《宋学的发展和演变》，第343页，河北人民出版社，2002年版。
⑤ 漆侠著：《宋学的发展和演变》，第449页，河北人民出版社，2002年版。

漆侠对宋代印刷术的广泛应用及书籍出版文明的研究体现出了三个鲜明的特点：（1）书籍出版与历史背景的相互关系；（2）书籍出版与文化的内在关系；（3）书籍出版之印刷术对世界文明的伟大意义。特别是漆先生以其博大而深远的历史卓识，高瞻远瞩，从文化传播的视角指明了宋代印刷术应用与书籍出版的精神内蕴对文化传承与创新的深远意义。

1. 印刷史、书籍史、编辑史、出版史、图书馆史通史著作中关于宋代书籍出版史的研究

刘国钧之《中国书史简编》①，凡八章，第四章"从公元九世纪到十三世纪末叶的中国书"体现了对唐末五代两宋书籍出版的特别关注。第四节"两宋时代的图书和出版业"对宋代书籍出版作了简要论述。

张秀民先生之《中国印刷史》，专设"宋代（960～1279）雕版印刷的黄金时代"一题，对宋代出版之刻书地点、刻本内容、宋版特色、字体、避讳、标点、刊语与牌子、书禁与版权、官私藏书、装背、印刷物料及其他印刷方面作了细致的论述。特别是其中"刻书地点"及"刻本内容"二项，对于宋代书籍出版之地域分布及出版书籍考证甚详，尤其具有资料价值。

国际印刷史研究专家钱存训先生在为《中国印刷史》所撰《序》文中评价道："这本书内容广泛，体大思精，洋洋五十万言，包罗了自从印刷术发明以来一千多年间全部刻书和印书的历史……这是迄今所见到的一部最完备而有系统的综合之作。""广集大成"，"无疑是一部划时代的作品"。

他进而从中西历史比较的视角对学术界普遍关注的印刷术对中国及西方历史发展的作用问题提出了明确的批评性见解，认为印刷术对其时中国与西方的历史作用相差很大。

"有些学者概括印刷术对欧洲社会和思想上所引起的激烈变动，因而推测对中国社会也有相同的作用。实际上，东西文化和背景不同，因此印刷术所产生的作用也有一定的差异。在降低成本、增加生产和知识普及方面，可能作用相似，但有程度上的差别。至于对社会、思想上的变革和印刷术本身的发展方面，东西方所产生的影响和作用，可能背道而驰。

一般说来，从 16 世纪初开始，西方的印刷技术逐渐改良，书籍产量急剧

---

① 刘国钧著：《中国书史简编》，书目文献出版社，1982 年版。

增加，因此形成了一种庞大的出版工业，在思想和社会上发生了强烈而根本的变革。印刷术鼓励了各地方言和文学的兴起，成为促进许多新兴国家成立的一个主要动力。至于中国和受中国文化影响的东亚其他国家，印刷术的使用在社会和思想上都没有引起太大的变化，反而促进了文字的统一性和普遍性，成为维护传统文化的一种重要的工具。"①

姚福申先生之《中国编辑史》是迄今为止较有代表性的一部编辑通史专著。凡十九章，第八章"飞跃发展的五代两宋编辑出版事业"，对宋代书籍出版主要从"编辑"角度作了论述。主要论述了《太平御览》、《册府元龟》、《资治通鉴》的编纂，以及陈起的编辑事业。采用现代研究话语，认为陈起编辑业务有三个特色：（1）重视时人作品的出版。（2）与作家们保持着友好的关系。（3）选稿标准：宁少勿滥。②

曹之先生之《中国古籍编撰史》③是该研究领域中的力作。该书上、下编，凡十一章。第四章"宋代图书编撰"，主要对《资治通鉴》的编撰、郑樵的编辑思想、陈起的编辑事业作了论述。书中以表格形式列举了宋代著名图书编辑家34人，欧阳修、王安石、司马光、沈括、胡安国、郑樵、吕祖谦、朱熹、陆游、王应麟等尽预其中，颇有新意。曹之先生另一姊妹篇式的力作《中国古籍版本学》④，凡三编十六章，第五章"宋代刻书"，主要对国子监、公使库及朱熹、陈起等人之书籍出版作了简论。

韩仲民先生之《中国书籍编纂史稿》⑤，分为"简册篇"、"写本篇"、"刊本篇"三种体式。"刊本篇"中主要对宋代《宋刑统》、《大藏经》、四大类书、《新唐书》、《资治通鉴》等书的编纂作了精要论述。

魏隐儒先生之《中国古籍印刷史》⑥，凡三编二十章。第二编之第十章"宋代刻书事业的兴盛"，对宋代官刻、家刻、坊刻、释藏与道藏、四大类书与《资治通鉴》、刻书地区分布及刻书特点作了版本考据学意义上的论述。该书反映了作者长期从事古籍整理、版本鉴定工作之经验。

---

① ［美］钱存训：《钱存训博士序》。张秀民著，韩琦增订：《中国印刷史》（插图珍藏增订版），浙江古籍出版社，2006年版。

② 姚福申著：《中国编辑史》，第168页，复旦大学出版社，1990年版。

③ 曹之著：《中国古籍编撰史》，武汉大学出版社，1999年版。

④ 曹之著：《中国古籍版本学》，武汉大学出版社，1992年版。

⑤ 韩仲民著：《中国书籍编纂史稿》，中国书籍出版社，1988年版。

⑥ 魏隐儒编著：《中国古籍印刷史》，印刷工业出版社，1988年版。

来新夏先生等所著《中国古代图书事业史》①，凡五章，主要从图书馆学的视角论述了中国图书事业史。第四章"图书事业的兴盛阶段——宋元时期（960～1368年）"，分别对北宋、南宋的图书事业（搜集与典藏、整理、书目编制、图书形态与流通等）作了论述，其中涉及到书籍出版的内容只占整个图书事业中的一小部分。

肖东发先生之《中国编辑出版史》② 是第一部将书籍编辑与出版合为一体的著作，是我国高校编辑出版专业第一套系列教材（凡18种）之一，反映了新时期中国大陆出版学研究及高等院校编辑出版教育学科创立时期的成就。凡九章，第六章"编辑出版的壮大时期（宋、辽、金、元）"论述了宋代统治者的文化政策、图书编纂机构与编纂活动、图书出版事业、图书形制及印刷技术、图书发行。

宿白先生之《唐宋时期的雕版印刷》③，共收录论文5篇，其中宋代有《北宋汴梁雕版印刷考略》、《北宋的版画》、《南宋的雕版印刷》及《南宋刻本书的激增和刊书地点的扩展》4篇。特别是《南宋的雕版印刷》一文，从手工业考古的视角，缜密地论述了南宋主要刻书地区刻工作业及刻风传播，颇具功力，颇显特色。

郑士德先生之《中国图书发行史》④，凡十二章，第六章"宋代书业"对两宋之书业经营、图书市场从发行角度作了集中论述。

钱存训先生之《中国纸和印刷文化史》原为李约瑟博士《中国科学技术史》之《纸和印刷》分册的中译本，凡十章，第五章"中国印刷的起源与发展"中"宋代及辽、西夏、金、元的印刷"一节，对宋代书籍出版作了概论，主要价值在于提供了国际学术视野中关于宋代书籍出版的认识视角。

"印刷术经过最初阶段由简到繁的变化，至宋代（960～1279年）成长为完美而精湛的艺术。技术的改进，新方法的采用，以及印刷范围的扩大，在这一时期飞跃进展。印刷术不但向东、西与南方各地流传，而且，第一次传到了北方地区内的一些少数民族，并且由此越过中国疆界向更西传播。宋代

① 来新夏等著：《中国古代图书事业史》，上海人民出版社，1990年版。
② 肖东发主编：《中国编辑出版史》，辽宁教育出版社，1996年版。国家教委"八五"规划教材，新闻出版署专业系列教材重点项目。
③ 宿白著：《唐宋时期的雕版印刷》，文物出版社，1999年版。
④ 郑士德著：《中国图书发行史》，高等教育出版社，2000年版。

卓越的雕版印刷技术，成为后世印工的楷模，宋代发明的活版印刷也成为世界历史上最重要的发明之一。"

"许多政府衙署、学校、寺院、私人、家塾以及书肆都从事刻印书籍。印刷的内容涉及人类知识的每一个领域，由儒释道经藏扩大至历史、地理、哲学、诗文、小说、戏剧、占卜谶纬以及科学与技术，特别是医学。"①

李致忠先生撰写之《中国出版通史·宋辽西夏金元》② 分卷，宋代部分凡九章，依次论述了宋代出版事业勃兴的社会背景、官方编修与繁荣的私人撰述、出版机构与出版概况、重要出版家及其出版事迹、出版图书的主要内容及出版思想、出版图籍的装帧艺术、宋代出版物的发行流通概况、朝廷对图籍出版流通与版权的管理、雕版印刷术的高度成熟与活字印刷术的发明。无论体例设计还是论述，均代表了宋代出版史研究的新水平。

2. 宋代书籍出版史研究专著

黄丕烈、王国维等撰《宋版书考录》除收录了《百宋一廛书录》及《五代两宋监本考》外，还收录了《寒云手写所藏宋本提要廿九种》、《经籍跋文》、《古泉山馆题跋》、《宋椠本考》、《笺经室所见宋元书题跋》，包含有宋版书籍资料。③

李致忠先生之《宋版书叙录》④，主要对 60 种宋版书的版本源流作了考叙。

周宝荣之《宋代出版史研究》，是一部专门研究宋代出版史的专著。凡七章：社会舞台与文化背景、繁荣的图书出版、报纸新闻的兴盛与发展、党争对宋代出版的影响、汉籍汉官与契丹汉化、宋朝对出版的管理、宋代的活字印刷。该书的主要价值在于对宋代出版业的历史背景作了较为深入的研究，展示了宋代出版史研究的一种整体意识。

林平之《宋代禁书研究》⑤，对宋代禁书作了较为全面、细致的研究。但是该书并未在体例及正文中明确指出写本书、印本书之禁的区别，而是统而

---

① ［美］钱存训著，郑如斯编订：《中国纸和印刷文化史》，第 143 页，广西师范大学出版社，2004 年版。
② 李致忠著：《中国出版通史·宋辽西夏金元》，中国书籍出版社，2008 年版。
③ ［清］黄丕烈、王国维等撰：《宋版书考录》，北京图书馆出版社，2003 年版。
④ 李致忠著：《宋版书叙录》，书目文献出版社，1994 年版。
⑤ 林平著：《宋代禁书研究》，四川大学出版社，2010 年版。

论之。该书仅在第三章第四小题"禁书与印刷技术的关系"中作了一般性的论述。

祝尚书先生之《宋人别集叙录》①、《宋人总集叙录》② 对于研究现存宋人别集（诗集、诗词集、文集、诗文集、诗文词集及奏议集等）、总集在宋代的编辑出版具有重要参考价值。这二部版本学著作，从作者、撰写成书、编辑及刻印方面为宋代出版史研究作出了精审的考证。

李国玲之《宋僧著作考》③，收录宋僧著作 1183 种，现存 818 种，佚亡 365 种。此书对于研究宋僧著作出版及宋代佛经书籍翻译出版具有重要价值。遗憾者有二，一是原书序、跋文字没有全录；二是所录少数原书序、跋文字为节录。

王肇文之《古籍宋元刊工姓名索引》④，以 369 种宋元善本及明清著名藏书题识、目录为据，共考得宋元刊工 4500 人。书中以刊工之姓（或首字）为序编排，刊工姓名下列所刻之书名。又，书中"采用书版本简介"，介绍了 370 种宋元版本，重在列出刊工资料。例如《南齐书》五十九卷（宋眉山刻本），即列有 192 名刊工署名，使人募然如睹眉山地区书籍出版业工人队伍之盛。此书对于研究宋代书籍出版之技术与艺术具有独特价值。

3. 宋代书籍作品（雕版印刷者）研究

对于宋代出版书籍之单个作品意义上的研究，几乎涉及到了各个学科。兹仅从书籍出版史意义上立论，比之其他各学科意义上之研究，成果较少。

姜锡东先生之《〈近思录〉研究》⑤ 堪为范例。《近思录》初版于南宋光宗绍熙元年至二年（1190～1191 年），此后八百多年，深刻影响了东亚地区乃至欧美世界。该书在充分批评、吸收并借鉴以往研究成果的基础上，别开生面，对《近思录》的编纂、文本结构、主题、内容、思想、意义及价值作了深刻研究、诠释与解读。凡十七章，主要研究了《近思录》之道体、为学大要、格物穷理、北宋四子"心学"、北宋四子之"修身"论、"齐家之道"、"出处、进退、辞受之义"、北宋四子之"治国平天下之道"、制度、君子处

---

① 祝尚书著：《宋人别集叙录》，中华书局，1999 年版。
② 祝尚书著：《宋人总集叙录》，中华书局，2004 年版。
③ 李国玲编著：《宋僧著作考》，四川大学出版社，2007 年版。
④ 王肇文编：《古籍宋元刊工姓名索引》，上海古籍出版社，1990 年版。
⑤ 姜锡东著：《〈近思录〉研究》，人民出版社，2010 年版。

事之方、北宋理学四子之"教学之道"、"异端之学"、"圣贤气象"、《近思录》与宋代理学的体系问题、《近思录》对东亚等国家的影响诸问题。

姜锡东先生曾长期专攻宋代商业史，出版专著《宋代商人和商业资本》①，对宋代社会之经济基础认识深刻。此一学术修养、积累与构造直接决定并使得他对《近思录》之研究具有了与众不同的实质性判断。

全书依卷立体，提纲挈领，阐幽发微，分析透彻，立论精辟，造语奇崛，体现了太史公"究天人之际，通古今之变，成一家之言"的学术境界，具有鲜明的时代气息。如《近思录》卷九之研究中指出："任何一个思想家研古论史，都不是为古人谋福利，而是为今人和后人谋福祉。北宋四子也是如此。他们大力主张复行古圣之法，完全是为了改革现实社会的弊端劣政。""从汉代的王莽改制，到北宋的王安石变法，再到近代的康梁变法，都有'托古改制'的特点。而北宋四子的制度建设的思想主张，也有突出的'托古改制'特点。'托古'有假托、真托之分，但都是为了'改制'，都是为了改革当今弊坏之制。"② 史家之道德良心、社会责任直指社会现实。

其他如《宋代类书之研究》③、《王安石〈字说〉之研究》④。前者之价值主要在宋代类书的编纂上，而后者实为文字学领域中的研究作品。

4. 宋代书籍出版史研究论文

论文发表数量较多，但高质量论文仅占一小部分，研究呈碎片化状态。具有较高水平的如：

日本学者长沢规矩也《宋元刊本刻工名表初稿》⑤ 一文较早关注并对宋代书籍刻工作了初步研究。

宿白《南宋的雕版印刷》⑥ 一文认为"雕版印刷业在南宋是一个全面发展的时期"。"雕版数量多，技艺高，印本流传范围广，不仅是空前的，甚至

---

① 姜锡东著：《宋代商人和商业资本》，中华书局，2002 年版。
② 姜锡东著：《〈近思录〉研究》，第 242 页，人民出版社，2010 年版。
③ 张围东著：《宋代类书之研究》，台北：花木兰文化出版社，2005 年版。
④ 黄复山著：《王安石〈字说〉之研究》，台北：花木兰文化出版社，2008 年版。
⑤ ［日］长沢规矩也著：《宋元刊本刻工名表初稿》，邓衍林译，《图书馆学季刊》，1934 年 9 月，第 8 卷第 3 期。
⑥ 宿白：《南宋的雕版印刷》，初刊于《文物》1962 年第 1 期，收入《唐宋时期的雕版印刷》一书时略有修订。

有些方面明清两代也很难与之相比。"该文主要从刻工、刻风角度进行考察，对两浙地区、福建地区、四川地区、江淮湖广（江南东路、江南西路、淮南路、荆湖路、广州附近）书籍出版业之刻风及其传播作了精辟分析。文中所列八幅"刊工互见表"尤其独到。

张秀民《南宋（1127～1279年）刻书地域考》① 一文，认为"宋代是我国雕版印刷术的黄金时代"。南宋十五路地方，几乎没有一路不刻书。南宋刻书地点可考者共一百七十三处。不但有各路的首府，也有偏僻的小县。所列"南宋刻书地域表"详细反映了这种状况。

张秀民《宋元的印工和装褙工》② 认为，宋代印刷业发达，刻工、印工已有明确分工。刻工姓名可考者约有三千人，而印工不过二十人。该文对印工、装褙工作了一定考证，对于研究宋代书籍出版中的工人问题具有引导意义。

曹之《朱熹与宋代刻书》③ 一文认为，大量材料表明，朱熹不仅是一位著名学者，而且是一位杰出的出版家和版本学家。对朱熹刻书重视校勘、版本比较，以及倡导公正严明的出版风气，反对作伪、盗印之风等问题作了较为细致的论述。

马刘凤、张加红《朱熹与刻书》④ 一文认为，朱熹"刻印了大量书籍，是位杰出的出版家"。论述了朱熹的刻书目的、刻书特点，并考证出朱熹所刻书籍40余种。朱熹刻书目的有三：传播道统，补于世教；讲学授业，教育后生；增加收入，维持生计。刻书特点：多为儒家经典著作，史书和文集较少；校勘精细，不轻率出书；重视序跋；刻书经费均是自掏腰包，反对用官钱刻书以牟利；版权意识较强，反对盗版。

肖东发《建阳余氏刻书考略》⑤ 一文，通过文献考证及实地调查，对建阳余氏刻书由宋及清的历史、刻书的规模和数量、刻本的特点和影响作了系统、全面的研究论述。作者据《余氏宗谱》认为，余氏刻书始于北宋，对余

---

① 张秀民：《南宋（1127～1279年）刻书地域考》，《图书馆》，1963年第3期。
② 张秀民：《宋元的印工和装褙工》，《张秀民印刷史论文集》，第113～117页，印刷工业出版社，1988年版。
③ 曹之：《朱熹与宋代刻书》，《武汉大学学报》（哲学社会科学版），1989年第2期。
④ 马刘凤、张加红：《朱熹与刻书》，《山东图书馆季刊》，2005年第4期。
⑤ 肖东发：《建阳余氏刻书考略》，《文献》，1984年第3期、第4期，1985年第1期。

氏南宋时期的刻书事业作了论述，并纠正了沿袭已久的将"勤有堂"视为宋代余仁仲刻书堂号的错误。

徐枫《论宋代版权意识的形成和特征》① 一文认为，宋代虽无"版权"这一名词，但已有了保护版权的实例。同时，宋人对著作权的特征也有了一定的认识。版权的出现无疑维持了宋代出版业的正常秩序，调动了作者的创作积极性，繁荣了出版事业。

祝尚书《论宋代的图书盗版与版权保护》② 一文，主要对宋代书商的盗版方式、盗版危害以及宋代版权保护措施作了论述。作者根据《丛桂毛诗集解》、《方舆胜览》二书所附法律公文及《东都事略》"已申上司，不许覆板"之木记指出："从两件公文及《东都事略》木记可以看出，不仅我国的版权理论产生很早，而且形成了相应的版权法规。……虽然上述文书及木记与现代的版权保护法还有相当距离，然而早在八百多年前，我们的祖先就尝试立法以保护版权，这本身就是一个了不起的创举，是中华民族对人类文明的巨大贡献。""但在长期的封建制度下，并没有得到应有的重视，更没有得到完善和发展。"

顾宏义《宋代国子监刻书考论》③ 一文认为，国子监所刻书"质量颇高"。既是国家主要刻书机构，并兼有管理各地区图书刻印的职责。国子监刻书影响"相当深远"，政治上成为封建王朝钳制思想、强化统治的有利手段，为后世所沿用；经济上成为宋代"理财"的有效手段；文化上促进了当时社会之重文风气，影响各地州县学纷纷大量刻书，蔚为大观，成为宋代文化史上一大特色。对宋代国子监刻书的沿革、刻书内容、销售及管理诸问题作了条理清晰的论述。

李致忠《宋代图书编纂出版纪事—禁约编》④，收集了从太祖时至嘉泰六年（1213 年）宋朝政府的禁约，编年排列，有的禁约下附"按语"，为研究宋代书籍出版政策提供了资料之便。《宋代图书编纂出版纪事—图经（北

---

① 徐枫：《论宋代版权意识的形成和特征》，《南京大学学报》（哲学 人文科学 社会科学版），1999 年第 3 期。

② 祝尚书：《论宋代的图书盗版与版权保护》，《文献》，2000 年第 1 期。

③ 顾宏义：《宋代国子监刻书考论》，《古籍整理研究学刊》，2003 年第 4 期。

④ 李致忠：《宋代图书编纂出版纪事—禁约编》，《文献》，2003 年第 3 期、第 4 期。《宋代图书编纂出版纪事——图经（北宋）》，2004 年第 1 期、第 3 期。《宋代图书编纂出版纪事——图经地理（南宋）》，2004 年第 4 期，2005 年第 1 期。

宋)》、《宋代图书编纂出版纪事—图经地理（南宋）》，编年排列，收集了太祖开宝八年（975年）至元大德二年（1298年）以前宋代图经地理编纂出版主要史料，殿以按语，为研究提供了重要资料。

袁逸《唐宋元书籍价格考——中国历代书价考之一》① 一文，揚抉史料，钩隐索微，对宋代图书售价作了考证与推断，认为北宋平均书价每册320文，南宋为393文。

其他有价值的论文，恕不一一列举。这些论文就宋代图书出版的有关方面及具体问题做了较为扎实的考证与论述。

综观晚清至今百余年之书籍出版史研究，大致有如下特点：（1）考据学形态向近现代学术形态演进。（2）考据学、版本学、目录学方法始终占据主导地位。（3）书籍史研究主体得以确立。（4）书籍史研究呈现多元化。（5）印刷史研究成就最为突出。（6）宋代书籍出版史研究散布于印刷史、编辑史、出版史、图书史、档案史、藏书史、文学史乃至新闻传播史等相邻学科的通史性著作中，占有一席之地。（7）1978年以来新理论、新方法的运用，使得书籍史研究一方面成为了公共资源，进入诸多学科之研究视域，同时也导致了书籍史研究的边缘化、碎片化——主体性的分割、剥离乃至萎缩，影响到了主体性的深入塑造。（8）从宋代原始史料出发开展研究缺失。（9）研究视野一般比较狭窄。

5. 资料书籍

《中国印刷史料选辑》凡四册，即《雕版印刷源流》②、《活字印刷源流》③、《历代刻书概况》④、《装订源流和补遗》⑤，收集了近世以来有关代表性研究论文。

《中国版刻图录》⑥、《宋元版刻图释》⑦、《日藏汉籍善本书录》⑧、《第一

①　袁逸：《唐宋元书籍价格考——中国历代书价考之一》，《编辑之友》，1993年第2期。
②　上海新四军历史研究会印刷印钞分会编：《雕版印刷源流》，印刷工业出版社，1990年版。
③　上海新四军历史研究会印刷印钞分会编：《活字印刷源流》，印刷工业出版社，1990年版。
④　上海新四军历史研究会印刷印钞分会编：《历代刻书概况》，印刷工业出版社，1991年版。
⑤　上海新四军历史研究会印刷印钞分会编：《装订源流和补遗》，中国书籍出版社，1993年版。
⑥　北京图书馆：《中国版刻图录》，文物出版社，1960年版。
⑦　陈坚、马文大撰辑：《宋元版刻图释》，学苑出版社，2008年版。
⑧　严绍璗编著：《日藏汉籍善本书录》，中华书局，2007年版。

批国家珍贵古籍名录图录》①、《中华再造善本》②、《宋元书刻牌记图录》③ 等书中的宋代部分，提供了珍贵的宋版书籍书影及叙录、说明文字。

明清藏书目录书籍中也有不少关于宋版书的版本资料。如中华书局推出《宋元明清书目题跋丛刊》④，《清人书目题跋丛刊》十辑，⑤ 凡 19 册，从宋至清。《书目题跋丛书》，"以收集晚清以来重要、实用而又稀见的，尤其是不曾刊行的书目题跋为主，同时适当兼收晚清以前重要题跋专书的整理本或名家增订本、批注本；以提要式书目和题跋专著为主，同时适当兼收重要学者和著名藏书家所撰题跋的辑录本；以图书题跋为主，同时适当兼收书画题跋及经石、碑传题跋。"⑥ 如《藏园订补郘亭知见传本书目》⑦。《藏园群书经眼录》⑧，凡 5 册。北京图书馆出版社所出珍稀古籍影印丛刊之三《涉园所见宋版书影　文禄堂书影　宋元书式》⑨。《宋元版书目题跋辑刊》⑩，凡 4 册。

《书林清话》，其"资料性"已为学界所公认，但研究者使用时对其刻书资料多予以照搬，缺乏分析。本书采用量化方法，予以列表分析。叶著中"刻书"之考证，主要根据明清著名藏书家、校雠家、目录学家之所经见及记录为据，显然，这既是一种文献研究，又是一种文献考古的研究方法。

宋代书籍出版之书目，张秀民先生《中国印刷史》第一章关于宋代刻书"地点、内容"项下考列甚详。叶德辉《书林清话》中也有详细考列。二书互补。

《二十世纪宋史研究论著目录》⑪ 甲编"论文类"中设有"刻书"项，

---

　　① 中国国家图书馆、中国国家古籍保护中心编：《第一批国家珍贵古籍名录图录》，国家图书馆出版社，2008 年版。

　　② 《中华再造善本》，国家图书馆出版社，2002 年开始出版。

　　③ 林申清编著：《宋元书刻牌记图录》，北京图书馆出版社，1999 年版。

　　④ 《宋元明清书目题跋丛刊》，中华书局，2006 年版。

　　⑤ 《清人书目题跋丛刊》，中华书局，1990 年版。

　　⑥ 《书目题跋丛书》出版说明。〔清〕莫友芝撰，傅增湘订补，傅熹年整理：《藏园订补郘亭知见传本书目》，中华书局，2009 年版。

　　⑦ 〔清〕莫友芝撰，傅增湘订补，傅熹年整理：《藏园订补郘亭知见传本书目》，中华书局，2009 年版。

　　⑧ 傅增湘撰：《藏园群书经眼录》，中华书局，1983 年版。

　　⑨ 陶湘、王文进、佚名编：《涉园所见宋版书影　文禄堂书影　宋元书式》，北京图书馆出版社，珍稀古籍影印丛刊之三，2003 年版。

　　⑩ 贾贵荣、王冠辑：《宋元版书目题跋辑刊》，北京图书馆出版社，2003 年版。

　　⑪ 方建新编：《二十世纪宋史研究论著目录》，北京图书馆出版社，2006 年版。

"著作类"中设有"刻书、藏书、版本"项。乙编"论文类"中亦设有"刻书"项。收录了部分刻书论著。此书其他部分也收录了宋代书籍出版史论著。

6. 对以往宋代书籍出版史研究的评价

如上所述,近代以来宋代书籍出版史研究取得了显著成就,基本上确立了宋代书籍出版史的学术地位。但是从宋史研究的视角考察,这一研究领域尚待予以特别关注,研究显得较弱,开拓空间较大。

既有研究成果主要局限于传统考据学、版本学及印刷史范围,从宋代社会历史研究的角度以原始文献史料为基础进行书史研究尚有差距,研究深度也不够,诸多研究层面没有涉及,如宋代书籍出版业与宋学的关系、宋代出版业技术进步与唐宋社会变革、宋代出版业的媒介革命性质、宋代出版业的地域经济特征、宋代书籍出版业对宋代社会文明进步之价值评价等。既有研究成果缺乏深刻揭示出版史基本规律,揭示出版史深刻的历史背景及复杂的历史、社会、文化内涵的一面,对出版史内在的必然关系也缺乏研究与揭示。

总之,宋代书籍出版史研究至今主要囿于考据学与版本目录学之范式,缺乏历史科学研究之学术范式。研究体式、内容、范围、理论、方法均须创新与突破。既有研究专著除上述《中国出版通史》之《宋辽西夏金元》分卷及《宋代出版史研究》二书外,尚无鼎新之作。尤其是历史本位之宋代书籍出版史研究大作——基于宋史原始史料及宋史研究之历史科学作品尚需翘首以待。

中国书籍出版史研究还需要注意以下问题。这也是宋代书籍出版史研究需要注意的问题。

(1)学术视野与视角的多维开拓。中国书籍史研究,主要集中在图书史、图书事业史、图书馆史、书籍编纂史、印刷史、编辑史、造纸史、藏书史、发行史上。古典学术意义上的古文字学、文献学、训诂学、目录学、校雠学、版本学、辨伪学、辑佚学等与书籍史研究密切相关的学科,均作为专门之学而居之于传统学术的殿堂之中。一般而言,书史研究作为历史学科的专门史而存在,例如编辑史,主要研究与讲述古籍的编撰,其视角为书史的一个子目。取材范围限于传统的"经史子集",对更广泛意义上的史料缺少涉猎与采用,例如宋元明清时期大量的笔记小说,以及美术资料等。书史不仅应研究书籍的出版、流传、印刷,而且应研究书籍的阅读、书写,以经济学与社会史的研究方法，通过对书籍史的研究，去揭示历史深层的一面。围绕书籍的作者、书籍的出版者以及书籍本身三者进行研究，把书籍史与社会史、文化史、心态史紧密结合起来。透过书籍史的研究，揭示一个时代的社会文化心态与精神现象。

（2）宏观研究与微观研究的有机结合。一般研究停留在专门史研究的理论层面上，微观研究比较机械，不是作为一种自然的状态而呈现。应既注重宏观、中观与微观层面的自然史研究，又注重对各层面的独立研究与表达。

（3）历时性研究与共时性研究的有机结合。一般均从书史源头开始表述，一笔贯彻下来，研究文本（著作）呈现为"人的一生"，即呈现为线性研究，而对复杂性、多样性乃至丰富性的研究笔墨并不居主流地位。相对而言，历时性中关于共时性的研究与表达缺乏。应注重对历时性中包含的共时性的充分关注、挖掘、认知、呈现与表达。从社会史乃至私人空间、个人生活史的角度切入并展开研究，为读者呈现出一个内涵丰富而又生动的书史世界。

（4）研究方法的多元化。应注重采用诸如政治学、宗教学、人类学、社会学、经济学、文化学、文艺学、阅读学、科学史、传播学等诸多学科的理论、体系、方法与文本语言。诸如实证研究、个案研究、计量分析、文本分析、图像分析（图解）等方法，旨在全方位、多角度地展示书籍与社会的关系，展示书籍史的丰富的文化性、人文性以及科学性。

（5）定性研究与定量研究的结合。应重视质性研究与量化研究的综合运用。历史形态、社会形态、观念形态、文化形态与逻辑形态有机结合，宏观中证以微观，微观中见以宏观，多方面折射出书籍史之历史、社会与科学文化的内涵。

二、预设与创新

本书试图从历史科学的综合角度研究宋代书籍出版史，揭示宋代书籍出版史丰富的历史内涵，特别是其政治、经济、社会、文化方面的深刻内涵，对宋代书籍出版史深刻的历史背景、基本发展规律、内在关系及其科学文化生态进行突破性研究。对宋代书籍出版史从整体上及结构上作出分析。从唐宋社会变革及宋学发展与演变的视角对宋代书籍出版业进行探讨。从历史学、政治学、经济史、社会学、传播学及文化、观念形态对宋代出版史进行研究。

具体而言，各部分之新意体现如下。

绪论，主要对近代以来宋代书籍出版史研究作了系统而清晰的学术回顾、梳理、总结与评论。划分出三个研究时期，即：一、20 世纪初至 1949 年，考据学向印刷史研究转型期。二、1949～1978 年，现代书籍史研究主体确立时期。三、1978 年至今，书籍史研究主体勃发与研究多元化时期。

第一章，试图从宋代文化生产与媒介革命的多维视角考察并论述宋代书籍出版的意义世界。明确指出：宋代出版业既包括文本的出版，也包括生产要素、生产资源配置及生产技术等内容。图书的普遍生产、流通与阅读成为了整个社会一种共同的"文化存在"或"文化空间"。雕版印刷术代表了先进生产力。一般而言，雕版书籍与手抄书籍成本之比约为 1:10，即书籍生产力提高了约 10 倍。宋代商业资本在整个书籍出版业中成为了一个普遍的非常活跃的经济因素。即使是中央政府书籍出版，也不失明显的专制主义国家商业色彩。

明确将宋代书籍出版史划分为四个发展阶段，并从总体上作了阶段性考察。

从媒介史之学术视角明确提出并对宋代书籍出版之媒介生态环境作了学术构建。指出：雕版印刷术的普遍应用，使宋代的媒介生态发生了质的变化，堪称"媒介革命"———一场由生产技术革命而导致的"媒介革命"。宋代是一个媒介密集与媒介差异空前突出的朝代。媒介发达超越前代，而雕版书籍的凸显则使其他媒介成为了相对次要的媒介。雕版书籍的广泛出现并不是孤立的，而是同其他媒介共生共振的。

从宗教政策、文化及其书籍出版的角度，进一步揭示了宋代宗教政治同佛、道书籍出版巨大成就之间的逻辑关系。特别是《大藏经》的出版，使雕版印刷术的技术意义随着长期的雕刻及佛教长期的传布而深深地浸化于民间、社会、寺院、道观、士人等社会诸层面。

明确从唐宋社会变革的学术视角考察宋代书籍出版之文化意义。认为：内藤氏所言"唐宋社会变革"讲的是文化，而非学者们一般认为的历史。进而认为："唐宋社会变革"对宋代书籍出版具有深刻影响。

宋代书籍出版本身即是"宋近世"①的一大显著标志。既是科技进步的标志，也是媒介进步的标志，更是文化乃至文明演进的标志。宋代兴盛的书籍出版，促成了宋代社会广义文化意义上的整一，从文官系统、科举制度、教育、科技、文化乃至货币、商业、社会组织等各种社会要素的意义整一。这种文化及其意义生产的新主流方式为前所未有，实属开创而贯通至 1840 年鸦片战争前后西方印刷技术及"西学"输入中国之际。一言以蔽之，宋代书籍出版蕴含了宋代近世之所有意义，而为其文化之表征。

明确从宋学之学术视角考察宋代书籍出版之文化意义。指出：宋代书籍出版不仅本身即是宋学的构成要素，而且极富价值地生产、创造并传播了宋学的文本意义，从而以其媒介功能建构起了宋学的意义世界。雕版书籍即为宋代最主流的新媒介，它显然创造了宋学乃至宋代领先于世界的灿烂文明。

宋代书籍出版及其印刷术是宋代真理学的标志之一。具体而言，主要是其物理之学的标志之一。

此外，对宋代对唐末五代书籍出版变革、技术及成就的继承及宋初三朝确立的读书理念及书籍观亦作了更为充分的论述。

第二章、第三章，对"宋代书籍出版体制及其生产"在既有研究成果基础上作了新的学术构架及新的论述。主要创新之处：1. 补充了新的宋代原始史料，并作了新的分析论证。如利用黑水城出土文献研究佛教书籍出版等。2. 创设了"封建帝制及其书籍出版生态"、"馆阁编辑体制"二个论题并根据原始史料作了完整研究。3. 将《五代两宋监本考》、《书林清话》之资料表格化并作了一定的统计分析，对其刻书地点按照宋史研究学术规范也作了历史地理学意义之补充与规范。4. 采用个案研究与综论结合之研究方法对国子监书籍出版，公使库书籍出版，王安石著作及其出版，朱熹、廖莹中、陈起、余仁仲之书籍出版作了细致之个案研究，从而使整体研究显得骨肉丰满。5. 采用比较研究方法对朱熹与廖莹中、陈起与余仁仲之书籍出版作了具有历

---

① 本书所称"宋近世"，即宋代为中国近世开始之意。宋代在生产资料所有制、社会经济阶层划分、税收、手工业生产以及政治体制、文化、学术、教育、人情、伦理、风俗习惯、社会状貌及其运行等诸多方面，开启、创造了中国以后历史的模式及意义。从社会总体至社会内部的具体事物，莫不如是。它不仅体现为社会历史整体之变化，更体现为社会日常生活之变化上。

史与文化意趣之研究。6. 寓新意于具体论述之中，言前人所未言。如：
（1）公使库《大易粹言》牒文可视为宋代公使库书籍出版标准文献，标志了
公使库出版之模式。（2）书院是多媒介复合的文化传播体。其自然景观、建
筑、门额、山长、名声诸要素莫不是媒介。书院也是学术文化之"意见领袖"
号召并统率下的一种人格化学术教育团体。（3）《三经新义》等王氏著作之
编撰、出版、传播、阅读及争议、批判、历史遭遇，俨然一部宋代政治史、
文化史、学术史之映像。（4）廖莹中是权贵依附型出版家，书籍出版是廖氏
政治生涯、文化生活世界中的重要构成部分，是贾廖权力关系的文化产品，
某种意义上是权力机制运作的政治产品。他追求出版的唯美性，以"美"为
出版最高理念，出版风格上极富艺术气质。他把书籍出版视为一种审美与艺
术。但是廖氏出版的依附性及艺术气质注定了其出版的脆弱性与悲剧性。
（5）陈起其实生活在一个文人群落之中。这一群落即是他所处的文化生态环
境。他不仅是一个一般意义上的书坊主，更是一个此一文人群落的出版代理
人或书坊主。在这一特定的文化群落中，存在着文化传播的组织行为——许
多时候是以人际交流——人际传播的方式进行。然而，作为一个文人群落，
其集体对外实现文化传播的方式，则是由出版家陈起来完成的，这也正是一
系列"江湖诗人作品"结集问世并得到后人承认，乃至形成"江湖诗派"的
传播学上的真正原因。7. 发掘了新的研究价值点。如对佛教书籍之文本分析，
利用牌记史料对余仁仲国学进士科举身份的考证等。

　　第四章，对宋代书籍发行与贸易之地理空间及其经济、文化属性作了学
术构架与意义勾勒。对域外发行之文化传播意义之分析，对书籍广告之文本
分析与修辞策略分析，具有新意。如，南宋书坊在书籍上的署名，既具有版
权意义，即标明出版者、出版地，又具有广告意义，即导引书商与读者前来
购书。修辞策略之城市意识、中心城市意识或其空间意识——所引书坊大
都把"临安府"置于文前，表明这些书坊在全国范围内对临安府之京城角
色的强调与特殊认知，即对其中心城市地理位置与空间意识的确认。姓氏
意识、语言通俗、书坊气息浓厚、词序呈现为辐辏性思维定式、方位与指向。

　　第五章，对宋代书籍设计、插图及美学特征作了历史、文化、美学意义
之学术构架。将宋版书籍之经典形制——一般形制之形式予以提纯，研究并
定格了其美学形式。与欧洲文艺复兴前书籍形式之简单比较、版面语言之研

究提炼、插图与版画之专题研究、利用明清著名藏书家（版本学家、目录学家、校雠学家）之感知经验材料对宋版书籍美学文化之探析，均具新意。具体论述如：宋版书籍具有一种内在的简约之美。这种美直接脱胎于写本文化的内蕴及书法精神。宋版书籍正是以如此高超的字体与章法求变、求异、求新、求奇、求美的变化之功，从而造就了宋版书籍形态美的"神殿"。宋版书籍最入目者，正是其风神别具——没有二种书籍书刻之字体完全相同者——正字字体的美。宋朝书籍之美，乃在于其书籍内在的宋朝文化精神之美。

第六章，对宋代书籍版权及版权保护问题作了系统研究。特别是探讨了宋代版权产生的历史原因，论证了宋代版权问题的产生是宋代社会政治、经济、文化、法制、科技、书籍生产等因素全面发展的产物的基本观点。研究视角扩大至一般知识产权之层面，更有利于对宋代书籍版权问题之准确定位。宋朝的版权问题是历史地客观存在的。宋朝的版权保护只有在宋朝的历史背景上才有它的真实性及其意义。至于宋代没有产生出世界近代意义上的版权法以至知识产权法，这个问题本身就是一个十分荒谬的假设，因为宋代只能产生出属于宋代的版权问题。

第七章，试图从经济史的学术视角对宋代书籍出版业作出初步论证，提出并完成了此一问题之研究框架。指出：书籍出版业（特别是其印刷业）成为了宋代一种新型的产业——文化产业部门，一个新的重要的经济增长点，对宋代之国民生产总值及其国家税收做出了不容忽视的贡献。特别是对于地方经济，如建阳地区，显然已经成为了其支柱产业。对书籍出版业经济属性之特殊性、总体分布之不平衡性、区域分布与经济文化发达地区之一致性、城市分布于京城及川闽特色产业城市作了论述。

结语，主要对宋代书籍出版业之社会功能与作用问题作了审视、总结与研究，并对西方学术话语中的一些认识问题作了评析，试图构建超越东西方学术话语差异之宋代书籍出版史之研究认识逻辑。特别指出，宋代雕版技术之于书籍生产的广泛应用，乃是中国古代专制主义社会中继秦朝"书同文"之后的又一次重大"媒介革命"，使得知识信息的生产与消费进入了标准化时期，从而深刻改变并塑造了宋朝的精神世界，确立了一种基本的精神生活方式之模式，一直持续到西方近代机械化书籍生产方式输入中国时期。

中国书籍史研究，应借鉴新理论、新方法，开展阅读史、心灵史、书籍考古学、书籍政治学、书籍经济学及微观出版学诸方面的具体研究，深化对雕版书籍媒介意义的专题研究。

三、研究范围、理论及方法

研究范围。主要研究宋代雕版书籍之出版，包括书籍出版的历史背景、社会因素、文化环境、媒介技术、书籍传播等主要方面。从书籍出版自身而言，主要指书籍的编撰、校雠、雕版、发行等诸环节。从历史、社会文化与经济的角度考察宋代之书籍出版，为本书之界定域。1. 试图对宋代书籍出版史深刻的历史背景、基本发展规律、内在关系及其科学文化生态进行突破性研究。2. 试图对宋代书籍出版史从整体上及结构上作出分析。3. 从唐宋社会变革及宋学发展与演变的视角对宋代书籍出版业进行探讨。4. 从历史学、政治学及观念形态对宋代书籍业进行解读。5. 在一些具体问题的研究上有所突破。如将宋代出版史划分为四个时期、馆阁出版方式、余仁仲"进士"身份质疑与探讨、书籍出版生产力提高问题、廖莹中权贵依附性出版特色、宋代书籍出版的媒介生态环境、书籍出版的双重性、书籍出版的地域经济特征等。

研究理论。以历史唯物主义理论为主，兼及社会学、经济学、文化学及传播学诸相关学科理论。

研究方法。以文献考证分析法、个案研究法、比较分析法、文本分析法、量化研究为主，注重综合，全面探讨。一般方法之外，主要借鉴了传播学、媒介理论、文本分析、话语分析、结构主义、计量史学等方法。

四、几个关键概念的界定

中国书籍史研究，涉及到中国从文字起源至近现代出版的久远历史，长达7000～8000年。研究内容，几乎涉及到中国书籍史的所有主要方面。诸如：出版史分期、印刷术发明前的出版、印刷术的发明、印刷术发明后的出版、活字印刷术、各历史时期的出版状态及出版特色、出版人物、书籍编辑、出版生产资料、出版技术、书籍形态、书籍类型、出版机构等。其中，尤以中国印刷史的研究最具成就。

中国书籍史研究，基本上采用的是中国传统史学、考据学、文献学，以及版本学、校雠学之理论与方法。对于西方史学研究之理论与方法虽有所注意，但总体上之学习与借鉴明显缺失，因而研究仍呈传统色彩，基本上尚囿于中国传统史学的格局之中，缺少时代性与国际性。

中国书籍史研究的一个基本学术逻辑问题是"书籍史"概念的多元及其统一问题。已有概念计有：出版史、编辑史、编辑出版史、编撰史、印刷史、图书史、书籍史、新闻出版史、新闻史、书史、藏书史，以及与之密切相关的目录学、考据学、校雠学、辑佚学、版本学、文献学、经学历史等。简言之，从学术自由和学术多元化的角度讲，上指任何一个概念都是合理的；从学术共识或学术统一的角度讲，为了促进中国书籍史研究的科学发展，借鉴国际学术界（主要指西方学术界）的研究历史、现状与趋势，也可以以"书籍史"为主要概念。

书籍。广义上，书籍指凡是记录在一定物质载体之上并传播于社会之信息内容的物理形态。如中国之甲骨书、金石书、简帛书，及古埃及之莎草书、古两河流域之泥版书、古帕加马王国之羊皮书、古印度之贝多罗树叶书等。本书所指书籍，专指采用雕版印刷术印刷之书籍。

出版。广义上，出版指将文字符号书写（刻）在一定物质载体上之传播行为（意向）。狭义上，出版指采用雕版印刷术编印文字读物并向社会公开传播的社会、经济及文化生产方式。本书取后者之义。

传播①（communicaton）。书籍出版与传播学关系密切。传播即任一信息由此点至彼点的传送过程，或一种意义的双向生成与交换过程。书籍出版即人类历史上一种伟大的传播方式。

----

① 传播一词，宋代已经出现，义同现在传播学之"传播"。如史称："比来，有司防禁不严，遂有命令未行，差除未定，即时誊播，谓之小报。始自都下，传之四方。……近年有所谓小报者……以无为有，传播于外。"（〔清〕徐松辑：《宋会要辑稿》刑法二之一二五、一二六，第6558页，中华书局，1957年版）。又如《侯鲭录》记载，滕元发偷烹寺犬食之并被人胁作《滕先生偷狗赋》，即日"传播诸郡"。（〔宋〕赵令畤撰：《侯鲭录》卷七，第176页，中华书局，2002年版）。"初，进士柳三变，好为淫冶讴歌之曲，传播四方。"（〔宋〕吴曾撰：《能改斋漫录》卷十六，第480页，上海古籍出版社，1979年版）。

媒介（medium/media）。任一具有意义的构成传播过程中介的物或符号。书籍即一种典型的传播媒介。

印刷史、出版史、书籍史。印刷史主要侧重于研究印刷术发明以来印刷本身的发展演化史，研究要素如：印刷技术、物料、纸张、工价、装订、印量、定价、产量、印刷品等。代表作如法国史学大师、年鉴派代表费夫贺之《印刷术的诞生》①（与马尔坦合著）、中国印刷史研究权威张秀民先生之《中国印刷史》② 等。

出版史主要研究自文字产生以来（包括文字的产生）人类所有的出版活动，主要关系到人类历史的政治、经济、科技、教育、文化、知识及文明传播诸方面。一般而言，出版史研究指的就是广义出版史，包括了前述狭义出版。

书籍史主要以书籍为研究客体，研究书籍的发展演化史。西方对书籍史的研究源远流长，至 20 世纪蔚为近代史学中的"显学"。西方之书籍史研究，其研究视域远远超过了书籍本身，而涉及到了人类历史、政治、经济、科学、教育、文化、社会、传播诸多方面。例如加拿大多伦多传播学派创始人哈罗德·伊尼斯之传播学经典作品《帝国与传播》③，以及美国著名传播学者彼得斯之《交流的无奈——传播思想史》④，其实就是二部书籍史。

印刷史、出版史、书籍史三个概念演化至今，已呈相互交叉之状态。大致而言，印刷史似乎相对独立一些，广义出版史一般包括了印刷史，而西方近代以来之书籍史研究，其研究视域则在三者之中独占鳌头，显为大宗，统率了印刷史、出版史二者。这一研究趋势日益普世化。

---

① ［法］费夫贺、马尔坦著：《印刷书的诞生》，李鸿志译，广西师范大学出版社，2006 年版。
② 张秀民著，韩琦增订：《中国印刷史》（插图珍藏增订版），浙江古籍出版社，2006 版。
③ ［加拿大］哈罗德·伊尼斯著：《帝国与传播》，何道宽译，中国人民大学出版社，2003 年版。
④ ［美］彼得斯著：《交流的无奈——传播思想史》，何道宽译，华夏出版社，2003 年版。

第一章　宋代书籍出版总论

雕版印刷术的广泛应用及宋代书籍的大量生产，促进了中国以往一切知识的聚积、提炼、区分和推广，促进了宋代全部的精神生产及精神生活，开启了对传统经典多重诠释的自由之风和主观之风，从而形成了宋代精神、思想、文化与学术的多元化、多样性与新意义的生成。宋版书籍是整个宋代精神、生产、知识、思想与文化资源——鉴于宋代一般社会生产与生活之历史语境之中而学习、受教、交往、雇佣、科考、行政、书写、刻镂、造纸、造墨、刷印、校勘、通信、批评、销售、馈赠、阅读、唱和、伪书诸般现世"色相"之宋代文化史，包括造纸史、私生活史、知识分子史、印刷史、创作史、技术史、精神生产史、文化史凡此种种——一个丰富多彩的印刷书籍文本时代诞生之主要媒介。

一、宋代书籍出版概述①

朱熹认为"国朝文明之盛，前世莫及"。②史尧弼认为："惟吾宋二百余年，文物之盛跨绝百代。"③陆游在《吕居仁集序》中也认为："宋兴，诸儒相望，有出汉唐之上者。"④

宋代之文化，诚如史学家陈寅恪先生所言："华夏民族之文化，历数千载

---

① 关于宋代书籍出版业发展原因及历史背景，参见拙作《宋代书籍出版发展与繁荣原因探析》，《出版发行研究》，2010 年第 2 期。

② 〔宋〕朱熹撰，朱杰人、严佐之、刘永翔主编：《朱子全书》（拾玖）卷六《服胡麻赋第四十八》，第 305 页，上海古籍出版社、安徽教育出版社，2002 年版。

③ 〔宋〕史尧弼撰：《莲峰集》卷三《策问》，文渊阁《四库全书》本。

④ 〔宋〕陆游撰：《陆游集》卷十四《吕居仁集序》，第 2102 页，中华书局，1976 年版。

之演进，造极于赵宋之世。"①"六朝及天水一代思想最为自由"。②

王国维指出："宋代学术，方面最多，进步亦最著。其在哲学，始则有刘敞、欧阳修等脱汉唐旧注桎梏，以新意说经；后乃有周（敦颐）、程（颢）、程（颐）、张（载）、邵（雍）、朱（熹）诸大家，蔚为有宋一代之哲学。其在科学，则有沈括、李诫等于历数、数理、工艺均有发明。在史学，则有司马光、洪迈、袁枢等，各有庞大之著述。绘画则董源以降，始变唐人画工之画而为士大夫之画，在诗歌则兼尚技术之美，与唐人尚自然之美者蹊径迥殊。考证之学亦至宋而大盛。故天水一朝人智之活动与文化之多方面，前之汉唐、后之元明皆所不逮也。近世学术多发端于宋人，如金石学亦宋人所创学术之一。宋人治此学，其于搜集、著录、考订、应用各面无不用力，不百年间遂成一种之学问。"③

"缘宋自仁宗以后海内无事，士大夫政事之暇，得以肆力学问。其时哲学、科学、史学、美术，各有相当之进步，士大夫亦各有相当之素养，赏鉴之趣味与研究之趣味、思古之情与求新之念互相错综，此种精神于当时之代表人物苏（轼）、沈（括）、黄（庭坚）、黄（伯思）诸人著述中在在可遇之。"④

宋代出版业既是宋代文化的重要部分，也是宋代文化兴盛的重要原因，是宋代文化的主要生产者之一。

宋代出版业是中国雕版印刷的奠基时期、经典时期，代表了中国古代社会雕版印刷业的"黄金时代"。宋代出版业既包括文本的出版，也包括生产要素、生产资源配置及生产技术等内容。如纸张、墨、书法、刻工、雕刻技术、刷印技术、作坊生产流程、书价、图书发行、版权保护、图书广告等。

宋代形成了政府出版、私家出版、书坊出版三大出版系统以及富有特色之书院出版、寺院（道观）出版系统，奠定了中国古代社会此后出版的基本模式。国家及社会的机构、组织及个人共同构建起了全社会普遍的出版意识，

①　陈寅恪著：《金明馆丛稿》二编《邓广铭〈宋史职官志考证〉序》，第245页，上海古籍出版社，1980年版。

②　陈寅恪著：《寒柳堂集》之《论〈再生缘〉》，第72页，生活·读书·新知三联书店，2001年版。

③　傅杰编校：《王国维论学集》，第205～206页，中国社会科学出版社，1997年版。

④　傅杰编校：《王国维论学集》，第205～206页，中国社会科学出版社，1997年版。

出版业成为了一种普遍的社会行业（职业）。全社会形成了创作→编辑出版→发行→阅读一整套出版产业链与出版意义链。图书的普遍生产、流通与阅读成为了整个社会一种共同的"文化存在"或"文化空间"。

真正意义上全社会性质的公共阅读空间得以赖宋代雕版图书的大量生产而变为现实。这对宋代文化以及文明的生成意义，乃至对宋代以后中国古代文化以及文明的生产意义其价值之巨大之深远之丰富，实在是无法估量的。

欧洲直到文艺复兴时期还是手抄书占主导地位，并且对新出现的印本书持鄙夷态度。例如，教皇尼古拉五世的藏书，基本上都是花费高昂代价抄出的，约有5000册（一说为9000册）。"这些图书构成了梵蒂冈图书馆的基础。被当做最高贵的装饰品保存在宫廷里边。"① 又如乌尔比诺大公的藏书，是"在各地经常雇佣三、四十名'写本人员'，在这项收集上花费了不下三万金币"② 得来的。

至于欧洲中世纪普通农民的读书生活，更是落后于宋代。历史学家在论述"中世纪时代的农民状况"时指出，住在茅舍中的农民，"他不能读书，因为他没有书；即使有书的话，他也不知道怎样读"。③ 宋代农村的教育状况及书籍生产之普及状况所决定的宋代农民读书状况显然领先于同时期之欧洲。

宋初雕版印书尚不发达。洪迈云："国初承五季乱离之后，所在书籍印板至少。"④

景德二年（1005年）夏，真宗亲自到国子监视察，询问经书板片的数量，国子监祭酒邢昺回答说："国初不及四千，今十余万，经、传、正义皆具。臣少从师业儒时，经具有疏者百无一二，盖力不能传写。**今板本大备，士庶家皆有之，斯乃儒者逢辰之幸也。**"⑤ 可见，雕版印刷在北宋初期的图书出版上显示出了巨大的威力，其生产量远远大于过去传统的"传写"（即手抄

---

① ［瑞士］雅各布·布克哈特著：《意大利文艺复兴时期的文化》，何新译，第183～186页，商务印书馆，1979年版。

② ［瑞士］雅各布·布克哈特著：《意大利文艺复兴时期的文化》，何新译，第183～186页，商务印书馆，1979年版。

③ ［美］汤普逊著：《中世纪经济社会史》（下册），耿淡如译，第378页，商务印书馆，1963年版。

④ 〔宋〕洪迈著：《容斋随笔·五笔》卷七《国初文籍》，第884页，上海古籍出版社，1996年版。

⑤ 〔元〕脱脱等撰：《宋史》卷四百三十一《邢昺传》，第12798页，中华书局，1977年版。黑体为笔者所标。

复制）生产方式，以至北宋立国才 45 年而国子监的书版生产量即增长了 25 倍。由这一增长率，亦可推知全国图书出版的平均增长率亦非一般。

苏轼（1037～1101 年）感叹道："余犹及见老儒先生，自言其少时，欲求《史记》、《汉书》而不可得，幸而得之，皆手自书，日夜诵读，惟恐不及。**近岁市人转相摹刻诸子百家之书，日传万纸，学者之于书，多且易致如此。**"① 这条史料说明了六个问题：一是宋代刻书种类丰富、范围广泛；二是书籍产量及发行速度以日为计，增速明显；三是学习的人容易得到所需的书籍。换言之，书籍生产的种类及其产量可以及时满足社会一般读者的需求；四是书贾与书坊成为了一般书籍的主要生产者，书籍的总产量主要由他们控制；五是翻刻翻印成风，盗版现象严重；六是书籍发行与销量方式便利，书价下降（较之手抄生产方式）。

南宋的书籍出版更为普及，雕版生产方式确立了绝对的主导地位。陆游云："近世士大夫所至，喜刻书版。"② 王明清云："近年所至郡府多刊文籍，且易得本传录，仕宦稍显者，家必有书数千卷。"③ 据张秀民先生考证，著名文人、学者陆游父子、范成大、杨万里、朱熹、张栻、尤袤、岳珂、唐仲友、楼钥、洪适等百余人为官南宋地方时均曾从事过书籍出版。其中自沈诜至楼钥，均官浙刻书，自曾集至谢云，均在光宗朝时刻过书。④

北宋至和二年（1055 年），欧阳修在其《论雕印文字札子》中讲："近日雕板尤多。"⑤ 神宗熙宁（1068～1077 年）以后朝廷解除了擅刻儒家经典的禁令，这在客观上为自由出版打开了政治上的方便之门。到南宋高宗末期，以及孝宗、光宗、宁宗、理宗朝，书籍出版达到鼎盛期。魏了翁讲过："自唐末五季以来始为印书，极于近世，**而闽、浙、庸蜀之锓梓遍天下。**"⑥

---

① 〔宋〕苏轼撰，孔凡礼点校：《苏轼文集》卷十一《李氏山房藏书记》，第 359 页，中华书局，1986 年版。黑体为笔者所标。

② 〔宋〕陆游撰：《陆游集·渭南文集》卷二十六《跋历代陵名》，第 2232 页，中华书局，1976 年版。

③ 〔宋〕王明清著：《挥麈录·前录》卷一，第 8 页，上海书店出版社，2001 年版。

④ 张秀民著，韩琦增订：《中国印刷史》（插图珍藏增订版），第 42 页，浙江古籍出版社，2006 年版。

⑤ 〔宋〕欧阳修撰，李逸安点校：《欧阳修全集》卷一百八《论雕印文字札子》，第 1637～1638 页，中华书局，2001 年版。

⑥ 〔宋〕魏了翁撰：《鹤山集》卷四十一《成都府朝真观记》，文渊阁《四库全书》本。黑体为笔者所标。

淳熙十三年（1186年），秘书郎莫叔光云：今"承平滋久，四方之人益以典籍为重，凡缙绅家世所藏善本，外之监司、郡守搜访得之，往往锓板以为官书，然所在各自板行"。①

元代理学家吴澄认为："宋三百年间锓板成市，板本布满乎天下，而中秘所储，莫不家藏而人有……无汉以前耳授之艰，无唐以前手抄之勤，读书者事半而功倍宜矣。"②

明代学者丘濬认为："宋朝以文为治，而于书籍一事尤切用心，历世相承，率加崇尚。"③

叶梦得对宋代书籍出版作了总的概括。

1. 唐以前，凡书籍皆写本，未有模印之法，人以藏书为贵。人不多有，而藏者精于雠对，故往往皆有善本。学者以传录之艰，故其诵读亦精详。五代时，冯道始奏请官锓六经板印行。国朝淳化中，复以《史记》、《前后汉》付有司摹印，自是书籍刊锓者益多，士大夫不复以藏书为意。

2. 世言雕板印书始冯道，此不然，但监本《五经》板，道为之尔。《柳玭家训·序》，言其在蜀时，尝阅书肆，云"字书、小学，率雕板印纸"，则唐固有之矣，但恐不如今之工。今天下印书，以杭州为上，蜀本次之，福建最下。京师比岁印板，殆不减杭州，但纸不佳；蜀与福建多以柔木刻之，取其易成而速售，故不能工；福建本几遍天下，正以其易成故也。④

宋代书籍雕版印刷术取代了过去的手抄复制生产方式而成为图书生产的主流技术——主要生产方式。雕版印刷术代表了先进生产力。《续资治通鉴长编》记载："日官乞每年颁历日亦雕板印行。旧每岁募书写人，所费三百千，

① 〔宋〕陈骙、佚名撰，张富祥点校：《南宋馆阁续录》卷三《储藏》，第174页，中华书局，1998年版。

② 〔元〕吴澄撰：《吴文正集》卷三十四《赠鬻书人杨良甫序》，文渊阁《四库全书》本。

③ 〔元〕丘濬撰：《大学衍义补》卷九十四，文渊阁《四库全书》本。

④ 〔宋〕叶梦得撰，宇文绍奕考异，侯忠义点校：《石林燕语》卷八，第116页，中华书局，1984年版。

今模印则三十千。"① 这条十分重要的史料表明：一般而言，雕版书籍与手抄书籍成本之比约为 1∶10，即书籍生产力提高了约 10 倍。由于没有更为细致明确的史料，所以不妨作如是观。

至于宋代出版书籍的种类及数量②，从理论上讲，应该是一个空前的巨大数字。但是若想求得一个准确的客观数字，已是不可能的事了。不过，这并不妨碍我们仍然可以在文献中找出一些数字来说明这个问题，来推测这个问题。

上引文献中的表述文字，诸如"日传万纸"、"多且易致"、"锓梓遍天下"、"布满天下"虽非数据统计语言，但是足以从本质上说明宋代书籍生产的品种及总印数之大。仅是宋代众多的文官、科举士子、学校学生、书院学人及弟子所用书籍，就绝非一个小数字。

宋代商业资本在整个书籍出版业中成为了一个普遍的非常活跃的经济因素。即使是中央政府书籍出版，也不失明显的专制主义国家商业色彩。③

沈括（1031～1095 年）在《梦溪笔谈》中记载了毕昇创造活字（泥活字）印刷出版书籍的伟大发明，已为大家熟知。

周必大（1126～1204 年）使用胶泥活字印刷出版自著《玉堂杂记》一书。自述其事："近用沈存中法，以胶泥铜板，移换摹印，今日偶成《玉堂杂记》二十八事，首恳台览。尚有十数事，俟追记补段续纳。"④ 尽管对"胶泥活字"另有不同解释，但一般认为是指泥活字。

活字印刷术尽管没有普及，没有成为宋代书籍出版的主流技术，但它之发明于宋代，不能不说是宋代书籍出版史上一项伟大发明。

仁宗时，命令王尧臣、欧阳修等仿唐开元故事，整理著录三馆秘阁书籍。历时 7 年，庆历元年（1041 年）编成国家藏书目录《崇文总目》66 卷，《叙录》一卷。《崇文总目》著录图书 30669 卷，基本上反映了当时北宋国家的藏书状况。这一藏书数字，尽管也包括北宋以前传世的藏书，而不可能全是北宋立国以来出版的图书，但是也可以作为一个推测北宋（截至仁宗时）图书

① 〔宋〕李焘撰：《续资治通鉴长编》卷六十一真宗景德二年九月戊午，第 1366 页，中华书局，1992 年版。

② 夏其峰整理汇集出宋代刻印图籍 4600 余种，宋代刻工 6000 余名。见夏其峰著《宋版古籍佚存书录》，三晋出版社，2010 年版。

③ 姜锡东先生在《宋代商人和商业资本》一书中对宋代商业资本有充分而精彩的论述，可参阅。中华书局，2002 年版。

④ 〔宋〕周必大撰：《文忠集》卷一百九十八《程元成给事》，文渊阁《四库全书》本。

出版种类及其总数的参考数字。

孝宗淳熙五年（1178 年），命令陈骙等仿《崇文总目》编制成《中兴馆阁书目》，凡 70 卷，著录图书 44486 卷。至宁宗嘉定十五年（1222 年），秘书丞张攀等又续撰了 30 卷，编成《中兴馆阁续书目》，著录图书 14943 卷。这二部书目可以视为是南宋的国家书目，基本上反映了南宋的国家藏书状况，共著录图书 59429 卷。

金兵南犯及汴京陷落造成了北宋国家藏书的沦没，所以南宋时编成的这二部图书目录，基于南宋时书籍出版业的繁荣状况，可视为南宋时书籍出版种类及数量之参考。

总之，《宋史·艺文志》①、《崇文总目》、《中兴馆阁书目》及其《续目》三书，以及《遂初堂书目》、《直斋书录解题》、《郡斋读书志》三部私家书目，大致可视为宋代书籍出版总量的重要参考。

二、宋代书籍出版的四个阶段

宋代书籍出版，依其出版生产力发展变化的起伏状况，笔者将其大致划分为四个阶段。即：宋初至真宗朝为初始时期、真宗朝至北宋末为发展时期、南宋初期为恢复时期、南宋中后期为兴盛时期。

（一）初始时期，宋初至真宗朝。宋初书籍出版尚不发达，出版生产力处于发轫期。但是太祖确立的文治国策及太宗大力推行的文治实践为书籍出版奠定了政治基础，产生了宋代书籍出版史上的皇皇巨制。著名于世的《开宝藏》及《太平广记》、《太平御览》、《文苑英华》三大类书即编纂并出版于该阶段。至真宗时，书籍出版生产力跃上了新台阶。《宋会要辑稿》有一段重要记载：

> 真宗景德二年五月，真宗幸国子监，召从臣学官赐座，历览书库，观群书漆板及匠者模刻，问祭酒邢昺，曰：国初印板只及四千，今侵②至

---

① 对《宋史·艺文志》的研究，可参考陈乐素先生著《宋史艺文志考证》一书，广东人民出版社，2002 年版。

② 《宋会要辑稿》中此字漫漶不清，一般认作"仅"字，则上下文语意不统一。又有写作"谨"字者，似属臆改。笔者认其为"侵"，通"漫"，大意相当于自然增长。

十万，经史义疏悉备，曩时儒生中能具书疏者百无一二，纵得本而力不能缮写，今士庶家藏典籍者多矣，乃儒者逢时之幸也。真宗曰：虽国家崇尚儒术，然非四方无事，亦何以臻此。且以书库迫隘，与钱傲居第相接，因命易第中隙地十步以益之。①

邢昺通过国初与景德二年时的对比，说明了由曩时"百无一二"至今"士庶家藏典籍者多矣"的显著进步。

大中祥符三年（1010 年）十一月，真宗对大臣向敏中讲："今学者易得书籍"。敏中答曰："国初惟张昭家有三史。太祖克定四方，太宗崇尚儒学，继以陛下稽古好文，今三史、《三国志》、《晋书》皆镂板，士大夫不劳力而家有旧典，此实千龄之盛也。"②

（二）发展时期，真宗朝至北宋末。随着宋代全国经济体系的建立及社会经济（特别是手工业经济）的发展，以及全国教育体制的确立及科举教育的发展，宋代书籍出版成为全国性重要的文化事业与文化产业。政府出版与民间出版双向发展，构成为二种性质不同的主要出版方式。特别是民间出版，成为了宋代经济文化发展中的新因素。书籍出版涉及到国家政治、文化、经济、教育、医疗等各个方面。中央政府出版了大量书籍。有的是重版，更多的是新版。书籍种类经史子集乃至释道齐备。如真宗朝之《九经》、《文苑英华》、《文选》、《切韵》、《韵略》、《广韵》、《南华真经》、《庄子释文》、《册府元龟》、《儒行篇》、《孟子》、《道藏经》、《四时纂要》、《齐民要术》、《玉篇》等。仁宗朝之《后汉志》、《隋书》、《黄帝内经素问》、《难经》、《巢氏病源候论》、《铜人针灸图经》、《土牛经》、《前汉书》、《孟子》等。徽宗朝之《神宗御集》、《营造法式》等。

（三）恢复时期，南宋初期。北宋亡国，书籍遭遇"洗劫"。国子监书版、书籍及三馆书籍被金兵洗劫一空，辇运而北。这使南宋初期之书籍出版陷入艰难期。史称："艰难以来，兵火百变，文书之厄莫甚今日，虽三馆之制

---

① 〔清〕徐松辑：《宋会要辑稿》职官二八之一，第 2972 页，中华书局，1957 年版。《续资治通鉴长编》、《玉海》、《群书考索》亦有记载。

② 〔宋〕李焘撰：《续资治通鉴长编》卷七十四真宗大中祥符三年十一月壬辰，第 1694 页，中华书局，1992 年版

具在，而向来之书尽亡。"①

高宗在政治上是个妥协主义者，但在文化上却是一个坚定的保守主义者。国可亡，文化不可亡。绍兴十三年（1143 年）七月，他的一段话总结了这层意思。"国家用武开基，右文致治……藏书之盛视古为多。艰难以来，散失无在，朕虽处干戈之际，不忘典籍之求。"先是，高宗还对辅臣讲："南渡以来，祖宗御府旧藏举皆散失，计士庶之家应有存者，可委诸路转运司遍下逐州县寻访……。"② 由政治风云、战乱导致的典籍之散失造成了南宋初期书籍出版之困境。

史称南宋"监本书籍者，绍兴末年所刊也。国家艰难以来，固未暇及，九年九月，张彦实待制为尚书郎，始请下诸道州学取旧监本书籍，镂版颁行，从之。然所取诸书多残缺，故胄监刊《六经》无《礼记》，三史无《汉》、《唐》。二十一年五月，辅臣复以为言，上谓秦益公曰：'监中其他缺书，亦令次第镂版，虽重有所费，盖不惜也。'由是经籍复全。"③

（四）兴盛时期，南宋中后期。尽管南宋政治上对金妥协，国家高层政治倾轧严重，军事上表现矮弱，但在经济与文化方面却取得了显著的进步与发展。书籍出版全面发展，出版生产力的优越性得以充分体现。出版的范围之广、种类之多、数量之大、技艺之精、文献映证之多，达到了空前的程度。士大夫刻书成风尤以这一阶段为盛。雕版书籍之生产观念及媒介观念深入人心。淳熙十三年（1186 年），秘书郎莫叔光言："凡缙绅家世所藏善本，外之监司、郡守搜访得之，往往镂板以为官书，然所在各自板行"。④ 张秀民之《宋孝宗时代刻书述略》、《宋光宗时代之刻书》⑤ 及宿白之《南宋的雕版印刷》⑥ 诸文均有充分的论述。

---

① 〔清〕徐松辑，苗书梅等点校，王云海审订：《宋会要辑稿·崇儒四》，第 245 页，河南大学出版社，2001 年版。
② 〔清〕徐松辑：《宋会要辑稿》崇儒四之二六，第 2243 页，中华书局，1957 年版。
③ 〔宋〕李心传撰：《建炎以来朝野杂记》甲集卷 4《监本书籍》，第 182 页，台北：文海出版社，1968 年版。
④ 〔宋〕陈骙、佚名撰，张富祥点校：《南宋馆阁续录》卷三《储藏》，第 174 页，中华书局，1998 年版。
⑤ 张秀民著：《张秀民印刷史论文集》，印刷工业出版社，1988 年版。
⑥ 宿白：《南宋的雕版印刷》，《文物》，1962 年第 1 期。

三、宋代书籍出版媒介生态环境

雕版印刷术的普遍应用，使宋代的媒介生态发生了质的变化，堪称"媒介革命"——一场由生产技术革命而导致的"媒介革命"。不仅媒介生产力实现了革命性的飞跃，而且由此开辟了人类古典时代意义上的"大众媒介"时代。

宋代的媒介生态环境由此而提升到了一个新的历史层次。宋代媒介生态环境以雕版书籍为主，其他构成要素有写本书、邸报、小报、纸币、石刻、露布、榜文、檄文、诏书、大臣章疏、边报、传单、名人诗文、科举范文、题壁，以及名家书信、制词、行状、碑传、铭志等。如"即为露布，榜之衢路"①。"诸州皆榜衢路"、"独榜衢路"②。

写本书。雕版书的前书籍主要形态。终古典时代，写本书一直不绝，宋代亦然。

邸报与小报。小报主要兴于南宋，史称："比来，有司防禁不严，遂有命令未行，差除未定，即时誊播，谓之小报。始自都下，传之四方。……近年有所谓小报者……以无为有，传播于外。……人情喜新而好奇，皆以小报为先，而以朝报为常，真伪亦不复辨也。"③ 又，"其有所谓内探、省探、衙探之类，皆私衷小报，率有漏泄之禁，故隐而号之曰新闻。"④

纸币（钞引）。纸币是雕版印刷术的另一大产儿——一种货币性的大众媒介。其印量之巨，无以相比。如《建炎以来朝野杂记》记载湖北会子、两淮会子、四川钱引、关外银会子、银钱会子之大量印刷。其中，"四川钱引"条载："天圣元年东，始置官交子务，每四年两界，印给一百二十五万缗。崇观

---

① 〔宋〕司马光撰，邓广铭、张希清点校：《涑水记闻》卷十三，第250页，中华书局，1989年版。

② 〔宋〕司马光撰，邓广铭、张希清点校：《涑水记闻》卷十四，第285页，中华书局，1989年版。

③ 〔清〕徐松辑：《宋会要辑稿》刑法二之一二五、一二六，6558页，中华书局，1957年版。

④ 〔宋〕赵升撰，王瑞来点校：《朝野类要》卷四《朝报》，第88~89页，中华书局，2007年版。

间，陕西用兵，增印至二千四百三十万缗。"①

　　从媒介学的角度看，宋代纸币——货币媒介流向哪里，宋代文化也就流向了哪里。

　　石刻。这是中国古代的一大出版方式。宋代石刻亦焕焕可观。如陈尧叟任广南西路转运使时，当地"其俗，有疾不服药，唯祷神。尧叟以《集验方》刻石桂州驿舍，自后始有服药者。"②

　　题壁。特别是中国古代文人文化传播的一种主要方式。宋代题壁文化尤其发达。如徽宗身在五国城时之《在北题壁》："彻夜西风撼破扉，萧条孤馆一灯微。家山回首三千里，目断天南无雁飞。"③

　　宋代是一个媒介密集与媒介差异空前突出的朝代。媒介发达超越前代，而雕版书籍的凸显则使其他媒介成为了相对次要的媒介。雕版书籍的广泛出现并不是孤立的，而是同其他媒介共生共振的。如苏轼的文章，宋代既有多种方式的刊本（诗文合刊本、选集、某一体裁作品的结集、某一时期作品的结集等），又多有题石、刻石者。他答刁景纯信中称："旧诗过烦镌刻，及墨竹桥字，并蒙寄惠，感愧兼集。"④ 所有这些媒介，共同构成了宋代一种网络化的媒介生态环境，互相密切联系。

　　雕版书籍作为一种新媒介，不仅使得宋代朝廷获得了传播皇权文化的强大工具，而且也使得宋代文人获得了理解文化、创造文化与传播文化——形成文人精神文化世界无比活跃性、丰富性与深刻性的"魔方"，而这一切均得自雕版印刷术神奇的传播功能。民间力量也借此传播民间文化。这些不同层次的文化形成"合唱"，和谐之中有对抗，管制之下有抗争。总之，宋代的话语——不管是皇权的、宫廷的、官方的，还是文士的、商人的、民间的，都以一种印刷媒介的方式——在此种媒介的自由导性之中绽放，风光旖旎，美不胜收。

　　纵观人类媒介史，其实就是一部媒介科技史。每一次重大的科技进步，

---

① 〔宋〕李心传撰：《建炎以来朝野杂记》甲集卷十六，第364页，中华书局，2000年版
② 〔宋〕王称撰：《东都事略》卷四十四《陈尧叟传》，第663页，台北：文海出版社，1979年版。
③ 〔清〕厉鹗辑撰：《宋诗纪事》卷一《在北题壁》，第11页，上海古籍出版社，1983年版。中国古代题壁文化，可参见刘金柱著《中国古代题壁文化研究》，人民出版社，2008年版。
④ 〔宋〕苏轼撰，孔凡礼点校：《苏轼文集》卷五十七《答刁景纯二首》，第1715页，中华书局，1986年版。

都会推动媒介发生重大的进步。雕版书籍不仅是宋代最具价值和影响力的媒介，而且也是宋代诸传播媒介中的主导媒介。

四、儒释道三教并举与宋代书籍出版①

宋代之宗教政策与政教关系。尊师汪圣铎先生大作《宋代政教关系研究》一书，主要从政教关系的学术轴心之视角对宋代宗教政策的确立与演变、宗教政策的调整、宗教活动主要类型及内容、宗教管理、宗教制度、宗教经济及宗教文化等基本问题作了系统、翔实、深入的研究。全书体大思精，史料详赡，分析精辟，论述充实，气势磅礴，足显学术之大力。凡二十七章，依次为：宋太祖、太宗时期的宗教政策，宋真宗的以神道设教，渐变与衡定——宋仁宗时期，相对平稳和低调——宋英宗、神宗、哲宗时期，崇道抑佛——宋徽宗的合一三教，新的平衡——宋高宗、孝宗、光宗时期，理学阴影下的政教关系——宋理宗在位时期，引导与认同——三教调和论占主导位置，宋朝的内道场，祈雨晴、保丰收——为国效忠的重要途径之一，为皇家祝寿——为国效力的又一重要途径，为皇家祈冥福、为国家禳灾除祸，出家僧道的管理，荣誉与地位的引导——关于紫衣师号的颁给的研究，宋代敕赐处士号考辨，南宋御前宫观的高士，网络的完善与被分割——宋朝僧道官制度，寺院宫观的管理制度，宋代的年号寺观与圣洁寺观，佛、道为孝道服务的体现——功德寺观，掌控重点、占据上游——北宋官方直接经营部分寺院，居于主导地位的官宫观，宋代的天庆观，宋代寺院宫观中的御书阁、本命殿，宋王朝与佛教名圣地及名寺院，赏赐不广、限制不严——僧道寺院田产问题研究，与民同负、有限减免——关于寺观、僧道的赋役。

尽管宋代对佛、道二教的政策在不同时期有所变化及一定调整，但是综观有宋一代，由宋初三朝确立的尊崇佛、道二教的基本宗教政策却一直未变。宋代佛、道之政策决定了宋代佛、道二教的兴盛，构成为宋代政治的核心内容之一。同时，宋代佛、道二教的兴盛作为宋代社会中最基本的文化存在与

_____

① 儒家书籍之出版，此处不论，仅取其三教并举之意域。

经济存在实体又对宋代政治、文化、教育乃至经济的发展具有决定性影响。简言之,宋代这一基本的政教关系格局客观上成为了宋代书籍出版的广义文化背景与文化基础。否则,对宋代佛、道二教定义范围内书籍出版的兴盛现象(如七部不同版本之《大藏经》的出版)就无法作出深刻的令人信服的解释。

一、佛教政策与出版。太宗御制云:"大矣哉! 我佛之教也。"① 宋朝将佛教作为事实上的国教。立国之初,即对佛教采取了接受、宽容和支持的政策取向,作为"文治"国策的主要内容之一。② 太祖立国伊始即频频视察皇家寺院大相国寺,以及开宝寺、兴龙寺等寺院,并以帝制出版方式在成都雕印了中国历史上第一部雕版《大藏经》——《开宝藏》。这一政策取向反映在宋朝书籍出版领域中,即大力促进了宋朝佛教书籍的出版。宋朝佛教书籍的出版,在中国古代佛教书籍出版史上占有最为显著的地位,取得了极其辉煌的成就。它不仅具有继往开来的光彩,而且达到了无以超越的高峰。宋朝佛教书籍出版成就的标志性成果就是《大藏经》的出版,有宋一代,共以雕版印刷方式出版了 7 部不同版本的《大藏经》,可谓风采焕然,光耀千古,佛光普现,独领风骚! 每一部《大藏经》,都是一项浩大的出版工程。它的出版意义不仅仅止于《大藏经》本身,而且对于雕版印刷术的普及与传播、刻工的培养等宋朝书籍出版的诸作业层面,乃至对宋朝书籍出版业的整体推进方面都具有无可估量的意义与价值。通过《大藏经》的雕版出版,使雕版印刷术的技术意义随着长期的雕刻及佛教长期的传布而深深地浸化于民间、社会、寺院、道观、士人等社会诸层面。

宋初诸帝不仅在政策层面上支持佛教,而且在书籍出版的具体层面上也支持佛教书籍的编撰、整理、阅读与出版。

太宗亲自支持佛教书籍的翻译,创设译经院。史称:

> 唐自元和以后,不复译经。江南始用兵之岁,有中天竺摩伽陁国僧
> 法天者至鄜州,与河中梵学僧法进共译经义,始出《无量寿》、《尊胜》

---

① 国家图书馆古籍文献丛刊:《宋藏遗珍》(壹)之《大宋新译三藏圣教序》,第 437 页,全国图书馆文献缩微复制中心,2002 年版。

② 汪圣铎先生在《宋代政教关系研究》一书中对该问题有充分而精彩的论述,可参阅。人民出版社,2010 年版。

二经、《七佛赞》，法进笔受缀文，知州王龟从润色之，遣法天、法进献经阙下。太祖召见慰劳，赐以紫方袍。法天请游名山，许之。上即位之五年，又有北天竺迦湿弥罗国僧天息灾、乌填襄国僧施护继至，法天闻天息灾等至，亦归京师。上素崇尚释教，即召见天息灾等，令阅乾德以来西域所献梵夹。天息灾等皆晓华言，上遂有意翻译，因命内侍郑守钧就太平兴国寺建译经院。是月，院成，诏天息灾等各译一经以献，择梵学僧常谨、清沼等与法进同笔受缀文，光禄卿汤悦、兵部员外郎张洎参详润色之，内侍刘素为都监。①

这段记载十分重要。它至少说明了以下诸点：一、太宗平时一直崇尚佛教。二、太宗亲自创立了译经院。三、太宗制订了译经院的翻译制度。四、太宗设想将乾德以来西域所献佛教文献一律译成汉语。五、译经院的翻译程序一般为：先由梵僧口译为汉语，次由梵僧、汉僧或汉人录写为书面汉语，最后由汉人作文字上的加工润色，成为正式译文。六、翻译一词，宋代已成外文书籍编辑与出版的常见专业术语。

这段记载，也可视为宋朝立国初期佛教文献翻译的一篇简史。

大相国寺译经院落成于太平兴国七年（982 年）六月。史称太宗于是年七月"癸卯，幸译经院，尽取禁中所藏梵夹，令天息灾等视藏录所未载者翻译之。"②

《大中祥符法宝录》、《天圣释教总录》、《景祐新修法宝录》③ 三书细致记录了译经院译事、进呈、佛经书籍目录、译经程序、人员分工及构成、译僧身份、管理体制及机制、参与大臣等项，特别是皇帝亲自领导、赏赐、赐序、诏令出版事宜。译经一般皆以崇政殿的政治规格进行并上进，皇帝"诏下印经院开板模印编联如藏"④ 记录明显反映出皇帝对于译经院佛经书籍翻译出版

　　① 〔宋〕李焘撰：《续资治通鉴长编》卷二十三太宗太平兴国七年六月丙子，第 522～523 页，中华书局，1992 年版。

　　② 〔宋〕李焘撰：《续资治通鉴长编》卷二十三太宗太平兴国七年七月癸卯，第 524 页，中华书局，1992 年版。

　　③ 国家图书馆古籍文献丛刊：《宋藏遗珍》（拾玖），《宋藏遗珍》（贰拾），全国图书馆文献缩微复制中心，2002 年版。

　　④ 国家图书馆古籍文献丛刊：《宋藏遗珍》（拾玖），第 15595 页，全国图书馆文献缩微复制中心，2002 年版。

的掌控行为。译经院之佛经书籍出版其实就是典型的帝制出版，完全是帝制意志与人格的产物。

太宗之所以如此重视佛教书籍的翻译出版，是因为他从治国的高度认为佛教"有裨政治"。太平兴国八年（983 年）十月，太宗以新译佛经五卷出示宰相赵普，并集中讲了他对佛教的基本认识。

> 浮屠氏之教有裨政治，达者自悟渊微，愚者妄生诬谤，朕于此道，微究宗旨。凡为君治人，即是修行之地，行一好事，天下获利，即释氏所谓利他者也。庶人无位，纵或修行自苦，不过独善一身。如梁武舍身为寺家奴，百官率钱收赎，又布发于地，令桑门践之，此真大惑，乃小乘偏见之甚，为后代笑。为君者抚育万类，皆如赤子，无偏无党，各得其所，岂非修行之道乎？虽方外之说，亦有可观者，卿等试读之，盖存其教，非溺于释氏也。①

这段话，真是极高明而道中庸之语，即利用佛教治国治世治民的一面，而不要妄信或迷信佛教以至沦为佛教之奴。太宗显然更看重大乘佛教，而认为小乘佛教有危害性。因而，他的佛教书籍翻译、编撰与出版政策也就主要体现了大乘佛教的影响与意识。赵普面聆了太宗的这段训示后，答道："陛下以尧、舜之道治世，以如来之行修心，圣智高远，动悟真理，固非臣下所及。"太宗又说："近者内外政事，渐成条贯，远近官吏，无不畏谨。朕思之，不觉自喜。日行好事，利益于人，便是修行之道。假如饭一僧、诵一经，有何功德，朕夙夜孜孜，固不为己，每焚香，惟愿民庶安辑，不近理之事，断不为也。大凡为君为臣，常宜兢畏，不可放宜。"② 赵普这句回答同样是一句妙语，表面上是对太宗的赞美，实际上是对太宗佛教认识的一种修正策略，即明确以儒家思想为政治主导思想，而以佛教思想为个人修养之资。赵普的这句话，不仅区别了儒家思想与佛家思想在宋朝国家政治中的不同地位，而且实际上也成为了有宋一代文人士大夫们在儒释问题上价值取向之基本的思想模式与观念模式。这一思想与观念模式反映在宋代书籍出版上，产生了普

---

① 〔宋〕李焘撰：《续资治通鉴长编》卷二十四太宗太平兴国八年十月甲申，第 554 页，中华书局，1992 年版。

② 〔宋〕李焘撰：《续资治通鉴长编》卷二十四太宗太平兴国八年十月甲申，第 554 页，中华书局，1992 年版。

遍而深远的影响。因而，宋代佛教书籍的出版尽管成就很大很高，但始终处于儒教之附属地位，不足以与儒家书籍出版的正统政治地位相抗衡，并且出版的民间社会属性更为主要。

据《宋藏遗珍》记录，太宗"御制"佛教书籍即有：《妙觉集》五卷、《莲花心轮回文偈颂》一十一卷、《秘藏诠》二十卷、《秘藏诠佛赋歌行》一卷、《秘藏诠幽隐律诗》四卷、《秘藏诠怀感诗》四卷、《秘藏诠怀感回文诗》一卷、《逍遥诗》一十一卷、《缘识》五卷。大中祥符年间，真宗钦谕僧录司选择京城译经高僧注解整理，"诏下印经院开板模印编联入藏"。① 其中，《妙觉集》由杨亿、赵安仁等准诏编修。

雍熙三年（986 年）十月，太宗将御制《新译圣教序》赐予宰相李昉等。

咸平二年（999 年）八月，真宗任命司封郎中、知制诰朱昂为传法院译经润文官。传法院是宋朝佛教文献的重要编译机构。润文官之设，足见对佛教书籍翻译质量的重视。继太祖亲撰《圣教序》，真宗也亲撰之，并一起编入经藏。

史称："初，太祖、太宗每岁上元历幸佛寺，然后御楼观灯。"咸平五年（1002 年），真宗谒启圣院太宗神御殿，"以启圣院太宗降诞之地，圣容在焉，不欲为燕游之所，故前期往拜，至望夕，乃幸他寺。遂为定制。"② 虽然是拜祖，但是在佛寺中拜祖，更显出真宗对佛教的尊崇来。可见，太祖、太宗、真宗三朝拜佛已成制度。

真宗对佛教及其书籍内容的认识，史称："上又尝著《释氏论》，认为释氏戒律之书，与周、孔、荀、孟迹异道同。大指劝人之善，禁人之恶，不杀则仁矣，不窃则廉矣，不惑则正矣，不妄则信矣，不醉则庄矣。苟能遵此，君子多而小人少。又上生三途之说，亦与三后在天，鬼得而诛之言共贯也。"③ 可见，真宗对佛教书籍的认识比太宗更进一步，将佛教戒律之书同周、孔、荀、孟之书并列，认为其内容及主张"迹异而道同"。这是一个非常令人震惊

---

① 国家图书馆古籍文献丛刊：《宋藏遗珍》（拾玖），第 15587～15624 页，全国图书馆文献缩微复制中心，2002 年版。

② 〔宋〕李焘撰：《续资治通鉴长编》卷五十一真宗咸平五年正月壬寅，第 1107 页，中华书局，1992 年版。

③ 〔宋〕李焘撰：《续资治通鉴长编》卷四十五真宗咸平二年八月丙子，第 961～962 页，中华书局，1992 年版。

的观点，具有将佛教书籍及其内容纳入儒家道统的意指，可谓将佛教文献的治化与教育功能抬举到了无以复加的程度。这种认识视野、理路及其观点，正是宋学的一个显著标志。可见宋学的发展实基于宋初三帝的上述认识，具有专制主义政治环境的基础。

真宗的这一认识贯彻于宋代，为宋代佛教书籍的大量出版提供了至高的权力支持。他本人即是佛教书籍出版的实干家。如大中祥符二年（1009 年）正月，即诏命翰林学士杨亿、知制诰李维、太常丞王曙编辑苏州僧人道元编撰并上献的《传灯录》一书。杨亿等编辑完成后，真宗又命"刻板宣布"。为了编好这部书，真宗还任命昭宣使刘承珪"领护其事"①，即为编书提供特殊的条件和服务。

二、道教政策与出版。宋朝立国伊始即对道教采取了支持政策，作为"文治"国策主要内容之一。建隆三年（962 年）五月，太祖考察太清观。开宝二年（969 年）闰五月，太祖欲聘任真定名道苏澄为皇家道观建隆观观主，遭婉拒后又亲临苏澄居所请求"以养生之术教朕"。苏澄教导太祖说，帝王的养生之道异于常人，应以老子"我无为而民自化，我无欲而民自正"为宗旨，"无欲无为，凝神太和"，②太祖受教而悦。

端拱初年（988 年），太宗诏于昭阳门内道北建皇家道观上清宫。至道元年（995 年）正月，建成此宫，凡 1242 区，太宗亲为书额，仅工钱即耗费数万两之多。这可以说是启真宗崇信道教之端。淳化四年（993 年）闰十月，太宗对大臣明确指出："清净致治，黄老之深旨也。夫万物自有为以至于无为，无为之道，朕当力行之。"③太祖、太宗重视黄老之术，奠定了有宋一代统治者对道教的基本政策。之后，真宗成为了一个实用道教政治主义者并扮演了实用道教政治的历史"主角"。特别值得注意的是，真宗上演的"大中祥符"剧情虽然荒唐，但他却是一个儒释道并取的皇帝。即使是《大中祥符》3 篇天书，也是"辞类《尚书洪范》、《老子道德经》，始言上能以至孝至道绍

---

① 〔宋〕李焘撰：《续资治通鉴长编》卷十太祖开宝二年五月戊辰，第 226 页，中华书局，1992 年版。

② 〔宋〕李焘撰：《续资治通鉴长编》卷七十一真宗大中祥符二年正月己卯，第 1590 页，中华书局，1992 年版。

③ 〔宋〕李焘撰：《续资治通鉴长编》卷三十四太宗淳化四年十月丙午，第 758 页，中华书局，1992 年版。

世，次谕以清净简俭，终述世祚延永之意"。①

端拱末年（989 年），太宗"诏以兴道坊宣祖旧第建道宫"，至道元年正月建成，凡 265 区，赐名洞真，"选京师诸州女冠，得胡又玄等三十一人使居焉"。②

宋初三朝，祷雨祈晴既求佛教，同时也求道教。如，建隆二年（961 年）五月，太祖即幸太清观、相国寺祷雨。咸平五年（1002 年）七月，真宗即幸启圣院、太平兴国寺、上清宫致祷雨霁。内儒外道，以道教来维护儒家皇权政治。真宗时，出于其特殊的政治需要，道教书籍的出版成为了最显著的出版特色。王国维《五代两宋监本考》中考出的北宋国子监版道教书籍，主要涌现于真宗一朝。大中祥符三年（1010 年）十月，丁谓等奉诏编成《大中祥符封禅记》50 卷，真宗亲撰序文，并藏于秘阁。真宗对儒释道三教的总认识是，以儒家为核心，以释道二教合于儒家学说及道统者取之。宋代道教书籍最大的出版成就是《万寿道藏》，这不仅是中国首部雕版《道藏》，而且也是元明《道藏》的祖本与蓝本。在整个中国出版史上，也是最杰出最伟大的代表性书籍出版成果之一。

五、唐宋社会变革对宋代书籍出版的深刻影响

唐宋社会变革一说源自日本史家内藤湖南之中国史研究。内藤氏主要是从广义文化的角度提出"宋代近世说"的，而"唐宋社会变革"一说实即内藤氏之"宋代近世说"。在此，有必要征引内藤氏两段重要的话。

"真正有意义的时代区分，应观中国文化发展的波动大势，作内外两方面的考察。一是由内部向外部发展的路径，即上古某时代中国某一地发生的文化，渐渐发展并向四方扩散的路径。宛如投石池中，水波向四方扩散的情形。其次是反过来看，中国文化向四方扩散，由近及远，促进了其附近野蛮民族

---

① 〔宋〕李焘撰：《续资治通鉴长编》卷六十七真宗大中祥符元年正月乙丑，第 1519 页，中华书局，1992 年版。

② 〔宋〕李焘撰：《续资治通鉴长编》卷三十七太宗至道元年正月乙丑，第 808 页，中华书局，1992 年版。

的觉醒，这些民族觉醒的结果，则时时出现了强大的力量，向中国的内部产生反作用的势力。这就像水波受到池子四周堤岸的阻挡，又反作用于池中心一样。……第三，作为第一、第二的副作用，其水波还会时时越过堤岸，流向附近的地方。在陆上则越过中央亚细亚，开辟与印度、西域的交通，使印度、西域的文化也受到中国文化的影响；后来，在海上，又越过印度洋，与西方诸国有了关系，造成历史上具有世界性波动的伟大交流。但大体上，主要是第一、第二种作用时时反复，生成文化的时代特性。根据这些特性来作时代区分，是最为自然、合理的方法。"① 必须注意，内藤氏这里讲的是文化，而非学者们一般认为的历史。

"唐宋时期一词虽然成了一般用语，但如果从历史特别是文化史的观点考察，这个词其实并没有甚么意义。因为唐和宋在文化的性质上有显著差异：唐代是中世的结束，而宋代则是近世的开始，期间包括了唐末至五代一段过渡期。"②

内藤氏据此理论与方法将中国古代史分为上古（从开辟到东汉中期）、中世（五胡十六国至唐中期，4世纪初期至9世纪初期）、近世（宋代至清代）。上古至中世的过渡期：东汉中期至西晋（2世纪后期至4世纪初期）；中世至近世之过渡期：唐末至五代（9世纪中期至10世纪60年代）。

陈寅恪先生也有相似认识。他指出："综括言之，唐代之史可分前后两期，前期结束南北朝相承之旧局面，后期开启赵宋以降之新局面，关于政治社会经济者如此，关于文化学术者亦莫不如此。"③

内藤氏与陈寅恪先生关于"唐宋社会变革"的论述虽有深刻差异，内藤氏主要从文化上立论，陈寅恪先生则主要从社会、宗族与民族融合诸方面立论，然而二位都肯定唐中叶以来唐宋社会之"变"则是共同的。本书取其共同之"变"，以为立论。

依笔者理解，内藤氏关于中国古代史的分期观及其基于此的"宋近世说"，其划分标准与论述要义正在于广义之文化，即包括物质文化与精神文化

① ［日］内藤湖南著：《内藤湖南全集》第十卷《支那上古史·绪言》。钱婉约著：《内藤湖南研究》，第101~102页，中华书局，2004年版。

② ［日］内藤湖南著：《概括的唐宋时代观》。《日本学者研究中国史论著选译》（第一卷），第10页，中华书局，1992年版。

③ 陈寅恪著：《金明馆丛稿初编》之《论韩愈》，第296页，上海古籍出版社，1980年版。

在内的历史文化。据此义，笔者认为"唐宋社会变革"对宋代书籍出版具有深刻影响。

宋代书籍出版本身即是"宋近世"的一大显著标志。既是科技进步的标志，也是媒介进步的标志，更是文化乃至文明演进的标志。宋代兴盛的书籍出版，促成了宋代社会广义文化意义上的整一，从文官系统、科举制度、教育、科技、文化至货币、商业、社会组织等各种社会要素的意义整一。这种文化及其意义生产的新主流方式为前所未有，实属开创而贯通至1840年鸦片战争前后西方印刷技术及"西学"输入中国之际。

宋代土地私有制、租佃制、劳动者人身权利的相对解放与自由、新质化的城市及其繁荣、广义上的商品农业、商业的发达、货币化、文化的解放以及精神世界中疑古与思想自由之并举、对自然的探索与思考……凡此种种，其社会所积聚之物质能量与精神能量，不独为书籍出版提供了必要的物质生产条件及技术，而且为书籍出版提供了创作、劳动与消费之主体。一言以蔽之，宋代书籍出版蕴含了宋代近世之所有意义，而为其文化之表征。

六、宋学视域中的宋代书籍出版

陈寅恪先生论曰："吾国近年之学术，如考古历史文艺及思想史等，以世局激荡及外缘熏习之故，咸有显著之变迁。将来所止之境，今固未敢断论。惟可一言蔽之曰，宋代学术之复兴，或新宋学之建立是已。华夏民族之文化，历数千载之演进，造极于赵宋之世。后渐衰微，终必复振。"[①] 他在同一文中还两次写到"新宋学之建立"、"建立新宋学"。笔者对这整段话的理解是：宋代学术即宋学，而新宋学是指对宋学的（将来式意义上）复兴或新的建立。也可以认为：宋代学术——宋学，亦即宋代文化。显然，这整段话的语境表明，陈寅恪先生所提之宋学，乃是指宋代文化意义上的宋代学术。

基于此义，则宋代书籍出版自然就是宋学的题中必有之义。因为宋代书籍出版乃是宋代科技、思想与学术文化等文化要素共同演进的结果。宋代观

---

① 陈寅恪著：《金明馆丛稿二编》之《邓广铭〈宋史职官志考证〉序》，第245页，上海古籍出版社，1980年版。

念形态的文化，均因书籍出版而得以传承。无论是在媒介史意义上，还是在书籍功能及书籍传播意义上，雕版书籍——书籍出版均具有最为显著的文化意义。雕版书籍之物理形态固然是一种文化，而其生产的诸环节（写作、编撰、交流、版本比勘、校对、书写、设计、刻印、阅读、传播、反馈等）亦是文化无疑。例如作为宋学的一个分支——宋代新儒学，无论是荆公新学的主要著作，还是蜀学，特别是理学的主要著作，都以雕版生产方式而得以出版并广泛传播。换言之，无论是王安石，还是苏轼，以及朱熹，其主要著作均得以出版，而他们也都成为了有宋一代最著名的作者。

宋代书籍出版（印刷术）应是宋代真理学的标志之一。具体而言，主要是其物理之学的标志之一。①

宋代社会主流文化、精英文化及通俗文化（平民文化），雕版书籍一概"予以出版"。雕版书籍既承载并传播这三种文化，同时又大量地生产、创造并促进了这三种文化。特别是对应于宋代平民社会的平民文化（通俗文化），尤其得力于雕版书籍之生产。从古奥艰涩的经典《尚书》至百姓日用"百科全书"《事林广记》，乃至类乎今日"新婚指南"等书籍，从皇帝的著作至百姓大门上粘贴的"门神"，概以雕版胜任之。

显然，宋代书籍出版不仅本身即是宋学的构成要素，而且极富价值地生产、创造并传播了宋学的文本意义，从而以其媒介功能建构起了宋学的意义世界。

伊尼斯认为："一种新媒介的长处，将导致一种新文明的产生。"②"不同的文明依赖的传播媒介各有不同。"③雕版书籍即为宋代最主流的新媒介，它显然创造了宋学乃至宋代领先于世界的灿烂文明。

七、宋代对唐末五代书籍出版变革、技术及成就的继承

雕版印刷术因佛教传播及历书与数术书之传播而发明于隋末唐初，至唐

---

① 姜锡东：《宋代真理学的构件和后世的取舍》，《河北大学学报》（哲学社会科学版），2010 年第 5 期。

② ［加拿大］伊尼斯著：《传播的偏向》，第 34 页，中国人民大学出版社，何道宽译，2003 年版。

③ ［加拿大］伊尼斯著：《帝国与传播》，何道宽译，第 8 页，中国人民大学出版社，2003 年版。

中叶已有成熟的印刷品（如咸通九年之《金刚经》）。唐末五代，雕版印刷术由民间技术一跃而升入大雅之堂，成为中央政府及士大夫们相中的技术，从而结束了其草根状态，焕发出了主流文化与精英文化生产的盛大光辉。

唐代著名诗人元稹《白氏长庆集序》记载：

> 二十年间，禁省观寺邮候墙壁之上无不书，王公妾妇牛童马走之口无不道，至于缮写模勒，衒卖于市井或持之以交酒茗者，处处皆是。扬越间多作书模勒乐天及予杂诗卖于市肆之中也。其甚者有至于盗窃名姓，苟求自售，杂乱间厕，无可奈何。予于平水市中镜湖旁草市名，见村校诸童竞习诗，召而问之，皆对曰"先生教我乐天微之之诗"，固亦不知予之为微之也。又云鸡林贾人求市颇切，自云本国宰相每以百金换一篇，其甚伪者，宰相辄能辨别之。自篇章以来，未有如是流传之广者。①

对于文中"模勒"一词，学界争论不已，至今未有定论。长期以来，学者引用此文每截止于"处处皆是"，而省略下文，难免犯割舍文意之嫌，影响作出正确判断。此处全面引用，从其语境判断，"模勒"一词似应解释为石刻拓印。否则，仅靠手抄复制，确实难以解释元白诗文畅销之生产原因。再者，除了雕版印刷与石刻拓印两种生产方式外，手抄复制方式亦无须以"模勒"一词相称。"模勒"一词，宋代文献中一般也作石刻出版方式意义使用。例如淳熙四年（1177年）五月二十四日，据知临安府赵磻老上书："得旨就太学建造光尧太上皇帝御书石经阁，将欲就绪，其见在石经《周易》、《毛诗》、《尚书》、《春秋左氏传》、《论语》、《孟子》外，尚有太上皇帝御书《礼记》、《中庸》、《大学》、《学记》、《儒行经解》五篇，不在太学石经之数，今搜访得旧本，重行模勒，欲补礼经之缺。"② 此处"模勒"一词，显然指石刻出版。

五代时期，从皇帝到和尚，从宰相至士大夫，均开始从事雕版书籍之出版。出版之书籍，从儒家《九经》到《文选》、《初学记》、《白氏六帖》，再到释道书籍，以及个人文集，品位高雅。从出版主体看，既有中央政府出版，

① 〔唐〕元稹撰：《白氏长庆集序》，《元氏长庆集》卷五十一，文渊阁《四库全书》本。
② 〔清〕徐松辑，苗书梅等点校，王云海审订：《宋会要辑稿·崇儒六》，第357页，河南大学出版社，2001年版。

又有私人出版，确立了完整的雕版书籍出版方式，即：出版者确定选题——雇工雕版——刷印——出售。

沈括云："版印书籍，唐人尚未盛为之，自冯瀛王始印五经，已后典籍皆为版本。"① 叶梦得云："世言雕板印书始冯道，此不然，但监本五经板，道为之耳。《柳批家训·序》，言其在蜀时，尝阅书肆，云'字书、小学，率雕板印纸'，则唐固有之矣，但恐不如今之工。"② 王明清、朱翌也有同样表述。显然，沈括、叶梦得等均对唐末五代刻书成就予以公认。五代刻书之成就，史有明文。

一、后唐。《五代会要》："长兴三年二月，中书门下奏'请依石经文字刻《九经》印板，敕令国子监集博士儒徒，将西京石印本，各以所业本经，广为抄写，仔细看读，然后雇召能雕字匠人，各部随帙刻印板，广颁天下。如诸色人要写经书，并请依所印刻本，不得更使杂本交错。'盖刻板之流行，实始于此。"③

四月，敕："近以遍注石经，雕刻印版，委国学每经差专知业博士儒徒五六人勘读并注。今更于朝官内别差五人充详勘官。……兼宜委国子监于诸色选人中召能书人，谨楷写出，付匠人雕刻。时宰相冯道以诸经舛谬，与同列李愚委学官等，取西京郑覃所刊石经，雕为印板，流布天下，后进敕之。"④

二、后汉。隐帝乾祐元年（948年）四月，"国子监上言，在监雕印板九经内，只《周礼》、《仪礼》、《公羊》、《谷梁》四经，未有印板。今欲集学官校勘四经文字，雕造印板，从之。"⑤

三、后周。"周田敏为尚书左丞，兼判国子监事。广顺三年六月，敏献印板书五经文字、五经字样各二部，一百三十册。奏曰：'臣自长兴三年校勘雕

① 〔宋〕沈括撰：《梦溪笔谈》卷十八《技艺》，江苏古籍出版社，1999年版。

② 〔宋〕叶梦得撰，宇文绍奕考异，侯忠义点校：《石林燕语》卷八，第116页，中华书局，1984年版

③ 〔宋〕薛居正等撰：《旧五代史》卷四十三《明宗纪》引《五代会要》，第588页，中华书局，1976年版。该处还引用了《爱日斋丛钞》、《通鉴》、《挥麈录》、《五代史补》、《猗觉寮杂记》、《两朝国史》、《柳氏家训》、《石林燕语》等同一记载，反映了薛居正等对雕版印书及其伟大作用的充分关注，所谓"当五季乱离之际，经籍方有托而流布于四方，天之不绝斯文，信矣。"

④ 〔宋〕王钦若等编撰，周勋初等校订：《册府元龟》卷第六百八《学校部·刊校》，第7018页，凤凰出版社，2006年版。

⑤ 〔宋〕王钦若等编撰，周勋初等校订：《册府元龟》卷第六百八《学校部·刊校》，第7018页，凤凰出版社，2006年版。

印九经书籍，经注繁多，年代殊藐，传写纰缪，渐失根源。臣守官胶庠，职司校定，旁求援据，上备雕镌，幸遇圣朝，克终盛事。播文德于有截，传世教以无穷。谨具陈进。'先是，后唐宰相冯道、李愚重经学，因言汉时崇儒，有三字石经，唐朝亦于国学刊刻。今朝廷日不暇给，无能别有刊立。常见吴蜀之人鬻印板文字，色类绝多，终不及经典。如经典校定，雕摹流行，深益于文教矣。乃奏闻。敕下儒官田敏等考校经注。敏于经注长于《诗传》，孜孜刊正，援引证据，联为篇卷，先经奏定，而后雕刻。乃分政事堂厨钱及诸司公用钱，又纳及第举人礼钱，以给工人。"①

司马光记载并称赞这件大事："初，唐明宗之世，宰相冯道、李愚请令判国子监田敏校正《九经》，刻版印卖，朝廷从之。丁巳，板成，献之。由是，虽乱世，《九经》传布甚广。"②

显德二年（955 年）二月，中书奏：国子监祭酒尹"拙状称准敕校勘《经典释文》三十卷，雕造印板"。③

雕版生产方式于唐末五代也被显宦名流采纳。

历仕晋汉的和凝，史称其"有集百余卷，尝自镂板以行于世"。④

后蜀宰相毋昭裔。史称："自唐末以来，所在学校废绝，蜀毋昭裔出私财百万营学馆，且请刻板印《九经》；蜀主从之。由是蜀中文学复盛。"⑤ 后周太祖广顺三年（953 年），昭裔"在成都令门人句中正、孙逢吉书《文选》、《初学记》、《白氏六帖》镂板，守素赍至中朝，行于世"。⑥ 前蜀任知玄以俸钱雇工雕印杜光庭《道德经广圣义》三十卷。前蜀乾德五年（923 年），昙域和尚刻印其师贯休的诗集《禅月集》。

唐及五代佛教书籍印刷，如唐咸通九年（868 年）私刻《金刚经》，以及《降三世十八会》、《金刚般若波罗蜜经》、《陀罗尼经咒》、《无量寿陀罗尼轮

---

① 〔宋〕王钦若等编撰，周勋初等校订：《册府元龟》卷第六百八《学校部·刊校》，第 7018 页，凤凰出版社，2006 年版。

② 〔宋〕司马光编著，〔元〕胡三省音注：《资治通鉴》卷二百九十一《后周纪二》，第 9495 页，中华书局，1956 年版。

③ 〔宋〕王钦若等编撰，周勋初等校订：《册府元龟》卷第六百八《学校部·刊校》，第 7018 页，凤凰出版社，2006 年版。

④ 〔宋〕欧阳修撰：《新五代史》卷五十六《和凝传》，第 640 页，中华书局，1974 年版。

⑤ 〔宋〕司马光编著，〔元〕胡三省音注：《资治通鉴》卷二百九十一《后周纪二》，第 9495 页，中华书局，1956 年版。

⑥ 〔元〕脱脱等撰：《宋史》卷四百七十九《西蜀孟氏》，第 13894 页，中华书局，1977 年版。

图》，以及五代十国时期刻印《大圣毗沙门天王像》、《大慈大悲救苦观世音菩萨像》、《四十八愿阿弥陀佛像》、《应现观世音菩萨立像》、《宝箧陀罗尼经》等皆为实证。其中，吴越王钱俶雕印于后周显德三年（956年）《一切如来心秘密全身舍利宝箧陀罗尼经》，一次即雕印八万四千卷。《应现观世音菩萨立像》题记后刻有"天下兵马大元帅吴越国王钱俶印造"。

上述记载极为重要，基本上勾勒出了雕版技术在唐末五代发生的变革、技术状况、书籍出版方式及其伟大成就。脱胎于五代的宋代，自然地继承了唐末五代之雕版技术、雕版书籍生产方式及书籍出版成果。宋代之书籍出版，以其国家之相对统一，而使唐末五代之书籍出版变革、技术及成就更加发扬光大，而臻于中国雕版书籍之"黄金时代"。①过去论者对宋代书籍出版大加赞誉，而对五代之书籍出版变革、技术及成就实为宋代书籍出版之奠基予以忽略，对此应予正视。唐末五代实为中国出版史上一个革命性的转折时期（或转型时期）。五代时期中央政府对雕版技术的采用——神圣的儒家经典《九经》以雕版方式出版，从而开创了雕版书籍生产方式的新时代。它标志着雕版生产方式取代手抄方式而成为书籍生产的主要方式，雕版书籍取代手抄书籍成为主要书籍形态的新时代。

五代中央政府确立的雕版书籍生产方式，无论在科技史、媒介史方面，还是在文化史、书籍史方面，均是一场具有深刻历史意义的"革命"——深刻地推进了文明进程的"革命"。无论从"宋近世说"言之，还是从"唐宋社会变革论"言之，它都是最具有标志意义的伟大文化事件。以往论者单从印刷技术的应用角度立论，从而严重忽视了它深远的历史内涵、价值及意义。

八、宋初三朝确立的读书理念及书籍观

宋初皇帝确立并亲自贯彻以文抑武的基本国策，即通过读书——书籍出

---

① 国际汉学界也有相同观点。如美国汉学家包弼德认为："宋代在通过当代技术使文化传统得以利用，以及对'学'的传播（这些标准本文献被传播到州和县）上，都超过了他们的五代前辈。"［美］包弼德著：《斯文：唐宋思想的转型》，刘宁译，第159页，江苏人民出版社，2001年版。

版陶冶武人的性情，改造武人的武性，塑造武人的文化心灵。史称："五代以来，领节旄为郡守者，大抵武夫悍卒，皆不知书，必自署亲吏代判，郡政一以委之，多擅权不法。"① 悉知五代武人擅政内幕——本身即出自五代武人擅政政治格局的宋太祖，鉴于五代之乱，英明地决定以文治武。早在建隆三年（962）二月，即对近臣明确指示："今之武臣欲尽令读书，贵知为治之道。"② 欲尽令武臣读书，这不能不说是宋朝开国之君——宋太祖的一个旨意深远的宏伟计划与远大理想。作为五代武人政治的亲历者——宋太祖，在日理万机的宋朝建设初期，不仅提出了武人读书的宏伟计划，而且亲自读书，以为示范。史称："上性严重寡言。独喜观书，虽在军中，手不释卷。闻人问有奇书，不吝千金购之。"③ "上好读书，每遣使取书史馆。"④ 宋太祖之喜读书，早在为周臣之时。史称：

> 显德中，从世宗平淮甸，或谮上于世宗曰："赵某下寿州，私所载凡数车，皆重货也。"世宗遣使验之，尽发笼箧，唯书数千卷，无他物。世宗亟召上，谕曰："卿方为朕作将帅，辟封疆，当务坚甲利兵，何用书为！"上顿首曰："臣无奇谋上赞圣德，滥膺寄任，常恐不逮，所以聚书，欲广闻见，增智虑也。"世宗曰："善！"⑤

这则记载表明，宋太祖早在为将北周时，就已是一个喜好收藏并阅读书籍的与其他武将不同的将帅，而他读书的目的正在于政治。

宋太祖立国之初，将访书、征书、藏书、读书、编书、抄书、书籍出版合为一体，同时进行。访书、征书、藏书的目的，乃是为了读书、编书及书籍出版。早在平蜀过程中，太祖即派遣右拾遗孙逢吉"至成都收伪蜀图书法

---

① 〔宋〕李焘撰：《续资治通鉴长编》卷六太祖乾德三年三月乙未，第150页，中华书局，1992年版。

② 〔宋〕李焘撰：《续资治通鉴长编》卷三太祖建隆三年二月壬寅，第62页，中华书局，1992年版。司马光撰《涑水记闻》也记太祖之言："今之武臣，亦当使其读经书，欲其知为治之道也。"第15页，中华书局，1989年版。

③ 〔宋〕李焘撰：《续资治通鉴长编》卷七太祖乾德四年五月甲戌，第171页，中华书局，1992年版。

④ 〔宋〕李焘撰：《续资治通鉴长编》卷九太祖开宝元年四月丙子，第201页，中华书局，1992年版。

⑤ 〔宋〕李焘撰：《续资治通鉴长编》卷七太祖乾德四年五月甲戌，第171页，中华书局，1992年版。

物"，"图书付史馆"。① 乾德四年（966 年）八月，"诏求亡书。凡吏民有以书籍来献者，令史馆视其篇目，馆中所无则收之。献书人送学士院试问吏理，堪任职官，具以名闻。是岁，《三礼》涉弼、《三传》彭幹、学究朱载皆应诏献书，总千二百二十八卷，命分置书府。赐弼等科名。"② 此后，宋初皇帝多次下诏，以奖励金帛、委任官职、赐予科名等办法大量访求书籍。

乾德四年（966 年）五月，太祖提出"宰相须用读书人"③ 的宰相任用价值标准，表明他对政治与书籍关系的基本认识，凸显了书籍在国家政治生活中的极端重要性，隐示了书籍政治的寓言。史称其"由是益重儒臣矣"④。开国元勋之一的宰相赵普"初以吏道闻，寡学术，上每劝以读书，普遂手不释卷"⑤。皇帝和宰相的示范作用在帝制时代显然是无以复加地具有至高的传播原动力。

对于皇帝接班人之培养，太祖明确提出："帝王之子，当务读经书，知治乱之大体，不必学作文章，无所用也"⑥。帝王文章自有人代作，所以太祖将帝王之子读书之目的与准则规定得十分纯粹。

在太祖的倡导、督促、示范和带领下，文臣武将们的读书生活有了明显进步。对于读书有明显成效者，太祖予以奖励、表扬乃至宠任。例如卢多逊，史称："兵部郎中、知制诰卢多逊充史馆修撰判馆事。……上好读书，每遣使取书史馆，多逊预戒吏令遽白所取书目，多逊必通夕阅览以待问。既而上果引问书中事，多逊应答无滞，同列皆服。上益宠异之。"⑦ 尽管这位卢多逊的读书法明显带有投机色彩，但也不失其读书本色。

太祖于开宝六年（973 年）五月曾对殿中侍御史冯炳讲："朕每读《汉

---

① 〔宋〕李焘撰：《续资治通鉴长编》卷七太祖乾德四年五月甲戌，第 171 页，中华书局，1992 年版。

② 〔宋〕李焘撰：《续资治通鉴长编》卷七太祖乾德四年八月己丑，第 178 页，中华书局，1992 年版。

③ 〔宋〕李焘撰：《续资治通鉴长编》卷七太祖乾德四年五月甲戌，第 171 页，中华书局，1992 年版。

④ 〔宋〕李焘撰：《续资治通鉴长编》卷七太祖乾德四年五月甲戌，第 171 页，中华书局，1992 年版。

⑤ 〔宋〕李焘撰：《续资治通鉴长编》卷七太祖乾德四年五月甲戌，第 171 页，中华书局，1992 年版。

⑥ 〔宋〕司马光撰，邓广铭、张希清点校：《涑水记闻》卷一，第 20 页，中华书局，1989 年版。

⑦ 〔宋〕李焘撰：《续资治通鉴长编》卷九太祖开宝元年四月丙子，第 201～202 页，中华书局，1992 年版。

书》，见张释之、于定国治狱，天下无冤民，此所望于汝也。"① 这说明他读《汉书》不止一遍。

宋太宗同乃兄太祖一样热衷于读书。他读书的目的贯彻了太祖以文抑武的政治思想。他对此讲得很清楚："王者虽以武功克定，终须用文德致治。朕每退朝，不废观书，意欲酌前代成败而行之，以尽损益也。"② 太宗曾对近臣谈他读《老子》的心得说："朕每读《老子》至'佳兵者，不祥之器，圣人不得已而用之'，未尝不三复以为规戒。"③ 这一心得也成为他处理宋辽政治及军事关系的主要理论之一，即守境安民，不滋事端，以维持宋辽关系现状为主。对于朝廷显官，太宗力劝其读书。例如太平兴国八年（983 年）正月，太宗对新任宣徽南院使、兼枢密副使，出身于殿前小吏的王显告诫说："卿世非儒门，少罹兵乱，必寡学问，今典掌万机，固无暇博览群书。"于是命左右取军戒三篇赐给王显，叮嘱他："读此可免于面墙矣。"④

太宗从认识历代政治经验的视角而读书。他说："朕览前书，备见历代治乱。大抵君臣之际，先要情通，情通则道合，故事皆无隐，言必可用。"⑤ 通过读书，他深刻地认识到了君臣之间信息互通，特别是下情上达的重要性。

太平兴国八年（983 年）十一月，太宗诏命史馆日进《太平总类》三卷，"朕当亲览"。他说："朕性喜读书，开卷有益，不为劳也。此书千卷，朕欲一年读遍，因思学者读万卷书亦不为劳耳。"⑥ 并将此书改名为《太平御览》。正是这位宋太宗，亲自策划并诏命编撰成了宋初三大类书《太平广记》、《太平御览》和《文苑英华》，从而彪炳于中国编辑出版史之史册上。

宋初太祖与太宗躬亲示范，大力倡导读书，从而奠定了有宋一代对书

① 〔宋〕李焘撰：《续资治通鉴长编》卷十四太祖开宝六年五月甲戌，第 302 页，中华书局，1992 年版。

② 〔宋〕李焘撰：《续资治通鉴长编》卷二十三太宗太平兴国七年十月辛酉，第 528 页，中华书局，1992 年版。

③ 〔宋〕李焘撰：《续资治通鉴长编》卷二十三太宗太平兴国七年十月辛酉，第 528 页，中华书局，1992 年版。

④ 〔宋〕李焘撰：《续资治通鉴长编》卷二十四太宗太平兴国八年正月己卯，第 538 页，中华书局，1992 年版。

⑤ 〔宋〕李焘撰：《续资治通鉴长编》卷二十四太宗太平兴国八年十一月壬申，第 558 页，中华书局，1992 年版。

⑥ 〔宋〕李焘撰：《续资治通鉴长编》卷二十四太宗太平兴国八年十一月庚辰，第 559 页，中华书局，1992 年版。

籍——书籍出版高度重视的理念。书籍出版成为宋代实行文治的基本国策之一。正是因为太祖与太宗对读书的高度重视的理念，才促进了宋代书籍出版业，为宋代书籍出版的发展与繁荣开辟了政治与政策上的光辉大道。

宋初最高统治者对书籍的重视，书籍出版作为宋初实行文治的基本国策，可用太宗的一句话加以概括，即：

> 夫教化之本，治乱之源，苟无书籍，何以取法？①

大臣们也有同样认识。如韩琦认为：

> 历古以来，治天下者莫不以图书为急，盖万务之根本，后世之模法，不可失也。②

探求帝王之道，是太宗读书的一大目的。雍熙元年（984 年）正月，太宗对侍臣讲："朕读《晋史》，见武帝平吴之后，溺于内宠，后宫所蓄殆数千人，深为烦费，殊失帝王之道，朕常以为深戒。"③ 处理君臣关系，也是太宗读书的一大目的。九月，太宗读史书，对宰相宋琪讲："朕观书至此，未尝不嗟赏数四，自古君臣，非道合何以及此。若君不信用，虽有直臣，亦无以行其道。"宋琪答道："非陛下博览，安能得此监戒。然臣闻'知之非艰，行之惟艰'，愿陛下勉之。"④ 太宗深表赞同。

太宗对读书与处理政事二者之间的关系颇有心得。

雍熙元年（984 年）十月，太宗对宰相讲了他的这一读书习惯。他说："朕每日所为有常度，辰巳间视事，既罢，即看书，深夜乃寝，五鼓而起，盛暑永昼未尝卧，至于饮食，亦不过差，行之已久，甚觉得力。凡人饮食饱，无不昏浊，倘四肢无所运用，更复就枕，血脉凝滞，诸疾自生。欲其清爽，得乎？《老子》云我命在我不在天，全系人之调造。卿等亦当留意，无自轻于

---

① 〔宋〕李焘撰：《续资治通鉴长编》卷二十五太宗雍熙元年正月壬戌，第 571 页，中华书局，1992 年版。
② 〔宋〕李焘撰：《续资治通鉴长编》卷一百八十六仁宗嘉祐二年八月乙巳，第 4486 页，中华书局，1992 年版。
③ 〔宋〕李焘撰：《续资治通鉴长编》卷二十五太宗雍熙元年正月丁丑，第 573 页，中华书局，1992 年版。
④ 〔宋〕李焘撰：《续资治通鉴长编》卷二十五太宗雍熙元年九月，第 587 页，中华书局，1992 年版。

摄养也。"① 在此，他把处理政事、读书与饮食起居、养生合在一起加以论述，可见读书不仅是他固定的生活习惯，而且也是他处理政事与养生的题中应有之义。

端拱元年（988 年）三月，太宗对户部使李惟清讲："朕读《汉书·贾谊传》，夜分不倦。谊当汉文时，天下治平，指论时事，尤为激切，至云长太息，堪恸哭者，盖欲感动人主，不避触麟，真忠臣明国体者也。今廷臣有似此人者否？"李惟清答道："陛下登位以来，亲选贡士，所谓俊彦盈廷者矣。若言事中理，少赐奖擢，苟不知忌讳，亦望含容，即贾谊之流复出。"② 可见太宗读史书，念念不忘的仍是君臣关系及国家政治。

淳化二年（991 年）闰二月，太宗对秘书监李至讲："朕年长，他无所爱，但喜读书，多见古今成败，善者从之，不善者改之，斯已矣。"这句话可说是对太宗一生读书目的的总概括。他以符彦卿为鉴，时刻检讨自己的行为，对李至讲："人之嗜好，不可不戒。不必远取前古，只如近世符彦卿，累任节镇，以射猎驰逐为乐，于是近习窥测其意，争献鹰犬，彦卿悦而假借之，其下因恣横侵扰。故知人君当淡然无欲，勿使嗜好形见于外，则奸佞无自入焉。"③

淳化三年（992 年）二月，太宗"诏以新印《礼记·儒行篇》赐中书、枢密、两制、三馆等人各一轴。先是，御试进士，以《儒行篇》为论题，意欲激劝士流修儒行，故命雕印。首赐孙何等，次及宰辅近臣至铨司选人，令置于厅事，以代座右之诫。"④ 这也是宋朝御制出版方式的一个显例。利用雕版技术，通过书籍出版实施文治，这在宋朝已经成为了皇帝的重要工作。像这部太宗钦定的《儒行篇》，专门用来作为大臣及进士的"座右铭"，以此统一天下士流的理想。

曾经有宰相等人要求太宗封王继恩为宣徽使，太宗严辞拒绝。他明确指出："朕读前代史书多矣，不欲令宦官干预政事。宣徽使，执政之渐也。止可

---

① 〔宋〕李焘撰：《续资治通鉴长编》卷二十五太宗雍熙元年十月甲申，第 588 页，中华书局，1992 年版。

② 〔宋〕李焘撰：《续资治通鉴长编》卷二十九太宗端拱元年三月甲子，第 650 页，中华书局，1992 年版。

③ 〔宋〕李焘撰：《续资治通鉴长编》卷三十二太宗淳化二年二月戊寅，第 713 页，中华书局，1992 年版。

④ 〔宋〕王应麟撰：《玉海》卷五五《淳化赐儒行篇》，第 1054 页，广陵书社，2003 年版。

授以它官。"① 最后另立宣政使名授以王继恩。

宋代对于宗室子弟皆以儒学教育为主。如，大中祥符二年（1009 年）九月，真宗就宗室子弟的儒学教育问题对王旦作出了明确指示。他说："今宗室诸王所习，惟在经籍"，谕示曰："宫中常听书习射，最胜他事。"② 真宗以"惟""最"这样绝对的语言表明了儒学教育对王室男性成员的权威性。大中祥符五年（1012 年）五月，真宗明确要求以《五经》教育诸王。他说："诸王暇日，莫若读书缀文。尝有请读史者，朕谕以学古莫若读《五经》，皆圣人之言也。"③

太祖、太宗之后宋代诸帝，基本上都继承了读书这一文治"家法"，以读书——书籍出版来躬行文治。宋初下诏征书的"文治"政策，主要经过太祖、太宗、真宗三朝的征书，征得了大量藏书。这些书籍主要储藏在史馆、集贤院、昭文馆、崇文院、秘阁、龙图阁、太清楼、国子监等处。丰富的藏书，成为宋代诸帝读书的无尽宝藏。例如咸平二年（999 年）闰三月，真宗即"诏三馆写四部书二本来上，一置禁中之龙图阁，一置后苑之太清楼，以备观览。"④ 咸平四年（1001 年）冬十月，主客司员外郎、直集贤院李建中反映，太清楼群书，恐有谬误，请选官重校。"上因阅书目，见其缺者尚多，仍诏天下购馆阁逸书，每卷给千钱，及三百卷者，当量材录用。"⑤

宋初三朝确立的读书理念既是书籍出版生产力发展的观念反映，也是文化发展对书籍需求的集中表达与社会促进。

---

① 〔宋〕李焘撰：《续资治通鉴长编》卷三十六太宗淳化五年八月甲午，第 792 页，中华书局，1992 年版。

② 〔宋〕李焘撰：《续资治通鉴长编》卷七十二真宗大中祥符二年九月乙亥，第 1635 页，中华书局，1992 年版。

③ 〔宋〕李焘撰：《续资治通鉴长编》卷七十七真宗大中祥符五年五月癸酉，第 1764 页，中华书局，1992 年版。

④ 〔宋〕李焘撰：《续资治通鉴长编》卷四十四真宗咸平二年三月庚寅，第 935 页，中华书局，1992 年版。

⑤ 〔宋〕李焘撰：《续资治通鉴长编》卷四十九真宗咸平四年十月甲子，第 1080 页，中华书局，1992 年版。

第二章　宋代书籍出版体制及其生产（上）

宋代政府出版，是指中央政府部门及地方政府部门利用政府资金主持的书籍出版。政府出版居于宋代出版三大系统（官刻、私刻、坊刻）之首，体现了宋代中央政府的出版政策，反映了宋代中央政府的意识形态及其精神价值。宋代政府出版具有如下特点：1. 政府高度重视，具有明确的出版主导思想。2. 从中央政府到地方政府，书籍出版成为政府普遍的政治行为与文化行为。3. 经史子集类书籍全面出版。4. 出版制度化。5. 在宋代整个出版业中占据主导地位，体现了宋代政府最基本最核心的出版思想。6. 书籍出版质量居于上乘。

宋代政府书籍出版既体现了前后一致的整一性，又显示了国家政治变化的敏感性，从而体现出不同时期书籍出版的政治特色及文化特色。如太宗时期大型类书之编撰出版、真宗时期道教书籍之编撰出版、仁宗时期医学书籍之编撰出版、神宗时期"新学"书籍之编撰出版、理宗时期理学书籍之编撰出版。

媒介即政治，政治即媒介。宋朝国家机器建成了一部完整的媒介机器。

一、中央政府书籍出版体制①

宋朝中央政府各部（机构）从事及参与书籍出版。除儒家《九经》等经史书籍的出版外，政策法规、法律、行政文书等书籍也时常出版。如：

---

① 笔者研究发现，对应于宋代政治体制、经济体制、文化体制、教育体制，在宋代国家体制与经济体制框架内，特别是在宋代政治管理体制以及社会经济体制框架内，宋代书籍生产体制无疑是客观存在的，如国子监出版体制即十分典型，以及出版行政管理体制等。否则，就无法对宋代发达的书籍生产事业（选题、创作、编撰、编辑、生产、发行、传播）作出总体上的客观评价，以及结构上分类上的清楚研究。整体研究与结构研究均需此一体制意义上的逻辑设定。再者，体制一词，亦是一个有大有小的组织结构概念。

1. 刑部。《续资治通鉴长编》记载"令刑部锁宿雕字人模印颁行。"① 可知刑部也从事书籍出版。

2. 编修院、司天监、崇文院。景祐元年（1049 年）十月，诏编修院令司天监审定《土牛经》一书，由知制诰丁度撰序，最后"送崇文院镂板颁行"。② 这是一部关于牛文化、风俗文化、神秘文化的书，仁宗、编修院、司天监均参与了编审出版，显然主要是出于对农业生产的重视。崇文院还出版了《吴志》、《隋书》、《齐民要术》、《律文》、《音义》、《群经音辨》等书。

3. 御府。《三朝训鉴图》十卷，学士李淑、杨伟等修纂。"庆历八年，伟初奉旨检讨三朝事迹，乞与淑共编，且乞制序。皇祐元年书成。顷在莆田，有售此书者，亟求观之，则已为好事者所得，盖当时御府刻本也。"③

4. 译经院。《景祐天竺字源》，惟净等集，"华梵对翻"，"有十二转声，三十四字母，各有齿、牙、舌、喉、唇五音。仁宗御制序，镂版颁行"④。这是一部双语对照的语言学习书籍。

5. 司天监。熙宁四年（1071 年）二月，"诏司天监印卖历日，民间毋得私印，以息均给本监官属。"司马光指责王安石变法为"营利"时举例，"又民侯氏世于司天监请历本印卖，民间或更印小历，每本直一二钱。至是尽禁小历，官自印卖大历，每本直钱数百，以收其利。"⑤ 可见司天监垄断历书出版。

6. 六曹各部。大观三年（1109 年）四月，大臣建议"凡御笔手诏刊印成策，半岁一颁"。这一诏书汇编作品涉及到六曹各部，要求"六曹及诸处被受御笔手诏，即时关刑部，别策编次，专责管吏分上下半年雕印颁行"。⑥ 这显然是由刑部主持出版而几乎涉及到中央政府各部门的出版行为。

---

① 〔宋〕李焘撰：《续资治通鉴长编》卷六十一真宗景德二年九月戊午，第 1366 页，中华书局，1992 年版。所列书籍以编辑出版时间为序，没有明确时间者列后。

② 〔清〕徐松辑，苗书梅等点校，王云海审订：《宋会要辑稿·崇儒五》，第 270 页，河南大学出版社，2001 年版。

③ 〔宋〕陈振孙著，徐小蛮、顾美华点校：《直斋书录解题》，第 163 页，上海古籍出版社，1987 年版。

④ 〔宋〕陈振孙著，徐小蛮、顾美华点校：《直斋书录解题》，第 356 页，上海古籍出版社，1987 年版。

⑤ 〔宋〕李焘撰：《续资治通鉴长编》卷二二〇神宗熙宁四年二月戊寅，卷二二八熙宁四年十二月辛酉，第 5360、5553 页，中华书局，1992 年版。

⑥ 〔清〕徐松辑，苗书梅等点校，王云海审订：《宋会要辑稿·崇儒六》，第 332 页，河南大学出版社，2001 年版。

7. 左廊司局。出版《春秋经传集解》，后刻印记："淳熙三年四月十七日，左廊司局①内曹掌典秦玉桢等奏闻，《壁经》、《春秋》、《左传》、《国语》、《史记》等书，多为蠹鱼伤牍，不敢备进上览，奉敕用枣木椒纸各造十部，四年九月进览。监造臣曹栋校梓，司局臣郭庆验牍。"②

8. 秘书省。《南宋馆阁续录》记载"秘书省见印到《中兴馆阁书目》"③。

9. 修内司④。出版王继先等奉诏校定《本草》、《混成集》等书。《齐东野语》记载："《混成集》，修内司所刊本，巨帙百余。古今歌词之谱，弥不备具。只大曲一类凡数百解，他可知矣，然有谱无词者居半。……《霓裳》一曲共三十六段。……太后令内人歌之，凡用三十人，每番十人，奏音极高妙。"⑤

10. 德寿殿⑥。出版刘球《隶韵》一书，第十卷末行有"御前应奉沈亨刊"⑦ 七字。沈亨当是御前供奉刻字匠人。

11. 太医局。出版《小儿卫生总微论方》、《脉经》等书。

12. 宫廷。出版《春秋加减》一卷，唐元和十三年国子监奉敕定，不著人名。"此本作小褾册，才十余板，前有睿思殿书籍印，末称臣雩校正，盖承平时禁中书也。"⑧

---

① 左廊司局，应为宫廷中御用供奉机构。此处"左廊司局内曹掌典"，应为具体掌管典籍之职。岳珂《桯史》中"廊食"条似可参考，中华书局，1981 年版。

② 〔清〕于敏中编：《天禄琳琅书目后编》卷三《春秋经传集解》。《宋元明清书目题跋丛刊》（十七），第 258 页，中华书局，2006 年版。

③ 〔宋〕陈骙、佚名撰，张富祥点校：《南宋馆阁续录》卷六，第 222 页，中华书局，1998 年版。

④ 修内司为北宋所设皇宫中营造制作机构，隶属将作监，专门掌管皇宫所需物质生产制作事务。今首都博物馆藏有一件玉勒子，上刻"般若波罗蜜多心经"等文字，十分精美。该件玉器落款为"皇宋宣和元年冬十月修内司玉作所虔制"。据此可推知，修内司中应设有书籍雕印之专门作坊。

⑤ 〔宋〕周密撰，张茂鹏点校：《齐东野语》卷十《混成集》，第 187 页，中华书局，1983 年版。

⑥ 德寿宫原为秦桧旧第。秦桧败亡后收归官有，改筑新宫。1162 年，高宗移居新宫，并改名"德寿宫"。1189 年，孝宗内禅退居德寿宫。德寿宫中有德寿殿。因此，德寿宫刻书即皇室刻书。岳珂记载："德寿在北内，颇属意玩好。孝宗极先意承志之道，时网罗人间，以供怡颜。"据此可窥知德寿殿刻书之文化生态环境。岳珂撰：《桯史》卷二《行都南北内》、卷四《寿星通犀带》，第 13 页，第 40 页，中华书局，1981 年版。又，"德寿宫、德寿殿二额，皆寿皇御书"。〔宋〕陆游撰：《老学庵笔记》，卷二，第 20 页，中华书局，1979 年版。

⑦ 〔清〕莫友芝撰，傅增湘补订，傅熹年整理：《郘亭知见传本书目》卷三《经部》十，第 180 页，中华书局，2009 年版。

⑧ 〔宋〕陈振孙著，徐小蛮、顾美华点校：《直斋书录解题》，第 57 页，上海古籍出版社，1987 年版。

(一) 帝制及其书籍出版

帝制对于书籍出版具有至高的权力决定作用。主要体现为皇帝以"诏命"乃至规划、策划、主持、组织、督促、检查的方式实际领导的书籍编辑与书籍出版方式。这种方式往往也由"监修"的方式呈现，即皇帝委任大臣担纲实际主编。这类书籍，选题及选题构思往往由皇帝亲自提出。宋代帝制领导出版的成就是辉煌的，树立了此后中国古代社会帝制领导出版的典范。出版的书籍种类主要有：儒经、正史、法律、医书、本朝实录以及其他书籍。

皇帝实际上是宋朝最大的书籍出版者（或曰出版家）。不仅是宋朝书籍出版的战略规划者、重大书籍选题项目制定者，而且是宋朝至高的书籍出版管理者与统治者。皇帝还亲自撰著文集，具体参与到书籍出版的每一个主要生产环节。例如宋朝"四大类书"，其策划者、领导者、最高主编都是皇帝本人。宋太宗一人即策划并主编了其中的 3 部，即《太平广记》、《太平御览》和《文苑英华》。宋真宗则子承父志，领导编撰了《册府元龟》。

太宗本人的著作（作品）及其出版、宣赐情况，史书记载："御制御书《逍遥咏》十一卷，《缘识》五卷，《秘阁诠》三十卷，《秘藏诠禅枢要》三卷，《莲花心经回文偈颂》三十卷，《心轮图》一轴，《注金刚经宣演》一部，已上并印本随《大藏经》颁行。副本百三十三部，总千九百四十四卷，并印本文集中录出歌诗、文赋，别行三百七十六卷，并印本刻石杂书三百四十七轴，刻石杂书簇子七百五十三轴，已上赐天下名山寺观并中外臣僚及兖州至圣文宣王庙。"太宗是著名书法家，也是高产作家。他的作品主要通过石刻出版与雕版出版两种出版方式得以出版。虽然不能精确统计其雕版作品的数字，但是由这段记载完全可以断定太宗大量作品已经雕版出版。①

出版学认为，编辑是整个出版中的核心环节，是书籍内容与信息生产的核心。宋代出版之书籍，必定经过了编辑工作此一核心环节。但是，经过编辑工作的书籍并不一定全部得以出版。有明确出版记载的书籍自不待言，然而经过必要的编辑工作却没有明确出版记载的书籍也未必事实上就没有正式出版。书籍出版本是一个完整的系统工程，体现了书籍出版完整的出版生态。基于这一出版生态理念，下面以宋初三帝的书籍编撰及出版行为作一历时性

---

① 〔清〕徐松辑，苗书梅等点校，王云海审订：《宋会要辑稿·崇儒六》，第 320 页，河南大学出版社，2001 年版。

与共时性的出版生态考察，而不将编辑与出版各自单另考察，以窥知宋朝初期中央专制主义权力直接从事书籍出版的出版生态。

建隆二年（961年）正月，监修国史王溥等上《唐会要》一百卷。太祖"诏藏史馆，赐物有差。"①

乾德元年（963年）七月，监修国史王溥又上新修梁、后唐、晋、汉、周《五代会要》三十卷。

七月，"己卯，判大理寺事窦仪等上《重定刑统》三十卷，《编敕》四卷，诏刊板模印颁天下。"② 这部书是太祖命令窦仪、苏晓正、奚屿丞、张希逊、陈光乂、冯叔向等共同编撰的。

乾德二年（964年）二月，翰林学士窦仪等上《新定四时参选条件》一书，指出："诸州印发春季选人文解，自千里至五千里外，分定日限为五等，各发离本处，及京百司文解，并以正月十五日前到省，余季准此。"③ 从这条史料可知，《新定四时参选条件》必然刊行。这部行政规定类书籍及诸州印发的"文解"表明，雕印出版已经普遍应用于宋代的行政管理之中。雕印出版对于宋朝行政管理的程式化、系统化起到了积极作用。

五年（967年）三月，"朝廷自削平川、峡，即颁《刑统》、《编敕》于管内诸州，其载建隆三年三月丁卯诏书及结状条样。"④

开宝六年（973年）四月，翰林学士卢多逊等呈上所编《开宝通礼》二百卷，《义纂》一百卷，并附有司施行。"诏改乡贡《开元礼》为乡贡《通礼》，本科并以新书试问。"⑤

四月，太祖"诏参知政事薛居正监修梁、后唐、晋、汉、周五代史"⑥。

"知制诰王祜等上《重定神农本草》二十卷。上制序，摹印以颁天下。"⑦

十二月，太祖命参知政事卢多逊、知制诰扈蒙等"考正违异，削去重复，

① 〔宋〕李焘撰：《续资治通鉴长编》卷二太祖建隆二年正月甲子，第39页，中华书局，1992年版。

② 〔宋〕李焘撰：《续资治通鉴长编》卷四太祖乾德元年七月己卯，第99页，中华书局，1992年版。

③ 〔宋〕李焘撰：《续资治通鉴长编》卷五太祖乾德二年二月戊申，第121～122页，中华书局，1992年版。

④ 〔宋〕李焘撰：《续资治通鉴长编》卷八太祖乾德五年四月戊寅，第193页，中华书局，1992年版。

⑤ 〔宋〕李焘撰：《续资治通鉴长编》卷十四太祖开宝六年四月辛丑，第299页，中华书局，1992年版。

⑥ 〔宋〕李焘撰：《续资治通鉴长编》卷十四太祖开宝六年四月戊申，第300页，中华书局，1992年版。

⑦ 〔宋〕李焘撰：《续资治通鉴长编》卷十四太祖开宝六年四月戊申，第300页，中华书局，1992年版。

补其缺漏，参校详议，取悠久可用之文"，编成《长定格》三卷、《循资格》一卷、《制敕》一卷、《起请条》一卷。书成后，太祖"颁为永式"①。

七年（974 年）十一月，监修国史薛居正等呈上新修《五代史》一百五十卷。太祖当即阅读，第二天就对宰相讲："昨观新史，见梁太祖暴乱丑秽之迹，乃至如此，宜其旋被贼虐也。"②

太平兴国二年（977 年）三月，太宗"命翰林学士李昉等编类书为一千卷，小说为五百卷。《宋朝要录》：诏李昉、扈蒙等以《御览》、《艺文类聚》、《文思博要》及前代类书，分门编为一千卷。野史、传记、小说编为五百卷。"③ 此即太宗诏命编撰《太平御览》、《太平广记》二大类书。

五月，诏太子中舍陈鄂等人共同校定《玉篇》、《切韵》。

太平兴国三年（978 年）正月，命翰林学士李昉等修《太祖实录》，直学士院汤悦等修《江表事迹》。

六月，韶州按照太宗的诏令收集并编定唐相张九龄文集九卷，连同张氏画像一并献上。

太平兴国四年（979 年）十二月，太宗"命有司取国初以来敕条纂为《太平兴国编敕》十五卷，行于世。"④

太平兴国六年（981 年）十二月，太宗"命驾部员外郎、知制诰贾黄中与诸医工杂取历代医方，同加研校，每一科毕，即以进御，仍令中黄门一人专掌其事。"⑤ 可见太宗对于医书编撰的精心管理。史称是年十二月，太宗下诏："诸州士庶，家有藏医书者，许送官。愿诣阙者，令乘传，县次续食。第其卷数，优赐钱帛，及二百卷以上者与出身，已仕官者增其秩。"可见太宗为了编撰医书，在书籍材料收集上不惜金钱，提供了至为优惠的政策及物质条件。史称"未几，徐州民张成象以献医书，补翰林医学。自是诱致来者，所

①〔宋〕李焘撰：《续资治通鉴长编》卷十四太祖开宝六年十二月戊申，第 311 页，中华书局，1992 年版。

②〔宋〕李焘撰：《续资治通鉴长编》卷十五太祖开宝七年十月甲子，第 326 页，中华书局，1992 年版。

③〔宋〕李焘撰：《续资治通鉴长编》卷十八太宗太平兴国二年三月戊寅，第 401 页，中华书局，1992 年版。

④〔宋〕李焘撰：《续资治通鉴长编》卷二十太宗太平兴国四年十二月丁卯，第 466 页，中华书局，1992 年版。

⑤〔宋〕李焘撰：《续资治通鉴长编》卷二十二太宗太平兴国六年十月丙戌，第 503 页，中华书局，1992 年版。

获颇众。"① 张成象由一介平民，因献医书而一步升为翰林医学。

太宗非常重视书籍的编校质量，对于质量低劣的书籍坚决处理。

太平兴国八年（983 年）六月，太宗亲试进士，杭州进士吴铉献上他校定的《切韵》一书。"既中第，授大理评事，史馆勘书。铉所定《切韵》，多吴音，增俗字数千，鄙陋尤甚。寻礼部试贡举人，为铉《韵》所误，有司以闻，诏尽索而焚之。"②

雍熙三年（986 年）十月，太宗将御制《新译圣教序》赐予宰相李昉等。

十一月，史称："上留意字学，以许慎《说文》差缪，学者无所依据，乃诏右散骑常侍徐铉、著作郎直史馆句中正等精加雠校。十一月乙丑朔，铉等上新定《说文》三十卷，凡经典相承传写及时俗要用，而《说文》不载者，承诏皆附益之，上称善，遂令模印颁行，各赐器币有差。"③ 可见，太宗对《说文》一书颇有研究，针对其存在的差缪，指示著名专家精心校勘，并在体例编撰上作出了新的增益，最后颁行天下，作为钦定版标准而权威的工具书。

十二月，史称："上以诸家文集，其数实繁，虽各擅所长，亦榛芜相间，乃命翰林学士宋白等精加铨择，以类编次，为《文苑英华》一千卷，壬寅，上之，诏书褒答。"④

至此，由宋太宗亲自担纲总策划和总主编的宋初三大类书——中国出版史乃至世界出版史上的著名类书《太平御览》、《太平广记》与《文苑英华》三大书籍编撰工程全部完成。

雍熙四年（987 年）十月，史称："先是，史馆承诏集《神医普救方》，中使王文寿监督"，至此"翰林学士贾黄中等上《神医普救方》一千卷，诏颁行之"⑤。由前述，可见这部医书的编辑出版，从收集资料到监督管理，从史馆到翰林院的部门人员使用，凝聚了太宗的旨意。

---

①〔宋〕李焘撰：《续资治通鉴长编》卷二十二太宗太平兴国六年十二月癸酉，第 506 页，中华书局，1992 年版。

②〔宋〕李焘撰：《续资治通鉴长编》卷二十四太宗太平兴国八年六月戊申，第 547 ～ 548 页，中华书局，1992 年版。

③〔宋〕李焘撰：《续资治通鉴长编》卷二十七太宗雍熙三年十一月乙丑，第 625 页，中华书局，1992 年版。

④〔宋〕李焘撰：《续资治通鉴长编》卷二十七太宗雍熙三年十二月乙未，第 625 页，中华书局，1992 年版。

⑤〔宋〕李焘撰：《续资治通鉴长编》卷二十八太宗雍熙四年十月庚寅，第 640 页，中华书局，1992 年版。

太宗根据学术研究的最新进步，改进书籍内容，出版修定版书籍。端拱二年（989 年）五月，太宗对直史馆句中正讲："卿深于字学，凡有声无文者几何？"句中正回去后整理条列了一卷呈上。太宗对他讲："朕亦得二十余字，可并录之。"① 因命句中正与史馆编修吴铉等撰定《雍熙广韵》一百卷。六月，修定版《广韵》完成，凡一百卷，诏书嘉奖。这个事例表明，太宗亲自参与学术研究，且能够尊重并发挥专家学者的学术研究专长，共同将学术研究新成果编辑于书籍之中。

淳化二年（991 年）三月，翰林学士宋白等呈上重新编定的《淳化编敕》三十卷。

淳化三年（992 年）五月，史称："上复命医官集《太平圣惠方》一百卷，己亥，以印本颁天下，每州择明医术者一人补医博士，令掌之，听吏民传写。"② 《太平圣惠方》是宋代一部著名医书，其书名即反映了太宗领导编撰此书的编辑出版意图。太宗从选题策划到编撰事务，从出版到发行，均体现了明确的出版思想。这部书不仅是实用的，而且对天下吏民也是实行"文治"国策的重要书籍之一。

淳化五年（994 年）四月，参知政事苏易简报告太宗，故知制诰赵陵几曾经补修唐武宗以来《实录》。太宗马上即"诏遣殿中丞、直史馆南安钱熙承传往取其书。熙得陵几所著会昌以来日历二十六卷及它书，凡百卷来上，实录盖未成也。诏赐其家钱十万。"③

这则史料再次证明了太宗对于书籍编撰的高度重视。赐钱十万，这应是一笔价值不菲的高额"稿酬"。

真宗时，宋朝书籍编撰与出版在太祖、太宗奠基之上登上了一个新的台阶，进入了一个新阶段。

咸平元年（998 年）正月，史称：

> 初，李至判国子监，上言："本监先校定诸经义疏，其间文字，讹谬

---

① 〔宋〕李焘撰：《续资治通鉴长编》卷三十太宗端拱二年六月丁丑，第 680 页，中华书局，1992 年版。

② 〔宋〕李焘撰：《续资治通鉴长编》卷三十三太宗淳化三年五月甲午，第 736 页，中华书局，1992 年版。

③ 〔宋〕李焘撰：《续资治通鉴长编》卷三十五太宗淳化五年四月丙戌，第 779 页，中华书局，1992 年版。

尚多，深虑未副仁君好古诲人之意。盖前所遣官，多专经之士，或通《春秋》者未习《礼记》，或习《周易》者不通《尚书》，至于旁引经史，皆非素所传习，以是之故，未得专详。伏见国子博士杜镐，直讲孙奭、崔颐正，皆苦心强学，博贯《九经》，问义质疑，有所依据。望令重加勘正，除去舛谬。"太宗从之。丁丑，蔡州学究刘可名又上言诸经板本多误，上令择官详校，因访群臣通经义者，至复以颐正对。上曰："朕宫中无事，乐闻讲诵。"因召颐正于后苑，讲《尚书·大禹谟》，赐五品服。他日，谓辅臣曰："颐正讲诵甚精，卿等更于班行中选经明行修之士一二人，具以名闻。"自是，日令颐正赴御书院待对，讲《尚书》至十卷。①

这条史料表明，儒家《九经》早在太宗时即已由政府出版。真宗在修订儒经书籍时，重视选用博贯《九经》的人才作编校工作，对以前任用专经之士作编辑的人才使用机制进行了重大改革。再者，真宗将编辑人才的选用、讲学、学术研究有机地融为一体，从而促使《九经》的修订出版具有了浓郁的学术出版性质。以学术研讲促出版，以出版促学术研讲。特别是选用"博贯《九经》"的通才，对《九经》"问义质疑"，重加勘正，这样的编辑路线同汉学正好是相对的，值得引起重视。

重视书籍编目工作。咸平元年（998年）十一月，真宗罢免了监三馆、秘阁书籍而工作懈怠的内侍裴愈。不久即下诏知制诰朱昂与秘阁校理杜镐、庄宅使刘承珪整理三馆、秘阁书籍，著为目录。

太祖、太宗、真宗三朝，一直十分重视国家法制书籍的编撰与出版，特别是对于"敕"书的编辑出版尤其重视。关于三朝"敕"书的出版演变，史有明文：

> 十二月，先是，诏给事中柴成务等重详定《新编敕》。丙午，成务等上言曰："自唐开元至周显德，咸有格敕，并著简编。国初重定《刑统》，止行《编敕》四卷。洎方隅平定，文轨大同，太宗临朝，声教弥远，遂增后敕为《太平编敕》十五卷，淳化中又增后敕为《淳化编敕》三十卷。编辑之始，先帝亲戒有司，务存体要。当时臣下，不能申明圣意，以去繁文。今景运重熙，孝心善继。自淳化以后，宣敕至多。命有司别

---

① 〔宋〕李焘撰：《续资治通鉴长编》卷四十三真宗咸平元年正月甲戌，第908页，中华书局，1992年版。

加删定，取刑部、大理寺、京百司、诸路转运使所受《淳化编敕》及续降宣敕万八千五百五十五道，遍供批阅。凡敕文与《刑统》令式旧条重出者及一时机宜非永制者，并删去之；其条贯禁法当与三司参酌者，委本部编敕之，凡取八百五十六道，为《新删定编敕》。其有止为一事前后累敕者，合而为一；本是一敕，条理数事者，各以类分取。其条目相因，不以年代为次，其间文繁意局者，量经制事理增损之；情轻法重者，取约束刑名削去之。凡成二百八十六道，准律分十二门，并目录为十一卷。又以仪制、车服等十六道别为一卷，附仪制令，违者如违令法，本条自有刑名者依本条。又以续降敕书、德音九道别为一卷，附淳化敕书合为一卷。其厘革一州、一县、一司、一务者，各还本司，令敕称依法及行朝典勘断，不定刑名者，并准律、令、格、式；无本条者，准违制敕，分故失及不躬亲被受条区分。臣等重加详定，众议无殊，伏请镂板颁下，与律令格式、《刑统》同行。"优诏褒答之。"①

这则记载，可视为宋初三朝乃至整个宋代的一篇"敕"书编纂小史，举凡编辑源委、编辑制度、编辑条例、编辑体式，特别是编辑方针与编辑思想，尽在其中，言之详明。由此可知，宋代中央政府在书籍编撰及出版上已形成了一整套严密的制度。

咸平三年（1000 年）十月，真宗命翰林学士承旨宋白等修《续通典》。

咸平四年（1001 年）三月，真宗诏判司天监史序等考验前法，研核旧文，取其枢要，编为新历。新历编成后，赐名《仪天》，并命翰林学士朱昂作序，颁行天下。历法修订是古代国家的政治大事，所以真宗对于这部历书的编定及出版才如此重视，亲自下达了编撰思想。

九月，宋白等呈上新修《续通典》二百卷，诏付秘阁。但由于"其书重复猥杂，大为时论所非，卒不传布，上寻欲改作，亦弗果也"②。这说明，编纂质量问题严重的书籍，是通不过"时论"（主要是馆阁诸士）的检验的，因而就难以传播下去。

---

① 〔宋〕李焘撰：《续资治通鉴长编》卷四十三真宗咸平元年十二月丙午，第 922 页，中华书局，1992 年版。

② 〔宋〕李焘撰：《续资治通鉴长编》卷四十九真宗咸平四年九月丙戌，第 1073 页，中华书局，1992 年版。

国子祭酒邢昺等奉诏校订毕《周礼》、《仪礼》、《公羊传》、《谷梁传》正义，呈上真宗，凡一百六十五卷。真宗"命模印颁行"，"于是《九经》疏义悉具矣"①。至此，不仅儒家《九经》得以出版，而且《九经疏义》也出版完毕。这是北宋初期书籍出版的重大工程，旨在贯彻以儒家思想治国的基本政治理念。

宋初太祖、太宗不仅把读书提高到了治国之基本国策的政治高度，在书籍征求、收藏、使用、阅读与编纂出版上躬亲垂范，而且也亲自动笔，以作者的身份撰写书籍。真宗命令将太宗御书藏于龙图阁。咸平五年（1002年）十月，真宗手执太宗著述目录以示近臣，明确指示："先帝圣文神笔，朕集缀既久，至于题记时事，片幅半纸，及书在屏扇或微损者，悉加装褙，已三千七百五十卷矣。"② 太宗著述达3750卷，真宗为父皇编辑作品，可见父子二人对书籍编撰的重视乃一脉相承，真其"文治"之"家法"也。再者，这条史料还表明，真宗重视编辑作品时收集资料的齐全。截至景德元年（1004年）三月，真宗所撰御书已达24162卷。

真宗甚至背离正道，从书籍的角度作文章，与宰相王钦若一唱一和，利用《河图》、《洛书》的古代记载作为政治隐语，采用贿赂王旦以宝珠的手法，炮制了天书、封禅之政治闹剧。此似可视为书话耳。③ 不过，天降之帛书，其辞仍然类似于《尚书·洪范》及老子《道德经》。

景德二年（1005年）四月，真宗专门用于收藏太宗"御书"的龙图阁，已藏有太宗御书5115卷、轴。下设六阁：经典阁3762卷，史传阁821卷，子书阁10362卷，文集阁8031卷，兼之天文阁2564卷，图画阁1421轴、卷、册。真宗对大臣讲："朕退朝之暇，无所用心，聚此图书以自娱耳。"④

是年，史载：

> 五月戊申朔，幸国子监，阅书库，问祭酒邢昺书板几何，昺曰："国初

① 〔宋〕李焘撰：《续资治通鉴长编》卷四十九真宗咸平四年九月丁亥，第1073页，中华书局，1992年版。

② 〔宋〕李焘撰：《续资治通鉴长编》卷五十三真宗咸平五年十月己卯，第1156页，中华书局，1992年版。

③ 〔宋〕李焘撰：《续资治通鉴长编》卷六十七真宗景德四年十一月庚辰，第1506、1518~1519页，中华书局，1992年版。

④ 〔宋〕李焘撰：《续资治通鉴长编》卷五十九真宗景德二年四月戊戌，第1329页，中华书局，1992年版。

不及四千，今十余万，经史正义兼具。臣少时业儒，观学徒能聚经疏者百无一二，盖传写不给。今板本大备，士庶家皆有之，斯乃儒者逢时之幸也。"上喜曰："国家虽尚儒术，然非四方无事，何以及此。"先是，馆阁博聚群书，精加雠校，经史未有印板者，悉令刊刻。或言《三国志》乃奸雄角立之事，不当传布。上曰："君臣善恶，足为鉴戒，仲尼《春秋》岂非列国争斗之书乎？"先是，印书裁截余纸，皆鬻之以供监中杂用，昺请归此钱于三司，禆国计。自是学者公费不给，讲官益厌其寥落云。①

这段史料极为重要，过去论者引用时多取其前边几句，以说明其时国子监刻书之多。其实，这条完整的史料至少说明了以下问题：1. 至景德二年（1005 年）五月，国子监书版已由宋初的 4000 余片增为 10 万余片，数量大增，增幅明显。2. 儒家经典，包括其正文及义疏全部出版。3. 宋代以前历代正史全部出版。4. 经史书籍按需出版，没有数量限制，而且价格合理，适合一般读者需求。5. 馆阁藏书是国子监书籍出版的资料源。6. 经史书籍出版均由馆阁文士精心校勘与编辑。7. 宋朝中央政府——皇帝及文臣的媒介素养普遍上升到了时代最新水平。8. 雕版印刷术在书籍生产中的应用较之五代更加普及，成为了书籍生产的主流技术。9. 皇帝的书籍出版观念与传播观念大为解放，突破了以往的历史局限。10. 国子监书籍出版需要并消耗了大量的生产材料，印书废纸皆鬻之以供监中杂用。

五月，司天少监史序等呈上《乾坤宝典》一书，凡 417 卷。真宗为之作序，藏于秘阁。此书的编撰，史称："先是，上以天文、地理、阴阳、数术之书，率多舛误，乃命司天少监史序等同加编次，掇其精要，以类分之。"② 这显然是一部类书，但因其内容多涉禁书范围，应该没有付梓流传。

九月，权三司使丁谓等呈上《三司新编敕》一书，"诏雕印颁行之"③。

同月，真宗命令资政殿学士王钦若、知制诰杨亿编修《历代君臣事迹》，亦即宋代四大类书之一《册府元龟》。关于其编辑体制，史称："钦若请以直

① 〔宋〕李焘撰：《续资治通鉴长编》卷六十真宗景德二年五月戊辰，第 1333 页，中华书局，1992 年版。

② 〔宋〕李焘撰：《续资治通鉴长编》卷六十真宗景德二年五月丁巳，第 1339 页，中华书局，1992 年版。

③ 〔宋〕李焘撰：《续资治通鉴长编》卷六十一真宗景德二年九月癸亥，第 1367 页，中华书局，1992 年版。

秘阁钱惟演等十人同编修。初令惟演等各撰篇目，送钦若暨亿参详，钦若等又自撰集上进，诏用钦若等所撰为定，有未尽者奉旨增之。又令宫苑使、胜州刺史、勾当皇城司刘承珪，内侍高品监三馆秘阁图书刘崇超典掌其事，编修官非内殿起居当赴常参者免之，非带职不当给实俸者特给之，其供帐饮馔，皆异于常等。"① 可见，《册府元龟》一书的编撰，是一个由著名文臣组成的编辑团队共同完成的。从选题策划到编辑构想，从编务到后勤供应，真宗一直担当了一个总主编的角色。

十月，三司使丁谓等呈上《景德农田敕》一书，真宗"令雕印颁行，民间咸以为便。"此书由真宗诏令丁谓等"取户税条目及臣民所陈农田利害"② 而编。

景德三年（1006 年）四月，真宗"幸崇文院观四库图籍及所修君臣事迹，遍阅门类，询其次序，王钦若、杨亿悉以条对，有伦理未当者，立命改之。谓侍臣曰'朕此书盖欲著历代事实，为将来典法，使开卷者动有资益也。'赐编修官金帛有差。"③

五月，真宗"诏以画龙祈雨法付有司镂板颁下。"④ 这是一部祷告书籍，可见真宗对帝制出版的范围已拓展到了一个广泛的程度，宋代书籍出版的确已经进入了一个新的发展时期。

景德四年（1007 年）四月，真宗要求王钦若等以《唐实录》中恭帝即位时坐朝常晚而大臣上谏为戒，指示"今所修君臣事迹尤宜区别善恶，有前代褒贬不当如此类者，宜析理论之，以资世教"⑤。

十二月，真宗以手札再示王钦若："编修君臣事迹官，皆出遴选。朕于此书，匪独听政之暇，资于披览，亦乃区别善恶，垂之后世，俾君臣父子有所监戒。起今后，自初修官至杨亿，各依新式，递相检视，内有脱误，门目不类，年代、帝号失次者，并署历，仍书逐人名下，随卷奏之。异时比较功程，

① 〔宋〕李焘撰：《续资治通鉴长编》卷六十一真宗景德二年九月丁卯，第 1367～1368 页，中华书局，1992 年版。
② 〔宋〕李焘撰：《续资治通鉴长编》卷六十一真宗景德二年十月庚辰，第 1369 页，中华书局，1992 年版。
③ 〔宋〕李焘撰：《续资治通鉴长编》卷六十二真宗景德三年四月丙子，第 1394 页，中华书局，1992 年版。
④ 〔宋〕李焘撰：《续资治通鉴长编》卷六十三真宗景德三年五月丙辰，第 1402 页，中华书局，1992 年版。
⑤ 〔宋〕李焘撰：《续资治通鉴长编》卷六十五真宗景德四年四月丁丑，第 1452 页，中华书局，1992 年版。

等第酬奖，庶分勤惰。委刘承珪专差人置历。"①

可见，真宗对《历代君臣事迹》（《册府元龟》）一书的编撰，亲自监督检查，实行全程制度化管理，从编撰目的的贯彻、编辑体例、分门归类乃至具体的编校错误，一一加以严控，并且建立了以奖惩制为主的激励制度。

周必大《文苑英华跋》一文对《太平御览》、《文苑英华》、《册府元龟》三大类书从太宗至孝宗朝之出版历程、出版生态环境、不同版本、编校内幕、《唐文粹》出版乃至出版职员生活细节等多方面作了珍贵的反映。此文可视为宋代帝制书籍出版的一篇范文。

> 臣伏睹太宗皇帝丁时太平，以文化成天下。既得诸国图籍，聚名士于朝，诏修三大书，曰《太平御览》，曰《册府元龟》，曰《文苑英华》各一千卷。今二书闽、蜀已刊，惟《文苑英华》士大夫家绝无而仅有。盖所集止唐文章，如南北朝间存一二。是时印本绝少，虽韩、柳、元、白之文尚未甚传，其他如陈子昂、张说、九龄、李翱等诸名士文集，世尤罕见，故修书官于宗元、居易、权德舆、李商隐、顾云、罗隐辈或全卷收入。当真宗朝姚铉择十一，号《唐文粹》，由简故精，所以盛行。近岁唐文摹印浸多，不假《英华》而传；况卷帙浩繁，人力难及，其不行于世则宜。臣事孝宗皇帝，间闻圣谕欲刻江钿《文鉴》，因及《英华》。虽秘阁有本，然舛误不可读，俄闻传旨取入，遂经乙览。时置御前校正书籍一二十员，皆书生稍习文墨者，月给餐钱，满数岁补进武校尉，既得此为课程，往往妄加涂注，缮写装饰，付之秘阁。后世将遂为定本。臣过计有三不可：国初文籍虽写本，然校雠颇精，后来浅学改易，浸失本指，今乃尽以印本易旧书，是非相乱，一也；凡庙讳未祧，止当阙笔，而校正者于赋中以"商"易"殷"，以"洪"易"弘"，或值押韵，全韵随之，至于唐讳及本朝讳，存改不定，二也；元阙一句或数句，或颇用古语，乃以不知为知，擅自增损，使前代遗文幸存者转增疵类，三也。顷尝属荆州帅范仲艺均倅丁介稍加校正，晚幸退休，遍求别本，与士友详议，疑则阙之，凡经史子集传注，《通典》、《通鉴》及《艺文类聚》、

① 〔宋〕李焘撰：《续资治通鉴长编》卷六十七真宗景德四年十二月乙未，第1509页，中华书局，1992年版。

《初学记》，下至乐府、释老、小说之类，无不参用。惟是元修书时，历年颇多，非出一手，丛脞重复，首尾衡决，一诗或析为二、三诗，或合为一，姓氏差互，先后颠倒，不可胜计。其间赋多用"员来"，非读《秦誓正义》，安知今之"云"字乃"员"之省文。以"尧韭"对"舜荣"，非《本草注》，安知其为菖蒲。又如"切磋"之"磋"，"驰驱"之"驱"，"挂帆"之"帆"，"仙装"之"装"，《广韵》各有侧音，而流俗改"切磋"为"效课"，以"驻"易"驱"，以"席"易"帆"，以"仗"易"装"。今皆正之，详注诸篇之下，不复遍举。始雕于嘉泰改元春，至四年秋讫工，盖欲流传斯世，广熙陵右文之盛，彰阜陵好善之优，成老臣发端之志。深惧来者莫知其由，故列兴国至雍熙成书岁月，而述登误本末如此。阙疑尚多，谨俟来哲。①

大中祥符元年（1008 年）正月，真宗应群牧制置使请示，批准"刻印医马诸方并牧法，颁示坊、监及诸军"②。这是一部兽医与畜牧生产方面的书籍，由皇帝亲自批准出版，足见真宗时雕印书籍内容之广。

大中祥符二年（1009 年）正月，真宗诏令翰林学士杨亿等刊定《传灯录》一书，并"命刻板宣布"。此书系由苏州僧人道元"缵佛祖迄近世名僧禅语"③ 而成，并上献真宗。

三年（1010 年）四月，龙图阁待制陈彭年奉诏编成《历代帝王集》二十五卷，真宗为此书作序，赐名为《宸章集》。

十一月，真宗召文臣向敏中、杜镐、陈彭年、孙奭等人议论文事。真宗对资政殿大学士向敏中讲："今学者易得书籍"，敏中回答道："国初惟张昭家有三史。太祖克定四方，太宗崇尚儒学，继以陛下稽古好文，今三史、《三国志》、《晋书》皆镂板，士大夫不劳力而家有旧典，此实千龄之盛也。"④ 这段

---

① 〔宋〕周必大撰：《文苑英华跋》。〔宋〕李昉等编：《文苑英华》，第 8 ~ 9 页，中华书局，1966 年版。

② 〔宋〕李焘撰：《续资治通鉴长编》卷六十八真宗大中祥符元年正月乙亥，第 1521 页，中华书局，1992 年版。

③ 〔宋〕李焘撰：《续资治通鉴长编》卷七十一真宗大中祥符二年正月己卯，第 1590 页，中华书局，1992 年版。

④ 〔宋〕李焘撰：《续资治通鉴长编》卷七十四真宗大中祥符三年十一月壬辰，第 1694 页，中华书局，1992 年版。

对话，说明太祖、太宗、真宗三朝奠定了宋代中央政府书籍出版的基础，至真宗朝达到了"今学者易得书籍"的出版发展程度。这在中国古代书籍出版史上是一个新的里程碑。

宋朝朝廷"颁行"的书籍，虽然史籍记载中未必都有明确的"雕印"字样，但其中多已雕印。

总之，宋代立国后，皇帝以最高统治者的特殊身份，充分认识到了雕版印刷术的技术优越性及其先进的出版价值，在御制出版事业上积极加以利用，出版了佛经及儒家经史书籍，基本上确立了雕版书籍的主流出版方式，从而赋予了雕版书籍出版以完全的政治形态及最高权力品格，这就为雕版书籍在全国的广泛出版作出了最高示范。太祖、太宗、真宗三朝，正是御制出版的奠定时期，此后终宋之世，愈益辉煌。宋代雕版书籍出版之媒介革命，实即此始。

（二）馆阁编辑体制

中央政府中的昭文馆、史馆、集贤院（总名之曰崇文院）、秘阁、太清楼、龙图阁、天章阁及元丰改制后的秘书省等储才、藏书与校勘机构，均是宋朝中央政府主要编辑出版机构。宋朝形成并确立的这一出版方式，不妨称之为馆阁出版体制。馆阁人员都是天下俊彦，一时之选，他们在皇帝的直接领导下从事书籍校勘、编辑乃至于出版，从而构成为整个宋朝出版传播业的中枢或核心。

北宋宋匪躬《馆阁录》（已佚）、南宋程俱《麟台故事》、陈骙《南宋馆阁录》、不详撰人《南宋馆阁续录》、《宋会要辑稿·崇儒》中有大量详实的记载。

仅据《宋会要辑稿·崇儒》统计，中央政府部门明确以雕版方式所出书籍即有：《国子学试卷》、《国学程文》、《九经书疏》、《诸路州县学敕令格式并一时指挥》、《太上皇帝御书石经》、《论语》、《孟子》、《史记》、《汉书》、《后汉书》、《三国志》、《晋书》、《道德经》及其释文、唐陆德明《经典释文》、《老子》、郭象注《庄子》、《文苑英华》、李善注《文选》、《韵略》、《冲虚真经》、《玉篇》、《四时纂要》、《齐民要术》、刘昭注补《后汉志》、《隋书》、天和殿《御览》四十卷、明法一科《律文》及疏、《律文音义》、《国语》、《荀子》、《文中子》、《孙子》、《吴子》、《六韬》、《司马兵法》、《三略》、《尉缭子》、《李靖问对》、《大观证类本草》、《春秋三传》、《土牛经》、《尚书·洪范传》、《论语义》、《孟子义》、《字说》、《圣政记》、《南史》、《北史》，太宗《逍遥咏》、《缘识》、《秘阁铨》、《秘藏诠》、《禅枢要》、

《莲花心经回文偈颂》、《心轮图》、《注〈金刚经〉宣演》、《御笔手诏》，以及"医学印历"，"制书、手诏、告词，并同赏功罚罪事迹"等方面书籍。

这些书籍主要由国子监、三馆编辑出版。凡是出版之书籍，必须经过认真的校对及审核。审核不通过者，不予正式出版。如咸平三年（999 年），诏选官校勘《三国志》、《晋书》、《唐书》。前二部书"校毕，送国子监镂板"。"惟《唐书》浅谬疏略，且将命官别修，故不令刊板"。①

《麟台故事》一书集中记录了馆阁编校出版书籍的丰富史实，堪称一部馆阁编撰出版史。

馆阁主要编辑校雠书籍，但也出版书籍。大中祥符八年（1015 年）五月后，新建秘阁之外院，专门设有秘阁——崇文院书籍出版机构，史称"校勘、抄书籍、雕造印版，并就外院"。② 如《李善注文选》"送三馆雕印"。③《律文音义》"乞下崇文院雕印"。④ 景祐元年（1049 年）十月，《土牛经》"送崇文院镂板颁行"。⑤

嘉祐四年（1059 年）二月，"置馆阁编定书籍官"。⑥

馆阁既是宋代的国家储才机构，也是国家藏书机构、校书机构及书籍编撰机构。馆阁中的秘阁，是馆阁建筑最宏伟的。沈括云："内诸司舍屋唯秘阁最宏壮，阁下穹窿高敞，相传谓之'木天'。"⑦ 馆阁藏书丰富，除了经史子集外，还有其它多种图书。沈括记载有云："三馆书有《咻漱》三卷，皆养鹰鹘法度及医疗之术"⑧，可见其藏书品类之多。

馆阁校书、编辑成就突出。宋朝许多由国家出版的书籍都是由馆臣在馆

①　〔清〕徐松辑，苗书梅等点校，王云海审订：《宋会要辑稿·崇儒四》，第 211 页，河南大学出版社，2001 年版。

②　〔清〕徐松辑：《宋会要辑稿》职官一八之五二，第 2780 页，中华书局，1957 年版。关于馆阁校勘问题，可参考李更著《宋代馆阁校勘研究》，凤凰出版社，2006 年版。

③　〔清〕徐松辑，苗书梅等点校，王云海审订：《宋会要辑稿·崇儒四》，第 213 页，河南大学出版社，2001 年版。

④　〔清〕徐松辑，苗书梅等点校，王云海审订：《宋会要辑稿·崇儒四》，第 218 页，河南大学出版社，2001 年版。

⑤　〔清〕徐松辑，苗书梅等点校，王云海审订：《宋会要辑稿·崇儒五》，第 270 页，河南大学出版社，2001 年版。

⑥　〔清〕徐松辑，苗书梅等点校，王云海审订：《宋会要辑稿·崇儒四》，第 219 页，河南大学出版社，2001 年版。

⑦　〔宋〕沈括撰：《梦溪笔谈》卷二十四，第 201 页，上海书店出版社，2003 年版。

⑧　〔宋〕沈括撰：《梦溪笔谈》卷二十四，第 203 页，上海书店出版社，2003 年版。

阁进行校勘与编撰的。然而，馆阁中也存在偷窃与消极怠工的不良现象。沈括记载了这方面的事情，"前世藏书分隶数处，盖防水火散亡也。今三馆、秘阁凡四处藏书，然同在崇文院，其间官书多为人盗窃，士大夫家往往得之。嘉祐中置编校官八员，杂雠四馆书，给吏百人，悉以黄纸为大册写之，自此私家不敢辄藏。校雠累年，仅能终昭文一馆之书而罢。"① 可见馆阁之书，被士大夫们（主要是馆臣）窃去不在少数，而馆臣们往往都是一时之选的著名知识分子，他们显然是利用职务之便频施妙手，顺手牵羊，窃去了国家一本本珍贵的书籍。"旧校书官多不恤职事，但取旧书以墨漫一字，复注旧字于其侧，以为日课。自置编校局，只得以朱围之，仍于卷末书校官姓名。"② 为了完成规定的校书任务，不惜偷懒，这样的消极怠工行为，也暴露了宋代文官制度的体制性腐败。沈括记云："集贤院记开元故事，校书官许称学士。今三馆职事皆称学士，用开元故事也。"③

沈括还记载了馆阁校书使用的材料及其方法。"馆阁新书净本有误书处，以雌黄涂之。尝校改字之法，刮洗则伤纸，纸贴之又易脱，粉涂则字不没，涂数遍方能漫灭，唯雌黄一漫则灭，仍久而不脱。古人谓之'铅黄'，盖用之有素矣。"④

藏书、校雠是书籍出版的重要前提。宋代制定了严格的校雠制度。绍兴二年（1132 年），诏准秘书少监王昂言："仍分官日校二十一板，于卷尾亲书臣某校讫字。置课程，每月结押，旬申本省照会，遇入伏，传宣主校。内有损坏脱落，大段错谬不堪批凿者，许将别本参考，重行补写。所有造帐簿纸并装背物料等，及校书朱红、雌黄、纸札、笔，欲从本省遇合用报户部下左藏库支供。"⑤

绍兴六年（1136 年），史馆确定了标准的馆阁校雠格式。

校雠式

绍兴六年六月，史馆修撰范仲、秘书少监吴表臣参定。

诸字有误者，以雌黄涂讫，别书。或多字，以雌黄圈之；少者，于字侧添入。或字侧不容注者，即用朱圈，仍于本行上下空纸上标写。倒

① 〔宋〕沈括撰：《梦溪笔谈》卷一，第 5 页，上海书店出版社，2003 年版。
② 〔宋〕沈括撰：《梦溪笔谈》卷十一，第 97 页，上海书店出版社，2003 年版
③ 〔宋〕沈括撰：《梦溪笔谈》卷一，第 5 页，上海书店出版社，2003 年版
④ 〔宋〕沈括撰：《梦溪笔谈》卷一，第 5 页，上海书店出版社，2003 年版
⑤ 〔清〕徐松辑：《宋会要辑稿》崇儒四之一二，第 2222 页，中华书局，1957 年版。

置，于两字间书乙字。

诸点语断处，以侧为正。其有人名、地名、物名等合细分者，即于中间细点。

诸点发字，本处注释有音者，即以朱抹出，仍点发。其无音而别经传子史音同有可参照者，亦行点发。或字有分明，如"传记"之"传"柱恋切为"邮传"之"传"株恋切，又为"传习"之"传"重缘切；"断续"之"断"徒玩切为"断绝"之"断"都管切，又为"决断"之"断"都玩切；"轻重"之"重"直陇切为"再重"之"重"储用切，又为"重叠"之"重"传容切；"春夏"之"夏"亥驾切为"华夏"之"夏"亥雅切；"远近"之"近"巨谨切为"附近"之"近"巨靳切之类，虽本处无音，亦便行点发。

点有差误，却行改正，即以雌黄盖朱点，应黄点处并不为点。

点校讫，每册末各书"臣某校正"。

所校书，每校一部了毕，即旋申尚书省。①

（三）国子监书籍出版

国子监是直接体现中央专制主义精神统治与皇权意识的国家权威出版机构，是宋朝的御用出版机构或皇家出版机构。国子监也是宋朝书籍出版的主管部门，体现了宋朝的国家出版政策及出版意志，是宋朝政府出版的中枢和典范。

宋帝国、中央专制主义、皇权与书籍出版在此实现了高度统一。书籍出版成为中央专制主义的主要权力之一。宋初诸帝以其高度的媒介素养及政治敏感及时掌控国家书籍出版这一新型而强大的媒介工具及其权力。《帝国与传播》一书中指出："在政治的组织和实施中，传播占有关键的一席。在历代各国和西方文明中，传播也占有关键的一席。"② 书籍出版在宋帝国政治的组织和实施中起了同样关键的作用。

国子监集经典出版、学术出版、帝制出版、专制主义出版（皇权出版）、

---

① 〔宋〕陈骙、佚名撰，张富祥点校：《南宋馆阁录》卷三《储藏》，第23页，中华书局，1998年版。

② 〔加拿大〕哈罗德·伊尼斯著：《帝国与传播》，何道宽译，第3页，中国人民大学出版社，2003年版。

权威出版于一体。它是宋帝国最权威的传媒机构。

宋太祖建国初即对国子监十分关注。史称："周世宗之二年，始营国子监，置学舍。上既受禅，即诏有司增葺祠宇，塑绘先圣、先贤、先儒之像。上自赞孔、颜，命宰臣、两制以下分撰余赞，车驾一再临幸焉。"① 《宋史·职官志》称，国子监"掌印经史群书，以备朝廷宣索赐予之用，及出鬻而收其值以上于官。"② 可见，国子监主要出版经史书籍，一方面供朝廷专用，一方面对外销售，赢利上交中央政府，带有明显的经营性质。

宋人姚铉说："三馆国子监之印摹书，虽汉唐之盛无以加此。"③

国子监出版的书籍，主要为奉旨雕造，具有以下用途：1. 中央官学作为教材。2. 路州（府、军、监）县学作为教材。3. 皇帝颁赐贵臣、宗亲。4. 皇帝宣赐。5. 朝廷有关部门收藏、学习、讲学。6. 全国书籍出版的示范。7. 科举用书。8. 面向地方销售。

宋初，国子监主要利用五代所刻《九经》等旧板印书。太宗淳化年间，开始印刻《十三经注疏》。真宗时，因五代旧板年久"刓损"、"讹缺"，故诏令"《九经》及《释文》，有讹缺者皆重校刻板"。④ 景德二年（1005 年），真宗视察国子监，询问书版数量，国子祭酒邢昺回答说："国初不及四千，今十余万，经、传、正义兼具。臣少从师业儒时，经具有疏者百无一二，盖力不能传写。今板本大备，士庶家皆有之，斯乃儒者逢辰之幸也。"⑤

国子监的出版，一直处在皇帝的亲自领导和监督之下。皇帝是国子监书籍出版实际上的"总裁"，对于国子监的出版思想、出版方向、主要选题、出书种类、选题结构、出书进度、书籍质量、书籍定价、编辑业务、出版事件处理等问题，屡有关注，具有绝对权威。除了经常下诏外，还亲自视察指导。以是国子监所出书籍，多是"奉旨雕造"。例如真宗曾命"经史未有印板者，悉令刊刻。或言《三国志》乃奸雄角立之事，不当传布。上曰：'君臣善恶，足为鉴

　① 〔宋〕李焘撰：《续资治通鉴长编》卷三太祖建隆三年六月辛卯，第 68 页，中华书局，1992 年版。

　② 〔元〕脱脱等撰：《宋史》卷一百六十五《职官五》，第 3916 页，中华书局，1977 年版。

　③ 〔宋〕章如愚编撰：《群书考索·续集》卷三十五《宋馆阁》，第 1118 页，中华书局，1992 年版。

　④ 〔宋〕王应麟辑：《玉海》卷四十三《景德群书漆板·刊正四经》，第 814 页，广陵书社，2003 年版。

　⑤ 〔元〕脱脱等撰：《宋史》卷四百三十一《邢昺传》，第 12798 页，1977 年版。

戒，仲尼《春秋》岂非列国争斗之书乎？'"① 可见，在国子监书籍出版中，经常有业务上的争论，而皇帝不仅直接参与这种争论，更是这种编辑争论的仲裁者和终裁者。国子监的出版，事实上也构成为皇帝整个工作中必要的一部分。

金兵攻陷汴京后，史载开封府受帝命而遣人（鸿胪卿康执权、秘书省校书郎刘才邵、国子博士熊彦诗等）"押监书及道释经板馆阁图籍纳敌营"②，金兵北撤，又"狼藉泥中"③。"太清楼秘阁三馆书、天下州府图……为之一空。"④ 北宋一代监本书籍，大约就此灰飞烟灭，倘有幸存者，亦属劫后余生。

南宋国子监之书籍出版，李心传有过明确的记载："监本书籍者，绍兴末年所刊也。国家艰难以来，固未暇及，九年九月，张彦实待制为尚书郎，始请下诸道州学取旧监本书籍，镂版颁行，从之。然所取诸书多残缺，故胄监刊《六经》无《礼记》，三史无汉唐。二十一年五月，辅臣复以为言，上谓秦益公曰：'监中其他缺书，亦令次第镂版，虽重有所费，盖不惜也。'由是经籍复全。"⑤ 这段话表明，南宋国子监重新刻版的经史书籍，主要是以幸存下来的北宋监本书籍为底本，但是没有一套完整的北宋监本经史书籍，以是刊《六经》而缺《礼记》，刊正史而无《汉书》。

南宋国子监克服文献短缺的困难最终出齐了北宋出版的经籍。然而，南宋国子监出版书籍，主要不是在国子监内出版，而是下放地方在路州政府出版。即：国子监确定出版的书籍，主要包括书籍名称、种类、规格、印数、质量要求等，而由地方政府承担刻印装订（相当于印刷厂）的工作，或将书版运回国子监印刷装订。如《毛诗正义》题记云："绍兴九年九月十九日绍兴府雕造"⑥。《玉海》记载，绍兴"十五年闰十一月，博士王之望请群经义疏未有板者，令临安府雕造"⑦。洪迈《容斋续笔》记载，"绍兴中，分命两淮、

---

① 〔宋〕李焘撰：《续资治通鉴长编》卷六十真宗景德二年五月戊辰，第 1333 页，中华书局，1992 年版。

② 〔宋〕李心传撰：《建炎以来系年要录》卷一高宗建炎元年正月丙辰，第 109 页，台北：文海出版社，1980 年版。

③ 〔宋〕汪藻著，王智勇笺注：《靖康要录笺注》，第 1792 页，四川大学出版社，2008 年版。

④ 〔元〕脱脱等撰：《宋史》卷二三《钦宗纪》，第 436 页，中华书局，1977 年版。

⑤ 〔宋〕李心传撰：《建炎以来朝野杂记》甲集卷 4《监本书籍》，第 182 页，台北：文海出版社，1968 年版。

⑥ 陈坚、马文大撰辑：《宋元版刻图释》，第 62 页，学苑出版社。此书现藏日本杏雨书屋。

⑦ 〔宋〕王应麟辑：《玉海》卷四十三《景德群书漆板·刊正四经》，第 814～815 页，广陵书社，2003 年版。

江东转运司刻三史板"①。同时，国子监将路州地方政府的书版运回，所印书籍即为国子监本。魏了翁《六经正误·序》记载"南渡草创，则仅取版籍于江南诸州"。② 陈振孙《直斋书录解题》记载："宇文时中守吴兴，以郡庠有二史板，遂取二书刻之，后皆取入国子监。初，郡人思溪王氏刻《藏经》有余板，以刊二史置郡庠。中兴，监书多阙，遂取其板以往，今监本是也。"③

南宋国子监刻书地可考者计有临安府、湖州、台州、衢州、泉州、成都府（转运司）、两浙东路（茶盐司）、江东（漕司）、江南（漕司）等。

南宋国子监这种出版方式尽管有其特殊的政治原因，却不失为一种灵活的出版方式。在以临安府为中心的江浙区域内，基于书籍刻印业发达的生产技术，采用这种出版方式，不失为一种政治成本及经济成本均很上算的富有成效的出版方式。

宋代国子监的出版方式，大致可以概括为：皇帝是最高的决策者、选题制定者和总主编，国子监掌握书籍出版的执行权。总主编之下主要有二方面的编辑力量，一是国子监的编辑，一是馆阁中的编辑。这些编辑一般都是国家的硕学宏儒，一时俊彦。国子监设有专门的出版机构，起初叫印书钱物所，后改为书库。刻版印刷方面，主要有三种生产方式，一是在国子监内刻印，二是在崇文院等馆阁内刻印，三是下到地方政府刻印。如《大宋重修广韵》、《律文音义》、《群经音辨》，即分别于景德四年（1007 年）、天圣七年（1029年）、康定元年（1040）雕印于崇文院。《文选》则于大中祥符四年（1011年）"就三馆雕造"。

国子监对书籍出版具有审查权。据《续资治通鉴长篇》记载，元祐五年（1090 年）七月，"礼部言：'凡议时政得失、边事军机文字，不得写录传布；本朝《会要》、《国史》、《实录》不得雕印。违者徒二年，许人告，赏钱一百贯。内《国史》、《实录》仍不得传写，即其他书籍欲雕印者，纳所属申转运使、开封府，牒国子监选官详定，有益于学者方许镂版。候印讫，以所印书一本，具详定官姓名，申送秘书省。如详定不当，取勘施行。诸戏亵之文，

① 〔宋〕洪迈著：《容斋随笔·续笔》卷十四《周蜀九经》，第 388 页，上海古籍出版社，1996年版。

② 〔宋〕魏了翁撰：《六经正误·序》，文渊阁《四库全书》本。

③ 〔宋〕陈振孙撰，徐小蛮、顾美华点校：《直斋书录解题》卷四《五代史纂误》，第 107 页，上海古籍出版社，1987 年版。

不得雕印，违者杖一百。凡不当雕印者，委州县、监司、国子监觉察。'从之。"① 绍兴二十九年（1159 年）六月，"诏州县书坊，非经国子监看详文字，毋得擅行刊印，以言者论私文异教或伤国体、露泄事机、鼓动愚俗，乞行禁止也。"② 然而这种控制、管理因其阻碍出版生产力，因而收效不大。当时民间有关"议时政得失、边事军机文字"，及"私文异教或伤国体，泄露事机，鼓动愚俗"之书，屡出不鲜。显然，此种审查，主要是对书籍（书稿）内容及思想的审查。审查分出版前审查和出版后审查二种方式。出版后发现内容、思想及导向上存在问题的，依然可以作出追究处理，类似于今日世界出版业管理中的"追惩制"。

段昌武《丛桂毛诗集解》三十卷。前有《行在国子监禁止翻版公据》：

> 行在国子监据迪功郎新赣州会昌县丞段维清状：维清先叔朝奉昌武，以《诗经》而两魁秋贡，以累举而擢第春官，学者咸宗师之。卯山罗使君瀛尝遣其子侄来学，先叔以《毛氏诗》口讲指画，笔以成编，本之东莱《诗记》，参以晦庵《诗传》，以至近世诸儒，一话一言，苟足发明，率以录焉，名曰《丛桂毛诗集解》，独罗氏得其缮本，校雠最为精密，今其侄漕贡櫶锓梓以广其传。维清窃惟先叔刻志穷经，平生精力，毕于此书，倘或其他书肆嗜利翻版，则必窜易首尾，增损音义，非惟有辜罗贡士锓梓之意，亦重为先叔明经之玷。今状披陈，乞备牒两浙福建路运司备词约束，乞给据付罗贡士为照。未敢自专，伏候台旨。呈奉台判牒，仍给本监，除已备牒两浙路福建路运司备词约束所属书肆，取责知委文状回申外，如有不遵约束违戾之人，仰执此经所属陈乞，追板劈毁，断罪施行。须至给据者。右出给公据付罗贡士櫶收执照应。淳祐八年七月日给。③

这条典型史料表明国子监受理书籍出版之案件投诉，据以作出裁决并行文至地方予以执行。

国子监出版的书籍，编校质量一般都能达到优质产品的水平。国子监规

---

① 〔宋〕李焘撰：《续资治通鉴长编》卷四百四十五哲宗元祐五年七月戊子，第 10722 页，中华书局，1992 年版。

② 〔宋〕李心传撰：《建炎以来系年要录》卷一百八十二高宗绍兴二十九年六月己巳，第 5955 页，台北：文海出版社，1968 年版。

③ 叶德辉著：《书林清话》卷二《翻版有例禁始于宋人》，第 27 页，中华书局，1957 年版。

定，凡一书校勘既毕，送覆勘官；覆勘既毕，送主判馆阁官，覆加点校。即：书籍出版必须经过三次认真的校勘。

印书钱物所（国子监书库）是国子监中专门的刻印出版单位。淳化五年（994年），"国子监旧有印书钱物所"改为"国子监书库官"。"始置书库监官，以京朝官充，掌印经史群书"①。

国子监出版的书籍主要有三类，一是皇帝直接规划出版的书籍，一是教材（或课本）及其他教学用书，一是儒家经典及正史书籍，这三类书始终占据国子监出版的主导地位。一是皇帝直接规划出版额书籍。这些书基本上都是体现圣意的"钦定版"书。如宋初四大类书《太平广记》、《太平御览》、《文苑英华》、《册府元龟》，以及《十哲、七十二贤赞》、《三经新义》、《资治通鉴》《道德经》、《冲虚至德真经》、《南华真经》等。其中部分书籍事实上皇帝承担了编辑总裁的角色，并且钦定书名，如《太平御览》、《册府元龟》、《资治通鉴》。

杭州是国子监出版书籍的一个重要城市。北宋不少监本都是下到杭州刻印的，这是因为杭州刻印业发达，刻印质量一流，出版成本相对又低，客观上为国子监在杭州及其附近地区的出版培育了生产资源。北宋政府其他出版部门也在杭州印书。也有不少书，在杭州镂版，运回汴京印刷。淳化五年（994年）七月，诏校《史记》、《前汉书》、《后汉书》，"既毕……赍本就杭州镂版"②。王国维在《两浙古刊本考·序》中说："北宋监本刊于杭者，殆居泰半"③。北宋监本也有下到成都镂版及印刷的，这是因为成都是宋代出版业的又一个发达地区。如《王氏经义》即下"杭州、成都府路转运司镂板"④。监本下到杭州、成都雕印，一般都要派员进行专门监督，主要监督刻印质量、工期进度、用料，处理出版中发生的问题。景德二年（1005年），"上遣直讲王焕就杭州刊板""《周礼》、《仪礼》、《公》、《穀》传疏"，七经义疏"至是皆备"⑤。《仪礼疏》题记云"通直郎守太子洗马国子监直讲骑都

---

①　〔元〕脱脱等撰：《宋史》卷一百一十八《职官五》，第3916页，中华书局，1977年版。

②　〔宋〕程俱撰，张富祥校证：《麟台故事校证》，第281页，中华书局，2000年版。

③　王国维著：《王国维遗书》（十二）之《两浙古刊本考》，第1页，上海古籍书店，1983年版。

④　〔宋〕李焘撰：《续资治通鉴长编》卷二百六十六神宗熙宁八年六月辛巳，第6529页，中华书局，1992年版。

⑤　〔宋〕王应麟撰：《玉海》卷四十二《咸平校定七经疏义》，第803页，广陵书社，2003年版。

尉杭州监雕印版臣王焕"①。将监官的官衔及姓名雕在书上，这是监官应对此书出版质量负责的一个法律标志及确凿证据。

经史书外，国子监还出版了大量医书。叶德辉谓："宋时官刻书有国子监本，历朝刻经、史、子部见于诸家书目者，不可悉举，而医书尤其所重。"②"宋国子监镂刻经史外，最重医书，且听人购买。"③ 国子监先曾奉旨出版小字本《圣惠方》等医书五部出售，每节镇各十部，余州各五部。绍圣元年（1094 年）六月，又奉旨将《千金翼方》、《金匮要略方》、《王氏脉经》、《补注本草》、《图经本草》五种医书大字本改出小字本，重新校对出卖，及降外州军施行。因为这些书"日用而不可缺"。出版小字本，以降低书价。参与出版上述书籍的行政机构有尚书省、礼部、中书省、翰林院、国子监等。④ 其他如《神农本草》、《黄帝内经》、《素问》、《黄帝灵枢经》、《皇帝太素》、《伤寒论》、《金匮要略方》、《千金方》、《千金翼方》、《巢氏诸病源侯总论》、《广济方》大概于此前亦已出版。

陈振孙赞称："凡医书之行于世，皆仁庙朝所校定也。按《会要》：嘉祐二年，置校正医书局于编修院，以直集贤院掌禹锡、林亿校理，张洞校勘，苏颂等并为校正。后又命孙奇、高保衡、孙兆同校正。每一书毕，即奏上，下国子监板行。并补注《本草》、修《图经》，《千金翼方》、《金匮要略》、《伤寒论》，悉从摹印。天下皆知学古方书。呜呼！圣朝仁民之意溥矣。"⑤ 有意思的是，《金匮要略》一书竟是"王洙于馆阁蠹简中得之。……上卷论伤寒，中论杂病，下载其方，并疗妇人，乃录而传之"⑥。

此将国子监版《仲景全书四种》所附国子监牒文⑦依原格式照录如下，以见国子监刻书体制。

---

① 〔唐〕贾公彦等撰：《仪礼疏》，《四部丛刊续编》（一），上海书店，1984 年版。

② 叶德辉著：《书林清话》卷三，第 60 页，中华书局，1957 年版。

③ 叶德辉著：《书林清话》卷六，第 148 页，中华书局，1957 年版。

④ 叶德辉著：《书林清话》卷六，第 148 页，中华书局，1957 年版。

⑤ 〔宋〕陈振孙撰，徐小蛮、顾美华点校：《直斋书录解题》卷十三，第 387 页，上海古籍出版社，1987 年版。

⑥ 〔宋〕陈振孙撰，徐小蛮、顾美华点校：《直斋书录解题》，第 384 页，上海古籍出版社，1987 年版。

⑦ 傅增湘撰：《藏园群书经眼录》卷七子部一《仲景全书四种》，第 594～597 页，中华书局，1983 年版。

国子监

准 尚书礼部元祐三年八月八日符:"元祐三年八月七日酉时准 都省送下当月六日

敕:中书省勘会:下项医书册数重大,纸墨价高,民间难以买置。八月一日奉

圣旨:令国子监别作小字雕印。内有浙路小字本者,令所属官司校对,别无差错,即摹印雕版,并候了日广行印造,只收官纸工墨本价,许民间请买,仍送诸路出卖。奉

敕如右,牒到奉行。前批八月七日未时付礼部施行"。续准礼部符:"元祐三年九月二十日准

都省送下当月十七日

敕:中书省、尚书省送到国子监状,据书库状,准朝旨雕印小字《伤寒论》等医书出卖,契勘工钱,约支用五千余贯,未委于是何官钱支给应副使用。本监比欲依雕四子等体例,于书库卖书钱内借支,又缘所降

朝旨,候雕造了日令只收官纸工墨本价,即别不收息,虑日后难以拨还,欲乞

朝廷特赐应副上件钱数支使。候指挥。尚书省勘当:欲用本监见在卖书钱,候将来成书出卖每部只收息一分,余依元降指挥。奉

圣旨:依。"国子监主者一依

敕命指挥施行。

治平二年二月四日

进呈,奉

圣旨镂版施行。

朝奉郎守太子右赞善大夫同校正医书飞骑尉赐绯鱼袋臣高保衡

宣德郎守尚书都官员外郎同校正医书骑都尉臣孙奇

朝奉郎守尚书司封郎中充秘阁校理判登闻检院护军赐绯鱼袋臣林亿

翰林学士朝散大夫给事中知制诰充史馆修撰宗正寺修玉牒官兼判太常寺兼礼仪事兼判秘阁秘书省同提举集禧观公事兼提举校正医书所轻车都尉汝南郡开国侯食邑一千三百户赐紫金鱼袋臣范镇

推忠协谋佐理功臣金紫光禄大夫行尚书吏部侍郎参知政事柱国天水郡开国公食邑三千户食实封八百户臣赵概

推忠协谋佐理功臣金紫光禄大夫行尚书吏部侍郎参知政事柱国乐安郡开国公食邑二千八百户食实封八百户臣欧阳修

推忠协谋同德佐理功臣特进行中书侍郎兼户部尚书同中书门下平章事集贤殿大学士上柱国庐陵郡开国公食邑七千一百户食实封二千二百户臣曾公亮

推忠协谋同德守正佐理功臣开府仪同三司行尚书右仆射兼门下侍郎同中书门下平章事昭文馆大学士监修国史兼译经润文使上柱国卫国公食邑一万七百户食实封三千八百户臣韩琦

　知兖州录事参军监国子监书库臣郭直卿

　奉议郎国子监主簿云骑尉臣孙准

　朝奉郎行国子监丞上骑都尉赐绯鱼袋臣何宗元

　朝奉郎守国子司业轻车都尉赐绯鱼袋臣丰稷

　朝请郎守国子司业上轻车都尉赐绯鱼袋臣盛侨

　朝请大夫试国子祭酒直集贤院兼徐王府翊善护军臣郑穆

中大夫守尚书右丞上轻车都尉保定县开国男食邑三百户赐紫金鱼袋臣胡宗愈

中大夫守尚书左丞上护军太原郡开国侯食邑一千八百户食实封二百户赐紫金鱼袋臣王存

中大夫守中书侍郎护军彭城郡开国侯食邑一千一百户食实封二百户赐紫金鱼袋臣刘挚

正议大夫守门下侍郎上柱国乐安郡开国公食邑四千户食实封九百户臣孙固

太中大夫守尚书右仆射兼中书侍郎上柱国高平郡开国侯食邑一千六百户食实封五百户臣范纯仁

太中大夫守尚书左仆射兼门下侍郎上柱国汲郡开国公食邑二千九百户食实封六百户臣吕大防

这是一则十分典型的宰相监修制度史料。

林亿、范镇、欧阳修、曾公亮、韩琦、范纯仁等 18 位大臣落款，所录单位直接相关者有校正医书所、秘阁、史馆、昭文馆、译经院、国子监、集贤院等，足证此书出版的国家体制之庄重与权威性。

北宋监本《说文解字》后有牒文称："其书宜付史馆，仍令国子监雕为印版，依《九经》书例，许人纳纸墨钱收赎。"叶氏亦谓："宋时国子监板，例许士人纳纸墨钱自印。凡官刻书，亦有定价出售。"① 这说明纸墨是国子监书籍出版中最基本的成本，即主要材料。所谓许士人纳纸墨钱自印，亦即政府免费提供书版，即扣除了雕版的材料费及工费，这自然是格外优惠的福利性政策。

国子监书籍的售价及赁版费总的看是比较低的，最初只收取纸墨费。一者因为是教材，二者出版目的在于推广"文治"，以利于文籍流布。《建炎以来朝野杂记》记载："先是，王瞻叔为学官，尝请摹印诸经义疏及《经典释文》，许郡县以赡学或系省钱各市一本，置之于学，上许之。今士大夫仕于朝者，率费纸墨钱千余缗，而得书于监云。"② 真宗天禧元年（1017 年），"癸亥，上封者言国子监所鬻书，其直甚轻，望令增定。上曰：'此固非为利也，政欲文字流布耳。'不许。"③ 元祐时监本曾因用纸变动而增价出售，为此陈师道上言：

> 右臣伏见国子监所卖书，向用越纸而价少，今用襄纸而价高。纸既不迍，而价增于旧，甚非圣朝章明古训以教后学之意。臣愚欲乞计工纸之费以为之价，务广其传，不以末利，亦圣教之一助。付候敕音。
>
> 臣惟诸州学所卖监书，系用官钱买充。官物价之高下，何所损益。而外学常苦无钱而书价贵，以是在所不能具有国子之书，而学者闻见亦寡。今乞止计工纸，别为之价，所冀学者益广见闻，以称朝廷教养之意。及乞依公使库例量差兵士搬取。④

哲宗予以采纳。

元祐三年（1088 年），官方下令刊刻小字体医书，以降低出版成本，便

　　① 叶德辉著：《书林清话》卷六，第 143 页，中华书局，1957 年版。
　　② 〔宋〕李心传撰，徐规点校：《建炎以来朝野杂记》甲集卷四《监本书籍》，第 115 页，中华书局，2000 年版。
　　③ 〔宋〕李焘撰：《续资治通鉴长编》卷九十真宗天禧元年九月癸亥，第 2082 页，中华书局，1957 年版。
　　④ 〔宋〕陈师道撰：《后山集》卷十《论国子卖书状》，文渊阁《四库全书》本。

民购买。据《仲景全书四种》后牒文："中书省勘会：下项医书册数重大，纸墨价高，民间难以买置。八月一日奉圣旨：令国子监别作小字雕印。内有浙路小字本者，令所属官司校对，别无差错，即摹印雕版，并侯了日广行印造，只收官纸工墨本价，许民间请买，仍送诸路出卖。"① 绍圣元年（1094 年），哲宗再次指示国子监刊印小字本医书，便民购置。

国子监书籍发行主要有以下特点：1. 面向特定读者群范围发行，诸如宗室、贵臣等。2. 赠送发行与商业发行相结合，商业发行施行低价策略，不仅以广文籍流布，且可收致薄利多销之效。3. 政府垄断发行，坚决打击盗版盗印。4. 对发行收入实行严格的财务管理。

据王国维《五代两宋监本考》，宋代监本约有 187 种、9440 卷（其中 29 种不计卷），其中北宋有 118 种、6826 卷，南宋 69 种、2614 卷。此将《两宋监本考》② 中考证出的书籍列表如下，以窥国子监书籍出版之种类及其构成。

表 2-1 宋代国子监书籍出版一览表

北宋监本		南宋监本	
类别	书名	类别	书名
经部	《周易》九卷、《略例》一卷。王弼注	经部	《周易正文》
	《尚书》十三卷。孔氏传		《尚书正文》
	《毛诗》二十卷。郑氏笺		《毛诗正文》
	《周礼》十二卷。郑氏注		《周礼正文》
	《仪礼》十七卷。郑氏注		《仪礼正文》
	《礼记》二十卷。郑氏注		《礼记正文》
	《春秋经传集解》三十卷。杜氏		《春秋正经》
	《春秋公羊经传解诂》十二卷。何休解诂		《左传正文》
	《春秋穀梁传》十二卷。范宁集解		《公羊正文》
	《孝经》一卷。御制序并注		《穀梁正文》
	《论语》十卷。何晏集解		《孝经正文》
	《尔雅》三卷。郭璞注		《论语正文》
	《五经文字》三卷		《周易》九卷、《略例》一卷。王弼注
	《九经字样》一卷		《尚书》十三卷。孔氏传
	《孟子》十四卷、《音义》一卷		《毛诗》二十卷。郑氏笺

---

① 傅增湘撰：《藏园群书经眼录》卷七子部一《仲景全书四种》，第 594 页，中华书局，1983 年版。

② 王国维撰：《王国维遗书》（十一）之《五代两宋监本考》，上海古籍书店，1983 年版。

续表

北宋监本		南宋监本	
类别	书名	类别	书名
经部	《周易正义》十四卷	经部	《周礼》十二卷
	《尚书正义》二十卷		《仪礼》十七卷
	《毛诗正义》四十卷		《礼记》二十卷。郑氏注
	《礼记正义》七十卷		《春秋经传集解》三十卷。杜氏
	《春秋左传》三十六卷		《春秋公羊传解诂》十二卷。何休解诂
	《周礼疏》五十卷		《春秋穀梁传》十二卷。范宁集解
	《仪礼疏》五十卷		《孝经》一卷。御制序并注
	《春秋公羊传疏》三十卷		《论语》十卷。何晏集解
	《春秋穀梁传疏》十二卷		《尔雅》三卷。郭璞注
	《孝经正义》三卷		《孟子章句》十四卷。赵氏
	《论语正义》十卷		《周易正义》十四卷
	《尔雅疏》十卷		《尚书正义》二十卷
	《书义》十三卷		《毛诗正义》四十卷
	《新经诗义》三十卷		《周礼疏》五十卷
	《周礼新义》二十二卷		《仪礼疏》五十卷
	《经典释文》三十卷		《礼记正义》七十卷
	《群经音辨》七卷		《春秋左氏传正义》三十六卷
史部	《史记》一百三十卷		《春秋公羊传疏》三十卷
	《汉书》一百二十卷		《春秋穀梁传疏》十二卷
	《后汉书》九十卷		《孝经正义》三卷
	《后汉书志》三十卷		《论语正义》十卷
	《三国志》六十五卷		《尔雅疏》十卷
	《晋书》一百三十卷		《周易程氏传》六卷
	《宋书》一百卷		《周易义海撮要》十卷
	《南齐书》五十九卷	韵书	《淳熙礼部韵略》五卷
	《梁书》五十六卷		《增修互注礼部韵略》五卷
	《陈书》三十六卷	史部	《史记》一百三十卷
	《魏书》一百十四卷		《汉书》一百二十卷
	《北齐书》五十卷		《后汉书》一百二十卷
	《后周书》五十卷		《三国志》六十五卷
	《南史》八十卷		《晋书》一百三十卷
	《北史》一百卷		《宋书》一百卷
	《隋书》八十五卷		《南齐书》五十九卷
	《唐书》二百二十五卷		《梁书》五十六卷
	《五代史记》七十五卷		《陈书》三十六卷
	《资治通鉴》二百九十四卷		《魏书》一百十四卷

续表

北宋监本		南宋监本	
类别	书名	类别	书名
子	《荀子》二十卷	史	《北齐书》五十卷
	《扬子法言》十三卷、《音义》一卷		《后周书》五十卷
	《道德经》二卷		《南史》八十卷
	《冲虚至德真经》八卷		《北史》一百卷
部	《南华真经》十卷		《隋书》八十五卷
	《孙子七书》		《唐书》二百五十卷
律	《律文》十二卷、《音义》一卷	部	《五代史记》七十四卷
书	《唐律疏义》三十卷		《唐书纠缪》二十卷
	《黄帝内经》		《五代史纂误》五卷、《杂录》一卷
	《素问》		《资治通鉴》二百九十四卷
	《难经》二卷		《通鉴纲目》五十九卷
	《巢氏诸病源候论》五十卷		《国语》二十一卷
	《重广补注黄帝内经素问》二十四卷		《荀子》二十卷
	《黄帝内经大素》三十卷	子	《庄子》
	《灵枢经》十二卷		《列子》
	《甲乙经》八卷		《亢桑子》
	《黄帝三部针灸甲乙经》十二卷	部	《文子》
	《新编金匮要略方论》三卷		《孔子家语》十卷
医	《伤寒论》十卷		
	《脉经》十卷		
书	《备急千金要方》三十卷		
	《千金翼方》三十卷		
	《外台秘要方》四十卷		
	《太平圣惠方》一百卷		
	《庆历善救方》一卷		
	《皇祐简要济众方》五卷		
	《神医普救方》		
	《铜人针灸图经》		
	《铜人腧穴针灸图经》二卷		
	《开宝新详定本草》二十卷		
	《开宝复位本草》二十一卷		
	《补注本草》二十一卷		
	《本草图经》二十一卷		

续表

北宋监本		南宋监本	
类别	书名	类别	书名
算书	《周髀算经》二卷		
	《九章算术》九卷		
	《孙子算经》三卷		
	《术数记遗》一卷		
	《海岛算经》一卷		
	《五曹算经》五卷		
	《夏侯阳算经》三卷		
	《张丘建算经》三卷		
	《五经算术》二卷		
	《缉古算经》一卷		
类书	《初学记》三十卷		
	《太平御府》一千卷，应为《太平御览》		
	《册府元龟》一千卷		
	《太平广记》五百卷、《目录》一卷		
	《文选》六十卷		
	《文苑英华》一千卷		
	《初学记》		
	《六帖》		
字书韵书	《辑轩使者绝代语释别国方言》十三卷		
	《说文解字》十五卷		
	《大广益会玉篇》三十卷		
	《字说》		
	《大宋重修广韵》五卷		
	《集韵》十卷		
	《韵略》五卷		
	《礼部韵略》五卷		
	《韵对》		
地理	《地理新书》三十二卷		
礼仪	《五服年月解》		
农书	《齐民要术》十卷		

表 2-2　北宋监本统计分析

类别	种类	所占百分比
经部	32	28.07%
史部	19	16.67%
子部	6	5.26%
律书	2	1.75%
医书	25	21.93%
算书	10	8.77%
类书	8	7.02%
字书、韵书	9	7.89%
地理书	1	0.88%
礼仪书	1	0.88%
农书	1	0.88%

表 2-3　南宋监本统计分析

类别	种类	所占百分比
经部	39	56.52%
韵书	2	2.90%
史部	22	31.88%
子部	6	8.70%

可见，国子监所出书籍，主要是儒家经书及史书，其次是字书、医书，再次是算学书，以及道家书。从出版种类和范围上看，国子监的书籍出版纯粹属于宋朝的"御用"出版，种类不多，范围专门，走的是经典出版、专业出版及学术出版的线路。但是由于它是在皇帝亲自领导下的"御用"出版单位，面向全国出版，所以其书籍出版的数量应该是相当大的。当然，国子监所出书籍可能并不止于王国维如上考证，肯定还有其他领域的书籍，然而儒家经书及正史出版当为其主旨及主流。

二、地方政府书籍出版体制

宋代地方政府刻书成风，成为整个宋代书籍出版业的主体之一。即使在宋代的私家出版、书院出版及坊间出版中，也有地方政府出版的因素在内。地方政府不仅是书籍出版者，而且也是地方书籍出版的行政管理者。所谓地方政府出版，主要是指地方政府（部门、机构、组织、单位）利用政府资金及其他政府资源作为出版者主体而从事的书籍出版。

淳熙十三年（1186）九月，秘书郎莫叔光言："凡缙绅家世所藏善本，外之监司、郡守搜访得之，往往锓板以为官书。"[①] 绍兴年间（1131～1161 年），秘阁收访到"诸州印板书六千九十八卷，一千七百二十一册"[②]，主要应为地方政府所出书籍。

（一）路级机构出版

宋代诸路出版书籍成为普遍现象。究其原因，大概不外如下：1. 诸路官员基本上都是文人，具备相当的文化素养，雅好读书，自然乐于刻印书籍。2. 诸路长官直接由中央政府委派，多为一方大员，手握实权，财力充裕，出版书籍不乏资金上的保障。3. 诸路官员的刻书，既是宋代"文治"大环境的反映，又有其具体的出版因由。例如国子监出版的影响、皇帝关注编撰及出版的影响、官员之间文化因缘的影响，以及主刻官员自身的实际原因等。

宋代诸路书籍出版，既具有中央政府或国家出版的性质，又具有地方政府出版的性质。以前者而论，因诸路长官直接由朝廷委任，所以诸路的书籍出版，在相当程度上反映了国家出版的意志、规格、风气及趋向——国家的出版价值观。以后者而论，因诸路书籍出版地点不在京城，而在地方上，且其主持者——诸路长官是朝廷任命在一方的官员，所以又可以将

---

① 〔宋〕陈骙、佚名撰，张富祥点校：《南宋馆阁录》卷三《储藏》，第 174 页，中华书局，1998 年版。

② 〔宋〕陈骙、佚名撰，张富祥点校：《南宋馆阁录》卷三《储藏》，第 24 页，中华书局，1998 年版。

其归入地方政府出版系统。诸路书籍出版的这种双重性，决定了所出书籍的出版价值趋向，以及对地方出版的示范性。它对地方出版具有事实上的出版导向作用，反映的主要是中央政府的出版价值观及出版文化观。因此，诸路出版的意义非同寻常，它体现了宋代朝廷（中央政府）的意识形态。

据《书林清话》① 对宋代诸路出版的考证，此统计列表如下。

表 2-4　宋代诸路书籍出版一览表

时间	书名	卷数	刻书单位	作者	备注
熙宁二年（1069 年）	《外台秘要方》	四十卷	两浙东路茶盐司	〔唐〕王焘编撰	
绍兴三年（1133 年）	《资治通鉴》	二百九十四卷	两浙东路茶盐司	〔宋〕司马光撰	
绍兴三年（1133 年）	《太玄经》	十卷	两浙东路茶盐司	〔汉〕扬雄撰	
绍兴三年（1133 年）	《脉经》	十卷	广西漕司(转运使司)	〔西晋〕王叔和撰	
绍兴六年（1136 年）	《事类赋》	三十卷	两浙东路茶盐司	〔宋〕吴淑撰	傅增湘撰《藏园群书经眼录》著录为绍兴十六年(1146 年)
绍兴十七年（1147 年）	《太平圣惠方》	一百卷	福建转运司	〔宋〕王怀隐、陈昭遇等编撰	
绍兴十八年（1148 年）	《建康实录》	二十卷	荆湖北路安抚司	〔唐〕许嵩撰	

①　叶德辉著：《书林清话》卷三，第 61～64 页，中华书局，1957 年版。宋代地方政府刻书，出版单位多按时人口语习称落款，如路级机构之漕司、漕治、漕台、漕廨、漕院、计台、宪司、仓台、庾司等，此处一律按宋代正式官职规范之。

叶氏主要据明清诸藏书目录考列，而未从宋代原始史料作考证，因此，其考证仅反映明清时期宋版书籍之存世状况。对此张正烺先生已有明见在先，惜不为一般学者注意。然而即便如此，叶氏之考证及归纳，仍自有其不泯之价值。《书林清话》作为版本、目录学及书史研究名著，既是文献考古——近代知识考古的结晶，又可视为是一部读书札记的范作。

续表

时间	书名	卷数	刻书单位	作者	备注
绍兴二十一年 (1151 年)	《临川王先生文集》	一百卷	两浙西路茶盐司	〔宋〕王安石撰	
绍兴二十三年 (1153 年)	《东观余论》		建安漕司(转运使司)	〔宋〕黄伯思撰	叶氏原文如此,属福建路
乾道四年 (1168 年)	《元氏长庆集》	六十卷	两浙东路安抚使洪适	〔唐〕元稹撰	
淳熙二年 (1175 年)	《汉书》	一百二十卷	湖北茶盐司,亦称湖北庾司(路提举常平广惠仓司)。	〔东汉〕班固撰	补刻绍熙茶盐提举司本
淳熙六年 (1179 年)	《作邑自箴》	十卷	浙西提刑司	〔宋〕李元弼撰	此书影宋抄本卷末有"淳熙己亥中元浙西提刑司刊"一行题记
淳熙七年 (1180 年)	《隶续》	二卷	江东仓台	〔宋〕洪适撰	《四库全书总目提要》云"乾道戊子,始刻十卷于越;淳熙丁酉,范成大又为刻四卷于蜀;其后二年己亥,德清李彦颖又为增刻五卷于越;其明年庚子,尤袤又为刻二卷于江东仓台,辇其版归之越。前后合为二十卷"
淳熙八年 (1181 年)	《荀子杨倞注》	二十卷	江西计台(转运使司)钱佃	〔战国〕荀卿撰 〔唐〕杨倞注	
淳熙九年 (1182 年)	《申鉴》	一卷	江西漕台(转运使司)尤袤	〔东汉〕荀悦撰	
淳熙十二年 (1185 年)	《三国志》		漳州转运使	〔西晋〕陈寿撰	叶氏原文如此,属福建路
绍熙三年 (1192 年)	《周礼正义》	七十卷	两浙东路茶盐司	〔西周〕周公旦撰〔汉〕郑玄注〔唐〕贾公彦疏	《中国善本书总目》,北京图书馆藏

续表

时间	书名	卷数	刻书单位	作者	备注
嘉定三年（1210 年）	《东观余论》	二卷	建安漕司（转运使司）	〔宋〕黄伯思撰	明项笃寿万卷堂仿宋刻本，云后有"建安漕司刻梓"六字。叶氏原文如此，属福建路
嘉定五年（1212 年）	《容斋随笔》	一至五笔，共七十四卷	江西提刑司	〔宋〕洪迈撰	
嘉定八年（1215 年）	《补汉兵志》	一卷	淮南漕廨（转运使司）王大昌	〔宋〕钱文子编撰	
宝庆元年（1225 年）	《新刊校定集注杜诗》	三十六卷	广东漕司（转运使司）	〔宋〕郭知达编	《天禄琳琅书目》、黄丕烈《百宋一廛赋注》、《百宋一廛书录》、瞿镛《铁琴铜剑楼藏书目录》，云即"陈氏《书录》所谓福清曾噩刻板五羊漕司，载为善本者也"。每卷末有"宝庆乙西广东漕司锓梓"及校勘各官衔名
绍定四年（1231 年）	《礼记集说》	一百六十卷	江东漕院（转运使司）赵善湘	〔宋〕卫湜撰	
淳祐十年（1250 年）	《节孝先生文集》	三十卷	淮南东路转运司	〔宋〕徐积撰	
开庆元年（1259 年）	《西山先生真文忠公读书记》	甲集三十七卷，乙集十六卷，丁集八卷	建安漕司（转运使司）	〔宋〕真德秀撰	叶氏原文如此，属福建路
未详	《唐书》	二百卷	两浙东路茶盐司	（后晋）刘昫、张昭远等撰	
未详	《兰亭考》	十二卷	浙东庾司（路提举常平广惠仓司）	〔宋〕桑世昌撰	

续表

时间	书名	卷数	刻书单位	作者	备注
未详	《易数钩隐图》、附《遗论九事》	三卷、一卷	浙右漕司(转运使司)	〔宋〕刘牧撰	
未详	《胡子知言》、《后录》	各一卷	福建漕司(转运使司)吴坚	〔宋〕胡宏撰	
未详	《张子语录》、《后录》	各三卷	福建漕司(转运使司)	〔宋〕张载撰	
未详	《龟山先生语录》、《后录》	四卷、二卷	福建漕司(转运使司)	〔宋〕杨时撰	
未详	《吕氏家塾读诗记》	三十二卷	邱宗卿	〔宋〕吕祖谦撰	《中国善本书总目》,北京图书馆藏

诸路出版的书籍,从选题质量到刻印质量均属上乘。从选题种类分析,大致有这么几类:1. 儒家经书。2. 史书。3. 医书。4. 著名文人的文集,以及其他集部书籍。其中,以常备书为主,也有高品位的畅销书。常备书如《资治通鉴》、《脉经》等。畅销书如《元氏长庆集》、《集注杜诗》等。

此表表明,路级机构书籍出版,主要集中在江浙地区、福建地区及荆湖地区。出版主体又以茶盐司、提刑司、转运使司及漕司等实权机构为主,反映出这些部门具有书籍出版的充裕财力。

(二) 府州军监政府书籍出版

宋代府州军监作为地方行政机构,拥有治理地方的实际权力。府州军监一般均从事书籍出版,是地方政府出版的主要机构。较之路级机构,府州军监书籍出版更加具有地方政府出版的意义,因为路级机构毕竟是直接体现中央政府权力意志的中央派出机构,而府州军监却是立足地方的行政机构,直接统治着地方,具有更强的地方意义。宋代地方政府——府州军监书籍出版,其书籍种类及数量必定是十分可观的,因为它构成了宋代地方政府书籍出版的主体。但是,由于文献的缺乏,对此已经无法得出一个准确的统计数据。

此据《书林清话》①将府州郡县所出书籍统计列表如下,以窥知所出书籍之种类及构成。

---

① 叶德辉著:《书林清话》卷三,第75~77页,中华书局,1957年版。

表 2-5　宋代府州郡县书籍出版一览表

机构	作者	书名	卷数	刻书单位（地点）	时间
府 州	〔唐〕许嵩编撰	《建康实录》	二十卷	江宁府	嘉祐三年至四年 （1058～1059 年）五月
	〔宋〕宋祁、欧阳修、范镇、吕夏卿等撰	《新唐书》	二百五十卷	杭州	嘉祐五年（1060 年）
	〔宋〕司马光撰	《资治通鉴》	二百九十四卷	杭州	元祐元年（1086 年）
	〔宋〕姚铉编	《文粹》	一百卷	杭州	绍兴九年（1139 年）
	〔西汉〕毛亨、毛苌辑注〔东汉〕郑玄笺〔唐〕孔颖达疏	《毛诗正义》	四十卷	绍兴府	绍兴九年（1139 年）
	〔宋〕贾昌朝撰	《群经音辨》	七卷	临安府	绍兴九年（1139 年）
	〔汉〕应劭撰	《汉官仪》	三卷	临安府	绍兴九年（1139 年）
	〔宋〕姚铉编	《唐文粹》	一百卷	临安府	绍兴九年（1139 年）
	〔唐〕柳宗直编	《西汉文类》	五卷	临安府	绍兴十年（1140 年）
	〔宋〕李诚撰	《营造法式》	三十四卷	平江府	绍兴十五年（1145 年）
	〔宋〕徐铉撰	《骑省集》	三十卷	明州	绍兴十九年（1149 年）
	〔南朝梁〕萧统主编〔唐〕李善注	《文选》	六十卷	明州	绍兴二十八年（1158年）
	〔宋〕袁枢编纂	《通鉴纪事本末》	四十二卷	严州	淳熙三年（1176 年）
	〔宋〕胡致堂撰	《读史管见》	八十卷	温陵州	淳熙九年（1182 年）
	〔宋〕施宿撰	《会稽志》	二十卷	绍兴府	嘉泰元年（1201 年）
	〔宋〕杨万里撰、张敬之校正	《张先生校正杨宝学易传》	二十卷	吉州	嘉定二年（1209 年）
	〔宋〕佚名撰	《九经排字直音前集》、《后集》	一卷、一卷	明州	未详
郡 斋	〔唐〕杜甫撰	《杜工部集》，附《补遗》	二十卷	姑苏郡斋（平江府）王琪	嘉祐四年（1059 年）
	〔宋〕寇准撰	《寇莱公诗集》	三卷	春陵郡斋（衡州、桂阳军）	宣和五年（1123 年）
	〔西汉〕刘向编定〔宋〕鲍彪注	《战国策》	十卷	会稽郡斋（绍兴府）	绍兴元年（1131 年）
	〔宋〕孙觉注解	《春秋经解》	十五卷	高邮郡斋（高邮军）	绍兴四年（1134 年）
	〔宋〕王安石撰	《临川集》	一百卷	临川郡斋（抚州）詹大和	绍兴十年（1140 年）
	〔南朝齐〕谢朓撰	《谢宣城集》	五卷	宣州郡斋楼照	绍兴二十八年（1158年）
	〔宋〕陈襄撰	《古灵先生集》、《年谱》、《附录》	二十五卷、一卷、一卷	赣郡斋（赣州）	绍兴三十一年（1161年）

续表

机构	作者	书名	卷数	刻书单位（地点）	时间
郡斋	〔宋〕郑侠撰	《西塘集》	二十卷	盱江郡斋（泗州、濠州）	隆兴二年（1164年）
	〔宋〕孔传撰	《孔传六帖》	二十卷	泉南郡斋（泉州）	乾道二年（1166年）
	〔宋〕吕本中撰	《东莱先生诗集》	二十卷	吴郡斋（平江府）	乾道二年（1166年）
	〔宋〕徐兢撰	《宣和奉使高丽图经》	四十卷	澄江郡斋	乾道三年（1167年）
	〔唐〕柳宗元撰〔宋〕童宗说注释、张敦颐音辨	《增广注释音辨唐柳先生集》、《别集》、《外集》《附录》	四十三卷、二卷、二卷、一卷	灊山郡斋（舒州）	乾道三年（1167年）
	〔宋〕范仲淹撰	《范文正公集》、《别集》、《尺牍》	二十卷、四卷、二卷	鄱阳郡斋（饶州）	乾道三年（1167年）
	〔宋〕郑侠撰	《西塘集》	二十卷	九江郡斋（漳州）	乾道三年（1167年）
	〔宋〕洪遵编	《集验方》	五卷	九江郡斋（漳州）	乾道六年（1170年）
	〔宋〕李衡撰	《周易义海撮要》	十二卷	婺州郡斋（婺州）李衡自刻	乾道六年（1170年）
	〔宋〕李柽编撰	《伤寒要旨》、《药方》	一卷、一卷	姑孰郡斋（太平州）	乾道七年（1171年）
	〔宋〕杨侃撰	《两汉博闻》	十二卷	姑孰郡斋（太平州）	乾道八年（1172年）
	〔汉〕戴德编撰	《大戴礼记》	十三卷	建安郡斋（建宁府）韩元吉	淳熙二年（1175年）
	〔汉〕司马迁撰	《史记》（中字本）		广德郡斋（广德军）	淳熙三年（1176年）
	〔汉〕司马迁撰诸少孙补撰	《史记》		广德郡斋（广德军）	淳熙五年（1178年）
	〔宋〕刘安世撰	《元城先生尽言集》	十三卷	括苍郡斋（台州）	淳熙五年（1178年）
	〔唐〕王方庆编撰	《魏郑公谏录》	五卷	吴兴郡斋（湖州）	淳熙六年（1179年）
	〔宋〕苏辙撰	《栾城集》	八十四卷	筠阳郡斋（筠州）苏诩	淳熙六年（1179年）
	〔南朝梁〕萧统主编〔唐〕李善注	《文选李善注》、《考异》	六十卷、一卷	池阳郡斋（池州）尤袤	淳熙八年（1181年）
	〔宋〕苏易简撰	《文选双字》	三卷	池阳郡斋（池州）尤袤	淳熙八年（1181年）
	〔南朝梁〕萧统撰	《昭明太子集》	五卷	池阳郡斋（池州）尤袤	淳熙八年（1181年）
	〔宋〕朱端章撰	《卫生家宝产科备要》	八卷	南康郡斋（南安军）朱端章自刻	淳熙十一年（1184年）
	〔东晋〕习凿齿撰	《襄阳耆旧集》	一卷	襄阳郡斋（襄阳府）吴琚	绍熙改元（1190年）
	〔西汉〕刘向编录〔宋〕鲍彪校注	《战国策校注》	十卷	会稽郡斋（越州）	绍熙二年（1191年）

续表

机构	作者	书名	卷数	刻书单位(地点)	时间
郡斋	〔宋〕贺铸撰	《庆湖遗老诗集》、《拾遗》、《补遗》	九卷、一卷、一卷	邵阳郡斋（邵州）胡澄	绍熙三年(1192 年)
	〔东晋〕陶渊明撰	《陶渊明集》	一卷	南康郡斋（南安军）曾集	绍熙三年(1192 年)
	〔宋〕孙觉撰	《龙学孙公春秋经解》	十五卷	高邮郡斋（高邮军）	绍熙四祀(1193 年)
	〔宋〕黄公度撰	《知稼翁集》	十二卷	邵阳郡斋（邵州）黄沃	庆元元年(1195 年)
	〔宋〕王璆辑、刘承父校正	《续添是斋百一选方》	二十卷	沔阳郡斋（复州）	庆元丙辰(1196 年)
	〔宋〕陈襄撰	《使辽语录》	一卷	临汀郡斋（汀州）	庆元三年(1197 年)
	〔宋〕吴仁杰撰	《两汉刊误补遗》	十卷	全州郡斋 陈虔英	庆元五年(1199 年)
	〔宋〕陈舜俞撰	《都官集》	十四卷	四明郡斋（庆元府）	庆元六年(1200 年)
	〔西汉〕扬雄撰	《方言》	十三卷	浔阳郡斋（江州）	庆元六年(1200 年)
	〔宋〕计有功编撰	《唐诗纪事》	八十一卷	怀安郡斋（福州）	庆元六年(1200 年)
	〔宋〕米芾撰	《宝晋山林集拾遗》	八卷	筠阳郡斋（筠州）	嘉泰元年(1201 年)
	〔宋〕米芾撰	《诗》	四卷	筠阳郡斋（筠州）	嘉泰元年(1201 年)
	〔宋〕米芾撰	《宝章待访录》	一卷	筠阳郡斋（筠州）	嘉泰元年(1201 年)
	〔宋〕米芾撰	《书史》	一卷	筠阳郡斋（筠州）	嘉泰元年(1201 年)
	〔宋〕米芾撰	《画史》	一卷	筠阳郡斋（筠州）	嘉泰元年(1201 年)
	〔宋〕米芾撰	《砚史》	一卷	筠阳郡斋（筠州）	嘉泰元年(1201 年)
	〔宋〕吕祖谦编纂	《皇朝文鉴》	一百五十卷	新安郡斋（徽州）沈有开	嘉泰四年(1204 年)
	〔宋〕叶梦得撰	《石林春秋传》	二十卷	南剑郡斋（南剑州）叶筠	开禧元年(1205 年)
	〔宋〕叶梦得撰	《石林奏议》	十五卷	天台郡斋（台州）叶筴	开禧二年(1206 年)
	〔宋〕赵彦卫撰	《云麓漫钞》	十五卷	新安郡斋（徽州）赵彦卫自刻	开禧二年(1206 年)
	〔宋〕陈傅良撰	《止斋集》	五十二卷	永嘉郡斋（温州）施杦	嘉定元年(1208 年)
	〔宋〕陈旉撰	《农书》	三卷	高邮郡斋（高邮军）汪纲	嘉定三年(1210 年)
	〔宋〕秦观撰	《蚕书》	一卷	高邮郡斋（高邮军）汪纲	嘉定三年(1210 年)
	〔唐末五代〕王定保撰	《唐摭言》	十五卷	宜春郡斋（袁州）	嘉定四年(1211 年)

机构	作者	书名	卷数	刻书单位(地点)	时间
郡斋	〔宋〕林钺撰	《汉隽》	十卷	滁阳郡斋(滁州)	嘉定四年(1211年)
	〔宋〕陈傅良撰	《止斋集》	四十卷	永嘉郡斋(温州)	嘉定五年(1212年)
	〔宋〕范纯仁撰	《范忠宣公集》		鄱阳郡斋(饶州)	嘉定五年(1212年)
	〔宋〕李纲撰	《梁溪先生集》、《附录》	一百八十卷、六卷	泉州郡斋	嘉定六年(1213年)
	〔宋〕曾穜撰	《大易粹言》	十卷	舒州郡斋张嗣古修补淳熙三年(1176年)舒州公使库本。	嘉定六年(1213年)
	〔宋〕朱熹撰	《楚辞集注》、《辨证》	八卷、二卷	章贡郡斋(虔州)	嘉定六年(1213年)
	〔宋〕陈旉撰	《农书》	三卷	真州郡斋	嘉定七年(1214年)
	〔宋〕秦观撰	《蚕书》	一卷	真州郡斋	嘉定七年(1214年)
	〔宋〕胡致堂撰	《读史管见》	三十卷	衡阳郡斋(衡州)	嘉定十一年(1218年)
	〔宋〕张浚撰	《紫岩易传》	十卷	春陵郡斋(衡州、桂阳军)	嘉定十三年(1220年)
	〔宋〕叶适撰	《习学记言》	五十卷	新安郡斋(徽州)	嘉定十六年(1223年)
	〔宋〕洪迈选编	《唐人万首绝句》	一百一卷	鄱阳郡斋(饶州)、会稽郡斋(绍兴府)合刻	嘉定十六年(1223年)
	〔东汉〕赵晔撰	《吴越春秋》	十卷	新安郡斋(徽州)汪纲	嘉定十七年(1224年)
	〔汉〕袁康、吴平撰	《越绝书》	十五卷	新安郡斋(徽州)汪纲	嘉定十七年(1224年)
	〔宋〕曾慥编撰	《类说》	六十卷	建安郡斋(建宁府)叶昰	宝庆二年(1226年)
	〔唐〕韩愈撰〔宋〕朱熹校正	《朱文公校昌黎先生文集》、《外集》、《集传》、《遗文》	四十卷、十卷、一卷、一卷	南剑州郡斋	宝庆三年(1227年)
	〔宋〕陆游撰	《老学庵笔记》	十卷	台州郡斋陆通	绍定元年(1228年)
	〔宋〕潘阆撰	《逍遥词》	一卷	严州郡斋	绍定元年(1228年)
	〔宋〕吕本中撰	《童蒙训》	三卷	婺州郡斋	绍定二年(1229年)
	〔宋〕吕祖谦编撰	《皇朝文鉴》	一百五十卷	新安郡斋(徽州)沈有开	端平初元(1234年)重修、嘉定壬午十五年(1222年)补修、嘉泰甲子(1204年)刻

续表

机构	作者	书名	卷数	刻书单位（地点）	时间
郡斋	〔宋〕赵善璙编撰	《自警编》	不分卷	九江郡斋（漳州）赵善璙自刻	端平初元（1234年）
	〔宋〕程公说撰	《春秋分纪》	九十卷	宜春郡斋（袁州）程公许	淳祐三年（1243年）
	〔宋〕晁公武撰	《郡斋读书志》	二十卷	衢州郡斋游钧	淳祐九年（1249年）
	〔宋〕刘克庄撰	《后村居士集》	五十卷	莆田郡斋（兴化军）	淳祐九年（1249年）
	〔宋〕朱熹撰	《四书章句集注》	二十六卷	当涂郡斋（太平州）马光祖	淳祐十二年（1252年）
	〔宋〕杨仲良编纂	《皇朝通鉴纪事本末》	一百五十卷	庐陵郡斋（吉州）	宝祐元年（1253年）
	〔宋〕谢采伯撰	《密斋笔记》、《续》	五卷、一卷	临川郡斋（抚州）	宝祐四年（1256年）
	〔宋〕袁枢编纂	《通鉴纪事本末》	四十二卷	严陵郡斋（严州）	宝祐五年（1257年）
	〔宋〕张咏撰	《乖崖先生文集》	十二卷	崇阳郡斋（鄂州）	咸淳五年（1269年）
	〔宋〕朱熹撰	《朱子语类》	一百四十卷	盱江郡斋（泗州、濠州）黎靖德	咸淳六年（1270年）
	〔宋〕曾槃撰	《绛帖释文》	二卷	桐川郡斋（严州）自刻	未详
县斋	〔宋〕司马光撰	《资治通鉴》	二百九十四卷	余姚县	绍兴二年（1132年）
	〔梁〕沈约撰	《宋书》	一百卷	眉山县	绍兴十四年（1144年）
	〔北齐〕魏收撰	《魏书》	一百十四卷	眉山县	绍兴十四年（1144年）
	〔隋〕姚察撰〔唐〕姚思廉撰	《梁书》	五十六卷	眉山眉	绍兴十四年（1144年）
	〔南朝梁〕萧子显撰	《南齐书》	五十九卷	眉山县	绍兴十四年（1144年）
	〔唐〕李百药撰	《北齐书》	五十卷	眉山县	绍兴十四年（1144年）
	〔唐〕令狐德棻等撰	《周书》	五十卷	眉山县	绍兴十四年（1144年）
	〔唐〕姚思廉撰	《陈书》	三十六卷	眉山县	绍兴十四年（1144年）
	〔宋〕周渭撰	《弹冠必用集》	一卷	当涂县斋	绍熙甲寅五年（1194年）
	〔宋〕刘昌诗撰	《芦浦笔记》	十卷	六峰县斋刘昌诗自刻	嘉定乙亥八年（1215年）
	〔宋〕范祖禹撰	《帝学》	八卷	高安县斋	嘉定辛巳十四年（1221年）

续表

机构	作者	书名	卷数	刻书单位（地点）	时间
县斋	〔宋〕真德秀撰	《政经》	一卷	大庚县斋赵时棣	端平改元（1234 年）
	〔宋〕朱熹撰	《晦庵先生朱文公易说》	二十三卷	建阳县斋	淳祐壬子十二年（1252 年）
	〔宋〕朱熹撰	《楚辞集注》八卷、《辨证》二卷、《后语》六卷	十六卷	湘阴县斋向文龙	咸淳丁卯三年（1267 年）
	〔唐〕杜佑撰	《通典》	二百卷	盐官县	无年号

可见，本朝文集的出版显然占据优势，即原创性出版凸显，可见出版对于宋代文化的构建之功。

据《会稽续志》，绍兴府专门设有"书板库"、"书籍库"① 而与其他库并列，可见此郡书籍出版之程度。这是著名出版家汪纲守郡时创建的。

府本、州本之出版主体并不全是地方府州，有的只是中央政府在地方出版，出版主体是中央政府。此一意义上，府本、州本只是对刻印地点的称谓，并具有版本称谓的意义。如嘉祐五年（1060 年），中书省奉旨下杭州镂《新唐书》二百五十卷，元祐元年（1086 年），杭州奉旨刻《资治通鉴》二百九十四卷，则出版者理应为中书省等机构。特别是临安府（杭州）作为雕印业发达的一大都市，北宋时即为中央政府书籍出版的主要雕印之地。

郡斋本中，严格说来，并非所有书籍均是纯粹的地方官刻，有些刻书兼有私刻或学校刻书的双重性质。这种模糊性是一种历史的客观存在，有的可作出清楚的分辨与考证，有的则无法予以清楚的辨别。例如端平初元（1234年）九江郡斋赵善自刻《自敬编》即是一个显证。

（三）县政府书籍出版

据《宋史》、《续资治通鉴长编》、《元丰九域志》、《宋朝事实类苑》、《曾巩集》、《包拯集》等文献统计，建隆元年（960 年），宋朝全国县数为638 个。开宝末（976 年），县数 1086。太宗初年（976 年），县数 1226。庆历八年（1048 年），县数 1250。嘉祐二年（1057 年），县数 1200。治平末（1067 年），县数 1262。元丰初年（1078 年），县数 1135。崇宁元年（1102

---

① 〔宋〕张淏撰：《会稽续志》卷八。《宋元地方志丛书》一〇，第 6537 页，台北：大化书局，1980 年版。

年），县数1265。南宋灭亡时（1279年），县数733。

县政府是地方基层政府，从现有资料不难看出，它也是宋代地方政府出版的主体之一，并且所出书籍选题之优、层次之高、质量之精、气魄之大，堪与国子监出版媲美。在县政府的财政及出版人才资源框架内，能够达到如此高的出版水平，与国家层面的出版保持高度一致，足见宋代书籍出版由中央政府至地方县级政府的完整体制及其机制。

县政府书籍出版，由宋人龚梦龙《重刊乖崖先生文集序》之记载可窥知一斑。"前令君天台郭公森卿尝刻置县斋，己未兵毁，遂为煨烬。今令尹左绵伊公赓以儒术饰吏，复锓梓以寿其传，幸惠邦人，士德至渥也。抑事尤有可骇者。公遗像旧刻于县之东斋，人多摹本以祀，后因毁并不存。士有逃难山谷者，乃得墨本于丛棘中，雨露不濡。"①

绍兴十二年（1142年），汀州宁化县刻有贾昌朝《群经音辨》一书②。《游宦纪闻》记载："黄公铢字子厚，富沙浦城人，与朱文公为交友，长于诗。刘潜夫宰建阳，刻其《谷城集》于县斋。"③

淳熙十年（1183年），象山县学翻刻滁阳郡斋出版《汉隽》，表明县级政府出版的一种方式。该版题记记载："善本锓木，储之县库，且藉工墨盈余为养士之助。"④可见出版目的主要在于取得利润以解决教育经费不足。此次出版，应是取得滁阳郡政府的同意的，或者，出版本身就是滁阳郡政府解决象山县学教育经费的一种办法。

朱熹《书徽州婺源县〈中庸集解〉板本后》记载，此书"婺源宰三山张侯又将刻之县学，以惠学者"。《书徽州婺源县〈周子通书〉板本后》记载，"婺源宰三山张侯适将锓板焉，因书以遗之，庶几有补于诸本之阙"。⑤

据叶德辉《书林清话》记载，县学出版单位计有：汀州宁化县学、黄岩县学、象山县学、华亭县学、昆山县学、永福县学。可见，主要为东南出版业发达地区，以及福建西北部出版业发达地区。但是永福县学，却反映出县

---

① 〔宋〕张咏撰：《乖崖先生文集》卷首。国家图书馆出版社，2004年版。中华再造善本工程本。
② 傅增湘撰：《藏园群书经眼录》卷二经部二，中华书局，1983年版，第126页。
③ 〔宋〕张世南撰：《游宦纪闻》卷八，中华书局，1981年版，第62页。
④ 叶德辉著：《书林清话》卷六，第143页，中华书局，1957年版。
⑤ 〔宋〕朱熹撰：《朱子全书》（贰拾肆）《书徽州婺源县〈中庸集解〉板本后》、《书徽州婺源县〈周子通书〉板本后》，上海古籍出版社，2002年版，第3839～3840页。

级政府出版的地域之广。出版书籍计有：贾昌朝《群经音辨》，张九成《横浦心传录》、《横浦日新》，林钺《汉隽》，徐民瞻编辑《陆士衡集》、《陆士龙集》，凌万顷、边实《玉峰志》，徐自民《宋宰辅编年录》。由此可知，县级政府及其学校出版书籍，选题非凡，基本与路级及府州郡级政府书籍出版选题保持一致，处于同一层次。这显然是县级政府在政治体制内对上级政府出版信息及资源的一种合理的政策利用。

县级政府有时在出版中只承担雕版印刷及装订工序，即承担具体生产环节，并非出版主体。例如绍兴三年（1133 年）两浙东路茶盐司公使库出版《资治通鉴》，就是该年七月初一日，两浙东路提举茶盐司公使库作为出版主体，按照行政级别，命令绍兴府余姚县雕版印造，完成生产出版的，并于十二月二十日交工。

县级政府公职人员参与府州级政府书籍出版，担任主要校勘工作。虽非出版主体，但也具有县级政府出版的意义在内。例如淳熙三年（1176 年）舒州公使库出版《大易粹言》，参与校勘的县政府公职人员就有 5 名，即：池州青阳县学谕李佑之、迪功郎舒州怀宁县尉许邦弼、迪功郎新无为军无为县主簿方颐、迪功郎舒州太湖县主簿张橐、迪功郎舒州望江县主簿程九万。

县政府所出书籍，叶德辉《书林清话》中列有十五种。[1] 即：《弹冠必用集》、《芦浦笔记》、《帝学》、《政经》、《晦庵先生朱文公易说》、《楚辞集注》、《资治通鉴》、《通典》，以及眉山县著名的"眉山七史"——《宋书》、《魏书》、《梁书》、《南齐书》、《北齐书》、《周书》、《陈书》。可知，既能够出版大部头著作，如《资治通鉴》、《通典》，又能够出版丛书，如"眉山七史"。其中，"眉山七史"字大如钱，点墨如漆，不惜工本，追求出版美学效果，是典型的优质书籍产品，令后人景仰。从选题质量及选题构成两方面考察，史书 8 种，政书 1 种，理学名家著作 3 种，政治学著作 1 种，笔记 1 种，其他 1 种。其中，10 种为名著。由此可见地方政府所出书籍质量、气象、境界之一斑。

（四）公使库书籍出版[2]

这是宋代地方政府富有特色的一种出版方式。它是商业出版寓于政治体

制内的出版行为。换言之，这是一种国家商业行为。

从书籍考古的意义上考察，下表表明：宋朝公使库之书籍出版，主要出版主体是路级及府州级公使库。为了突出公使库出版的专题属性——凸现其出版类型的特殊性，此处将路级及府州级公使库之书籍出版一并加以论述。

《建炎以来朝野杂记》对公使库的来历有明确记载：

> 公使库者，诸道监、帅司及州、军、边县与戎帅皆有之。盖祖宗时，以前代牧伯皆敛于民，以佐厨传，是以制公使钱以给其费，惧及民也。然正赐钱不多，而著令许收遗利，以此州郡得以自恣。……开抵当、卖熟药，无所不为，其实以助公使耳！公使苞苴，在东南而为尤甚。扬州一郡，每岁馈遗，见于帐籍者，至十二万缗。[①]

《燕翼诒谋录》对公使库钱酒使用制度及管理亦有明确记载：

> 祖宗旧制，州郡公使库钱酒，专馈士大夫入京往来与之官、罢任旅费。所馈之厚薄，随其官品之高下、妻孥之多寡。此损有余补不足、周急不继富之意也。其讲睦邻之好，不过以酒相遗，彼此交易，复还公帑。苟私用之，则有刑矣。治平元年知凤翔府陈希亮自首，曾以邻州公使酒私用，贬太常少卿，分司西京，乃申严其禁：公使酒相遗，不得私用，并入公帑。其后祖无择坐以公使酒三百小瓶遗亲，故自直学士谪授散官安置，况他物乎。故先世所历州郡，得邻郡酒皆归之公帑，换易答之，一瓶不敢自饮也。[②]

公使库是宋代官署中一种公使服务及办公费管理机构。其经费主要有二个来源：一是"正赐钱"，即国家财政拨款；一是公使库开展多种经营，从事商品生产与销售所获的利润。因为国家财政拨款有限，不够公使库支出，所以在国家的明文许可下，公使库便大显神通，"开抵当、卖热药"，得以自恣，变成了商品生产与贸易的经济实体。公使库的多种经营中，就包括书籍生产与销售这一文化行业，而尤以文化及出版业相对发达的东南地区为甚，至今

---

① 〔宋〕李心传撰：《建炎以来朝野杂记》甲集卷十七《公使库》，第 394 页，中华书局，2000年版。

② 〔宋〕王栐撰，诚刚点校：《燕翼诒谋录》卷三，第 29～30 页，中华书局，1981 年版。此条史料对于解释后文朱熹弹劾唐仲友案亦具有重要价值。

犹存于世的宋代公使库刻本书籍几乎全是东南地区诸路、州、府刻印的，即足以说明这一点。

　　鉴于公使钱"倍备糜费"、"奢俭各不中礼，甚者或至非礼掊克"，熙宁四年（1071 年），"今当量入为出，随州郡大小立等，岁自二百贯至五千贯止，若三京、三路帅府，成都、杭、广自来所用多者，增其数"①。熙宁五年（1072 年），"公使钱始立定额，自二百贯至三千贯止"②。此外，州郡尚有醋息、房园祠庙坊场之利。现钱外，元祐二年（1087 年），诏"自今诸将岁赐公使钱五十万，东南路军三十万。每公使十万造酒毋过十石，岁终有余，以缮军器"③。公使库的主要收入来源于其自主经营（包括非法经营乃至坑民害民），其获利数额颇为可观。这使得至少是部分公使库拥有充裕的资本用以刻印书籍。公使库书籍出版动机主要有二：一是以刻印书籍作为一个经营项目，目的是为了创收；一是利用公使库已有的资金从事书籍出版，其目的不一定是为了创收。这二种情况均促成了宋代公使库出版书籍这一独特的文化景观。

　　淳熙三年（1176 年），舒州公使库刻本《大易粹言》牒文："今《大易粹言》一部，计二十册，合用纸数印造工墨钱下项，纸副耗共一千三百张，装背饶青纸三十张，背青白纸三十张，棕墨糊药印背匠工食钱共一贯五百文足，赁板钱一贯二百文足。库本印造见成出卖，每部价钱八贯文足。"④ 这是一条珍贵的书籍生产清单。据此可知《大易粹言》一书的生产成本主要包括：纸张费、墨费、糊药费、印刷费、装订费、伙食费，前三项可总称为材料费，后三项可统称为印工费，还有一项即赁版费。

　　例一，苏州公使库嘉祐四年（1059 年）出版《杜工部集》二十卷。宋代重视对杜甫诗文的整理与研究。苏舜钦、王洙、刘敞、王安石等名士都曾整理过杜集。王洙的整理最有成效，他参酌众本，精审精校，并将杜诗分为古体诗、近体诗二种，依时间先后加以编排。他整理的杜诗也是宋代收录最完整的一个本子。嘉祐四年（1059 年），王琪约请何琢、丁修对王洙整理本作

　　① 〔宋〕李焘撰：《续资治通鉴长编》卷二百十九神宗熙宁四年正月己酉，第 5328 页，中华书局，1990 版。

　　② 〔元〕马端临撰《文献通考》卷二三《国用一》，第 28 页，中华书局，1996 年版。

　　③ 〔宋〕李焘撰：《续资治通鉴长编》卷三百九十四哲宗元祐二年正月乙丑，第 9592 页，中华书局，1990 版。

　　④ 王国维著：《王国维遗书》（十一）之《五代两宋监本考》，上海古籍书店，1983 年版。

了进一步修订，经裴煜审定后，刊板行世。王琪为该书写的《后记》交代了编辑出版经过。

> 近世学者争言杜诗……翰林王君原叔，尤嗜其诗，家素蓄先唐旧集，及采秘府名公之家、天下士人所有，得者悉编次之，事具于记，于是杜诗无遗矣。……原叔虽自编次，余病其卷帙之多而未甚布，暇日与苏州进士何君琢、丁君修得原叔家藏及今古诸集，聚于郡斋而参考之，三月而后已。义有兼通者亦存而不敢削，阅之者固有浅深也，而又吴江邑宰河东裴君煜取以复视，乃益精密，遂镂于版，庶广其传。①

这是杜甫文集的第一个版本，也是此后杜甫文集的祖本。近代著名出版家、版本学家张元济先生谓此："自后补遗、增校、注释、批点、集注、分类、编韵之作，无不出于二王（王洙、王琪）之所辑梓。"② 可见公使所出书籍之价值。

《吴都文粹》也对王琪刻印杜集原因及销售作过如下记载：

> 嘉祐中，王琪知制诰守郡，始大修设厅，规模宏壮，假省库钱数千缗，厅既成，漕司不肯破除，时方贵杜集，人间苦无全书，琪家藏本雠校素精，即倬公使库钱镂版，印万本，每部为直千钱，士人争买之，富室或买十许部，既偿省库，羡余以给公厨。③

显然，王琪出版的《杜集》成为了当时的畅销书，初版就印了 10000 部。这部书的畅销，主要取决于三个原因：一是"时人方贵杜集"，即选题切中了读者需要；二是"雠校素精"，即编校质量可靠，属于精品；三是与王琪的政

---

① 〔宋〕王琪撰：《增修王原叔编次杜诗后记》，〔宋〕黄希原、黄鹤撰：《补注杜诗》，文渊阁《四库全书》本。《直斋书录解题》："《杜工部集》二十卷。唐左拾遗检校工部员外郎剑南节度参谋襄阳杜甫子美撰。案：唐志六十卷，小集六卷。王洙原叔蒐裒中外书九十九卷，除其重复，定取千四百五篇，古诗三百九十九，近体千有六，起太平时终湖南所作，视居行之次，若岁时为先后，别录杂著为二卷，合二十卷。宝元二年记，遂以定本。王琪君嘉祐中刻之姑苏，且为后记，元稹墓铭亦附第二十卷之末。又有遗文九篇，治平中太守裴集刊附集外。蜀本大略同，而以遗文入正集中，则非其旧也。世言子美诗集大成而无韵者几不可读，然开天以前文体大略皆如此。若三大礼赋，辞气壮伟，又非唐初余子所能及也。"〔宋〕陈振孙著：《直斋书录解题》，第 470 页，上海古籍出版社，1987 年版。

② 张元济：《宋本杜工部集·跋》，《续古逸丛书》（集部），第 349 页，江苏古籍出版社，2001 年版。

③ 〔宋〕郑虎臣编：《吴都文萃》卷二，文渊阁《四库全书》本。

治地位之影响有关，即不排除王琪官位产生的销售影响力。

例二，《资治通鉴》，绍兴三年（1133 年）两浙东路茶盐司公使库出版。《中国版刻图录》记载："字体方整浑厚，刻工皆南宋初叶杭州地区习见之良工，与同时所刻他书多同。卷末原有绍兴二年（1132 年）两浙东路提举茶盐司公使库校勘官衔名，此本脱。宋时建本、鄂本、蜀本都直接间接从此本出。此书元丰监本久佚，此为硕果仅存之第一本。《经眼录》卷 3 录有绍兴二年（1132 年）刊板毕工题识：绍兴二年七月初一日两浙东路提举茶盐司公使库下绍兴府余姚县刊板，绍兴三年十二月二十日毕工，印造进入。"①

例三，唐仲友淳熙八年（1181 年）主持刻印《荀子》等书。他在守台州期间明目张胆地窃取公使库财物，又将伪造货币"交子"的罪犯蒋辉等人私自放出监狱，利用其高超的刻印技术，为公使库刻书。台州公使库刻印了《荀子》、《扬子》、《韩非子》等书 606 部、9090 册，唐仲友竟至贪污了 378 部、5670 册。

这些书籍主要有五个用途：1. 公使库销售；2. 唐仲友"搬运归本家书坊货卖"；3. 唐仲友用于官场送礼；4. 唐仲友占为私有；5."节次经纳书院"。

朱熹对唐仲友贪赃枉法的行为深恶痛绝，连上六折，予以揭发。②

台州公使库书籍出版，是一个十分典型的个案，对于全面认识宋代公使库出版乃至整个宋代出版业具有重要价值。盖公使库经营的混乱，同国初公使库设立时章法不明有直接关系。政企不分，使得主事官吏得以自恣经营，由是而滋生诸种弊端。

公使库出版的书籍，从选题、编校到刻印，其质量都属上乘。这主要是由公使库主持刻书者多为具有相当文化素养的文人官员及公使库充裕的资金支持决定的。此据《书林清话》之考证及《宋元版刻图释》③，将宋代公使库刻书统计并列表分析。

---

① 北京图书馆编：《中国版刻图录》（第一册），第 20 页，文物出版社，1961 年版。

② 〔宋〕朱熹撰：《朱子全书》（贰拾）《按唐仲友六状》，第 825～868 页，上海古籍出版社、安徽教育出版社，2002 年版。

③ 叶德辉：《书林清话》卷三，第 64 页，中华书局，1957 年版。陈坚、马文大撰辑：《宋元版刻图释》，学苑出版社，2008 版。诸家所考主要依据现存古籍以及明清著名版本学、目录学著作记载作者知见。

表 2-6 宋代公使库书籍出版一览表

作者	书名	卷数	刻书单位	时间	备注
〔唐〕杜甫撰	《杜工部集》	二十卷	苏州公使库	嘉祐四年(1059年)	上海图书馆藏有南宋浙江翻刻本残帙
〔宋〕朱长文撰	《吴郡图经续记》	三卷	苏州公使库	元符元年(1098年)	
〔宋〕欧阳修撰	《六一居士集》	一百卷	吉州公使库	宣和四年(1122年)	
〔宋〕司马光撰	《资治通鉴考异》	三十卷	两浙东路茶盐司公使库	绍兴二年(1132年)	
〔宋〕司马光撰	《资治通鉴目录》	三十卷	两浙东路茶盐司公使库	绍兴二年至三年(1132～1133年)	
〔宋〕司马光撰	《资治通鉴》	二百九十四卷	两浙东路茶盐司公使库	绍兴三年(1133年)	
〔宋〕太平惠民和剂局编	《太平惠济方》	一百卷	福建路转运司公使库	绍兴七年(1137年)	
〔宋〕徐铉撰	《骑省徐公集》	三十卷	明州公使库	绍兴十九年（1149年）	
〔宋〕孔平仲撰	《续世说》	十二卷	沅州公使库	绍兴二十八年(1158年)	国家图书馆藏
〔东汉〕何休解诂	《春秋公羊传解诂》		抚州公使库	淳熙年间(1174～1189年)、绍熙四年(1193年)	
〔东周〕孔子、左丘明等编撰	《六经三传》		抚州公使库	淳熙初(1174年)	
〔西周〕周文王撰〔魏晋〕王弼略例	《周易》、《略例》	九卷、一卷	抚州公使库	淳熙间（1174～1189年）	国家图书馆藏
〔战国〕公羊高撰〔东汉〕何休解诂〔唐〕陆德明释文	《春秋公羊经传解诂》、《释文》	十二卷、一卷	抚州公使库	淳熙间（1174～1189年）	国家图书馆藏
〔西晋〕杜预集解	《春秋经传集解》	三十卷	抚州公使库	淳熙间（1174～1189年）	国家图书馆藏
〔宋〕唐仲友编纂	《赋集》		台州公使库	淳熙间(1174～1189)	
〔汉〕扬雄撰	《扬子》		台州公使库	淳熙间(1174～1189)	

续表

作者	书名	卷数	刻书单位	时间	备注
〔战国〕韩非撰	《韩非子》		台州公使库	淳熙间(1174~1189)	
〔东周〕辛研撰	《文子》		台州公使库	淳熙间(1174~1189年)	
〔宋〕方闻一辑	《大易粹言》	十二卷	舒州公使库	淳熙三年(1176年)	国家图书馆藏
〔汉〕戴圣编纂、郑玄注〔唐〕陆德明释文	《礼记郑注》、《礼记释文》	二十卷、四卷	抚州公使库	淳熙四年(1177年)	
〔西晋〕杜预集解	《春秋经传集解》	三十卷	抚州公使库	淳熙四年(1177年)	
〔唐〕陆德明撰	《经典释文》	三十卷	抚州公使库	淳熙四年(1177年)	国家图书馆藏
〔宋〕程颢、程颐撰	《河南程氏文集》	十卷	春陵郡库	淳熙六年(1179年)	
〔北齐〕颜之推撰	《颜氏家训》	七卷	台州公使库	淳熙七年(1180年)	
〔宋〕苏辙撰	《诗集传》	二十卷	筠州公使库	淳熙七年(1180年)	国家图书馆藏
〔战国〕荀况撰	《荀子》	二十卷	台州公使库	淳熙八年(1181年)	
〔宋〕李复撰	《潏水集》	十六卷	信州公使库	淳熙九年(1182年)	
〔宋〕司马光撰	《司马太师温国文正公传家集》	八十卷	泉州公使库	淳熙十年(1183年)	
〔后蜀〕赵崇祚编	《花间集》	十卷	鄂州公使库	淳熙十四年(1187年)	
〔唐〕吴兢撰	《贞观政要》	十卷	婺州公使库	淳熙十四年(1187年)	
〔唐〕白居易撰	《白氏长庆集》	七十一卷	平江公使库	淳熙十四年(1187年)	
〔汉〕孔鲋撰	《孔丛子》	三卷	明州公使库	淳熙十四年(1187年)	
〔宋〕毛滂撰	《东堂集》		嘉禾郡库(嘉兴府)	淳熙十六年(1189年)之前	
〔宋〕洪迈编	《万首唐人绝句》	一百卷	绍兴府公使库	绍熙元年至二年(1190~1191年)	部分刻于鄱阳府书斋

公使库书籍出版一般由其设立的专门机构如"雕造所"从事刻印,雕造所的官职有贴司等。

公使库所出书籍之选题、主要内容及主题,主要有如下几类:1. 儒家经传。2. 正史。3. 其他史书，如《资治通鉴》。4. 时人文集。如欧阳修之《六一居士集》，程颐、程颢之《程氏文集》，李复之《潏水集》等。5. 唐人文集。如《杜集》、《白氏长庆集》。6. 唐以前子集，如后蜀赵崇祚编《花间集》、北齐颜之推撰《颜氏家训》等。除了儒家经传及正史书籍这些常规书籍，子集书籍的数量最为明显，这反映了宋代文化主体性突出，作者地位提升，作品多元化以及阅读多元化的文化景象。部分选题，应为当时的畅销品种，如《杜集》、《白氏长庆集》等，这与公使库刻书的商业赢利目的是一致的。公使库出版，基本上属于一种商业出版模式。这种出版方式对于宋代出版业的商业化运作显然具有丰富的意义。较之宋代坊间出版，公使库出版实为一种官营的商业出版方式。既为官营，难免产生政治意义上的种种弊端。例如前述朱熹揭露唐仲友刻书弊案即是。公使库肯定还出版过不少其他书籍，但是流传至今的，只有这些经时间验证而确立的精品了。

洪迈《容斋随笔·书曲信陵事》记载，乾道二年（1166 年），历阳陆同为望江令，得到唐代望江县令——深得当地人民爱戴的曲信陵的诗文，由王谦清刊板致之郡库。这是一个赞扬仁官的显例，所刻书籍由陆、王二人私力为之，再置之郡库。此例对于了解和认识公使库书籍的来源、构成，亦即认识公使库书籍出版的丰富性有一定价值。

公使库书籍生产的成本及利润状况。王黄州《小畜集》前记一则云："黄州契勘诸路州军，间有印书籍去处。窃见王黄州《小畜集》，文章典雅，有益后学，所在未曾开板。今得旧本，计壹拾陆万叁仟捌百肆拾捌字。检准绍兴令诸私雕印文书，先纳所属申转运司选官详定，有益学者听印行。除依上条申明施行。今具雕造《小畜集》一部，共捌册，计肆佰叁拾贰版。合用纸墨工价下项：印书纸并副板肆拾捌张，表背碧青纸壹拾壹张，大纸捌张，共钱贰佰陆拾文足。赁板棕墨钱伍百文足，装印工食钱肆佰叁拾文足，除印书纸外共计壹贯壹佰叁拾陆文足。见成出卖，每部价钱伍贯文省。右具如前。绍兴十七年七月日。"① 可知除纸墨钱及低工价外，售价及利润是较高的。②

---

① 叶德辉著：《书林清话》卷六，第143～145页，中华书局，1957年版。
② 叶昌炽有云："宋时诸州公使库，刻书常有羡余缗。"〔清〕叶昌炽撰，王锷、伏亚鹏点校：《藏书纪事诗》卷一，第28页，北京燕山出版社，1999年版。

公使库书籍出版，是宋代官营资本运作下的一种商业出版方式。因此，它既带有政治的色彩、官府的色彩，又带有资本的色彩、商业及商品的色彩，是宋代商业资本于中古社会母体内新的活跃的产儿。公使库出版与宋代一般政府出版的最大不同，就在于它是运用商品生产所获利润转化为的资本从事的一种出版，而非纯粹或主要使用政府财政拨款从事之出版。因此，也可称其为一种准资本主义的出版。这是一种十分值得重视并研究的宋代出版新现象。它对于传播经典文化，活跃宋代出版，促进宋代出版业乃至宋代文化生产中资本意义的增殖具有重要价值。

《大易粹言》书后镌有舒州公使库雕造所牒文。此文可视为宋代公使库书籍出版标准文献，标志了公使库出版之模式。此按原文格式照录如下：

　　舒州公使库雕造所
　　　　本所依奉
　　　　台旨校正到《大易粹言》雕造了毕
　　右具如前
　　　　淳熙三年正月　　　日
　　　　　　池州青阳县学谕李祐之校勘
　　　　　　迪功郎舒州怀宁县尉许邦弼校勘
　　　　　　迪功郎新无为军无为县主簿方颐校勘
　　　　　　迪功郎舒州太湖县主簿张槀校勘
　　　　　　迪功郎舒州望江县主簿程九万校勘
　　　　　　从政郎舒州录事参军莫㧑校勘
　　　　　　儒林郎安庆军节度掌书记赵善登校勘
　　　　　　从事郎舒州州学教授方闻一校勘
　　　　　奉议郎权通判舒州军州兼管内劝农营田事陆同
　　　　朝请大夫知舒州军州兼管内劝农营田屯田事曾穜

　　今具大易粹言一部计贰拾册
　　　　合用纸数印造工墨钱下项
　　　　　纸副耗共壹阡叁百张
　　　　　装背饶青纸叁拾张

> 背青白纸叁拾张
>
> 棕墨糊药印背匠工食等钱共壹贯伍百
>
> 文足
>
> 赁板钱壹贯贰百文足
>
> 本库印造见成出卖每部价钱捌贯文足

右具如前

淳熙三年正月日雕造所贴司胡至和具①

牒文中，出版者、雕造者、时间、校勘者、成本、售价、官员及专家署名等出版要素一应俱全。

三、教育组织书籍出版体制

（一）书院书籍出版体制

北宋所建书院有 71 所，南宋书院总数当在 500 所以上②。许多著名文士学者主持书院并从事讲学工作。书院本质上是"士"（知识分子）的培养场所。学田收入、官费及赞助可能是学院书籍出版的主要资金来源。

书院是集自然、山水与人文为一体的中国古代极富特色的一种教育机构、方式与模式。较之一般的学校教育具有显著的学术性、自由性、阐释性。宋代奠定了中国古代书院文化教育的基本格局。书院"往往相与择胜地，立精舍，以为群居讲习之所，而为政者乃或就而褒表之"③。"儒生往往依山林，即闲旷以讲授，大率多至数十百人。嵩阳、岳麓、睢阳及是洞为尤著，天下所谓四书院者也。"④ 书院是以道家的自然观与人生观而从事儒学研讨教育的

① 〔宋〕曾穜辑：《大易粹言》第二十册尾，北京图书馆出版社，2006 年版，中华再造善本工程本。又，原书下句为"杭州路儒学教授李洰孙校勘无差"，此乃元代重印时刊语，非宋版原刊语。

② 白新良著：《中国古代书院发展史》，第 4、10 页，天津大学出版社，1995 年版。

③ 〔宋〕朱熹撰：《朱子全书》（贰拾肆）《衡州石鼓书院记》，第 3782 页，上海古籍出版社、安徽教育出版社，2002 年版。

④ 〔宋〕吕祖谦著：《吕祖谦全集》（第一册）《白鹿洞书院记》，第 100 页，浙江古籍出版社，2008 年版。

一种办学方式。这从书院主人往往以"山长"、"洞主"自号颇能得以映证。书院是多媒介复合的文化传播体。其自然景观、建筑、门额、山长、名声诸要素莫不是媒介。书院也是学术文化之"意见领袖"号召并统率下的一种人格化学术教育团体。

宋代书院教育大师朱熹之《白鹿洞赋》、《行视武夷精舍作》、《武夷精舍杂咏并序》尽情抒发了其广袤深邃渊博浓郁的书院（精舍）情怀——一种自然与人文水乳交融的文化情怀。"若夫晦明昏旦之异候，风烟草木之殊态，以至于人物之相羊，猿鸟之吟啸，则有一日之间恍惚万变而不可穷者。"① 他沉浸于其中，"平生愿学程夫子，恍忆当年洗俗肠"② "借得新诗连夜读，要从苦淡识清妍。"③ 从而炼就了其一代学问。

韩元吉《武夷精舍记》记朱熹在武夷山中"与其门生弟子挟书而诵，取古诗三百篇及楚人之词，哦而歌之，得酒啸咏，留必数日，盖山中之乐，悉为元晦之私也。……规之以为精舍……讲书肆业，琴歌酒赋，莫不在是。"④

书院文化赋予了其书籍出版特有的文化作风、气派与学术品格。宋代书院所出书籍主要有以下类别：1. 儒家经典。2. 山长（洞主）著作。3. 讲义。4. 门生著作。5. 其他书籍。一般而言，书院所出书籍均具有较高的学术品位，属于学术出版之范畴。但也不排除商业出版的意识及行为在内。

此据《书林清话》⑤、《藏园群书经眼录》⑥ 及《中国书院制度研究》⑦、《宋元版刻图释》⑧ 中书院刻书的记载，统计列表于下。

---

① 〔宋〕朱熹撰：《朱子全书》（拾贰）《武夷精舍杂咏并序》，第 522 页，上海古籍出版社、安徽教育出版社，2002 年版。

② 〔宋〕朱熹撰：《朱子全书》（拾贰）《崖边积雪取食甚清次敬夫韵》，第 378 页，上海古籍出版社、安徽教育出版社，2002 年版。

③ 〔宋〕朱熹撰：《朱子全书》（拾贰）《过高台携信老诗集夜读上封方丈次敬夫韵》，第 384 页，上海古籍出版社、安徽教育出版社，2002 年版。

④ 〔宋〕祝穆撰：《古今事文类聚》卷八《武夷精舍》，文渊阁《四库全书》本。

⑤ 叶德辉著：《书林清话》卷三，第 74 页，中华书局，1957 年版。

⑥ 傅增湘撰：《藏园群书经眼录》，第 196、233～234、832 页，中华书局，1983 年版。

⑦ 陈谷嘉、邓洪波主编：《中国书院制度研究》，第 236～241 页，浙江教育出版社，1997 年版。

⑧ 陈坚、马文大撰辑：《宋元版刻图释》，学苑出版社，2008 年版。

表 2−7 宋代书院书籍出版一览表

作者	书名	卷数	刻书单位	时间	备注
〔宋〕向安世撰	《周易玩词》	十六卷	建宁建安书院	南宋初	
〔宋〕戴溪撰	《石鼓论语问答》		衡州石鼓书院	淳熙丙午、丁未间（1186~1187 年）	
〔宋〕王庭珪撰	《卢溪先生集》	五十卷	吉州东岗刘宅梅溪书院	淳熙丁未十四年（1187 年）	
〔宋〕蔡沈撰	《书集传》	六卷	梅隐书院	嘉定年间（1208~1224 年）	有"梅隐书院鼎新绣梓"牌记
〔宋〕章如愚编撰	《新刊山堂先生章宫讲考索甲集》	一百卷	金华曹氏中隐书院	嘉定（1208~1224 年）以后	
〔东汉〕班固撰〔唐〕颜师古注	《汉书集注》	一百卷	吉州白鹭洲书院	嘉定十七年（1224 年）	有"甲申岁刊于白鹭洲书院"牌记
〔南朝宋〕范晔撰〔唐〕李贤注	《后汉书注》	九十卷	吉州白鹭洲书院	嘉定十七年（1224 年）	
〔西晋〕司马彪撰〔南朝梁〕刘昭注	《汉志注补》	五十卷	吉州白鹭洲书院	嘉定十七年（1224 年）	
〔宋〕司马光撰	《切韵指掌图》	二卷	婺州丽泽书院	绍定三年（1230 年）	
〔宋〕袁燮撰	《絜斋家塾书钞》	十二卷	信州贵溪象山书院	绍定四年（1231 年）	
〔宋〕朱熹撰	《四书集注》	十九卷	泳泽书院	淳祐六年（1246 年）	大字本
〔宋〕陈淳撰	《北溪集》五十卷、《外集》一卷	五十一卷	福建漳州龙溪书院	淳祐八年（1248 年）	
〔宋〕周敦颐撰	元公文全帙（《周敦颐全集》）		潮州元公书院	淳祐九年（1249 年）之后	
〔宋〕魏了翁撰	《周易集义》	六十四卷	紫阳书院	淳祐十二年（1252 年）	

续表

作者	书名	卷数	刻书单位	时间	备注
〔宋〕魏了翁撰	《周易要义》	十卷	紫阳书院	淳祐十二年(1252年)	
〔宋〕方岳撰	《秋崖先生小稿》	八十三卷	竹溪书院	宝祐五年(1257年)	
〔宋〕程颢、程颐撰	《程子》		建康明道书院	开庆元年(1259年)以后	
〔宋〕杨仕瀛撰	《仁斋直指方论》	二十六卷	福建福安环溪书院	景定五年(1264年)	
〔宋〕杨仕瀛撰	《小儿方论》	五卷	环溪书院	景定五年(1264年)	
〔宋〕杨仕瀛撰	《伤寒类书活人总括》	七卷	环溪书院	景定五年(1264年)	
〔宋〕杨仕瀛撰	《医脉真经》	一卷	环溪书院	景定五年(1264年)	
〔宋〕朱熹撰	《晦庵先生朱文公文集》一百卷、《目录》二卷、《续集》十一卷、《别集》十卷	一百二十三卷	建宁府建安书院	咸淳元年(1265年)前后	
〔宋〕吕祖谦撰	《新唐书略》	三十五卷	婺州丽泽书院		
〔西晋〕杜预注〔唐〕陆德明释	《纂图互注春秋经传集解》	三十卷	龙山书院		序后有"龙山书院图书之宝"牌记
〔后蜀〕冯继先撰	《春秋名号归一图》	二卷	龙山书院		
〔宋〕司马光撰	《资治通鉴》	二百九十四卷	鄂州鹄山书院		第六十八卷末有"鄂州孟太师府三安抚位梓于鹄山书院"牌记

续表

作者	书名	卷数	刻书单位	时间	备注
〔宋〕章如愚编撰	《新刊山堂先生章宫讲考索》《目录》十卷、《丙集》、《丁集》		□山书院		
〔宋〕王明清撰	《挥麈录》		建阳龙山书堂		
〔春秋〕孔子述、〔魏〕何宴集解	《监本纂图重言重意互注论语》		刘氏天香书院		
〔宋〕朱熹撰	《资治通鉴纲目》		武夷詹光祖月厓书堂		
〔汉〕班固撰	《汉书》	一百卷	鹭州书院		

宋代书院出版的政治关系与文化关系、出版资金、书籍出版数量、书籍发行等问题，因文献阙如，尚无法作出确切细致的论述。

（二）学校书籍出版体制

宋代学校教育发达，建立了从中央到地方，从官学到私塾一系列学校，"学校之设遍天下"①。经过三次兴学运动，从中央到地方的全国教育体系得以建立。据大观二年（1108 年）正月御制的《辟雍记》记载，当时"天下被教养之惠"的生徒共达 11 万余人②。据《丹阳集》统计，年终"总天下 24 路教养大小学生，以人计之，凡 167，622"③。学校成为了书籍出版常规而巨大的需求空间，培养了持续而巨大的读者主体。

皇帝十分重视教育出版。如真宗时特命邢昺、孙奭等人校订《周礼》、《仪礼》、《公羊》、《榖梁》、《孝经》、《论语》、《尔雅》等七经疏

① 〔元〕脱脱等撰：《宋史》卷一百五十五《选举一》，第 3604 页，中华书局，1977 年版。
② 〔宋〕章如愚编撰：《山堂考索》后集卷二七《士门》，第 619 页，中华书局，1992 年版。
③ 〔宋〕葛胜仲撰：《丹阳集》卷一《乞以学书上御府并藏辟雍札子》，文渊阁《四库全书》本。

义。随后，邢昺又撰《论语正义》、《尔雅正疏》、《孝经正义》，孙奭撰写了《孟子正义》，合唐人九经正义，共为十三经正义，颁行学官，成为法定教材。

著名学者非常重视教育出版。如朱熹知漳州期间最大的学术成就及教育成就即修订并出版《四书章句集注》，并于绍熙元年（1190 年）刊印。不久，此书即风行天下，并逐步取代了原来《五经》在教育中的独尊地位，实际上成为了各级各类学校的主要教材。元朝皇庆二年（1313 年），正式规定以《四书集注》取士。从此，此书便堂而皇之地成为了各级学校的必读教材及科举考试的标准答案，影响中国教育达数百年之久。

朱熹编著《四书集注》，倾注了毕生精力，字字咀嚼，反复涵咏，逐字琢磨，数易其稿，改削不已，自诩此书"添一字不得，减一字不得"，"不多一个字，不少一个字"①。他的门人李性传也评价说："是《四书》者，覃思最久，训释最精，明道传世，无复遗蕴。"②

州府县学书籍出版，据《书林清话》中考证，此列表如下。

表 2 - 8　宋代府州军县学书籍出版一览表③

版本名称	作者	书名	卷数	刻书单位	时间
州军学本	〔春秋〕左丘明撰（三国吴）韦昭注	《国语韦昭注》	二十一卷	江阴军学	天圣七年（1029 年）
	〔春秋〕左丘明撰〔宋〕宋庠补音	《国语音》	三卷	江阴军学	天圣七年（1029 年）
	〔宋〕梅尧臣撰	《宛陵集》	六十卷	宣州军州学	绍兴十年（1140 年）
	〔宋〕王禹偁撰	《小畜集》	三十卷	黄州州学	绍兴十七年（1147 年）
	〔宋〕苏洵撰	《嘉祐集》	十六卷	婺州州学（教授沈崈校刻）	绍兴十七年（1147 年）

---

① 〔宋〕朱熹撰：《朱子全书》（拾肆）卷十九《语孟纲领》，第 655 页，上海古籍出版社、安徽教育出版社，2002 年版。

② 〔宋〕李性传撰：《朱子语类·序》。〔宋〕黎靖德编，王星贤点校：《朱子语类》（一），中华书局，1994 年版。

③ 叶德辉著：《书林清话》卷三，第 64～74 页，中华书局，1957 年版。

续表

版本名称	作者	书名	卷数	刻书单位	时间
州军学本	〔宋〕唐庚撰	《眉山唐先生文集》	三十卷	惠州军州学	绍兴二十一年(1151年)
	〔宋〕谢薖撰	《竹友集》	十卷	抚州州学	绍兴二十二年(1152年)
	〔宋〕孙甫撰	《唐史论断》	三卷	南剑州州学	绍兴二十七年(1157年)
	〔宋〕包拯撰	《孝肃包公奏议集》	十卷	庐州州学	绍兴二十七年(1157年)
	〔宋〕黄裳撰	《演山集》	六十卷	建昌军学	乾道初元(1165年)
	〔宋〕沈括撰	《梦溪笔谈》	二十六卷	扬州州学(教授汤修年)	乾道二年(1166年)
	〔宋〕蔡襄撰	《蔡忠惠集》	三十六卷	兴化军学(教授蒋邕校刻)	乾道四年(1168年)
	〔宋〕王溥撰	《五代会要》	三十卷	衢州州学	乾道七年(1171年)
	〔宋〕廖刚撰	《高峰集》	十二卷	邵武军学	乾道七年(1171年)
	〔宋〕谢薖撰	《谢幼盘集》	十卷	抚州州学	淳熙二年(1175年)
	〔宋〕沈与求撰	《沈忠愍公龟溪集》	十二卷	泉州州学	淳熙三年(1176年)
	〔宋〕秦观撰	《淮海集》	四十九卷	高邮军学	绍熙三年(1176年)
	〔宋〕程大昌撰	《演繁露》	六卷	泉州州学	淳熙八年(1181年)
	〔西汉〕贾谊撰	《新书》	十卷	潭州州学	淳熙八年(1181年)
	〔宋〕丁度编撰	《集韵》	十卷	全州州学	淳熙十二年至十四年(1185~1187年)
	〔唐〕柳宗元撰	《唐柳先生集》四十五卷、《外集》一卷、《附录》一卷。	四十七卷	严州州学(嘉定改元重刻)	淳熙十三年(1186年)
	〔宋〕慕容彦逢撰	《摛文堂集》	十五卷	象州州学	淳熙十三年(1186年)
	〔西汉〕司马迁撰	《乐书》	二百卷	建昌军学(南丰县主簿林宇冲)	庆元六年(1200年)
	〔宋〕林师蒧编	《天台前集》	三卷	台州州学	嘉定改元(1208年)
	〔宋〕范纯仁撰	《范忠宣集》	二十卷	台州州学(沈圻)	嘉定五年(1212年)
	〔西晋〕杜预集解〔唐〕陆德明音义〔宋〕闻人模撰	《春秋经传集解》三十卷，附陆德明《音义》五卷、闻人模《经传识异》三卷	三十八卷	兴国军学	嘉定九年(1216年)
	〔宋〕林民表编	《天台前集》之《别编》一卷、《拾遗》一卷	一卷、一卷。	台州州学	嘉定十六年(1223年)

续表

版本名称	作者	书名	卷数	刻书单位	时间
州军学本	〔宋〕司马光撰	《温国文正司马公文集》	八十卷	武冈军军学	嘉定十七年(1224 年)
	〔唐〕韩愈撰 〔宋〕朱熹校正	《朱文公校正昌黎先生集》四十卷、《外集》十卷、《遗文》一卷	五十一卷	临江军学	绍定六年(1233 年)
	〔宋〕张洽集注	《春秋集注》	十一卷	临江军学	端平元年(1234 年)
	〔宋〕程公说撰	《春秋分纪》九十卷,附《例要》	九十卷	袁州州学	淳祐三年(1243 年)
	〔宋〕林民表编	《天台续集》	二卷	台州州学	淳祐戊申(1248 年)
	〔宋〕林民表编	《天台集》之《补遗》	一卷	台州州学	淳祐庚戌(1250 年)
	〔宋〕真德秀撰	《西山真文忠读书记甲集》三十六卷、《乙集》下二十卷、《丁集》八卷	六十四卷	福州州学	开庆元年(1259 年)
	〔宋〕徐积撰	《节孝先生集》	三十卷	淮安州学	景定五年(1264 年)
	〔西晋〕陈寿撰	《三国志》	六十五卷	衢州州学	无年号
	〔南朝梁〕萧统主编	《文选》	六十卷	赣州州学(张之纲)	无年号
	〔东汉〕班固撰	《汉书》	一百二十卷	袁州州学(萍乡主簿主管学事江泰)	无年号
郡庠本	〔宋〕孔传撰	《孔氏六帖》	三十卷	泉南郡庠(泉州)韩仲通	绍兴初元(1131 年)
	〔宋〕吴缜撰	《新唐书纠缪》	二十卷	吴兴郡庠(湖州)	绍兴八年(1138 年)
	〔唐〕卢肇撰	《文标集》	三卷	宜春郡庠(袁州)	绍兴三十年(1160 年)
	〔唐〕柳宗元撰	《柳州集》三十卷、《外集》一卷	三十一卷	永州郡庠(叶桯)	乾道改元(1165 年)
	〔宋〕沈括撰	《梦溪笔谈》	二十六卷	扬州郡庠	乾道二年(1166 年)
	〔宋〕晁说之撰	《嵩山文集》	二十卷	临江郡庠(汀州)	乾道三年(1167 年)
	〔东汉〕班固撰	《汉书》	一百二十卷	福唐郡庠(福州)	乾道三年(1167 年)
	〔宋〕蔡襄撰	《忠惠集》	三十六卷	温陵郡庠(泉州)	乾道四年(1168 年)
	〔宋〕韦骧撰	《钱唐韦先生集》	十八卷	临汀郡庠(汀州)	乾道四年(1168 年)
	〔宋〕徐积撰	《节孝语录》	一卷	临汝郡庠(汝州)	乾道五年(1169 年)

续表

版本名称	作者	书名	卷数	刻书单位	时间
郡庠本	〔宋〕秦观撰	《淮海集》	四十九卷	高邮郡庠(高邮军)	乾道九年(1173 年)
	〔宋〕王蘋撰	《著作王先生集》	八卷	蕲春郡庠(蕲州)	淳熙三年(1176 年)
	〔宋〕司马光撰	《潜虚》	一卷	泉州郡庠	淳熙九年(1182 年)
	〔宋〕龚颐正撰	《芥隐笔记》	一卷	东宁郡庠	嘉泰改元(1201 年)
	〔宋〕陆游撰	《老学庵笔记》	十卷	桐江郡庠(严州)	绍定元年(1228 年)
	〔宋〕朱熹撰	《四书朱子集注》	二十六卷	衢州郡庠(赵琪)	咸淳九年(1273 年)
	〔宋〕陆佃撰	《埤雅》	二十卷	赣州郡庠(陆壑)	无年号
郡府学本	〔宋〕贾昌朝撰	《群经音辨》	七卷	临安府学	绍兴九年(1139 年)
	〔唐〕韦应物撰	《韦苏州集》	十卷	平江府学	乾道六年(1170 年)
	〔宋〕袁枢撰	《通鉴纪事本末》	二百九十卷	严州州学	淳熙二年(1175 年)
	〔宋〕郑獬撰	《郧溪集》	二十八卷	安陆郡学(德安府)	淳熙三年(1176 年)
	〔宋〕张纲撰	《华阳集》	四十卷	池州郡学(张釜)	绍熙二年(1191 年)
	〔宋〕胡铨撰	《忠简先生文选》	九卷	池阳郡学(池州)	庆元五年(1199 年)
	〔宋〕真德秀撰	《心经》	一卷	泉州州学	端平元年(1234 年)
	〔唐〕许嵩撰	《建康实录》	二十卷	镇江府学(教授李士忱)	宝祐四年(1256 年)
	〔西汉〕刘向编	《说苑》	二十卷	镇江府学(教授李士忱)	咸淳元年(1265 年)
学宫本	〔宋〕程大昌撰	《禹贡山川地理图》	二卷	泉州学宫(彭椿年)	淳熙四年(1177 年)
	〔宋〕陆游撰	《渭南文集》	五十卷	溧阳学宫(建康府)	嘉定三年(1210 年)
	〔五代〕王仁裕撰	《开元天宝遗事》	二卷	桐江学宫(严州)	绍定元年(1228 年)
	〔宋〕朱鉴编	《诗传遗说》	六卷	富川学宫(贺州)	端平三年(1235 年)
	〔宋〕杨伯嵒撰	《六帖补》	二十卷	衢州学宫	淳祐四年(1244 年)

续表

版本名称	作者	书名	卷数	刻书单位	时间
頖宫本	〔宋〕蔡节撰	《论语集说》	十卷	湖州頖宫(学宫)	淳熙六年(1179年)
	〔汉〕蔡邕撰	《独断》	二卷	舒州頖宫(学宫)	淳熙庚子七年(1180年)
	〔宋〕朱熹学生编	《朱子读书法》	四卷	鄞县頖宫(学宫)	咸淳丙寅二年(1266年)
学舍本	〔宋〕吕祖谦编撰	《大事记》十二卷、《通释》三卷、《解题》十二卷	二十七卷	吴郡学舍	嘉定五年(1212年)
太医局本	〔宋〕太医局编辑	《小儿卫生总微论方》	二十卷	太医局。嘉定无丙午,三年为庚午,九年为丙子,十五年为壬午。待考。太医局属中央政府部门	嘉定丙午
县学本	〔宋〕贾昌朝撰	《群经音辨》	七卷	汀州宁化县学	绍兴十二年(1142年)
	〔宋〕张九成撰	《横浦心传录》	三卷	黄岩县学	淳熙元年(1174年)
	〔宋〕张九成撰	《横浦日新》	一卷	黄岩县学	淳熙元年(1174年)
	〔宋〕林钺撰	《汉隽》	十卷	象山县学	淳熙癸卯十年(1183年)
	〔西晋〕陆机撰 〔宋〕徐民瞻编辑	《陆士衡集》	十卷	华亭县学	庆元六年(1200年)
	〔西晋〕陆云撰 〔宋〕徐民瞻编辑	《陆士龙集》	十卷	华亭县学	庆元六年(1200年)
	〔宋〕凌万顷、边实纂修	《玉峰志》三卷、《续》一卷	四卷	昆山县学	淳祐辛亥十一年(1251年)
	〔宋〕徐自民撰	《宋宰辅编年录》	二十卷	永福县学	宝祐五年(1257年)

宋代府州县学书籍出版范围广泛,不止于出版课本(教材),且同中央出版保持一致,书籍种类及品位基本相同。从上列文献还可推知,宋代府州县学书籍出版主要集中在江浙等地区,全国分布呈不平衡状态。府州县学书籍出版体现了对地方文献及地方著名士人著作的重视。

重视儿童启蒙书籍的编写与出版。著名学者朱熹、吕祖谦、陈淳、程端蒙、王应麟、洪迈等亲自编撰儿童启蒙书籍。程端蒙、陈淳、王应麟等人编撰童书多种,堪称宋代童书"大家"。《三字经》、《百家姓》、《千字文》,一直影响到当今。王明清在其《玉照新志》中提到"市井间所印《百家姓》"①，陆游称："农家十月乃遣子入学，谓之冬学，所读杂字《百家姓》之类，谓之村书"②。这三部儿童书籍成为近千年来中国读书人最为亲切而深刻的童年知识映像，其价值堪与《六经》相比肩。世界书籍史上，也是迄今无与伦比的儿童启蒙书籍之绝对经典。专门针对女童编撰的书籍有《训女蒙书》，虽属凤毛麟角，但是它表明宋代已经认识到了儿童书籍出版与教育的性别角色及其差异。

此就王安石《三经新义》作为个案予以重点研究。《三经新义》集政治作品、学术作品、统一教材于一体。

这部书籍的编撰与出版，既是王安石治学成果的一个反映，也是王安石变法的一个成果。熙宁元年（1068 年），王安石以翰林学士侍讲经筵，主讲《尚书》。翌年，其子崇政殿说书王雱嗣讲。神宗诏王安石进所著文字，显示了对王安石讲经的某种政治意图，王安石在谢表中乘机提出了训释经义的新主张。熙宁五年（1072 年）正月，神宗明确提出应该颁行新的经义，一方面表明对原有经义的不满，一方面则显示了新的学术信号与政治信号。史称神宗谓安石曰："经术，今人人乖异，何以一道德？卿有所著可以颁行，令学者定于一。安石曰：《诗》，已令陆佃、沈季长作义。"③ 可见，神宗欲通过王安石来贯彻他的学术旨意、思想旨意与政治旨意的意思已经如此明确！所以，《三经新义》完全是秉圣意而作，是神宗借王安石"头脑"的"御制"作品，换言之，是神宗一手导演出来的"杰作"。第二年，即熙宁六年（1073 年），决定为此专门设局置官，训释《诗》、《书》、《周官》三经义，命王安石提举经义局，吕惠卿兼修撰，王雱兼同修撰。

王安石担纲实际主编。吕惠卿被委以提举详定撰经义所检讨的重任，他请求神宗"直讲月轮两员供本经□义二卷"④ 获准，并从新科进士中选拔余中、朱服、邵刚、叶唐懿、林杕、练亨甫等充国子监修撰经义所检讨。后又

① 〔宋〕王明清撰：《玉照新志》卷三。《宋元笔记小说大观》（四），第 3945 页，上海古籍出版社，2001 年版。

② 〔宋〕陆游撰：《陆游集·剑南诗稿》卷二十五《秋日郊居》，第 691 页，中华书局，1976 年版。

③ 〔宋〕李焘撰：《续资治通鉴长编》卷二百二十九神宗熙宁五年正月戊戌，第 5570 页，中华书局，1990 版。

④ 〔宋〕李焘撰：《续资治通鉴长编》卷二百四十四神宗熙宁六年四月辛卯，第 5938 页，中华书局，1990 版。

以白衣徐禧、吴著、陶临等人为修撰经义所检讨。

这样，经义局作为一个临时设置的编撰机构，设在国子监，肩负圣命，由宰相王安石秉承"圣意"而一手领导，专门撰修《三经》之新义。

熙宁七年（1074年）四月，王安石被罢相，出知江宁府，但罢相不罢提举，因此修撰经义的工作并未中断。翌年，王安石复相，《诗义》、《书义》、《周礼义》修毕，奏上神宗。仅仅几天后，即承"圣命"而付国子监镂版并颁行①，初版印了近千本。王安石亲自为此书写了序言，几个月后，《三经新义》之印刷本即颁赐宗室、太学及诸州府。如此迅速的出版速度，即使放在今日，也不免令人为之瞠目。

《宋元学案》"文公王临川先生安石"条称："初，先生提举修撰经义，训释《诗》、《书》、《周官》，既成，颁之学官，天下号曰'新义'。晚岁，为《字说》二十四卷，学者争传习之，且以经试于有司，必宗其说，少异，则不中程。"②王安石主持修撰的《三经新义》及自著《字说》一书，不仅是当时天下统一的官定教材（课本），而且也是科举考试内容及其标准答案所由出的钦定版教材。

《三经新义》及《字说》，还标志着"荆公新学"——一种对儒家经典重新解读的思想与学术，这种学术思想令人耳目为之一新，实开宋学之新境界。

安石公无论是居庙堂之高，还是处江湖之野，其人格、思想、学问、操守及修撰事业均始终一致，诚所谓"吾道一以贯之"者也。

王氏著作的出版，《清波杂志》中有一则颇有政治意味的记载。"章子厚（章惇）在相位，一日，国子长、贰堂白：'《三经义》已镂板颁行，王荆公《字说》亦合颁行，合取相公钧旨。'子厚曰：'某所不晓，此事请白右丞。'右丞，蔡元度（蔡卞）也。"③这真是寓政治权利、家庭关系、师门关系为一

---

① 在阐释、编辑及出版《三经新义》过程中，王安石同吕惠卿主要就《诗义》之阐释及新旧版本问题产生了激烈的意见纠纷乃至思想冲突，二人由合作走向反目，告状至神宗，尤其是吕惠卿，更是极力为自己申诉。但是由于具体阐释内容至今无从知晓，因而难于对这一重要著作及编辑案件作出清楚研究。又，《三经新义》除了国子监版外，书肆亦及时出版并广泛销售，不仅出版初版，而且及时出版所谓的新改本。详情见〔宋〕李焘撰《续资治通鉴长编》卷二百六十八神宗熙宁八年九月辛未，第6563~6567页，中华书局，1990版。
② 〔清〕黄宗羲原著，全祖望补修，陈金生等点校：《宋元学案》卷九十八《文公王临川先生安石》，第3239页，中华书局，1986年版。
③ 〔宋〕周辉撰，刘永翔校注：《清波杂志校注》，第430页，中华书局，1994年版。

体的微妙出版关系。

承载荆公新学的《三经新义》等书籍一度颁行天下，大红大紫，代表了改革派的政治心声。之后，这些书籍便同宋朝国运及统治阶级内部斗争休戚相关，历经曲折。在此，《三经新义》已远非一般书籍，而是成了宋朝政治中的重大政治话语，成了王安石变法及荆公新学的媒介主体。

熙宁八年（1075 年），神宗"诏以新修《经义》赐宗室、太学及诸州府学。"①《宋会要·崇儒》中有珍贵记载。绍圣二年（1095 年）正月，国子司业龚原上言，请求雕印王安石《尚书·洪范传》；三月，请求雕印王雱所撰《论语》、《孟子》新义；十一月，请求雕印王安石《字说》，以便学者传习，皆得许可。②

王氏著作，靖康间饱受批评。这是统治阶级内部改革派与保守派相互倾轧斗争造成的。靖康元年（1126 年）四月二十三日，臣僚上言"王安石执新政"，"天下咸被其害"，"救之之术，莫若尊祖宗成宪"，"王安石解经有不负圣人之旨者，亦许收用，至于老、庄、《字说》，并行禁止"③。五月三日，大臣杨时上言"蔡京用事二十余年，蠹国害民"，"以绍述神宗为名，实挟王安石以图其利"，"实安石竭天下自奉之说有以唱之也"，"伏望睿旨断王安石学术之谬……使邪说淫辞，不为学者之惑"④。六月二日，大臣上言："安石著《三经》之说，用其说者入官，不用其说者斥落，于是天下靡然雷同，不取可否。陵夷至今大乱。"⑤

但是王氏著作，毕竟也有合理一面。五月十日，御史中丞陈过庭上奏："《五经》之训，义理渊微，后人所见不同，或是或否，诸家所不能免也。是者必指为正论，否者必指为邪说，此乃近世一偏之辞，非万世之通论。自蔡京擅权，专尚王氏之学，凡苏氏之学，悉以为邪说而禁之。近罢此禁，通用苏氏之学，各取所长而去所短也。祭酒杨时矫枉太过，复论王氏为邪说，此又非也。致使诸生集众，直造祭酒位次，欲见而诋之。"导致一名"党王氏之

---

① 〔宋〕李焘撰：《续资治通鉴长编》卷二百六十六神宗熙宁八年七月癸酉，第 6525 页，中华书局，1990 版。

② 〔清〕徐松辑，苗书梅等点校，王云海审订：《宋会要辑稿·崇儒》，第 282 页，河南大学出版社，2001 年版。

③ 〔宋〕汪藻撰，王智勇笺注：《靖康要录笺注》，第 680 页，四川大学出版社，2008 年版。

④ 〔宋〕汪藻撰，王智勇笺注：《靖康要录笺注》，第 717～718 页，四川大学出版社，2008 年版。

⑤ 〔宋〕汪藻撰，王智勇笺注：《靖康要录笺注》，第 804 页，四川大学出版社，2008 年版。

学"的学生与一名党"苏氏之学"的学生"互相殴击"的突发事件。"伏望圣慈裁酌……而使学者乐道向力。"① 五月十日，左谏议大夫冯澥上言："附王氏之学则丑诋元祐之文，附元祐之学则讥诮王氏之说，流风至此，颓敝莫回，兹今日之大患也。……《六经》之旨，惟其说通者取之，其谬者舍之，不住于一……若言者以安石之说为邪说，则过矣。……今科举在迩，为士者若引用王氏之学，有司怀私，便为邪说而黜落之，则其利害所系甚重"，"凡学校科举考校去取，不得专主元祐之学，亦不得专主王氏之学，或传注，或己说，惟其说当理而已。"②

五月十三日，左谏议大夫冯澥上奏：

"臣闻道，贵适中，法则随时，祖宗之法至于今百有余年，益有可行者，亦有不可行者，今但择其可行者行之，不可行者去之。""何必祖宗之是而熙丰之罪哉！传注之说千有余年，其于圣经不为无补，然要之公论，岂无浅漏未尽之处？王安石以名世之学发明要妙，著为《新经》，镂板太学，颁之天下，学者翕然宗仰。然要之公论，亦有穿凿太过之弊。《新经》令学者择其善而从之，其不善者而改之"，"何必传注之是而《新经》之非哉！"③

这是多么科学的论断！显然，王氏之学已经客体化了，《三经新义》等书籍传播的新学也已扎根。陈过、冯澥上引之言，在对待王氏新学（自然包括其著作）上，最终归之于"理"，归之于"中"，皆为颇具其时学术特色之理性认识。

苏轼曾质疑并讽刺《字说》。岳珂记载：

王荆公在熙宁中，作《字说》，行之天下。东坡在馆，一日因见而及之，曰："丞相頣微窅穷，制作某不敢知，独恐每每牵附，学者承风，有不胜其凿者。姑以犇、麤二字言之，牛之体壮于鹿，鹿之行速于牛，今积三为字而其义皆反之，何也？"荆公无以答，迄不为变。党伐之论，于是浸阆，黄冈之贬，盖不特坐诗祸也。④

金兵攻破汴京后，大肆抢掠三馆、秘阁、国子监书籍及藏板、道板，但

---

① 〔宋〕汪藻撰，王智勇笺注：《靖康要录笺注》，第731页，四川大学出版社，2008年版。
② 〔宋〕汪藻撰，王智勇笺注：《靖康要录笺注》，第754~755页，四川大学出版社，2008年版。
③ 〔宋〕汪藻撰，王智勇笺注：《靖康要录笺注》，第782~783页，四川大学出版社，2008年版。
④ 〔宋〕岳珂撰，吴企明点校：《桯史》卷二《犇麤字说》，第14页，中华书局，1981年版。

是对王氏著作则视如敝履。史称"金人入国子监取官书，凡王安石说皆弃之。"①　与此相反的是，"二十三日，金人索监书藏经如苏、黄文及《资治通鉴》之类，指名取索"②。

绍兴十四年（1144 年）三月，"上曰王安石程颐之学，各有所长，学者当去取其所长，不执于一偏，乃为善学。"③

《三经新义》等王氏著作之编撰、出版、传播、阅读及争议、批判、历史遭遇，俨然一部宋代政治史、文化史、学术史之映像。

四、寺院与道观书籍出版体制

佛教书籍出版。宋代政府支持佛教、道教发展的宗教政策促进了佛教书籍、道教书籍之出版。先进的雕版印刷术促使佛教书籍、道教书籍的出版实现了历史性的飞跃，达到了集前代之大成而开后代之规模的新的历史高度。

宋代共出版了 7 部佛教《大藏经》及 1 部《道藏》就是明证。每一部都是一项伟大的文化与宗教出版工程，而有宋一代就出版了 8 部，这充分爆发了宋代绝对领先于当时世界的巨大的出版能量，创造了世界出版史上空前的"神话"。

宋代佛教、道教书籍之出版主体主要有：1. 中央政府。如第一部雕版《大藏经》。2. 寺院（道观）。如《碛砂藏》等。3. 民间。其中，寺院出版与民间出版占有重要地位。政府、寺院（道观）出版以重大出版工程为胜，而大量分散的、自由的民间出版则更具有普及性，更有利于世俗宗教之传播。即使是寺院（道观）出版，经济上也主要是依靠民间信众的捐资而成的。

对佛教的虔诚信仰，造就了佛经书籍出版的精美及繁盛。除《大藏经》外，还出版了大量其他的佛教书籍。其准确数字，自然已无法考知。此举数例：

---

① 〔宋〕汪藻撰，王智勇笺注：《靖康要录笺注》，第 1487 页，四川大学出版社，2008 年版。

② 〔宋〕汪藻撰，王智勇笺注：《靖康要录笺注》引《靖康纪闻》语，第 1487 页，四川大学出版社，2008 年版。

③ 〔宋〕李心传编：《道命录》卷四《汪勃乞戒科场主司去专门曲学》，第 123 页，台北：文海出版社，1981 年版。

1. 《金刚般若波罗蜜经》。[①] 插图线条流畅，共有神人 35 身，神态各异，情景逼真，层次分明，结构严谨。刻风端肃，字相庄严。尾刻"高邮军弟子吴守真舍净财，开此版印施。上答四恩三友，下酬生身父母，然保自身。雍熙二年六月日纪。"

2. 《俄藏黑水城文献》中之《佛说竺兰陀心文经》。[②] 卷轴装，写刻本，仿颜体字。此经刻印于元丰六年（1083 年），经后有题识，此依原格式录之。

> 《佛说竺兰陀心文经》，《大藏》所无有也。元丰二年，太常少卿薛公仲孺死之三年，以地狱之苦不能往生，依陕西都运学士皮公公弼之女，求是经以解冤结。公哀许之，大索关中，获古本于民间，饭僧诵之。一日，薛卿复附语以谢曰："赖公之赐，获生天矣。"公诘以特索是经之意。云："佛书几万卷，冥间视此经，犹今之时文，方所信重，故一切苦恼悉能解脱，予是以获其佑也。"今三秦士民竞传诵之。
>
> 卫州管内僧判兼表白、仁化寺净土院讲唯识因明论僧贤惠校勘，
> 卫州管内副正、仁化寺净土院主讲华严经传法界观僧贤熙校勘。
>
> 承议郎杨康国男大名府乡贡进士璩璞、琬、瓅、琚、
> 　琯、璹、女四娘、五娘，奉为
> 亡姚金华县君石氏小祥，谨镂板印施
> 《竺兰陀心文经》五百卷，庶缘
> 　胜利，用浸广于善因，追荐
> 　慈灵，愿早
> 　登于净土。
> 　　　　　　元丰六年三月　　　　　　　　　　日施。

此文刻风端肃，字大醒目，点墨如漆。

可见此经为二家私人为其父母超度亡灵而施刻。私人施财、寺院僧侣校勘并以寺院名义出版，这是寺院佛经出版的基本方式之一。

---

① 宿白著：《唐宋时期的雕版印刷》，第 137 页书影，文物出版社，1999 年版。
② 俄罗斯科学院东方研究所圣彼得堡分所、中国社会科学院民族研究所、上海古籍出版社编：《俄藏黑水城文献》（汉文部分，第六册）彩图之二，上海古籍出版社，2000 年版。

3.《妙法莲花经观世音菩萨普门品第二十五》①。经折装，宋体。有扉画三幅，中为观世音一手捧净瓶，一手持柳枝，端坐莲台施雨。两侧为雨水注田、农夫欢欣图。右侧鱼尾下刻"杭州晏家重开大字观音□印"，疑下部还有字。这显然是私坊印造，以祈望雨水充沛，稻米丰收，水禽兴旺。

4.《大般若波罗蜜多经》。② 此经属于《圆觉藏》。尾刻题记：

"大宋国两浙道湖州归安县松亭乡思溪居住左武大夫密州观察使致仕王永从同妻恭及严氏……并家眷等捐舍家财，命工开镂《大藏经》板伍佰伍拾函，永远印造流通。所鸠善利，恭为祝延，今上皇帝圣躬万岁，利及一切有情。绍兴二年四月日谨题。"又，"雕经作头李孜、李敏，印经作头金绍，掌经沙门觉清，幹雕经沙门法祖，对经沙门仲谦、行坚，对经沙门静仁慧觉大师道融、赐紫修敏，都对证湖州觉悟教院住传天台教真悟大师宗鉴，劝缘平江府大慈院住持管内掌法传教说法大师净梵，都劝缘住持圆觉禅院传法慈受禅师怀深。"

这是一条宋代《大藏经》刊刻的珍贵史料，明确了《大藏经》刊刻的体制、施者、祝词、刊刻年月、雕经作头、印经作头、掌经、幹雕经、对经、大师署名，一应俱全。再者，经页天头位置，一律以长方框内刻"圆觉藏司自纸板"，表明《圆觉藏》用纸乃专门定制。

道教书籍出版。中央政府参与道教经籍出版单位计有：崇文院、诸王府、国子监、史馆、集贤院、龙图阁等。崇文院设有刻印机构。具体编校及出版，《麟台故事》有如下记载：

> 大中祥符元年六月，崇文院检讨杜镐等校定《南华真经》，摹刻版本毕，赐辅臣人各一本。五年四月，崇文院上新印《列子冲虚至德真经》，诏赐亲王、辅臣人各一本。景德中，朝谒诸陵，路经列子观，诏加"至德"之号，又命官校正其书。至是刊版成，赐校勘官金帛有差。二年二月，诸王府侍讲兼国子监直讲孙奭言："《庄子》注本前后甚多，惟郭象所注特会庄生之旨，请依《道德经》例，差馆阁众官校定，与陆德明所

① 俄罗斯科学院东方研究所圣彼得堡分所、中国社会科学院民族研究所、上海古籍出版社编：《俄藏黑水城文献》（汉文部分，第四册），第59～81页，上海古籍出版社，1996年版。
② 宿白著：《唐宋时期的雕版印刷》，第155页书影，文物出版社，1999年版。

撰《庄子释文》三卷雕印。"诏奭与龙图阁待制杜镐等同校定以闻。已而言者以为国学版本《尔雅释文》颇多舛误,又命镐、奭同详定之。至大中祥符四年,又命李宗谔、杨亿、陈彭年等雠校《庄子序》,摹印而行之。盖先是,崇文院校《庄子》本,以其序非郭象之文,去之。至是,上谓其文理可尚,故有是命。①

宋代最有代表性的道教书籍是史上首部雕版道藏《万寿道藏》。大中祥符初年(1008 年),真宗诏命编撰《道藏》,并赐名《宝文统录》,凡 4359 卷,后又修编成《大宋天宫宝藏》,凡 464 函,4565 卷,于天禧三年(1019 年)写录七部。徽宗崇宁年间,再令编撰,并于政和时(1111~1118 年)刊印,是为《政和万寿道藏》,凡 540 函,5481 卷。

俄藏黑水城文献中,发现了一部《南华真经》②。蝴蝶装,白口,版心以横线 5—7 横分割为 6—8 格,上题书名及卷数,下刻页码,如"上、庄子八、十五",各占一格。现存卷八、九、十各一部分。每半页 13 行,行 26~28字。版框高 17.8cm,宽 23.9cm。"敬"字缺笔,避太祖祖父赵敬讳;"弘"、"殷"二字缺笔,避太祖父赵弘殷讳;"匡"字缺笔,避太祖赵匡胤讳。上下单栏,左右双栏。每卷卷首顶格单刻书名及卷数,另行顶格单刻篇名及篇章排序数字,下刻郭象注。正文另行顶格起,如《南华真经》卷第十、《庄子杂篇说剑》第三十。

字体有欧体之意。刻风略显草率,尤其是版心之分割横线,走刀更为随意。文字紧密,边栏界格走刀疾促,板材应为软木。笔者初步判断,非官刻,似属民间刻本。

真宗、徽宗都是十分迷信道教之君,以是宋代道教书籍出版于此二君在位时期为剧,形成了宋代道教书籍出版的高峰期。

佛、道二教书籍之大量出版,不仅是宗教史、文化史意义上的盛大篇章,而且对于宋学意义的构建具有创造价值,即使是对于佛、道二教自身,也具有新生意义的构建价值。

明教书籍出版。明教虽非宋代统治者提倡之宗教,其地位与势力也无法

---

① 〔宋〕程俱撰,张富祥校证:《麟台故事校证》,第 60 页,中华书局,2000 年版。
② 俄罗斯科学院东方研究所圣彼得堡分所、中国社会科学院民族研究所、上海古籍出版社编:《俄藏黑水城文献》(汉文部分,第二册)彩图一一,第 332~359 页,上海古籍出版社,2000 年版。

同佛、道二教相提并论，甚至被国家及知识界诬为"魔教"，但其书籍出版现象却令人瞠目。《老学庵笔记》称："闽中有习左道者，谓之明教。亦有明教经，甚多刻版摹印，妄取《道藏》中校定官名衔赘其后。"① 可见"明教"书籍出版数量之多，也可见雕版技术已被"明教"采用之常。

---

① 〔宋〕陆游撰，李剑雄、刘德权点校：《老学庵笔记》卷十，第125页，中华书局，1979年版。

第三章　宋代书籍出版体制及其生产（下）

一、私家书籍出版体制

私家①之书籍出版，宋代蔚然成风，形成了宋代三大刻书系统（官刻、私刻、坊刻）之一。造成这一局面的原因不外有三：1. 文官制度。有权有势的文官出于追求名利、捞取文化资本、教育子女等功利目的从事书籍出版，由此而极易造成一种普遍的文化现象。2. 教育发达。宋代发达的教育体系及科举取士制度，不仅造就了天下大批读书人，塑造起了与之相应的社会意识形态及公共价值观，而且必然要催生出私人之书籍出版这一普遍的社会文化现象。3. 新生文化。虽然私家出版肇始于五代，但是在宋代立国约半个世纪之后整个社会书籍出版业勃发的时代，作为一种文化现象，书籍出版（雕版出版方式）尚是具有全社会普遍意义的新生事物（或新生文化），以是其勃勃生命一发而不可收，成就了私家出版的大气象。

私家出版同书坊出版最根本的区别在于：私家出版属非商业出版方式，即其书籍出版的目的一般不在于商业赢利，而主要在于文化的自需上；而书坊之书籍出版，却是典型的商业出版方式，其出版目的也只在于商业赢利上。这是二种本质上截然不同的书籍出版方式，由是而造成了私家出版在观念、思想、选题、质量、收藏、使用，以及对书籍及其出版的基本理解上的一系列差异。

私家出版，除了出于名利、文化传承、人际交往、家族教育、尊师敬长、弘扬地域文化等主流原因外，尚有附庸风雅、个人爱好，乃至东施效颦等具

---

① 私家这一概念，源于春秋战国时期。周朝"礼崩乐坏"之际，产生了政治与社会意义上的私家权势阶层。沿及后来，私家主要指：1. 权势之私门；2. 独立知识分子；3. 前两者的结合体。私家出版，即此一主体意义上非赢利性之出版。

体原因。

《避暑录话》即记载了一条"东施效颦"式的私人书籍出版逸事。

> 李公武既以文词见称诸公间，杨大年尝为序其诗，为《闲燕集》二十卷。柴公庆亦尚太宗鲁国公主，贪鄙粗暴，闻公武有集，亦自为诗，招致举子无成者相与酬唱。举子利其余食，争言可与公武并驰。真宗东封亦尝献诗，强大年使为之序，大年不得已为之。遂亦自名其诗为《平阳》、《登庸》二集，镂板以遗人，传者皆以为笑。①

宋代私家出版从选题、校勘、编辑到刷印、装订都比较精美，是宋代书籍出版艺术的典范，也是中国出版史上雕版印刷生产方式的典范。

据《书林清话》② 中考证，此将宋代私家书籍出版列表如下。

表 3 - 1　宋代私家书籍出版一览表

作者	书名	卷数	刻书单位	时间
〔宋〕姚铉 编纂	《文粹》	一百卷	临安进士孟琪	宝元二年（1039 年）
〔南朝梁〕钟嵘 撰	《诗品》	三卷	京台岳氏	庆历六年（1046 年）
〔唐〕司马贞 撰	《史记索隐》	三十卷	建邑王氏世翰堂	嘉祐二年（1057 年）
〔宋〕邵雍 撰	《击壤集》	十五卷	建安蔡子文东塾之敬室	治平三年（1066 年）
〔宋〕寇宗奭 撰	《本草衍义》	二十卷	寇宅寇约	宣和元年（1119 年）
〔春秋〕管仲 撰	《管子》	二十四卷	瞿源蔡潜道宅墨宝堂	绍兴二十二年（1152 年）
〔宋〕林钺 编撰	《汉隽》	七册	清渭何通直宅万卷堂	绍兴二十五年（1155 年）

---

① 〔宋〕叶梦得撰，徐时仪整理：《避暑录话》卷下。《全宋笔记》（第二编十），第 211～212 页，大象出版社，2003 年版。

② 叶德辉著：《书林清话》卷三，第 77～85 页，中华书局，1957 年版。叶氏原文有"岳珂之相台家塾刻《九经》、《三传》"一语，然据张政烺先生考证，所谓《相台书塾刊正九经三传沿革例》乃元初宜兴岳浚据廖莹中世绿堂本校正重刻，与岳珂无涉。这一考证结论已得学界公认，故此处删去。具体考证，见张政烺先生《读〈相台书塾刊正九经三传沿革例〉》一文，载《张政烺文史论集》，中华书局，2004 年版。

续表

作者	书名	卷数	刻书单位	时间
〔宋〕宋祁、欧阳修、范镇、吕夏卿等 撰	《新唐书》	二百二十五卷	麻沙镇水南刘仲吉宅	绍兴三十年（1160年）
〔宋〕王令 撰	《王先生十七史蒙求》	十六卷	麻沙镇南斋虞千里	乾道五年（1169年）
〔汉〕司马迁 撰	《史记》	一百三十卷	建溪三峰蔡梦弼傅卿家塾	乾道七年（1171年）
〔宋〕苏颂 撰	《新仪象法要》	三卷	吴兴施元之三衢坐啸斋	乾道八年（1172年）
〔宋〕王灼 撰	《颐堂先生文集》	五卷	王抚干宅	乾道八年（1172年）
〔宋〕胡元质 摘编	《左氏摘奇》	十二卷	胡元质当涂道院	乾道九年（1173年）
〔西汉〕桓宽 撰	《盐铁论》	十卷	锦溪张监税宅	淳熙改元（1174年）
〔宋〕苏洵、苏轼、苏辙 撰	《三苏文粹》	六十二卷	武溪游孝恭德菜登俊斋	淳熙三年（1176年）
〔南北朝〕颜之推 撰	《颜氏家训》	七卷	廉台田家（叶德辉按：此盖田家翻公使库本，故宋讳缺笔不备，或系南宋末年刻本，若公使库本，则避讳谨严矣）	淳熙七年（1180年）
〔宋〕王庭珪 撰	《卢溪先生集》	五十卷	吉州东冈刘宅梅溪书院	淳熙十四年（1187年）
〔宋〕叶蕡 辑	《圣宋明贤四六丛珠》	一百卷	建安陈彦甫家塾	庆元二年（1196年）
〔东汉〕班固 撰	《前汉书》	一百二十卷	建安黄善夫宗仁家塾之敬室	庆元嗣元（1196年）
〔宋〕陆唐老 集注	《陆状元集百家注资治通鉴详节》	一百二十卷	梅山蔡建侯行父家塾	庆元三嗣（1198年）
〔宋〕孙觌 撰、李祖尧 注	《李学士新注孙尚书尺牍》	十六卷	梅山蔡建侯行父家塾	庆元三嗣（1198年）
〔唐〕韩愈 撰〔宋〕洪兴祖等 考释、魏仲举 编辑	《新刊五百家注音辨昌黎先生文集》四十卷、《外集》十卷、《别集》一卷、《论语笔解》十卷。卷首《昌黎先生序传碑记》一卷、《看韩文纲目》一卷、《引用书目》一卷、《评论诂训音释诸儒名氏》一卷、《韩文类谱》七卷	七十二卷	建安魏仲举家塾	庆元六祀（1200年）

续表

作者	书名	卷数	刻书单位	时间
〔唐〕柳宗元 撰〔宋〕洪兴祖等 考释、魏仲举 编辑	《新刊五百家注音辨唐柳先生文集》二十一卷、《附录》二卷、《外集》二卷、《新编外集》一卷、《龙城录》二卷。前载《看柳文纲目》一卷、宋文安礼《柳先生年谱》一卷、《评论诂训诸儒名氏》一卷，后附《柳先生序传碑记》一卷、《文集后序》五篇	三十七卷	建安魏仲举家塾	庆元六祀（1200 年）
〔宋〕李昉、徐铉等 编纂	《文苑英华》	一千卷	吉州周少傅府	嘉泰元年（1201 年）
〔宋〕王宗传 撰	《童溪易传》	三十卷	建安刘日新宅	开禧更元（1205 年）
〔宋〕吕祖谦 编纂	《欧公本末》	四卷	严陵詹义民	嘉定五年（1212 年）
〔宋〕吕本中 编撰	《童蒙训》	二卷	金华吕氏祠堂（原序云"金华太守邱长隽刻置祠堂"）	嘉定八年（1215 年）
〔宋〕赵彦肃 撰	《复斋易说》	六卷	严陵赵氏祠堂（影宋钞本，云"严陵守许兴裔刻置祠堂"）	嘉定十四年（1221 年）
〔宋〕孙奕 撰	《履斋示儿编》	二十三卷	刘氏学礼堂	嘉定十六年（1223 年）
〔宋〕祝穆 编撰	《方舆胜览前集》四十三卷、《后集》七卷、《续集》二十卷、《拾遗》一卷	七十一卷	祝太傅宅（杨守敬《日本访书志》云前录有祝太傅宅干人吴吉申两浙转运司禁书书肆翻板《牒文》）	嘉熙三年（1239 年）
〔宋〕丁度等 编撰，毛晃、毛居正 增注	《增修互注礼部韵略》	五卷	秀岩山堂（原书末题"太岁丙辰仲夏秀岩山堂重刊"）	宝祐四年（1256 年）
〔宋〕黄庭坚 撰	《增广黄先生大全文集》	五十卷	麻沙镇水南刘仲吉宅（叶氏按云，此无年月，乾道岁名不值午，则端午亦不误，宋刻草率可笑）	乾道端午

续表

作者	书名	卷数	刻书单位	时间
〔春秋〕孔丘 述 （三国魏）何晏、郑冲等 集解	《论语何晏集解附音义》	十卷	岳珂相台家塾	
〔战国〕孟轲 撰 〔东汉〕赵岐 注	《孟子赵岐注附音义》	十卷	岳珂相台家塾	
〔春秋〕孔丘 编纂	《五经》		廖莹中世綵堂	
〔唐〕韩愈 撰	《韩昌黎集》		廖莹中世綵堂	
〔唐〕柳宗元 撰	《柳河东集》		廖莹中世綵堂	
〔宋〕司马光 撰	《资治通鉴》	二百九十四卷	蜀广都费氏进修堂	
〔唐〕张守节 撰	《史记正义》	一百三十卷	建安黄善夫宗仁家塾之敬室	
〔南朝宋〕范晔 撰	《后汉书》	一百二十卷	建安刘元起家塾之敬室	
〔宋〕宋祁、欧阳修、范镇、吕夏卿等 撰	《新唐书》	二百二十五卷	建安魏仲立宅	
〔宋〕张师正 撰	《括异志》	十卷	建宁府麻沙镇虞叔异宅	
〔汉〕戴圣 编纂、郑玄 注 〔唐〕陆德明 音义、孔颖达 疏	《附释音礼记注疏》	六十三卷	建安刘叔刚宅	
〔宋〕佚名 编辑	《选青赋笺》	十卷	建安王懋甫桂堂	
〔宋〕周敦颐、张载、程颢、程颐等 著，吕祖谦、朱熹 编选。书坊新编。	《文场资用分门近思录》二十卷、《后录》十四卷	三十四卷	建安曾氏家塾	
〔春秋〕李耳 撰	《道德经》	四卷	建安虞氏家塾	
〔宋〕秦观 撰	《淮海先生文集》	二十六卷	眉山文中	
〔宋〕王称 撰	《东都事略》	一百三十卷	眉山程舍人宅	
〔唐〕柳宗元 撰 〔宋〕郑定 编辑	《重校添注柳文》四十五卷、《外集》二卷	四十七卷	姑苏郑定	
〔唐〕柳宗元 撰 〔宋〕魏怀忠 编注	《五百家音辨唐柳先生文集》		姑苏郑定	

续表

作者	书名	卷数	刻书单位	时间
〔东汉〕班固 撰	《前汉书》	一百二十卷	钱塘王叔边家	
〔南朝宋〕范晔 撰	《后汉书》	一百二十卷	钱塘王叔边家	
〔西周〕周公旦 撰 〔汉〕郑玄 注	《周礼郑注》	十二卷	婺州市门巷唐宅	
〔西汉〕戴圣 编纂	《礼记》	五卷	婺州义乌酥溪蒋宅崇知斋	
〔宋〕苏洵、苏轼、苏辙 撰	《三苏文粹》	七十卷	婺州东阳胡仓王宅桂堂	
〔隋〕王通 编著	《中说》	十卷	隐士王氏取瑟堂	
〔宋〕李焘 撰	《经进六朝通鉴博议》	十卷	毕万裔宅富学堂	
〔唐〕赵蕤 撰	《长短经》	十卷	杭州净戒院	
〔汉〕刘安 撰、许慎 注 〔宋〕谭叔端 纂校	《新刊淮南鸿烈解》	二十一卷	茶陵谭叔端	
〔宋〕谭叔端等 编选	《新刊精选诸儒奥论策学统宗前编》五卷、《后集》八卷、《续集》七卷、《别集》五卷	二十五卷	茶陵谭叔端	

由于私家出版是为了自需，即在家庭——家族，或一个以私家为特定中心的特殊范围内使用或传播，所以私家出版的书籍其质量一般属于上乘，无论是选题质量还是刻印质量，都是如此。叶德辉称："大抵椠刻风行，精雕细校，于官刻本外俨若附庸之国矣。"① 这句话不仅肯定了私刻书籍的质量，也充分说明了私家出版在宋代整个出版业中的地位——仅次于官刻，俨若附庸之国。

二、私家出版之个案研究

宋代私家刻书十分普遍，形成了一种文士刻印书籍的文化生产方式。然而宋代究竟有多少私家从事过书籍出版，出版过多少种书籍，自宋以来历代藏书家的书目记载及叶氏的考证所记，只不过是冰山一角而已，确切数字已

---

① 叶德辉著：《书林清话》卷三，第 85 页，中华书局，1957 年版。

无由得知。此以朱熹刻书、廖莹中刻书为个案，分别详予分析，以见宋代私家出版之貌。

（一）朱熹与书籍编撰出版

朱熹（1130~1200 年）一生著述宏富，涉及经史子集各个方面。主要有：《四书集注》、《太极图解》、《西铭解义》、《通书解》、《周易本义》、《伊洛渊源录》、《资治通鉴纲目》、《名臣言行录》、《楚辞集注》、《诗集传》、《韩文考异》，后人编纂为《晦庵先生朱文公文集》、《朱子语类》等。

朱熹不仅是理学的集大成者，是一代大学问家，是万古辉耀的大思想家，而且也是一个杰出的编辑家与出版家。以下就朱熹之出版思想、编辑观、书籍出版成就等重要方面加以论述。

大致看来，朱熹所出书籍，主要是由当地政府印刷单位、所主持书院及书坊予以雕印的。朱熹还亲自雇佣雕刻工人。出版资金作为一个重要问题，由朱熹检举唐仲友滥用公款出书及曾反对同官利用学粮钱为其出书二事来看，朱熹出书由其本人解决资金应是毋庸置疑的。

关于朱熹书籍编撰出版的研究，新时期以来主要成果有曹之《朱熹与宋代刻书》[1]，主要对朱熹刻书的严谨态度及作风、重视校对、批评滥出书籍、抨击盗版等问题作了论述。方彦寿《朱熹刻书事迹考》[2]，对朱熹刻书事迹作了比较细致的考证，包括对名家法帖刻印的考证。其中对出版过程中人事关系的考证，对朱熹刻书工场的考证，均令人耳目一新。陈良武《朱熹漳州刻书考》[3]，对朱熹知漳州期间所刻书籍作了比较细致的考证，涉及朱熹刻印这些书籍的思想动机，以及书籍的文献学价值。方彦寿《朱熹学派刻书与版权观念的形成》[4]，从朱熹学派视角切入，主要以《方舆胜览》榜文为据对朱熹的版权思想作了研究阐释。马刘凤、张加红之《朱熹与刻书》[5]，依次对朱熹刻书目的、刻书举要、刻书特点三方面作了论述。认为朱熹刻书目的有三：传播道统，补于世教；讲学授业，教育后生；增加收入，维持生计。考证出

---

①　曹之：《朱熹与宋代刻书》，《武汉大学学报》（社会科学版），1989 年第 2 期。

②　方彦寿：《朱熹刻书事迹考》，《福建学刊》，1995 年第 1 期。

③　陈良武：《朱熹漳州刻书考》，《闽台文化交流》，2007 年第 4 期。

④　方彦寿：《朱熹学派刻书与版权观念的形成》，《文献》，2000 年第 1 期。

⑤　马刘凤、张加红：《朱熹与刻书》，《山东图书馆季刊》，2005 年第 4 期。

朱熹所出书籍40余种，予以列表。

朱熹《答白鹿长贰》一文透露了他从事书籍编撰与出版的文化生态环境。

> 书院经雨，不能无隳损，想已加葺治矣。闻又得宣城书籍及建昌庄田，今侯亦一月中一至，此足以为久远故事矣。三大字本就卓上写成，既摹即拭去，今无复可得。既已刻成，烦且打一本寄来，可就修即就本修去，不可即复磨去，亦无紧要用处也。诸生今几人？想时讨论益有绪。山中间旷，正学者读书进德之地，若领袖诸贤同心唱导，不以彼己之私介于胸中，则后生有所观法，而其败群不率者亦且革心矣。①

对孔子编辑思想的继承与阐释

朱熹的编辑思想源自孔子，这体现在他对孔子编辑思想的研究、总结与阐释中。《论语集注》中总结道："述，传旧而已。作，则创始也。故作非圣人不能，而述则贤者可及。……孔子删《诗》、《书》，定《礼》、《乐》，赞《周易》，修《春秋》，皆传先王之旧，而未尝有所作也。……夫子盖集群圣之大成而折衷之。其事虽述，而功则倍于作矣，此又不可不知也。"② 在此，他对孔子述、作、删、定、赞、修、集大成、折衷的编辑思想及编辑方式作了深刻研究。

承继道统、传播理学的理学出版观

朱熹刻书的基本目的在于传播理学。书籍出版也理应成为其理学生涯的重要一章。朱熹深知书籍出版对于理学传播、思想传播、学术传播及知识传播的重要性。朱熹用"成仁"、"道术"、"圣笔"、"先王之旧"、"群圣之大成"、"大义之所系"等同一类词语高频次使用的文法反复倡导书籍出版之"理"。朱熹传播理学的方式大致有以下四种：著述、刻书、讲学、人际交流。然而，在雕版印刷术已成为媒体主流生产技术的宋代，特别是朱熹主要生活的南宋，书籍之生产与流通，必然是理学传播的首要方式。书籍出版成为了当时及其后800余年朱熹理学思想最主要的传播方式。

朱熹在《大学章句·序》中讲："大学之书，古之大学所以教人之法也。

---

① 〔宋〕朱熹撰：《朱子全书》（贰拾贰）《书临漳所刊四子后》，第2480页，上海古籍出版社、安徽教育出版社，2002年版。

② 〔宋〕朱熹撰：《朱子全书》（陆）《论语集注》，第120页，上海古籍出版社、安徽教育出版社，2002年版。

盖自天降生民，则既莫不与之以仁义礼智之性矣。"编著此书，目的在于使读者"复其性"，也在于"国家化民成俗"，"学者修己治人"。他期望这种教化作用能够浸化于日常生活之中，即"洒扫应对进退之节"，"民生日用彝伦"①。

朱熹在《中庸章句·序》中讲："中庸何为而作也，子思子忧道学之失其传而作也。""而道统之传有自来矣"。朱熹读过石氏辑录本，认为此本有不足之处，"凡石氏之所辑录，仅出于其门人之所记，是以大义虽明，而微言未析；至其门人所自为说，则虽颇详尽而多所发明，然倍其师说，而淫于老佛者，亦有之矣"。即认为石氏辑录本存在不准确不纯粹的毛病。编著此书，目的在于明道统、传道统，拨开"异端之说"的迷雾。他自述编辑经过道："熹自蚤岁，即尝受读，而窃疑之，沈潜反复，盖亦有年，一旦恍然似有以得其要领者，然后乃敢会众说而折其衷，既为定著章句一篇，以俟后之君子。而一二同志，复取石氏书，删其繁乱，名以辑略，且记所尝论辩取舍之意，别为或问，以附其后。然后此书之旨，支分节解，脉络贯通，详略相因，巨细毕举，而凡诸说之同异得失，亦得以曲畅旁通而各极其趣。虽于道统之传，不敢妄议，然初学之士，或有取焉，则亦庶乎升高行远之一助云尔。"②

朱熹与吕祖谦编撰《近思录》一书，目的在于"辨异端，观圣贤之大略"。取材上，则体现了"掇取其关于大体而切于日用者"，即期待将儒家的根本道理浸化到日常生活之中。朱熹为此书所作之《序》短小精悍，兹不妨引于下：

> 淳熙乙未之夏，东莱吕伯恭来自东阳，过予寒泉精舍。留止旬日，想与读周子、程子、张子之书，叹其广大闳博，若无津涯，而惧夫初学者不知所入也。因共掇取其关于大体而切于日用者，以为此编。总六百二十二条，分十四卷。盖凡学者所以求端用力、处己治人，与夫所以辨异端、观圣贤之大略，皆粗见其梗概。以为穷乡晚进有志于学，而无名师良友以先后之者，诚得此而玩心焉，亦足以得其门而入矣。如此，然后求诸四君子之全书，沈潜反复，优柔厌饫，以致其博而反诸约焉，则

---

① 〔宋〕朱熹集注：《四书集注》，岳麓书社，第 1~2 页，1985 年版。
② 〔宋〕朱熹集注：《四书集注》，岳麓书社，第 25~27 页，1985 年版。

其宗庙之美，百官之富，庶乎其有以尽得之。若惮烦劳，安简便，以为取足于此而可，则非今日所以纂集此书之意也。

朱熹门人、女婿黄幹对朱熹在中国道学传播史上的杰出地位有一段精彩的道白："窃闻道之正统，待人而后传。自周以来，任传道之责，得统之正者，不过数人，而能使斯道章章较著者，一二人而止耳。由孔子而后，曾子、子思继其微，至孟子而始著。由孟子而后，周、程、张子继其绝，至先生而始著。"① 朱熹主持出版的《周易》、《尚书》、《诗经》、《春秋左传》、《论语》、《孟子》、《大学》、《中庸》、《礼书》、《论孟精义》、《近思录》、《程氏遗书》、《程氏外书》等书在其书籍出版中占有绝对的优势地位。他在讲到刻印"四子"的原因时说："故河南程夫子之教人，必先使之用力乎《大学》、《论语》、《中庸》、《孟子》之书，然后及乎六经。盖其难易、远近、大小之序固如此而不可乱也。故今刻四古经，而遂及乎此四书者，以先后之，且考旧闻，为之声训，以便观者。又悉著凡程子之言及于此者，附于其后，以见读之之法，学者得以览焉。"② 在此，朱熹不仅以孔孟的继承人，也以理学先辈的继承人讲明了刻印"四子"的文化原因。

朱熹在为自著《中庸集解》所撰《后记》中表达了他的理学出版观。"是书所记，虽本于天道性命之微，而其实不外乎达道达德之灿然者。学者诚能相与深究而力行之，则先圣之所以传，与今侯之所以教者，且将有以自得之，而旧俗之未纯者，亦可以一变为至道矣。"③ 可见，"达道"是朱子书籍出版观的核心。

体现理学的书籍出版实践

朱熹认为，书籍出版是关乎国家政治、世道人心的重要工作。因此，书籍选题、内容及编校质量都要体现这一重要性。书籍出版必须贯彻和维护儒家思想、理学思想的绝对统治地位。关于刻印"四经"的意图，他讲："近刻《易》、《诗》、《书》于郡斋，《易》用吕氏本古经传十二篇，而绌《诗》、

---

① 王懋竑：《朱熹年谱·附录一：朝奉大夫文华阁待制赠宝谟阁直学士通议大夫谥文朱先生行状》，中华书局，1998 年版。

② 〔宋〕朱熹撰：《朱子全书》（贰拾肆）《书临漳所刊四子后》，第 3895 页，上海古籍出版社、安徽教育出版社，2002 年版。

③ 〔宋〕朱熹撰：《朱子全书》（贰拾肆）《书徽州婺源县中庸集解板本后》，第 3839 页，上海古籍出版社，2002 年版。

《书》之序，置之经后，以晓当世，使得复见古书之旧，而不锢于后世诸儒之说。顾三《礼》体大，未能绪正。独念《春秋》大训，圣笔所刊，不敢废塞。而河南邵氏《皇极经世》学又以《易》、《诗》、《书》、《春秋》为皇帝王霸之书，尤不可以不备，乃复出左氏经文，别为一书，以踵三经之后。其《公》、《穀》二经，所以异者，类多人名地名，而非大义之所系，故不能悉具，异时有能放吕氏之法而为三经之音训者，尚有以成吾之志也哉。"① 在此，朱熹将儒家经典与宋代理学著作融为一体，论而出之，"以晓当世"，"以成吾之志"。上段所引关于刻印"四子"的意图说明，朱熹已将"四子"同儒家六经实际上并为一列，提倡先读"四子"，然后及乎六经。程子之思想、朱熹之思想与儒家六经之思想，在此以朱熹之编辑思想及出版实践而得以集中展现。

　　理学家书籍之出版及自著之出版，朱熹积极作序作跋，以大力弘扬"圣学"。如朱熹《书徽州婺源县〈中庸集解〉板本后》、《书徽州婺源县〈周子通书〉板本后》即为《中庸集解》、《周子通书》二书所作序跋。前文指出："此书始刻于南剑之尤溪……今建阳、长沙、广东西皆有刻本，而婺源宰三山张侯又将刻之县学，以惠学者。"后文考证了"濂溪"一名的来历，指出："后又得张敬夫所刻先生墨帖，后记先生家谱……而婺源宰三山张侯适将锓板焉，因书以遗之，庶几有补于诸本之阙。"② 理学家著作即使刻本众多，朱熹也不遗余力地推波助澜。

　　朱熹推崇理学著作，鄙夷科举程文及片面追求形式技巧的文学作品。如在《书徽州婺源县〈中庸集解〉板本后》中的一段话即表明了这种态度："熹故县人，尝病乡里晚学见闻单浅，不过溺心于科举程试之习，其秀异者，又颇驰骛乎文字篆组之工，而不克专其业于圣门也。是以儒风虽盛，而美俗未纯，父子兄弟之间，其不能无愧于古者多矣。"③

　　马刘凤、张加红对朱熹刻书加以考证并列有一表，此引如下。

　　① 〔宋〕朱熹撰：《朱子全书》（贰拾肆）《书临漳所刊四经后·春秋》，第3890～3891页，上海古籍出版社、安徽教育出版社，2002年版。

　　② 〔宋〕朱熹撰：《朱子全书》（贰拾肆）《书徽州婺源县中庸集解板本后》、《书徽州婺源县周子通书板本后》，第3839～3840页，上海古籍出版社、安徽教育出版社，2002年版。

　　③ 〔宋〕朱熹撰：《朱子全书》（贰拾肆）《书徽州婺源县中庸集解板本后》，第3839页，上海古籍出版社、安徽教育出版社，2002年版。

表 3 - 2　朱熹刻书年表①

时间	年龄	地点	书名及卷数	出处
乾道八年（1172 年）	43 岁	建阳	《论孟精义》34 卷	《文集》卷 81《书语孟要义后》
乾道九年（1173 年）	44 岁	建阳	《程氏遗书》、《程氏外书》、《上蔡语录》、《游氏妙旨》、《庭闻稿录》、《五臣解》等书	《文集》卷 75《程氏遗书后序》、《程氏外书后序》，《文集·续集》卷 2《答蔡季通》
淳熙六年（1179 年）	50 岁	南康学宫	《周子通书遗文遗事》1 卷	《文集》卷 76《再定太极通书后序》，《直斋书录解题》卷 9。
淳熙六年（1179 年）	50 岁	南康	周子像、《太极图》、《说》、《拙赋》	《文集》卷 81《书濂溪先生拙赋后》，《文集·别集》卷 4《向伯元》
淳熙六年（1179 年）	50 岁	南康郡斋	《叙古千文》	《文集》卷 81《跋叙古千文》，《文集·别集》卷 4《向伯元》
淳熙六年（1179 年）	50 岁	南康	《重立直节堂记》	《文集》卷 81《跋苏文定公直节堂记》，《文集·别集》卷 4《向伯元》
淳熙六年（1179 年）	50 岁	白鹿洞书院	康节《诫子孙文》及其《天道》、《物理》二诗	《文集》卷 81《书康节诫子孙文》
淳熙七年（1180 年）	51 岁	江西	《韦斋集》12 卷、附《玉澜集》1 卷	《铁琴铜剑楼藏书目录》卷 21
淳熙七年（1180 年）	51 岁	白鹿洞书院	《包孝肃诗》	《文集·别集》卷 8《跋所刻包孝肃诗》
淳熙七年（1180 年）	51 岁	白鹿洞书院	《伊川与方道辅帖》、《尹和靖帖》、《白鹿洞记》、《五贤祠堂记》	《文集》卷 34《答吕伯恭》，《文集》卷 37《与郭冲晦》，《文集》卷 81《跋伊川先生与方道辅帖》
淳熙八年（1181 年）	52 岁	浙东	《大学》、《中庸》二书	《文集》卷 59《答宋深子》
淳熙九年（1182 年）	53 岁	会稽	《勒喻文》	《文集》卷 35《答刘子澄》

---

① 马刘凤、张加红：《朱熹与刻书》，《山东图书馆季刊》，2005 年第 4 期。

续表

时间	年龄	地点	书名及卷数	出处
淳熙九年 (1182 年)	53 岁	会稽	《古易》12 卷、《音训》2 卷	《直斋书录解题》卷 1
淳熙十一年 (1184 年)	55 岁	福建	《南轩集》44 卷	《文集》卷 53《答胡季随》，《文集》卷 58《答宋深子》
淳熙十四年 (1187 年)	58 岁	武夷精舍	《小学》6 卷	《文集·续集》卷 2《答蔡季通》
淳熙间 (1174 ~ 1189 年)		建阳	《近思录》	《文集》卷 60《答汪易直》
绍熙元年 (1190 年)	61 岁	临漳	"四经"19 卷、"四子"各 1 卷、《近思录》、《家仪》、《乡仪》	《文集》卷 58《答宋深子》，《文集》卷 59《答曹元可》
绍熙元年 (1190 年)	61 岁	临漳	《楚辞协韵》	《文集》卷 82《跋楚辞协韵后》
绍熙四年 (1193 年)	64 岁	临漳	横渠先生帖、康节先生诗	《文集》卷 83《书横渠康节帖后》
绍熙间 (1190 ~ 1194 年)		漳州射垛书坊	《芸阁礼记解》16 卷	《直斋书录解题》卷 2
绍熙五年 (1194 年)	65 岁	潭州	《稽古录》20 卷	《文集·别集》卷 3《郑尚书惠叔》

朱熹主持出版的书籍计有：《周易》、《尚书》、《诗经》、《春秋左传》、《论语》、《孟子》、《大学》、《中庸》、《礼书》、《论孟精义》、《近思录》、《南轩集》、《献寿记》、《永城学记》、《程氏遗书》、《程氏外书》、《上蔡语录》、《游氏妙旨》、《庭闻稿录》、《五臣解》、《包孝肃诗》、《书斋集》、《芸阁礼记解》、《稽古录》、《家仪》、《乡仪》、《楚辞协韵》、《周子通书遗文遗事》、《周子像》、《太极图》、《说》、《拙赋》、《叙古千文》、《重立直节堂记》、《诫子孙文》、《伊川与方道辅帖》、《尹和靖帖》、《白鹿洞记》、《五贤祠堂记》、《勒喻文》、《古易》、《音训》、《横渠先生帖》、《康节先生诗》等 40 多种。

朱熹出版之书涉及到经史子集，显示出他治学与出版博大精深的气象。

主要为：1. 儒家经典。2. 宋代理学家著作。3. 宋代名人书帖。4. 书院、祠堂记文。5. 宋代名人诗赋。6. 宋代名人别集。

除了传统的儒家经书外，理学家著作占有明显优势。语录体、记叙文、书帖等十分显著。

朱熹尤为重视儒家经典解读类图书，如宋代理学家的讲义、心得、语录类的出版，旨在普及儒学，涵泳世人。

朱熹坚决反对平庸的出版现象。对自著书籍的出版质量及效果，要求与控制之严近乎苛求。他在一封信中以优雅的素养详细陈述了这样做的理由：

> 熹昨日面恳寝罢镂板事，未蒙深察。窃自愧恨诚意不孚，言语不足以取信于左右。欲遂息默，则事有利害，不容但已，须至再有尘渎。盖兹事之不可者四，而长者之未喻区区之心者一。

> 此书虽多前贤之说，而其去取尽出鄙见，未必中理，或误后人，此不可之一也。致使可传，而修改未定，其未满鄙意者尚多。今日流传既广，即将来盖棺之后，定本虽出，恐终不免彼此异同，为熹终身之恨。此其不可之二也。忝为长吏于此，而使同官用学粮钱刻己著之书，内则有朋友之谯责，外则有世俗之讥嘲，虽非本心，岂容自辩？又况孤危之踪，无故常招吻唇，今乃自作此事，使不相悦者得以为的而射之，不唯其啾喧呫嗫使人厌闻；甚或缉以成罪，亦非难事。政如顷年魏安行刻程尚书《论语》，乃至坐赃论，此不远之鉴。此其不可之三也。近闻婺源有人刻熹《西铭》等说，方此移书毁之。书行未几，遽自为此，彼之闻者，岂不怪笑？其被毁者，岂不怨怒？此又使熹重得罪于乡党宗族，此其不可之四也。

> 昨日盖尝以此为恳，而执事不深晓，直以熹为谬为谦逊者。熹之不得已而为此书，其不逊甚矣。正以非其一时苟作之文，是以谨之重之，而不敢轻出。而平日每见朋友轻出其未成之书，使人摹印流传而不之禁者，未尝不病其自任之不重，自期之不远也。区区于此实有广己造大之羞，而执事者反谓其谬为谦逊，而为此不情之语，其不相察亦甚矣。

> 愚意迫切，不得不力恳于左右，幸辱矜照，一言罢之。其所已刻者，熹请得以私钱奉赎毁去，而其已置之版，却得面议，别刻一书，以成仁

者开广道术之意，自不失为善事。不审尊意以为如何？专此布露，切冀痛察。①

朱熹恳求停止出版这部自著，主要原因有四：一是论述"未必中理"；二是修改未定，还有不少自己不满意的地方，恐怕同将来的定稿有自相冲突或矛盾之处；三是同事用学粮钱刻印自己的书，违理违法，害怕导致非议乃至陷于犯罪；四是害怕得罪乡党宗族，书籍出版应维护乡党宗族的荣誉。

朱熹反对轻易出书，反对出版"未成之书"，主张出书应当慎重。对于朋友及熟人轻易出书，书籍达不到定稿要求者，他认为这是一种不自重的表现。未成之书一旦被发现出版后，作者应当及时予以制止，以免造成不良影响，贻误读者，贻误后人。作者出书，应当有使命意识，应当有长远眼光，绝不能随意为之。

朱熹诚心诚意地表达了对这件事的处理办法。已经刻成书版的，由他出钱赎回，销毁刻版。对于没有刻成书版的板材，双方协商后，可以用来改刻其他书，以达到利用板材"成仁"而传播"道术"的境界。

朱熹这段心灵道白有理有节，用心良苦，体现了他卓越不凡的出版思想及出版风范。在此，作为一个学人，他的思想、学术、人格、修养、品位、情操、境界、观点、文章，涵咏于一炉，化而出之，令人心仪而服之。同时，这段话也向世人再现了朱熹时代真实的出版环境，其中折射出宋代不少重要的出版信息，包括出版方式、出版生态、出版文化、出版中的人际关系、出版管制、出版案件、出版资本、书籍传播方式、书籍传播效果及其反映等诸方面。这是一封内容丰富、语气恳切、说理精辟、冲折有致、境界非凡、尽通款曲、感人至深的出版书信之千古典范。

仔细研究不同版本　以优异版本为基本依据

选择最优的版本作为底本出版。以底本为依据，认真仔细比勘各种版本，完善底本。这是朱熹在实际出版中严格坚守的一个出版准则。朱熹在这方面堪称严谨认真，将其理学融于编校之中，体现出了他在这方面的编辑特色——乃至宋学的特色。朱熹编校书籍，十分注重真迹（手稿）、印本与石本

---

① 〔宋〕朱熹撰：《朱熹集》卷二十六《与杨教授书》，第 1091～1093 页，四川教育出版社，1996 年版。

三种不同介质本之间的勘对。这在《书欧阳文忠公集古录跋尾后》一文中即很明显。如"《集古》跋尾，以真迹校印本有不同者，韩公讼之详矣。然《平泉草木记》跋后，印本尚有六七十字，深诮文饶处富贵，招权利，而好奇贪得，以取祸败，语尤紧切，足为世戒。且其文势至此乃有归宿。又'鬼谷之术所不能为者'之下，印本亦无'也'字。凡此疑皆当以印本为正云。"①

兹以朱熹出版《韩文考异》为例。

《韩文考异》及义理为断②。韩愈是理学道统中的关键人物，所以朱熹对《韩愈文集》的权威性格外重视。朱熹自言："余自少喜读韩文，常病世无善本，每欲精校一通，以广流布而未暇也。"③ 因此，朱熹十分关注《韩愈文集》的版本问题。针对宋代多种版本互有异同的情况，朱熹收集、参考、比勘了《韩文》之南安军本、祥符杭本、嘉祐蜀本、官本、古本、石本、莆田方氏本等，对之认真考证，写成《韩文考异》十卷。朱熹指出："此集今世本多不同，惟近岁南安军所刊方氏校定本号为精善。别有《举正》十卷，论其所以去取之意，又他本之所无也。然其去取以祥符杭本、嘉祐蜀本，及李、谢所据馆阁本为定，而尤尊馆阁本，虽有谬误，往往曲从；他本虽善，亦弃不录。至于《举正》，则又例多而辞寡，览者或颇不能晓知。故今辄因其书更为校定，悉考众本之同异，而一以文势义理及他书之可验者决之。苟是矣，则虽民间近出小本不敢违；有所未安，则虽官本、古本、石本不敢信。又各详著其所以然者，以为《考异》十卷，庶几去取之未善者，览者得以参伍而笔削焉。"④ 朱熹还指出："南安《韩文》出莆田方氏，近世号为佳本。予读之信然，然犹恨其不尽载诸本同异，而多折衷于三本也。原三本之见信，杭、

---

① 〔宋〕朱熹撰：《朱子全书》（贰拾肆）《书欧阳文忠公集古录跋尾后》，第3870～3871页，上海古籍出版社、安徽教育出版社，2002年版。

② 朱熹书籍编辑出版中以"义理"校雠的思想，直接继承自汉代，即汉学，而非宋学或理学之独创——并非空穴来风。例如刘向、刘韵父子之《七略》、《别录》即贯穿了儒家"义理"的思想原则。《晏子》书录云："其书六篇皆忠谏其君，文章可观，义理可法，皆合六经之义。"（四部丛刊影印明活字本《晏子春秋》卷首）。《说苑》书录中批评部分篇章"其余者浅薄不中义理"（四部丛刊影印明钞本《说苑》卷首）。学界一般认为宋学乃汉学之反动，其实并不尽然，宋学有资于汉学，岂只此一显例耶！

③ 〔宋〕朱熹撰：《朱子全书》（贰拾肆）《跋方季申所校韩文》，第3905页，上海古籍出版社、安徽教育出版社，2002年版。

④ 〔宋〕朱熹撰：《朱子全书》（贰拾肆）《书韩文考异前》，第3682页，上海古籍出版社、安徽教育出版社，2002年版。

蜀以旧，阁以官，其信之也则宜。然如欧阳公之言，《韩文》印本，初未必误，多为校雠者妄改。亦谓如《罗池碑》改"步"为"涉"，《田氏庙》改"天明"为"王明"之类耳。观其自言，为儿童时得蜀本《韩文》于随州李氏，计其岁月，当在天禧中年，且其书已故弊脱略，则其摹印之日，与祥符杭本盖未知其孰先孰后，而嘉祐蜀本，又其子孙明矣。然而犹曰"三十年间，闻人有善本者，必求而改正之"，则固未尝必以旧本为是而悉从之也。至于秘阁官书，则亦民间所献，掌故令史所抄，而一时馆职所校耳。其所传者，岂真作者之手稿，而是正之者，岂尽刘向、杨雄之伦哉？读者正当择其文理意义之善者而从之，不当但以地望形势为重轻也。抑韩子之为文，虽以力去陈言为务，而又必以文从字顺、各识其职为贵。读者或未得此权度，则其文理意义，正自有为易言者。是以予于此书，姑考诸本之同异而兼存之，以待览者之自择。区区妄意，虽或窃有所疑，而不敢偏有所废也。"① 可见，朱熹十分重视书籍校勘与版本比较。

重视监本的权威地位。他在一封信中明确指出：

> 《韩文考异》大字以国子监版本为主，而注其同异，如云"某本某作某"。辨其是非，如云"今按云云"。断其取舍，从监本者已定，则云"某本非是"；诸别本各异，则云"皆非是"。未定，则各加"疑"字。别本者已定则云"定当从某本"，未定，则云"且当从某本"。或监本、别本皆可疑，则云"当阙"，或云"未详"。其不足辨者略注而已，不必辨而断也。

> 熹不及奉书，《考异》须如此方有条理，幸更详之。②

编辑过程中贯彻"知之为知之，不知为不知"的原则。其中版本比勘的方法及专门用语，既继承了汉代以来的优秀学术传统，又泽及后世。

个案研究：《楚辞集注》与《南轩集》

《楚辞集注》再版。《楚辞》是朱熹爱不释手的一部书，吟讽不已，得其高风。他为《楚辞》作注，留下了《楚辞集注》这部垂世之作。朱熹在致巩

① 〔宋〕朱熹撰：《朱子全书》（贰拾肆）《韩文考异序》，第 3681 页，上海古籍出版社、安徽教育出版社，2002 年版。

② 〔宋〕朱熹撰：《朱子全书》（贰拾贰）《与方伯谟》，第 2020 页，上海古籍出版社、安徽教育出版社，2002 年版。

仲至的数封信中，对《楚辞》的再版问题提出了详切的一系列意见，表达了殷切的期望。以下摘引片断，以显其真。

1. 福州旧有《楚辞》白本，不知印板今尚在否？字书板样颇佳，岁久计或漫灭，然雠校亦不至精，不知能为区处，因其旧本再校重刻，以贻好事否？如能作此，即幸报及，待为略看过结缘也。

2. 《楚辞》板既漫灭，虽修得亦不济事。然欲重刊，又不可整理。使其可以，就加雠校。若修得了，可就彼中先校一番，却以一净本见示，当为参订，改定商量。若别刊得一本，亦佳事也。近得古田一士人所著《补音》一卷，亦甚有功，异时当并以奉寄也。

3. 《楚辞》修未？旋了旋寄数板，节次发来为幸。古田《补音》，此间无人写得。今寄一书与苏君，幸转托县官，差人赍去乡下寻之，就其传录尤便。亦闻渠写本颇经删节，已嘱令为全录去矣。然此尝编得《音考》一卷，"音"谓集古今正音、协韵通而为一，"考"谓考诸本同异并附其间，只欲别为一卷，附之书后，不必搀入正文之下，碍人眼目，妨人吟讽。但亦未甚详密。正文有异同，但择一稳者为定可也。又可附此古田全书，俟旦夕稍暇，一面修写寄呈。彼中不知已曾下手未，亦望随得已了者节次寄来也。若已详善，即此中本更不须寄去矣。

4. 《楚辞》当俟面议，元本字亦不小，可便以小竹纸草印一本，携以见示。此间匠者工于剪贴，若止就此订正，将来便可上板，不须再写，又生一重脱误，亦省事也。苏君处所写《补音》如已到，幸亦携来。此间所有本子不全，恐将来阙略，却不满人意也。《聚星图》此间亦先令人画，今详所寄大概不甚相远。但此间者，车中、堂上有两太丘，心颇疑之，今得所示，却差稳当，此必尝经明者较量也。但闽中人不好事，画笔几绝，为可叹耳。《礼书》半稿略可写尽，旦夕寄直卿处，仍就使厅借笔吏数人抄过一本。王元右亦要抄一本，仍更为写一本，当俟彼中写了，却寄彼中也。①

《南轩集》编辑忠于原著。此书为南宋著名学者，与朱熹、吕祖谦并称"东南三贤"的张栻所著。朱熹《张南轩文集序》中记载"敬夫既没，其弟定叟裒其故稿，得四巨编"，交由朱熹编辑出版。朱熹"因复益为求访，得诸

---

① 〔宋〕朱熹撰：《朱子全书》（贰拾叁）《答巩仲至》，第 3106、3107、3110、3113 页，上海古籍出版社、安徽教育出版社，2002 年版。

四方学者所传，凡数十篇。又发吾箧，出其往还书疏，读之亦多有可传者"①。朱熹编定的这本张栻著作比较而言是收录张栻文章最全的一部书稿，包括了张栻一生的主要著作。《南轩集》刻印之前，朱熹在致胡季随信中嘱咐道："《南轩文集》方编得略就，便可刊行。最好是奏议文字及往还书中论时事处，确实痛切，今却未敢编入。异时当以奏议自作一书，而附论事书尺于其后，勿令广传。或世俗好恶稍衰，乃可出之耳。"②"《南轩集》误字已为检勘，今却附还。其间空字向来固已直书，尤延之见之，以为无益而贾怨，不若刊去。今亦不必补，后人读之自当默喻也。但序文后段若欲删去，即不成文字，兼此书误本之传不但书坊而已，黄州印本亦多有旧来文字，不唯无益，而反为累。若不如此说破，将来必起学者之疑。"③ 可见，朱熹编校其挚友张栻《南轩集》一书，不仅表现出了忠于原著、尊重原著的科学态度，而且对此书的传播效果也作了敏锐的预测。

对于挚友张栻、吕祖谦著作的编辑与出版，朱熹即使病中也不释怀，不断检验编辑得失，并对政治因素的限制及书坊的滥出现象深表忧虑。他在一封信中写道："南轩之文，近方为编得一本，然尚有不敢尽载者。东莱文字，须其弟编定乃可行。然近日书坊皆已妄有流传，不可得而禁戢矣。"④

持续研究书籍内容　自觉反思编辑得失

朱熹的编辑出版理念贯穿于书籍出版之全过程。即使书籍出版后，他的编辑思想亦未停止，而是持续不断地深入研究书籍内容并检验编辑得失。如他在《周子〈太极通书〉后序》中称："右《周子》之书一编，今春陵、零陵、九江皆有本，而互有同异。长沙本最后出，乃熹所编定，视他本最详密矣，然犹有所未尽也。"他反复研究周氏之学，以周氏之学为本，对于该书的篇章结构作了新的调整。他指出：1. 太极图本应置于书前，但传者"误以图为书之卒章，不复厘正，使先生立象尽意之微旨暗而不明，而骤读《通书》

---

①〔宋〕朱熹撰：《朱子全书》（贰拾肆）《张南轩文集序》，第3660页，上海古籍出版社、安徽教育出版社，2002年版。

②〔宋〕朱熹撰：《朱子全书》（贰拾贰）《答胡季随》，第2506页，上海古籍出版社、安徽教育出版社，2002年版。

③〔宋〕朱熹撰：《朱子全书》（贰拾贰）《答胡季随》，第2514页，上海古籍出版社、安徽教育出版社，2002年版。

④〔宋〕朱熹撰：《朱子全书》（贰拾贰）《答滕德章》，第2280页，上海古籍出版社、安徽教育出版社，2002年版。

者，亦复不知有所总摄，此则诸本皆失之。"2. 长沙版《通书》"因胡氏所传，篇章非复本次，又削去分章之目，而别以'周子曰'加之，于书之大义，虽若无所害，然要非先生之旧，亦有去其目而遂不可晓者。"3. 各种版本的《通书》，所"附载铭碣、诗文，事多重复，亦或不能有所发明于先生之道，以幸学者"。于是，他"特据《潘志》，置图篇端，以为先生之精义，则可以通乎书之说矣"。至于书的章节，"亦皆复其旧贯"。关于周子行事之实，则综合诸家之说，删去重复，合为一篇，以便读者。朱熹在编定过程中，特别是指出《太极图》乃周子之原创，并非"自陈抟、种放、穆修而来"。①《通书》的编辑表明，朱熹首先重视的是书籍的思想与内容。书籍的编辑出版应该符合原作者——原书之原意。

《诗传》出版后，发现了"音未备"、"训未备"、"以经统传、舛其次"② 等编辑失误，朱熹采用另作《补脱》一卷的办法予以弥补。由于当时没有精力亲自去作，他专门委托吴伯丰代为编订，并亲自为吴氏拟定了详细的编订体例，嘱托吴氏照此编订。虽然朱熹没有亲手编订，但这封书信却讲得十分详细明确。这是一篇朱熹编辑书籍的典型文献，无论对于研究《诗传》编辑，还是研究朱熹一般意义上之书籍编辑，也无论研究朱熹编辑思想还是研究具体而微的编辑业务，都具有个案意义。它反映了朱熹严谨、科学、一丝不苟的编辑作风及精湛的编辑功力。此引一段，以见其全貌。

> 以上略见条例，余皆依此。且用草纸写来，恐有已添者，却删去也。又黎，黑也，古语"黎元"，犹秦言"黔首"。《桑柔》篇中第二章注中已略言之，《孟子》首篇亦尝有解。今若《天保》篇中未解，可采用其说，著于《补脱》卷中，却删去《桑柔》篇注。或但略言之，亦可也。更详之。③

---

　　① 〔宋〕朱熹撰：《朱子全书》（贰拾肆）《周子太极通书后序》，第 3628～3629 页，上海古籍出版社、安徽教育出版社，2002 年版。

　　② 〔宋〕朱熹撰：《朱子全书》（贰拾贰）《答吴伯丰》，第 2422～2428 页，上海古籍出版社、安徽教育出版社，2002 年版。

　　③ 〔宋〕朱熹撰：《朱子全书》（贰拾贰）《答吴伯丰》，第 2423 页，上海古籍出版社、安徽教育出版社，2002 年版。

即使双眼近乎失明，仍然难以遏制他修改的欲望。一信中写道："《中庸章句》已刻成，尚欲修一两处，以《或问》未罢，亦未欲出，次第更一两月可了。大抵日困应接，不得专一工夫，今又目盲，尤费力尔。不知天意如何，且留得一只眼，了些文字，以遗后来，亦是一事。今左目已不可治，而又颇侵右目矣。"①

<h3 style="text-align:center">实事求是　不为己讳</h3>

朱熹并不讳言自己在书籍出版中的失误，而是奉行"知之为知之，不知为不知"的精神，一再指出自己的失误及改正之处。如他曾推荐别人出版他喜爱的《楚辞叶韵》一书。书出版后，他在讨论中一再发现自己对一些字在音韵训诂上的失误，并一再改正，严正指明："予于此编实尝助其吟讽，今乃自愧其眩于名实，而考之不详也，因复书其后，以晓观者云。"② 又如他在一封信中说："某所为《大学》、《论》、《孟说》，近有为刻板南康者，后颇复有所刊正。今内一通，暇日一观，为订其谬，并以质于东溪翁，因风见教，千万幸也。"③

朱熹这种唯真理是求而不虚饰的编辑出版精神足以为万世楷模，乃是科学的出版境界。

《答许顺之》中对自己忘改的失误作了检讨与总结，强调没有确切依据不得凭私意忘改，宁可存疑，以待后人解决。

其有阙误可疑，无可依据者，宁且存之，以俟后学，切不可以私意辄有更改。盖前贤指意深远，容易更改，或失本真以误后来，其罪将有所归，不可容易。千万千万！旧来亦好妄意有所增损，近来或得别本证之，或自思索看破，极有可笑者。或得朋友指出。所幸当时只是附注其傍，不曾全然涂改耳。亦尝为人校书，误以意改一两处，追之不及，至

①〔宋〕朱熹撰：《朱子全书》（贰拾叁）《答林德久》，第 2937 页，上海古籍出版社、安徽教育出版社，2002 年版。
②〔宋〕朱熹撰：《朱子全书》（贰拾肆）《书楚辞叶韵后》、《再跋楚辞叶韵》，第 3891～3892 页，上海古籍出版社、安徽教育出版社，2002 年版。
③〔宋〕朱熹撰：《朱子全书》（贰拾伍）《刘德修》，第 4846 页，上海古籍出版社、安徽教育出版社，2002 年版。

今以为恨也。①

精心编校　书籍千秋

朱熹力主"精校"，多次不厌其烦地强调书籍校对及校对质量。主持刻印《程氏遗书》时，在《答许顺之》一信中严厉批评一人独校，力主多人分校及覆校，确保校对质量。

> 向者程舶来求语录本子去刊，因蜀令送下邑中，委诸公分校。近得信却不送往，只令叶学古就城中独校，如此成何文字？已再作书答之，再送下覆校。千万与二丈、三友子细校过。但说释氏处不可上下其手，此是四海九州千年万岁文字，非一己之私也。近闻越州洪适欲刊张子韶经解，为之忧叹不能去怀。②

《答藤德章》一信中，朱熹对绍熙二年（1191 年）在临漳主持出版的"四经"（《周易》、《诗经》、《尚书》、《春秋左氏传》）、"四子"（《论语》、《孟子》、《大学》、《中庸》）的校对质量作了总结。

> 卿在彼刊得四经、四子，当时校刊自谓甚仔细，今观其间乃犹有误字。如《书·禹贡》"厥贡羽毛"之"羽"误作"禹"字，《诗·下武》"三后在天"之"三"误作"王"字。今不能尽记，或因过目遇有此类，幸令匠人随手改正也。《古易音训》最后数版有欲改易处，今写去。所欲全换者两版，并第三十四版之末行五字。此已是依原版大小及行字疏密写定，今但只令人依此写过，看令不错误，然后吩咐匠人改之为佳。③

对出版后发现的校对差错严重的书版，重新写刻，替换下原版。

程颐《易传》出版时，朱熹在致吕祖谦一信中要求书肆仔细誊写，"勘覆

---

①〔宋〕朱熹撰：《朱子全书》（贰拾贰）《答许顺之》，第 1749 页，上海古籍出版社、安徽教育出版社，2002 年版。

②〔宋〕朱熹撰：《朱子全书》（贰拾贰）《答许顺之》，第 1748 页，上海古籍出版社、安徽教育出版社，2002 年版。

③〔宋〕朱熹撰：《朱子全书》（贰拾贰）《答藤德章》，第 2281 页，上海古籍出版社、安徽教育出版社，2002 年版。

数四为佳"，"曲折数条，别纸具之"①。《易传》刻完后，他致信吕祖谦说："小本《易传》尚多误字，已令儿子具禀。大本校雠不为不精，尚亦有阙误。扫尘之喻信然，能喻使改之为幸。闻又刻《春秋胡传》，更喻使精校为佳。"② 可见，朱熹自始至终对书籍出版中的校对工作紧抓不懈，发现一个指出一个、改正一个。尽管他也自嘲似地认可"扫尘之喻"，但却扫尘不已。

揭发唐仲友假公济私　抨击出版腐败现象

朱熹坚决要求惩治以权谋私的出版现象。他曾连上六道奏折，揭发台州知州唐仲友行私舞弊，利用公使库资财刻书并占为己有等一系列犯罪事实。《按唐仲友第三状》云："仲友自到任以来，关集刊字工匠在小厅侧刻小字赋集，每集二千道。刊板既成，搬运归本家书坊货卖。其第一次所刊赋板印卖将漫，今又关集工匠又刊一番。凡材料、口食、纸墨之类，并是支破官钱。又乘势雕造花板，印染斑襭之属凡数十片，发归本家彩帛铺，充染帛用。"《按唐仲友第六状》云："唐仲友开雕荀、杨、韩、王四子印板，共印见成装了六百六部，节次径纳书院，每部一十五册，除数内二百五部自今年二月以后节次送与见任寄居官员，及七部见在书院，三部安顿书表司房，并一十三部系本州史教授、范知录、石司户、朱司法经州纳纸兑换去外，其余三百七十五部，内三十部系□表印，及三百四十五部系黄坛纸印到，唐仲友逐旋尽行发归婺州住宅。内一百部于二月十三日令学院子董显等与印匠陈先等打角，用箬笼作七担盛贮，差军员任俊等管押归宅。及于六月初九日，令表背匠余绶打角一百部，亦作七担，用箬笼盛贮，差承局阮崇押归本宅。及一百七十五部，于七月十四日又令印匠陈先等打角，同别项书籍亦用箬笼盛贮，共作

①〔宋〕朱熹撰：《朱子全书》（贰拾壹）《答吕伯恭》，第1424页，上海古籍出版社、安徽教育出版社，2002年版。

②〔宋〕朱熹撰：《朱子全书》（贰拾壹）《答吕伯恭》，第1447页，上海古籍出版社、安徽教育出版社，2002年版。

二十檐担夯，系差兵级余彦等管押归宅分明。"① 在此，朱熹用确凿的事实，用详细的调查数字，彻底揭露了唐仲友假公济私，肆无忌惮地利用公款刻书并据为己有的违法出版罪行及相关罪行，表明了他公私严明的出版观。

《齐东野语》之《朱唐交奏本末》、《台妓严蕊》② 二文，记载朱熹弹劾唐仲友乃因二人有隙，又唐氏一时并未获罪，不免令人遗憾。

自觉维护版权　　反对一切盗版行为

朱熹撰写的关于《易经》的《本义》一稿曾被人盗印。"然《本义》未能成书，而为人窃出，再行模印，有误观览"。③ 又，"程纠所编《年谱》……身后为人在广州镂版，方得见之，甚恨不得及早止之"。④ 又，"裒集程门诸公行事，顷年亦尝为之而未就，今邵武印本所谓《渊源录》者是也。当时编集未成，而为后生传出，致此流布，心甚恨之。"⑤ 朱熹的愤恨之情真是溢于言表。

麻沙书坊曾盗印吕祖俭的著作。针对官府的颟顸无能，他在致作者信中说："恭兄文字状子已投之当路，如醉如梦，面前事尚不能管得，何可望以此等？但近日百怪竟出，不可禁遏，又甚于前。此既无可奈何，但当修其本以胜之，早为收拾平生文字训说之略成书而可传者，著为篇目而公传道之，则彼托真售伪者将不禁而自息矣。若但筑堤堙水，决无可救之理也。"⑥ 在致沈叔晦信中也讲到这件事："麻沙所刻吕兄文字真伪相半，书坊嗜利，非闲人所

---

① 〔宋〕朱熹撰：《朱子全书》（贰拾）《按唐仲友第三状》、《按唐仲友第六状》，第 836、864 页，上海古籍出版社、安徽教育出版社，2002 年版。滥用公使库钱，被视为严重的渎职犯罪行为。如《涑水记闻》记载："滕宗谅知泾州，用公使钱无度，为台谏所言，朝廷遣使者鞫之。宗谅闻之，悉焚公使历。使者至，不能案，朝廷落职徙知岳州。"滕氏以此为鉴，故"知岳州，修岳阳楼，不用省库钱，不敛于民，但榜民间有宿债不肯偿者，献以助官，官为督之。民负债者争献之，所得近万缗，置库于厅侧，自掌之，不设主典案籍。楼成，极雄丽，所费甚广，自入者亦不鲜焉。州人不以为非，皆称其能。"（〔宋〕司马光撰，邓广铭、张希清点校：《涑水记闻》卷十，第 196 页，中华书局，1989 年版）范仲淹撰《岳阳楼记》称之，千古流芳。

② 〔宋〕周密撰，张茂鹏点校：《齐东野语》，第 323、374～376 页，中华书局，1983 年版。

③ 〔宋〕朱熹撰：《朱子全书》（贰拾叁）《答刘君房》，第 2886 页，上海古籍出版社、安徽教育出版社，2002 年版。

④ 〔宋〕朱熹撰：《朱子全书》（贰拾叁）《答王晋辅》，第 2999 页，上海古籍出版社、安徽教育出版社，2002 年版。

⑤ 〔宋〕朱熹撰：《朱子全书》（贰拾叁）《答吴斗南》，第 2836 页，上海古籍出版社、安徽教育出版社，2002 年版。

⑥ 〔宋〕朱熹撰：《朱子全书》（贰拾贰）《答吕子约》，第 2198 页，上海古籍出版社、安徽教育出版社，2002 年版。

能禁。在位者恬然不可告语，但能为之太息而已。"① 在此，朱熹对盗版者及官府之无能表达了强烈的义愤及深远的忧虑之情。

精通出版业务　节约出版成本

朱熹对于著书、校书、编书、刻书、印书——书籍生产的一切方面，可谓了如指掌，洞悉一切，巨细无遗，尽得个中甘苦与趣味。

朱熹对书籍的版式、插图也都有明确要求，认为版式大小、插图必须与书籍的性质、读者及其传播效果相统一。淳熙六年（1179 年），他建议朝廷重刻《政和新仪》即是一例。"欲乞特赐申明，检会《政和五礼新仪》内州县臣民合行礼制，镂板行下诸路州军。其坛壝器服制度，亦乞彩画图本，详著大小高低、广狭浅深尺寸行下，以凭遵守。""契勘王公以下冠昏丧祭之礼，鄂州见有印本，但恐其间或有谬误。只乞行下取索，精加校勘，印造给降，不须别行镂板。其州县祭礼及坛壝器服制度，即乞检会，抄写图画，别为一本，镂版行下。"② 这表明朱熹非常重视书籍插图的作用及其设计，不失为一个图文书的出版专家。

朱熹还注意对普通百姓出版通俗易懂的书籍。《答何叔京》一信反映了这一用心。

> 《戒杀子文》近建阳印本纳上数纸，其间虽涉语怪，然施之盲俗，亦近而易知，不为无助。幸以授邻里，使张之通途要津也。吕公之说，龟山尝论之，亦以为不过喻以利害，其论尤粹而切。向喻元履令附其说于后，今不见，恐是忘记。别纸录呈。若邻里间有可说谕者，令别刻一版，附此吕说之后为佳。不然，则别得老兄数语跋之，却于跋中载龟山之语一道发明，庶几曲终奏雅之意尤善。如何？若然，则跋中更不须说禨祥报应事矣。③

《学古》一信表明他对书籍出版业务非常熟悉。

---

① 〔宋〕朱熹撰：《朱子全书》（贰拾贰）《答沈叔晦》，第 2529 页，上海古籍出版社、安徽教育出版社，2002 年版。
② 〔宋〕朱熹撰：《朱子全书》（贰拾壹）《乞颁降礼书状》，第 929～930 页，上海古籍出版社、安徽教育出版社，2002 年版。
③ 〔宋〕朱熹撰：《朱子全书》（贰拾贰）《答何叔京》，第 1807 页，上海古籍出版社、安徽教育出版社，2002 年版。

有纸万张，欲印经子及《近思》、《小学》、《二仪》。然比板样，为经子则不足，为《四书》则有余。意欲先取印经子分数，以其幅之太半印之，而以其余少半者印它书，似亦差便。但纸尚有四千未到，今先发六千幅，便烦一面印造，仍点对，勿令脱版乃佳。余者亦不过三五日可遣也。工墨之费，有诸卒借请，已肯高丈送左右，可就支给，仍别借二人送至此为幸。……库中墨刻亦各烦支钱买纸，打十数本。内《谢寿仪》及《永城学记》多得数本不妨，《谢寿仪》要者更多也。恐印不办，即续发来不妨。……所印书但以万幅之太半印经子，其余分印诸书，平分看得几本。此无版数，见不得多少也。临行时令库中刻一书目，如已了，幸寄来也。①

朱熹书信中，存有大量书籍编辑出版的细致入微、翔实丰富的内容，充分表明他不仅是一代理学大家，而且也是一个杰出的编辑家、出版家。朱熹虽然是一个伟大的出版家，但其出版观却是片面的，即大力主张并从事出版理学著作，而对诸如文学艺术类著作却持沉默消极之态度。朱熹之编辑思想及出版观，某种意义上其实不过是其理学世界观的外延而已。

（二）廖莹中与书籍编撰出版

廖莹中（约1200～1275年），字群玉，号药洲，邵武（今福建邵武）人。登科后成为贾似道的显要门客，尝除太府丞。堂号名"世綵堂"。《天禄琳琅书目》考廖氏世綵堂本《春秋经传集解》称："《中兴艺文志》载《世綵堂集》三卷，称政和中，廖刚曾祖母与祖母享年最高，皆及见五世孙。刚作堂名'世綵'以奉之，士大夫为作诗。"② 廖莹中以"世綵堂"名号出版了不少精美的书籍，"世綵堂"亦因此成为中国古代出版史上灿烂的品牌。

廖莹中是宋代著名编辑家、出版家，他为自己的刻书处起了一个丝绸一样绚丽而富有诗意的名字——"世綵堂"。世綵堂出版书籍中尤以《五经》、《韩愈文集》、《柳宗元文集》为世人传诵不已。

《持静斋书目》记载，《韩昌黎集》，"宋廖莹中世綵堂精刊本。相传刊书

① 〔宋〕朱熹撰：《朱子全书》（贰拾伍）之《学古》，第4923页，上海古籍出版社、安徽教育出版社，2002年版。

② 〔清〕于敏中等撰：《天禄琳琅书目》卷一《春秋经传集解》提要。《宋元明清书目题跋丛刊》（十七），第14页，中华书局，2006年版。

时用墨皆杂泥金香麝为之。此本为当时初印，字一律皆虞欧体，纸宝墨光，醉心悦目"①。这样的版本，简直就是一种奢侈的书籍艺术品了。

《宋元旧本书经眼录》记载："相传明东雅堂徐氏翻刻廖氏世綵堂《韩文》，一仍旧式而不著其所从来。今观此本，信然。每叶中缝下截，悉有'世綵堂'字，徐氏悉以东雅字易之。传目后有世綵廖氏刻之家塾篆字木印，徐氏各卷尾亦仿之。此初印本，纸墨精好，字体在欧、褚间，徐氏犹未能毕肖也。"② 可见，世綵堂所出《韩文》为一世典范，后人仿效如经。

《居易录》记载："《研北杂志》云：韩侂胄阅古堂图书，皆出向若水鉴定，此亦贾似道之廖莹中。"③ 可见，廖莹中实为贾似道的文化高参，集文化创作、编辑、出版、品鉴、经纪、策划、代笔种种角色与职能为一身，实为贾似道的"文胆"。廖莹中与贾似道的权力依附关系，可从他极力巴结贾氏，为贾氏祝寿填的一首《木兰花慢》中窥知，词中有"一时几多人物，只我公，双手护山川。……又扶红日中天。"④

廖氏是贾师宪尊贵的座上宾或忠诚的"养士"，《志雅堂杂钞》称其"登科为贾师宪之客"⑤。史称："吏抱文书就第署，大小朝政，一切决于馆客廖莹中、堂吏翁应龙，宰执充位署纸尾而已。"⑥《癸辛杂识》中有二条关于贾廖刻书及廖氏生平的珍贵史料，从中可见贾廖书籍出版的环境。

贾廖刊书

贾师宪常刻《奇奇集》，萃古人用兵以寡胜众如赤壁、淝水之类，盖自诧其援鄂之功也。又《全唐诗话》乃节唐《本事诗》中事耳。又自选《十三朝国史会要》。诸杂说之会者，如曾慥《类说》例，为百卷，名

---

① 〔清〕丁日昌撰，路子强、王雅新标点：《持静斋书目》卷四，第412页，上海古籍出版社，2008年版。

② 〔清〕莫友芝撰：《宋元旧本书经眼录》卷一《韩昌黎集》。贾贵荣、王冠辑：《宋元版书目题跋辑刊》（第一册），第280～281页，北京图书馆出版社，2003年版。

③ 〔清〕王士禛撰：《居易录》卷十七、卷二，文渊阁《四库全书》本。〔元〕陆友仁撰：《研北杂志》卷上，文渊阁《四库全书》本。

④ 〔宋〕周密撰，张茂鹏点校：《齐东野语》卷十二《贾相寿词》，第220页，中华书局，1983年版。

⑤ 〔宋〕周密撰，张茂鹏点校：《志雅堂杂抄》。〔明〕陶宗仪纂：《说郛》卷八，中国书店，1986年版。

⑥ 〔元〕脱脱等撰：《宋史》卷四百七十四，第13783页，中华书局，1977年版。

《悦生堂随抄》，板成未及印，其书遂不传。其所援引，多奇书。廖群玉诸书，则始《开景福华编》，备载江上之功，事虽夸而文可采。江子远、李祥父诸公皆有跋。《九经》本最佳，凡以数十种比较，百余人校正而后成，以抚州草抄纸、油烟墨印造，其装褫至以泥金为签，然或者惜其删落诸经注为可惜耳，反不若韩、柳文为精妙。又有《三礼节》、《左传节》、《诸史要略》及建宁所开《文选》诸书，其后又欲开手节《十三经注疏》，姚氏注《战国策》、《坡》诗，皆未及入梓，而国事毕矣。①

可见，廖莹中是一个博通经史子集的学人、编辑家与出版家，出版眼界开阔，选题不俗，志向比较高远。他非常重视书籍编印质量，《九经》一书以数十种版本比勘，百余人参与校正，精选纸墨，讲究装褫。至于所出《韩愈文集》、《柳宗元文集》，更属精妙之作。据记载，贾师宪所出书籍，主要也是由廖莹中亲自操持的。

廖氏对于石刻出版与雕版出版两种出版方式驾驭自如，各扬其长，相互发明，共同构建了其精彩的书籍出版篇章——个性化出版生态，两种出版方式你中有我，我中有你，融合为一。

贾廖碑帖

贾师宪以所藏定武五字不损肥本锲帖，命婺州王用和翻开，凡三岁而后成，丝发无遗，以北纸古墨摹拓，与世之定武本相乱。贾大喜，赏用和以勇爵，金帛称是。又缩为小字，刻之灵璧石，号"玉版兰亭"，其后传刻者至十余，然皆不逮此也。于是其客廖群玉以《淳化阁帖》、《绛州潘氏帖》二十卷，并以真本书丹入石，皆逼真。又刻《小字帖》十卷，则皆近世如卢方春所作《秋壑记》，王茂悦所作《家庙记》、《九歌》之类。又以所藏陈简斋、姜白石、任斯庵、卢柳南四家书为小帖，所谓《世綵堂小帖》者。世綵，廖氏堂名也。其石今不知存亡矣。②

《志雅堂杂抄》也有记载：

廖莹中群玉，号药洲，邵武人，登科为贾师宪平章之客，尝为太府

---

① 〔宋〕周密撰，吴企明点校：《癸辛杂识》，第84～85页，中华书局，1988年版。
② 〔宋〕周密撰，吴企明点校：《癸辛杂识》，第86页，中华书局，1988年版。

丞，知某州，皆以在翘馆不赴。咸淳间，尝命善工翻刻《淳化阁帖》十卷，《绛帖》二十卷，皆逼真，仍用北纸佳墨模拓，几与真本并行。又刻《小字帖》十卷。王樯所作《贾氏家庙记》，卢芳喜所作《秋壑九歌》。又刻陈简斋去非、姜尧章、任希夷、柳处南四家遗墨十三卷，皆精妙。先是，贾师宪用婺州碑工王用和翻刊《定武兰亭》，凡三年而后成，至赏之以勇爵，丝发无遗，恨几与定本相乱，又转为小字刻之灵璧石板，世綵堂盖其堂名也。①

贾师宪与廖莹中出版书籍配合默切。贾氏权势熏天，广有资财，雅好不浅；廖氏博学多才，勤于操持，雅好文事。这段记载表明，贾廖合作，运用雕印与石刻拓印二种出版方式出版了定武本《兰亭叙帖》、《淳化阁帖》，以及《绛州潘氏帖》、《小字帖》与《世綵堂小帖》。这是廖氏刻书中的又一笔杰出作品——宋代美术书籍——书法字帖出版的精彩一笔。

遗憾的是，一代出版家廖莹中亦因贾氏倒台而罹祸，服毒自杀。《癸辛杂识》中《廖莹中仰药》一条记载了他自杀的详情，反映了这位出版家非凡的政治人生。

> 贾师宪还岳之后，居家待罪，日不遑安。翘馆诸客悉已散去，独廖群玉莹中馆于贾府之别业，仍朝夕从不舍。乙亥七月一夕，与贾公痛饮终夕，悲歌雨泣，到五鼓方罢。廖归舍不复寝，命爱姬煎茶以进，自于笈中取冰脑一握服之。既而药力不应，而业已求死，又命姬曰："更欲得热酒一杯饮之。"姬复以金杯进酒，仍与笈中再取片脑数握服之。姬觉其异，急前救之，则脑酒已入喉中矣，仅落数片于衣袂间。姬于是垂泪相持，廖语之曰："汝勿用哭我，我从丞相，必有南行之命，我命亦恐不免。年老如此，岂复能自若？今得善死矣。吾平生无负于主，天地亦能鉴之也。"于是分付身后大概，言未既，九窍流血而毙。②

贾师道为廖莹中提供了十分优越的政治条件，二人文气相投，使他能够尽其才华，成为一代出版人杰。尽管廖莹中早已预感到贾氏"必有南行之

---

① 〔宋〕周密撰：《志雅堂杂抄》。〔明〕陶宗仪纂：《说郛》卷八，中国书店，1986年版。
② 〔宋〕周密撰，吴企明点校：《癸辛杂识》，第77页，中华书局，1988年版。

命"，自己"亦恐不免"，但他始终坚守"平生无负于主"的信念，终至以死相随。然而，这与其说是"无负于主"，倒不如说是无负于贾之相知，无负于一种文化理念。精彩的出版生涯与可耻的生命结局同样富有戏剧性。阴暗政治成就了他的书籍出版理想，又葬送了他的人生旅程及出版生涯。

廖莹中具有优越的物质生活条件从事书籍出版。《癸辛杂识》记载："廖药州湖边之宅，有世禄堂、在勤堂、懼斋、习说斋、光禄斋、观相庄、花香竹色、红紫庄、芳菲径、心太平、爱君子。门桃符题云：'喜有宽闲为小隐，粗将止足报明时。''直将云影天光里，便作柳边花下看。''桃花流水之曲，绿阴芳草之间。'二小亭"①。于此亦可见廖氏消闲唯美文化心态之一斑。

廖莹中的出版生涯是宋代文士生活理想的典型写照。从他告别世界的这一夕中，我们可以解读出十分丰富而深刻的历史内涵来。在这一夕中，文士的理想与命运、出版与权利的关系、出版的属性、出版的兴衰、出版主体的生活元素、出版主体的文化情怀、出版主体与家国的关系、出版者的最高境界及其下场……凡此种种，尽在其中。客观地讲，廖莹中是幸运的，因为他遇上了一位权势熏天的政治靠山，能够提供给他一个封建文士所需要的一切——物质条件、精神条件，以及文化上的高度相知，从而使他住有别业，吃有山珍，饮有金杯，读有其书，语有同调，编刻有资本，私人生活空间中有爱姬——以是成就了他的出版勋业。如果没有这些基本条件，我们很难设想历史上的廖莹中是一个什么样子的人！

廖氏刻书以其书籍之精美而流芳于世。一方面，后人以其所出书籍作为底本进行编辑出版，②如元初宜兴岳浚据廖氏世綵堂本《九经》校正重刻；一方面，其部分书籍流传至今。这二种方式，对于传播宋代文化及中华文明均起到了不朽的作用。特别是其《河东先生集》、《昌黎先生集》等精品，历代备受推崇，几乎成为宋代书籍完美的象征符号。

据丁瑜《至臻至美的"郇斋"藏书回归记》③一文记载，近代著名藏书家陈清华（1894～1978年，字澄中，湖南祁阳人，堂号"郇斋"）收藏有一

---

① 〔宋〕周密撰，吴企明点校：《癸辛杂识》别集下"药州园馆"，第287页，中华书局，1988年版。

② 张政烺：《读〈相台书塾刊正九经三传沿革例〉》，《张政烺文史论集》，中华书局，2004年版。

③ 丁瑜：《至臻至美的"郇斋"藏书回归记》，《艺术市场》，2004年第11期。

批珍贵的善本书籍，其中就有廖莹中所刻《河东先生集》、《昌黎先生集》，以及台州公使库所刻《荀子》及宋代四大类书之一《文苑英华》残帙等名品。在周恩来总理亲自领导下，时任文化部文物局局长郑振铎、国家文物局局长王冶秋委派著名版本目录学家赵万里先生于1955、1965年先后二次赴港抢购回稀世珍品《河东先生集》、《昌黎先生集》，以及北宋刻递修本《汉书》一百卷、宋蜀刻本唐人文集中之《李长吉文集》四卷、《许用晦文集》二卷、《孙可之文集》十卷。台州公使库刻本《荀子》。碑帖：宋拓《蜀石经》、《二体石经》、《东海庙残碑》、《佛教遗经》，宋拓残帙《大观帖》和《绛帖》，以及海内外闻名的五代拓本柳公权代表作《神策军碑》等。

丁文称："世綵堂"刻《河东先生集》、《昌黎先生集》传至今日，已成孤本，然而开卷犹光洁如新，墨若点漆，令人醉心悦目。《荀子》一书，前人曾定为北宋熙宁间国子监刻本，后经多方考证，确定为南宋初唐仲友知台州时公使库刻本。此书书品宽广、字大如钱，疏朗悦目，曾为孙朝肃、黄丕烈、汪士钟、韩应陛诸家收藏，陈氏幸得此书后，因定其室号为"郇斋"，不知何义。此书雕镂之精，不在北宋监本之下。

嘉德拍卖公司于1995年秋公开拍卖近年来从海外征获的陈清华"郇斋"遗留的部分藏书，拍卖会上惊现著名的宋代四大类书之一——"郇斋"旧藏宋版《文苑英华》十卷一册。这是一册历经800年仍保持宋刊、宋印、宋装的珍籍。卷内钤有宋、明两代官府印鉴，并附有近代著名藏书家傅沅叔跋文。然而此书最终却未能珠还合浦，回归故园，而是被一外商以143万元拍走，持归海外，令国人扼腕。

"世綵堂"刻书一如其主人廖氏之人生结局，至今仍不失其悲剧性。

（三）朱熹、廖莹中书籍出版比较

朱熹之书籍编撰出版是其理学生涯与事业的重要构成部分，是其理学世界中独具异彩的媒介篇章。甚至可以认为，书籍编撰出版本身即其理学内容。朱熹具有独立的出版品格，讲究出版内涵，主要成就在于理学书籍之出版，其出版精神及出版风范令万世景仰。朱熹以"理"为出版最高范畴，形成了自己的理学出版观，出版的崇高目的在于传播"圣学"。但是朱熹之出版具有严重的局限，即出版不全面，不注重理学以外书籍的全面出版。

　　廖莹中是权贵依附型出版家，书籍出版是廖氏政治生涯、文化生活世界中的重要构成部分，是贾廖权力关系的文化产品，某种意义上是权力机制运作的政治产品。他追求出版的唯美性，以"美"为出版最高理念，出版风格上极富艺术气质。他把书籍出版视为一种审美与艺术。所出书籍至今仍为举世公认的瑰宝。但是廖氏出版的依附性及艺术气质注定了其出版的脆弱性与悲剧性。

　　朱熹之出版，宛若出于污泥而不染之"莲花"，唯理唯贞。

　　廖莹中之出版，宛若政治权力泥淖中之"恶之花"，唯罪唯美。①

　　朱熹（1130~1200年）与廖莹中（约1200~1275年）均生活在南宋时期，同为福建人，进士出身，代表了南宋时期士人文化及出版的最高成就，形成了士人出版的两大风格流派，显示了士人出版生态与风格的多样性。

三、书坊书籍出版体制

　　宋代书坊出版十分发达，遍及全国。尤其是北宋京城汴梁、南宋京城临安，书坊集中，城中专门设置了书坊的地理空间。书坊出版的技术基础是雕版印刷技术普及，政策基础是国家对民间出版的自由宽容，文化基础主要是国家倡导文治而形成的统一文化环境，教育基础是科举制导致的全国教育体系及其共同价值，社会基础是宋代城市的发展，经济基础是宋代手工业经济的专门化。

　　民间资本是宋代书坊出版的金融轴心。所谓书坊出版，即以民间资本从事的书籍生产经营手工业出版方式。书坊出版在宋代之所以成为一个独立而普遍的手工业生产领域，金融上主要是民间资本发展并运营的结果。

　　宋代书坊出版的基本模式是：书籍生产与销售一体化，从书籍选题的确定至对销售信息反馈的评估，从投资、预算、成本、销售预期至价格制定、利润核算一体化，即全部由书坊主人全权定夺并承担一切责任和风险。书坊主人对其书籍生产经营拥有自主权，对所需工人一般实行雇佣劳动制度。书

---

　　①　"莲花"一词，比喻朱熹出版的选题、主题、内容及种类比较纯粹，即主要出版理学著作（或新儒家著作），而此喻又直接出自周敦颐寓意深刻、脍炙人口之美文《爱莲说》。"恶之花"一词，比喻廖莹中依附大奸臣贾似道而从事出版的灿烂成就，以与"莲花"一词相对应，而此喻直接借自法国著名诗人波德莱尔之代表作《恶之花》。"莲花"与"恶之花"早已成为人类共同的文化象征符号。

坊主人一般是集投资者、生产经营者、创作者、编辑、雇主乃至工匠等多重身份于一身的手工业主。书坊具有明显的中古家庭（家族）手工业经营色彩。

书坊生产构成了宋代书籍生产的主要生产力。宋代书籍生产总量中占有最大百分比的产量无疑是来自书坊生产。书坊生产主要面向社会一般读者阶层，因而其读者面是十分广泛的。以往学者对书坊生产颇有微词，即批评书坊的书籍产品质量问题，这种批评固然是有道理的，但这种批评同时也长期掩盖了对书坊生产的全面评价。其实，宋代书坊生产在生产总量、选题普及性、出书种类、编辑加工、版式创新、汉字简化、发行推广、知识普及等方面均作出了绝对不容低估的贡献。一言以蔽之，宋代书坊生产是宋代社会文化生产——知识生产——意义生产——精神生产的重要的书籍生产方式，其对于构建宋代社会的意义世界影响至大至深。至于书坊生产对于宋代社会生产与生活方面的实用之功，自然更无需多言。

魏了翁称："自唐末五季以来始为印书，极于近世，而闽、浙、庸蜀之锓梓遍天下。"[1] 绍兴二十五年（1155 年）三月，高宗称"福建、四川多印私书"[2]。元代理学家吴澄亦称："宋三百年间锓板成市，布满天下"[3]。

著名印刷史学家钱存训先生在为英国李约瑟博士《中国科学技术史》所撰《中国纸和印刷文化史》中反复使用了"书坊汇集之地"、"书肆"、"书坊林立"、"大量书肆"、"书坊的集中地"、"书坊与印书业的中心"、"许多私家书铺"、"许多书肆"等词语，并指出书坊"所印书籍，题材范围极广，包括经籍、史书、诗词、文集以及医药等方面的书籍"[4]。

显然，宋代书坊出版之功无论是在技术层面还是在内容层面均是不容质疑的。

此据《书林清话》[5] 考证，将已知明清书目著录中宋代书坊刻书列表如下，由此可窥宋代书坊出版全豹之一斑。

① 〔宋〕魏了翁撰：《鹤山集》卷四十一《成都府朝真观记》，文渊阁《四库全书》本。

② 〔宋〕李心传撰：《建炎以来系年要录》卷一百六十八高宗绍兴二十五年三月戊辰，第 5368 页，台北：文海出版社，1980 年版。

③ 〔元〕吴澄撰：《吴文正集》卷三十四《赠鬻书人杨良甫序》，文渊阁《四库全书》本。

④ 〔美〕钱存训著，郑如斯编订：《中国纸和印刷文化史》，第 143～147 页，广西师范大学出版社，2004 年版。

⑤ 叶德辉著：《书林清话》卷三，第 85～88 页，中华书局，1957 年版。表后"秦中"、"晋中"二者原文如此，但不在其时宋朝版图之内。

表3－3　宋代坊肆书籍出版一览表

地区	作者	书名	卷数	刻书单位	时间
闽中	〔宋〕曾慥 编撰	《类说》	五十卷	建阳麻沙书坊	绍兴庚申 十年（1140 年）
	〔宋〕江少虞 撰	《新雕皇宋 事实类苑》	七十八卷	建阳麻沙书坊	绍兴癸酉 二十三年（1153 年）
	〔战国〕韩非 撰	《韩非子》	二十卷	建宁府黄三八郎书铺	乾道改元（1165 年）
	〔宋〕陈彭年、丘 雍 编修	《巨宋重修广韵》	五卷	建宁府黄三八郎书铺	乾道己丑（1169 年）
	〔西晋〕杜预 集解	《春秋经传集解》	三十卷	闽山阮仲猷种德堂	淳熙柔兆涒滩， 三年丙申（1176 年）
	〔东汉〕班固 撰	《汉书》	一百二十卷	建宁书铺蔡琪纯父子一 经堂	嘉定元年（1208 年）
	〔南朝宋〕范 晔 撰	《后汉书》	一百二十卷	建宁书铺蔡琪纯父子一 经堂	嘉定元年（1208 年）
	〔宋〕朱熹 撰	《资治通鉴纲目》	五十九卷	武夷詹光祖月厓书堂	淳祐中（1241～1252 年）
	〔西汉〕扬雄 撰 〔唐〕李轨、柳宗 元 注 〔宋〕宋 咸、吴秘、司马光 添注	《新纂门目五臣 音注扬子法言》	十卷	崇川余氏	
	〔汉〕贾谊 撰	《贾谊新书》	十卷	建宁府陈八郎书铺	
	〔宋〕虞祖南、虞 夔 编评	《二十先生回澜 文鉴》十五卷、 《后集》八卷	二十三卷	建安江仲达群玉堂	
	〔宋〕杨倓 编纂	《杨氏家传方》	二十卷	闽山阮仲猷种德堂	
	〔宋〕李焘 撰	《说文解字韵谱》	五卷	闽山阮仲猷种德堂	淳熙丙辰三年。淳熙 无丙辰。叶氏谓"盖延 祐三年（1316 年）椠 本"

续表

地区	作者	书名	卷数	刻书单位	时间
浙中	〔宋〕朱肱 撰	《南阳活人书》	十八卷	杭州大隐坊	政和八年（1118 年）
	〔宋〕宋伯仁著、绘	《梅花喜神谱》	二卷	金华双桂堂	景定二年（1261 年）
	〔宋〕魏天应 编	《论学绳尺》	十卷	建阳麻沙书坊	
	〔宋〕程颐等编纂	《十先生奥论》	四十卷	建阳麻沙书坊	
	〔宋〕史温 撰	《钓矶立谈》	一卷	临安府太庙前尹家书籍铺	
	〔宋〕王辟之 撰	《渑水燕谈录》	十卷	临安府太庙前尹家书籍铺	
	〔唐〕段公路 撰	《北户录》	三卷	临安府太庙前尹家书籍铺	
	〔宋〕黄休复 撰	《茅亭客话》	十卷	临安府太庙前尹家书籍铺	
	〔宋〕徐度 撰	《却扫编》	三卷	临安府太庙前尹家书籍铺	
	〔唐〕李复言 撰	《续幽怪录》	四卷	临安府太庙前尹家书籍铺	
	〔宋〕朱弁 撰	《曲洧旧闻》	十卷	临安府太庙前尹家书籍铺	
	〔南朝梁〕任昉 撰	《述异记》	二卷	临安府太庙前尹家书籍铺	
	〔唐〕寒山、拾得 撰	《寒山拾得诗》	一卷	杭州钱唐门里车桥南大街郭宅口铺	
	〔唐〕罗隐 撰	《甲乙集》	十卷	临安府金氏	
江西	〔宋〕陈承、裴宗元、陈师文撰，许洪增广	《增广太平惠民和剂局方》	十卷	临江府新喻吾氏	无元号丁未
蜀中	〔战国〕庄子撰〔宋〕王雱注	《南华真经注》二十卷、附《拾遗》一卷	二十一卷	西蜀崔氏书肆	
	〔宋〕程俱撰	《班左海蒙》	三卷	南剑州雕匠叶昌	绍兴三十一年（1161年）
秦中	〔宋〕佚名编选	《国朝二百家名贤文粹》	一百九十七卷	咸阳书隐斋	庆元三年（1197 年）
晋中	〔宋〕司马光 撰	《温公书仪》	十卷	葛氏传棪书堂	绍兴三年（1133 年）
	〔宋〕郭坦 撰	《十便良方》	四十卷	汾阳博济堂	庆元元年（1195 年）
	〔宋〕佚名 编	《新增词林要韵》	一卷	菉斐轩	

叶氏评价坊刻书籍质量云："其刻本之流传至今，虽为人鉴赏，然雕镂不如官刻之精，校勘不如家塾之审，收藏家若概以甲本推之，抑亦未免爱无差

等矣。"①

宋代书坊，以地区而论，主要集中在江浙地区、福建地区、四川地区。以城市而论，主要集中在前后两京汴梁、临安及成都、眉山、福州、建阳等地。一般而言，可谓遍布全国，延及辽国、金国与西夏国。

宋代300余年间，书坊究竟有多少个，书坊生产的图书究竟有多少种，总产量有多大，这些数字现已不可得知，但可以肯定地指出，宋代书坊生产的图书种类（品种）及其产量，一定是宋代诸图书生产方式中最大的。这种生产状况，还可由以下史料推知一斑。

1. 欧阳修至和二年（1055年）《论雕印文字札子》。这虽然是一道建议皇上对书坊出版严加管制的札子，但是从中不难看出至少是汴京地区"书铺"出版的繁盛。

> 臣伏见朝廷累有指挥禁止雕印文字，非不严切，而近日雕版尤多，盖为不曾条约书铺贩卖之人。臣窃见京城近有雕印文集二十卷，名为《宋文》者，多是当今论议时政之言。其首篇是富弼往年让官表，其间陈北虏事宜甚多，详其语言，不可流布。而雕印之人不知事体，窃恐流布渐广，传入虏中，大于朝廷不便。及更有其余文字，非后学所须，或不足为人师法者，并在编集，有误学徒。臣今欲乞明降指挥下开封府，访求板本焚毁，及止绝书铺，今后如有不经官司详定，妄行雕印文集，并不得货卖。许书铺及诸色人陈告，支与赏钱贰百贯文，以犯事人家财充。其雕板及货卖之人并行严断，所贵可以止绝者。取进止。②

2. 书坊出版范围极广。除出版经史子集、科举考试、民间日用等书籍外，还出版具有政治敏感性的"特殊"作品。如《建炎以来系年要录》记载，南华县小吏李宗"得都城所印卖邦昌僭号文、金人伪诏、邦昌伪赦文"③。《三朝北盟会编》也有同样记载，称李宗得到"京城印卖推戴权立邦昌文字一纸、

---

① 叶德辉著：《书林清话》卷三，第88页，中华书局，1957年版。

② 〔宋〕欧阳修撰，李逸安点校：《欧阳修全集》卷一百八《论雕印文字札子》，第1637～1638页，中华书局，2001年版。

③ 〔宋〕李心传撰：《建炎以来系年要录》卷三高宗建炎元年二月丁巳，第197页，台北：文海出版社，1980年版。

虏人伪诏一纸、邦昌榜示赦文一纸、邦昌迎立孟太后书一纸"①。《三朝北盟会编》记载了京师书肆印卖伪赦书一事，称元祐皇后未垂帘听政以前，"京师尝有书肆赦诸路，继虽收回，仍禁止在城藏本，然印卖传播于外者，不啻数千百本"②。国难当头，一些京城书肆竟然大量编造印卖伪赦书等，这从一个侧面反映了京师书商政治敏感、惟利是图及出版经营的活跃。

3. 《抱朴子内篇》。该书卷二十末牌记："旧日东京大相国寺东荣六郎家，见寄居临安府中瓦南街东，开印输经史书籍铺。今将京师旧本《抱朴子内篇》校正刊行的无一字差讹，请四方收书好事君子幸赐藻鉴。绍兴壬申岁六月旦日。"③ 这条牌记极富价值，包含了丰富的书坊出版信息。它表明，北宋时汴京大相国寺附近是书坊出版的聚集地，南宋时临安府中瓦街也是一个书坊出版的聚集地。荣六郎家旧日在汴京大相国寺东经营书坊，北宋亡国后，迁徙到临安府中瓦南街重操旧业，所刻《抱朴子》依据的也是东京时旧刻本。一个普通的书坊，从汴京至临安，不仅见证了宋代的历史变换，更为重要者，是它坚持书籍出版的本业没变。这条牌记——荣六郎家书籍铺的变迁，活生生地为我们勾勒出了一条宋代书坊出版的文化传播线路图，其中隐约透露着北宋亡国之痛，也明确折射出了文化传播的客观规律。

从这条牌记可以看出，一个普通书坊——荣六郎家书籍铺——整个宋代书坊的一个典型或一个缩影，是如何在历史的家国巨变中屹立不倒，发挥了书坊出版的伟大作用。

4. 建阳为全国书坊重镇。叶梦得谓"福建本几遍天下"。④ 刘克庄称麻沙、崇化"两坊坟籍大备，比屋弦诵"⑤。朱熹道"建阳版本书籍行四方者，无远不至"⑥。祝穆称"建阳麻沙、崇化两坊产书，号图书之府"⑦。熊禾道：

① 〔宋〕徐梦莘撰：《三朝北盟会编》卷八十九，第 662 页，上海古籍出版社，2008 年版。
② 〔宋〕徐梦莘撰：《三朝北盟会编》卷九十五，第 701 页，上海古籍出版社，2008 年版。
③ 林申清编著：《宋元书刻牌记图录》，第 53 页书影，北京图书馆出版社，1999 年版。
④ 〔宋〕叶梦得撰，宇文绍奕考异，侯忠义点校：《石林燕语》卷八，第 116 页，中华书局，1984 年版。
⑤ 〔宋〕刘克庄撰：《后村先生大全集》（第五册）卷八十九《建阳县厅续题名》，第 2310 页，四川大学出版社，2008 年版。
⑥ 〔宋〕朱熹撰：《朱子全书》（贰拾肆）《建宁府建阳县学藏书记》，第 3745 页，上海古籍出版社、安徽教育出版社，2002 年版。
⑦ 〔宋〕祝穆撰：《方舆胜览》卷十一《福建转运提举置司》，文渊阁《四库全书》本。

"书籍日本高丽通"、"万里车书通上国。""四书六籍而下之文，靡所不备。"①
这些记载表明，福建建阳县麻沙、崇化两镇书坊所出书籍，其种类靡所不备，
十分广泛，销售上则通往全国四面八方，无远不至，甚至漂洋过海，出口到
日本、高丽。

今存世者如《新雕石林先生尚书传》，牌记："东阳魏十三郎书铺　绍兴
己卯仲夏刊行"②。《搜神秘览》，牌记："临安府太庙前尹家书籍铺刊行"。③
《童溪王先生易传》，牌记："建安刘日新宅锓梓于三桂堂"④。可知书坊出版
书籍之丰富。

坊刻书籍之编辑出版生态。如：1.《诸儒鸣道集》七十二卷。牌记："越
有《诸儒鸣道集》最佳，年久板腐字漫，摹观者病之，乃命工剟蠹填梓，随
行旧本锓足其文，今整楷焉。旹端平二禩八月吉日郡守闽川黄壮猷书。"⑤
2.《活人事证药方》二十卷。后记："余幼习儒医，长游海外，凡用药救人取
效者及秘传妙方，随手抄录，集成部帙，分为门类，计二十余卷，每方各有
事件引证，皆可取信于人。并系已经试验之方。为诸方之祖，不私于己，以
广其传，庶使此方以活天下也。桃谿居士刘信甫编"⑥。

宋朝坊刻一方面是自由的，即书坊拥有出版的自主权；另方面总是带有
"非法"乃至"违法"出版的本性。因此，宋朝政府对坊刻这种民间出版方
式多次颁布政令、法规及文件，进行管理乃至惩治。史籍屡有记载。

元祐五年（1090年）七月二十五日，礼部言："凡议时政得失、边事军
机文字，不得写录传布。本朝会要、实录，不得雕印。违者徒两年。告者赏
缗钱十万。内国史实录，仍不得传写。即其他书籍，欲雕印者，选官详定，
有益于学者方许雕板。候印讫，送秘书省。如详定不当，取勘施行。诸戏亵
之文不得雕印。违者杖一百。委州县监司、国子监觉察。从之。"⑦ 崇宁二年
（1103年）三月十三日诏："访闻房中多收蓄本朝见行印卖文集书册之类，其

---

① 〔宋〕熊禾撰：《勿轩集》卷四《书坊同文书院上梁文》，文渊阁《四库全书》本。
② 严绍璗编著：《日藏汉籍善本书录》（上册），第87页书影，中华书局，2007年版。
③ 严绍璗编著：《日藏汉籍善本书录》（上册），第104页书影，中华书局，2007年版。
④ 中国国家图书馆、中国国家古籍保护中心编：《第一批国家珍贵古籍名录图录》（第一册），
第266页书影，国家图书馆出版社，2008年版。
⑤ 傅增湘撰：《藏园群书经眼录》卷七《诸儒鸣道集》，第557页，中华书局，1983年版。
⑥ 傅增湘撰：《藏园群书经眼录》卷七《诸儒鸣道集》，第591页，中华书局，1983年版。
⑦ 〔清〕徐松辑：《宋会要辑稿》刑法二之三八，第6514页，中华书局，1957年版。

间不无夹带论议边防、兵机、夷狄之事，深属未便。其雕印书铺，昨降指挥，令所属看验，无违碍，然后印行。可检举行下，仍修立不经看验校定文书，擅行印卖，告捕条禁颁降其沿边州军，仍严行禁止，应贩卖藏匿出界者，并依铜钱法出界罪赏施行。"① 大观二年（1108 年）七月二十五日，提举淮南西路学事苏棫札子："诸子百家之学非无所长，但以不纯先王之道，故禁止之。今之学者，程文短晷之下，未容无忤，而鬻书之人急于锥刀之利，高立标目，镂板夸新，传之四方，往往晚进小生以为时之所尚，争售编诵，以备文场剽窃之用，不复深究义理之归，忌本尚华，去道逾远，欲乞今后一取圣裁，傥有可传为学者式，愿降旨付国子监并诸路学事司镂板颁行，余悉断绝禁弃，不得擅自买卖收藏。从之。"② 绍兴十五年（1145 年）十二月十七日，太学正孙仲鳌言："诸州民间书坊收拾诡僻之辞，托名前辈，辄自刊行。虽屡降指挥禁遏，尚犹未革。欲申严条制，自今民间书坊刊行文籍，先经所属看详，又委教官讨论，择其可者许之镂板。从之。"③ 绍兴十七年（1147 年）六月十九日，左修职郎赵公传言："近年以来，诸路书坊将曲学邪说不中程之文，擅自印行，以瞽聋学者，其为害大矣！望委逐路运司差官讨论，将见在板本不系六经子史之中而又是非颇缪于圣人者，日下除毁。从之。"④ 绍兴二十五年（1155 年），蔡宙言："乃者监司郡守妄取诡世不经之说，轻费官帑，近因臣僚论列，已正其罪，重加窜责矣。臣愚窃谓，全蜀数道，素远朝廷，岂无诡世不经之书以惑民听？欲申严法禁，非国子监旧行书籍，不得辄擅镂板，如州郡有欲创新刊行文字，即先缴纳副本看详，方行开印，庶几异端可去，邪说不作。"上曰："如福建、四川多印私书，俱合禁止，可令礼部措置行下。"⑤ 淳熙七年（1180 年）五月"己卯，申饬书坊擅刻书籍之禁"。⑥ 绍熙四年（1193 年）六月十九日，臣僚言："朝廷大臣之奏议、台谏之章疏、内外之封事、士子之程文、机谋密划，不可漏泄。今乃传播街市，书坊刊行，

---

① 〔清〕徐松辑：《宋会要辑稿》刑法二之四七，第 6519 页，中华书局，1957 年版。

② 〔清〕徐松辑：《宋会要辑稿》刑法二之四八，第 6519 页，中华书局，1957 年版。

③ 〔清〕徐松辑：《宋会要辑稿》刑法二之一五一，第 6571 页，中华书局，1957 年版。

④ 〔清〕徐松辑：《宋会要辑稿》刑法二之一五一，第 6571 页，中华书局，1957 年版。

⑤ 〔宋〕李心传撰：《建炎以来系年要录》卷一百六十八高宗绍兴二十五年三月戊辰，第 5368 页，台北：文海出版社，1980 年版。上引孙仲鳌、蔡宙等人言论，又见李心传《道命录》卷四，第 133～134 页，台北：文海出版社，1981 年版。

⑥ 〔元〕脱脱等撰：《宋史》卷三十五《孝宗本纪三》，第 672 页，中华书局，1977 年版。

流布四远，事属未便。乞严切禁止。诏四川制司行下所属州军并仰临安府、婺州、建宁府，照见年条法指挥，严行禁止。其书坊见刊板及已印者，并日下追取，当官焚毁。具已焚毁名件，申枢密院。今后雕印文书，须经本州委官看定，然后刊行，仍委各州通判专切觉察，如或违戾，取旨责罚。"①

　　这一系列政府禁令主要针对书坊出版而言，可见书坊出版语言与政府出版语言冲突之甚。政府之禁令同书坊出版之利润原则形成对抗，一定程度上阻碍了雕版印刷技术生产力的充分发展。不过，政府之禁令其实收效非常有限。

四、书坊出版之个案研究

（一）陈起与书籍编撰出版

　　陈起（约 1187～1257 年），字宗之，号芸居，又称陈道人、陈学士、陈解元。南宋著名编辑家与出版家，著有《芸居乙稿》等书。宋陈思编刻《两宋名贤小集》②载："陈起，字宗之，钱唐人。宁宗时乡贡第一，时称陈解元。事母至孝，开书肆于临安，鬻书以奉母。时史弥远当国，起有诗云'秋雨梧桐皇子府，春风杨柳相公桥'，哀济邸而诮弥远也。宝庆初，李知孝为言官，见之弹事，一时江湖之士同获罪者六人，而起坐流配焉，寻诏禁士大夫作诗。弥远死，禁始解，其诗有《芸居乙稿》一卷。"③

　　方回《瀛奎律髓》中对陈起出版事业及江湖诗案记载较为完整。

　　　陈起字宗之，睦亲坊卖书开肆。予丁未至行在所，至辛亥年凡五年，

---

　　①　〔清〕徐松辑：《宋会要辑稿》刑法二之一二五，第 6558 页，中华书局，1957 年版。

　　②　魏了翁称："予无他嗜，惟书癖殆不可医。临安鬻书人陈思多为予收揽散逸，扣其书颠末，辄对如响。一日，以其所梓《圣宋群贤小集》见寄，且求一言，盖屡却而请不已，发而际之，珠玉琳琅，粲然在目。呜呼，贾人窥于世而善其事若此，可以为士而不如乎，抚卷太息，书而归之。绍定三年夏四月鹤山魏了翁。"《两宋名贤小集原序》，《四库全书总目提要》集部总集类，文渊阁《四库全书》本。

　　③　〔宋〕陈思编，〔元〕陈世隆补：《两宋名贤小集》卷三百四十八《芸居乙稿》，文渊阁《四库全书》本。

犹识其人，且识其子。今近四十年，肆毁人亡，不可见矣。①

　　当宝庆初，史弥远废立之际，钱塘书肆陈起宗之能诗，凡"江湖"诗人皆与之善。宗之刊《江湖集》以售，《南岳稿》与焉。宗之赋诗有云："秋雨梧桐皇子府，春风杨柳相公桥。"哀济邸而诮弥远，本改刘屏山句也。敦朏菴器之为太学生时，以诗痛赵忠定丞相之死，韩侂胄下吏逮捕，亡命。韩败，乃始登第，致仕而老矣。或嫁"秋雨"、"春风"之句为器之所作，言者并潜夫《梅》诗论列，劈《江湖集》板，二人皆坐罪。初弥远议下大理逮治，郑丞相清之在琐闼，白弥远中辍，而宗之坐流配。于是诏禁士大夫作诗，如孙花翁、惟信、季蕃之徒，寓在所，改业为长短句。绍定癸巳，弥远死，诗禁解，潜夫为《病后访梅》九绝句云："梦得因桃却左迁，长源为柳忤当权。幸然不识桃并柳，却被梅花累十年。"又云："一言半句致魁台，前有沂公后简斋。自是君诗无警策，梅花穷杀几人来。"又云："春信分明到草庐，呼儿沽酒买溪鱼。从前弄月嘲风罪，即日金鸡已赦除。"时潜夫废闲恰十年矣。②

　　这二段互补互证的记载，其深层结构十分复杂。一位优秀的民间出版家，居然引出了一件著名的媒介政治事件。宋朝统治阶级对书媒给予了一定的自由权利，这是无可否认的，但绝不是给予了书媒全部的权利。一旦书媒触动统治者切身利益（尤其是政治利益）时，统治者就会利用专制主义政权对书媒予以"封杀"，对出版者、卖书者及作者予以判刑。因此，宋代书媒权利尽管已经成为社会中非常重要的新兴媒介权利，但是也面临着专制主义制度及其权力的绝对限制与封杀。

　　《四朝闻见录》中的一条记载对于确认陈起的"士人"身份、江湖诗案的具体出版原因及陈起陷案的复杂政治背景诸问题具有重要价值。

　　　庆元初，韩侂胄既逐赵忠定，太学诸生敦陶孙赋诗于三元楼云："左手旋乾右转坤，如何群小恣流言（又曰群小相煽动谣言）。狼胡无地居

① 〔元〕方回选评，李庆甲集评点校：《瀛奎律髓汇评》卷四十二之《赠卖书陈秀才》，第1503页，上海古籍出版社，2005年版。方回生于南宋宝庆三年（1227年），则认识陈氏父子为21～25岁，记载当可信。

② 〔元〕方回选评，李庆甲集评点校：《瀛奎律髓汇评》卷二十，第843～844页，上海古籍出版社，2005年版。

（一作归）姬旦，鱼腹终天吊（一作葬）屈原。一死固知公所欠，孤忠
幸有史长存。九原若遇韩忠献，休说如今有末孙（又曰休说渠家末世
孙）。"陶孙方书于楼之木壁，酒一再行，壁已不复存。陶孙知诗必已为
韩所廉，则捕者必至，急更行酒者衣，持煖酒具下。捕者与交臂，问以
"敖上舍在否？"敖对以"若问太学秀才耶？饮方酣。"陶孙即亡命归走
闽。捕者入闽，逮之入都。至都，以书祈哀于韩，谓诗非己作，韩笑而
命有司复其贯。陶孙旋中乙丑第，由此得诗名，《江湖集》中诗最多。予
尝以其卷示杜忠可，杜谓典实，其诗率多效陆务观用事，终不肯效唐风。
初识南岳刘克庄，得其诗卷曰："所欠典实尔。"《南岳集》中诗率用事，
盖取其说。后得南岳刻诗于士人陈宗之，喜而于宗之曰："且喜潜夫克庄
字已成正觉。"陶孙字器之，号癯翁，福唐人。①

陈起显然属于当时反对史（弥远）党的一方，这成为"江湖诗案"主犯
之一的基本原因。至于编辑出版敖陶孙、刘克庄犯韩诗作，乃是陈起基本政
治立场与政治倾向支配的具体结果与原因。因此，"江湖诗案"不独是一起单
独的"文字狱"，一起单纯的出版案件，而是韩党与史党主政时期南宋政治文
化的一个标志性重大案件。

陈起书籍铺位于都城临安府棚北大街睦亲坊御街西北，面临官河。棚
北大街睦亲坊乃书坊林立的出版重地。叶德辉对其所处地理位置考之
甚详。

大抵临安府棚北大街睦亲坊陈宅书籍铺，为陈起父子所开。……睦
亲坊在御街西首……陈宅书铺在御街西北，故其刻书印记称"睦亲坊
南"。赵师秀赠诗云"门对官河水"，叶绍翁赠诗云"官河深水绿悠悠"，
盖即施《志》之所谓西河，南至旱河头直北至众安桥止者也。潜《志·
京城图》睦亲坊与近民坊平列，中隔御街，御街之对面即戒民坊一带，
戒民坊一带之后即御河。河有棚桥，故此一带街巷皆以棚名，其街甚长，
故分南棚、中棚两巷，尾至棚北大街。……其时宗学多立如此，故近处

① 〔宋〕叶绍翁撰，沈锡麟、冯惠民点校：《四朝闻见录》丙集，第 96～97 页，中华书局，
1989 年版。

多书坊，而陈姓尤盛。①

陈起书籍铺所在的官河——棚街区域非常繁华，其地理位置之优越一望便知。书坊荟萃于此绝不是偶然的！这一带不仅景色优美，交通便利，而且人口集中，又是宗学所在，热闹非凡而又管理有序。这么一个集地理环境、人文环境、社会环境、交通环境、历史环境诸美于一地的位置，自然就成为了书坊出版的一个中心——一个文化传播的中心。

刘克庄《赠陈起》②：

> 陈侯生长纷华地，却似芸居自沐薰。
>
> 炼句岂非林处士，鬻书莫是穆参军。
>
> 雨檐兀坐忘春去，雪案清谈至夜分。
>
> 何日我闲君闭肆，扁舟同泛北山云。

此诗对陈起的精神风貌可谓一个极妙的艺术写照。陈起生活在繁华的临安城，所开书铺亦处喧嚣之区。他吟风弄月，藏书丰富，伤时怀春，雪夜清淡，诗友往还，风流雅致，非同一般。诗中的陈起，完全是一个文人雅士的形象。

陈起主要出版唐宋诗文集，特别是当时怀才不遇而落魄江湖的文人诗文集——结成《江湖集》、《江湖续集》，不仅保存了大量唐宋诗文，而且也保存了当时落魄文人的诗文，并由此形成了一个诗派——江湖诗派。只此两端，即足以彪炳史册。他在宋代乃至中国整个出版史上的卓越地位，亦由此得以树立。他在中国文化的传播上作了杰出的贡献。陈起已不再只是一个书坊主的名字，而是一个中国出版史及文化传播的历史符号。陈起的儿子续芸，虽然没有取得功名，但是子承父业，同陈起一道儿，共同将这个著名的文人式家庭书坊——南宋临安府睦亲坊棚北大街陈宅书籍铺的文化出版事业经营了40 多年，书写了中国文化出版史上绚丽的一笔。

陈起是书坊出版中高品位的代表。与一般书坊的品位不同，他是一位有

---

① 叶德辉著：《书林清话》卷二《南宋临安陈氏刻书之一》，第 47 ~ 56 页，中华书局，1957 年版。

② 〔宋〕刘克庄撰，王蓉贵、向以鲜校点，刁忠民审订：《后村先生大全集》卷七《赠陈起》，第210 页，四川大学出版社，2008 年版。

一定科名、文化品位与文人理想及才情的在野知识分子型出版家。陈起同当时的落魄文人关系甚好，诗酒往还，既是书坊主与作者的关系，也是文友关系。刘克庄、郑斯立、黄佑甫、杜耒、周文璞、许棐、俞桂、徐从善、周端臣、朱继芳、黄文雷、危稹、吴文英、释庭芳等数十人皆是陈起家中的座上宾，互有酬唱，交谊至深。陈起在江湖诗人群体中具有"意见领袖"地位。应当指出的是，这是一种媒介传播的"权力"地位。

陈起其实生活在一个文人群落之中。这一群落即是他所处的文化生态环境。他不仅是一个一般意义上的书坊主，更是一个此一文人群落的出版代理人或书坊主。在这一特定的文化群落中，存在着文化传播的组织行为——许多时候是以人际交流——人际传播的方式进行。然而，作为一个文人群落，其集体对外实现文化传播的方式，则是由出版家陈起来完成的，这也正是一系列江湖诗人作品结集问世并得到后人承认，乃至形成"江湖诗派"的传播学上的真正原因。应该讲，陈起本人的第一社会身份首先是"江湖诗派"中的一员，是一名"江湖诗人"，然后才是一位属于"江湖诗人"群落的编辑家与出版家。因此，陈起的出版行为并不是孤立的、个体性的，其实是群落性的。他的出版，其实是整个"江湖诗人"群落的出版——包含了这个群落中所有其他成员的文化因素、文化意志、想象与意义、才情与学识乃至编辑出版方面的主要意义。

时人记录并称颂陈起的诗句如"门对官河水，檐依柳树阴"①、"官河深水绿悠悠，门外梧桐数叶秋"②、"炼句岂非林处士，鬻书莫是穆参军"③、"心雕鬓改，镂冰刻水"④、"兀坐书林自切磋，阅人应似阅书多"⑤、"买书人散桐阴晚"⑥、"君有新刊须寄我"⑦、"随车尚有书千卷，拟向君家买却归"⑧、"案

①　〔宋〕赵师秀撰：《赠卖书陈秀才》。〔元〕方回选评，李庆甲集评点校：《瀛奎律髓》卷四十二，第1503页，上海古籍出版社，2005版。

②　〔宋〕叶绍翁撰：《赠陈宗之》。〔宋〕陈起编：《江湖小集》卷十，文渊阁《四库全书》本。

③　〔宋〕刘克庄撰，王蓉贵、向以鲜校点，刁忠民审订：《后村先生大全集》卷七《赠陈起》，第210页，四川大学出版社，2008年版。

④　〔宋〕吴文英：《梦窗丙稿》卷三《丹凤吟·赋陈宗之芸居楼》，文渊阁《四库全书》本。

⑤　〔宋〕危稹撰：《巽斋小集》之《赠书肆陈解元》。〔宋〕陈起编：《江湖小集》卷六十，文渊阁《四库全书》本。

⑥　〔宋〕许棐撰：《梅屋集》卷一之《赠陈宗之》，文渊阁《四库全书》本。

⑦　〔宋〕许棐撰：《梅屋集》卷四之《陈宗之叠寄书籍小诗为谢》，文渊阁《四库全书》本。

⑧　〔宋〕叶绍翁撰：《赠陈宗之》。〔宋〕陈起编：《江湖小集》卷十，文渊阁《四库全书》本。

上书堆满，多应借得归"①、"读书博诗趣，鬻书奉亲欢"②、"数说君家书满床"、"成卷好诗人借看"③、"收价清于卖卜钱"④、"赊书不问金"⑤、"诗刊欲遍唐"⑥、"如此相知更有谁"⑦ 等句，充分表明陈起以一个读书、收书、藏书、校书、刊书、卖书的文士型出版家之一时交往之盛！他的这个交际圈，已经远远超出了一般坊主或书贾的生意圈，事实上已经成为了一个以"书"为媒介的文化生活圈。陈起的人品与文品已远远超越了一般书坊主孜孜钻营的"射利"心地。

陈起的文人出版家品格，还特别表现在他"收价清于卖卜钱"的售书策略上。对于相交的文人雅士，他可能只收书籍成本，而把传播文化及友情放在首位，不惟利润是图，这与一般专以"射利"为宗的书坊自是不同。陈起的结局是不幸的，因文惟祸，殃及出版，这桩历史上著名的"江湖诗案"，其实也是宋代出版史上一桩典型的"文字狱"。它虽然具有个例的性质，但是也明显地反映出文人创作、书坊出版乃至一般出版与政治、朝中权要的深切关系，而案发后一系列的刑法——黥面、抓捕、入狱、毁版、流放、编管等，更表明政治权力对创作与出版的绝对掌控。

综观整部宋代出版史，陈起作为一个编辑家与出版家因为出版而遭政治灾难，这实在是一个具有丰富出版内涵的典型个案。

临安府书棚区的书坊主中，"以陈姓为著"，即不止陈起一家。这些陈姓坊主之间，可能有一定的宗族历史源渊关系，只是其详不得考知而已，否则这么多陈姓聚在一处开设书坊的现象是无法作出合理解释的。《西泠怀古集》

---

① 〔宋〕张彦发撰：《夏日从陈宗之借书偶成》。〔宋〕陈起编：《江湖小集》卷六十八，文渊阁《四库全书》本。

② 〔宋〕郑斯立撰：《赠陈宗之》。〔清〕厉鹗辑撰：《宋诗纪事》（三）卷六十四，第1600页，上海古籍出版社，1983年版。

③ 〔宋〕杜耒撰：《赠陈宗之》。北京大学古文献研究所编，傅璇琮等主编：《全宋诗》（五四）卷二八二三，第33639页，北京大学出版社，1991年版。

④ 〔宋〕周文璞撰：《赠陈宗之》。北京大学古文献研究所编，傅璇琮等主编：《全宋诗》（五四）卷二八二四，第33755页，北京大学出版社，1991年版。

⑤ 〔宋〕黄简撰：《秋怀寄陈宗之》。北京大学古文献研究所编，傅璇琮等主编：《全宋诗》（五四）卷二八三五，第33762页，北京大学出版社，1991年版。

⑥ 〔宋〕周端臣撰：《挽芸居二首》。〔宋〕陈起编：《江湖后集》卷三，文渊阁《四库全书》本。按：四库馆臣题陈起编，然陈起不可能将自己的挽诗编入，故《后集》有可能由陈起子续芸编辑。

⑦ 〔宋〕黄文雷撰：《挽芸居》。〔宋〕陈起编：《江湖后集》卷二十一，文渊阁《四库全书》本。按：四库馆臣题陈起编，然陈起不可能将自己的挽诗编入，故《后集》有可能由陈起子续芸编辑。

之《临安书肆怀陈思》下记："《南宋六十家集》，钱塘陈思汇集本朝人之诗集，刊于临安府棚北，题曰《群贤小集》，自洪迈之《野处类稿》至薛师石《瓜庐诗》凡六十家，或以为即陈起《江湖集》，不知六十家中即有陈起《芸居乙稿》也。陈起又有《前贤拾遗》、《增广高僧前后集》，思亦有《小字录》、《海棠谱》、《书苑精华》、《宝刻丛编》，皆文士而托于书贾者。刻楮功成扫叶枯，网罗遗集满江湖。苦心或许逃秦劫，高义真疑抚赵孤。才鬼忘云千载感，诗魂啸月九原苏，箧中尽有珠玑在，回首天涯旧酒徒。"① 可知陈起、陈思二位出版家对文人出版的不同贡献。

过去有学人认为陈思是陈起之子，或将陈思与陈起父子混为一谈，实误。陈起、陈思、陈续芸、小陈道人实为四人②。陈起与陈续芸乃父子。陈思为另一出版家。小陈道人专门卖书，因涉江湖诗案，被贾似道编管。

此据《书林清话》之考证，将陈起父子刻书统计列表于下。

表 3-4　南宋出版家陈起父子刻书一览表③

作　者	书　名	卷　数	出版落款	出版人
宋朝江湖诗派诗人 120 多人	《江湖集》、《江湖前集》、《江湖后集》《江湖续集》、《中兴江湖集》、《江湖小集》			陈起
〔唐〕韦应物 撰	《韦苏州集》	十卷	临安府棚北大街睦亲坊南陈宅书籍铺刊行	
〔唐〕唐求 撰	《唐求诗》	一卷		
〔宋〕李龏 撰	《梅花衲》	一卷		
〔宋〕刘过 撰	《龙洲集》	一卷		
〔唐〕李群玉 撰	《李群玉诗集》三卷、《后集》五卷	八卷	临安府棚前睦亲坊南陈宅书籍铺刊行	

---

① 〔清〕丁丙著，潘一平、孙云清、颜依青整理、校点：《武林坊巷志》（第七册），第 68～69 页，浙江人民出版社，1990 年版。

② 陈起，又称陈宗之、陈秀才、陈道人、陈解元。其子名陈续芸。陈思为另一出版家。详细考证见叶德辉著《书林清话》卷二《南宋临安陈氏刻书之一》，第 47～56 页，中华书局，1957 年版。又，方回记载"此所谓卖书陈彦才，亦曰陈道人。宝庆初以'秋雨梧桐皇子府，春风杨柳相公桥'诗为史弥远所黥。诗祸之兴，捕敥器之、刘潜夫等下大理狱，郑清之在琐闼止之。予及识此老，屡造其肆。别有小陈道人，亦为贾似道编管。"可知小陈道人为对另一陈姓卖书人之俗称。〔元〕方回选评，李庆甲集评点校：《瀛奎律髓汇评》卷四十二《赠陈起》，第 1534～1535 页，上海古籍出版社，2005 年版。

③ 叶德辉著：《书林清话》卷二，第 47～60 页，中华书局，1957 年版。

作　者	书　名	卷　数	出版落款	出版人
〔宋〕姜夔 撰	《白石道人诗集》	一卷	临安府棚北大街陈宅书籍铺刊行	陈起
〔宋〕王琮 撰	《雅林小稿》	一卷		
〔宋〕戴复古 撰	《石屏诗续集》	四卷		
〔宋〕俞桂 撰	《渔溪诗稿》	二卷	临安府陈氏书籍铺刊行	
〔唐〕张蠙 撰	《张蠙诗集》	一卷	临安府棚北大街睦亲坊南陈宅书籍铺印	
〔唐〕周贺 撰	《周贺诗集》	一卷	临安府棚北睦亲坊南陈宅书籍铺印	
〔宋〕李中 撰	《碧云集》	三卷		
〔唐〕鱼玄机 撰	《女郎鱼玄机诗》	一卷		
〔宋〕陈允平 撰	《西麓诗稿》	一卷	临安府睦亲坊南棚前北陈宅书籍铺印	
〔南朝梁〕江淹 撰	《江文通集》	十卷	临安府棚前北睦亲坊南陈宅经籍铺印	
〔唐〕李贺 撰	《李贺歌诗编》四卷、《集外诗》一卷	五卷		
〔唐〕孟郊 撰	《孟东野诗集》	十卷		
〔唐〕韦庄 撰	《浣花集》	十卷		
〔唐〕罗昭谏 撰	《罗昭谏甲乙集》	十卷	临安府棚北大街睦亲坊南陈宅书籍铺印行	
〔唐〕朱庆馀 撰	《朱庆馀诗集》	一卷	临安府北睦亲坊陈宅经籍铺印	
〔宋〕赵与时 撰	《宾退录》	十卷		
〔唐〕李咸用 撰	《李推官披沙集》	六卷	临安府棚北大街陈宅书籍铺印行	
〔宋〕岳珂 撰	《棠湖诗稿》	一卷		
〔宋〕高九万 撰	《菊小集》	一卷		
〔宋〕戴复古 撰	《石屏诗续集》	四卷		
〔唐〕常建 撰	《常建诗集》	二卷	临安府棚北大街睦亲坊南陈宅刊印	

续表

作　者	书　名	卷　数	出版落款	出版人
〔宋〕郑清之	《安晚堂集》	七卷	临安府棚北睦亲坊陈解元书籍铺刊行	陈续芸
〔宋〕林同	《孝诗》	一卷		
〔宋〕林希逸	《竹溪十一稿诗选》	一卷		
〔宋〕陈必复	《山居存稿》	一卷		
〔宋〕刘翼	《心游摘稿》	一卷		
〔宋〕张至龙	《雪林删余》	一卷	临安府棚北大街睦亲坊南陈解元书籍铺刊印	
〔宋〕周弼	《汶阳端平诗隽》	四卷	临安府棚北大街陈解元书籍铺印行	
〔宋〕李龏	《翦绡集》	一卷		
〔唐〕王建	《王建集》	十卷	临安府棚北睦亲坊巷口陈解元宅刊行	
〔汉〕刘熙	《释名》	八卷	临安府陈道人书籍铺刊行	
〔唐〕康骈	《剧谈录》	二卷		
〔宋〕释文莹	《湘山野录》三卷、《续》一卷	四卷		
〔宋〕邓椿	《画继》	五卷		
〔宋〕郭若虚	《图画见闻志》	六卷		
〔宋〕孔平仲	《续世说》	十二卷	临安府陈道人书籍铺刊行	
〔宋〕佚名	《灯下闲谈》	二卷	临安府陈道人书籍铺刊行	

陈藻《乐轩先生集》载陈起"识语"一条：

> 乐轩先生隐居长乐之西郊，天分是崇，怡然自得。余向慕其人，以不获见所著为恨。没后二十余年，后邮录其遗稿八卷，为序其生平。余因借观，抄写一本，藏于箧笥云。钱塘陈起。[1]

这条"识语"折射出陈起不慕权势，不尚浮华，珍惜人才，勤访书稿的

---

[1] 傅增湘撰：《藏园群书经眼录》卷十四集部三，第 1266 页，中华书局，1983 年版。

人格与出版境界。

陈起父子出版的书籍有：1. 唐诗别集。如《披沙集》、《唐女郎鱼玄机诗集》、《唐人五十家小集》、《常建诗集》、《周贺诗集》、《朱庆馀诗集》等。实际上，陈起所出唐人文集当不止此数。2. 江湖诗人作品集。据《永乐大典》所录，有《江湖集》、《江湖前集》、《江湖后集》、《江湖续集》、《中兴江湖集》。《四库全书》收有《江湖小集》和《江湖后集》。《江湖小集》收有 62 家作品，《江湖后集》收有 49 家作品，总计 111 家。陈起所收作者，当不只此数。

清人孙原湘之《题黄荛圃所藏宋刻唐女贞鱼玄机后》①，盛赞该书及其收藏者，亦可谓一首刻书史诗。

> 易石锲木隋开皇，扬其波者冯瀛王。
> 长兴监本显德继，入宋雕椠尤精良。
> 佞宋主人富攟摭，一廛百宋罗古香。
> 经史百家既略备，诗山文海搜晋唐。
> 校伪规往义回肠，订正半雨疑勘商。
> 李杜孟韩长庆白，东野寐得兼文房。
> 唐罗朱许悉甄综，书棚善本临安坊。
> 艳材尤异李亿妇，咸宜观中慧女郎。
> 当年焚香礼金关，云情自郁花长芳。
> 谁令明月坠幽隙，黄泉红泪衔温璋。
> 千秋既讽得知己，一十二纸逾琳琅。
> 龙瞑好手老学士，追抚仙影瑶坛妆。
> 手加校勘遍题咏，胜如墨林徒弃藏。
> 人间此亦无价宝，有心求得荛圃黄。

可见陈起书籍出版文化传播力之绵长、影响之大、魅力之艳。

---

① 〔清〕丁丙著，潘一平、孙云清、颜依青整理、校点：《武林坊巷志》（第七册），第 72 页，浙江人民出版社，1990 年版。临安府棚北睦亲坊南陈宅书籍铺印本，计一册，共十二叶。

（二）余仁仲与书籍编撰出版

余仁仲（生卒年不详，约为北宋晚期至南宋时人），进士出身，福建路建安县余氏出版世家杰出代表。余氏家族由宋迄清，经营书籍出版约 600 年左右，是名符其实的老字号或历史名牌，是家族式民间出版业的卓越代表。这在世界出版史上也可能是绝无仅有的。

肖东发据《书林余氏宗谱》等文献考证，余氏祖籍"南京扬州府盱眙县泗州下邳郡"。入闽始祖为余焕，时间在梁中大通二年庚戌（530 年）。定居建安书林之祖为余氏十四世之余同祖。余同祖大约生于 10 世纪上半叶，其致仕约在 10 世纪末至 11 世纪初，其时已是北宋时期。①

余氏定居福建建安书林并开始出书的时间应该在北宋。宋元时期是余氏出版的经典时期，虽然距今已有 600 年以上的历史，至今仍可看到几十种宋元时余氏出版的书籍，有的虽无原本传世，但有翻刻本，或有藏书家目录以资考证。叶氏谓："夫宋刻书之盛，首推闽中，而闽中尤以建安为最，建安尤以余氏为最。"② 肖东发就余氏家族宋元刻书列有一表，此摘录其中宋代部分。

表 3 - 5　宋代余氏家族刻书一览表

刻书者	作者	书名	时间	行款	见存或著录
万卷堂余仁仲	〔宋〕黄伦 撰	《尚书精义》五十卷	淳熙庚子（1180 年）		张志、瞿目、陆志、四库提要
	〔战国〕公羊高 撰〔东汉〕何休 解诂〔唐〕陆德明 音义	《春秋公羊经传解诂》十二卷	绍熙二年（1191 年）	十行，十九字，小字双行，细黑口，左右双边	北图、图录（见四部丛刊本）
	〔战国〕谷梁赤 撰〔东晋〕范宁 集解	《春秋谷梁经传》十二卷	绍熙二年（1191 年）	十一行，十九字，小字双行，细口，左右双边	莫目、瞿目（见四部丛刊本）
	〔宋〕高承 编撰	《事物纪原》二十六卷	庆元丁巳（1197 年）		陆志
	〔东汉〕郑玄 注〔唐〕贾公彦 疏	《周礼注》十二卷	南宋中期		北图、天禄

---

① 肖东发：《建阳余氏刻书考略》，《文献》，1984 年第 3 期、第 4 期，1985 年第 1 期。
② 叶德辉著：《书林清话》卷二，第 46～47 页，中华书局，1957 年版。

续表

刻书者	作者	书名	时间	行款	见存或著录
万卷堂余仁仲	〔宋〕佚名 编辑	《类编秘府图书画一元龟》	南宋	乙部十五行，廿四五字。丙、丁部十三行，廿五字	日本汉目
	〔东汉〕郑玄 注	《礼记注》十二卷		十一行，十九字，小字双行，细黑口，左右双边	北图、上图、图录
	〔西汉〕孔安国 注〔唐〕孔颖达 疏	《尚书注疏》二十卷			傅目
	〔东汉〕郑玄 注〔唐〕陆德明 音义	《纂图互注重言重意周礼》十二卷			吴记
	（三国吴）陆绩 注	《陆氏易解》一卷			邵注
	〔宋〕林之奇 集解	《尚书全解》四十卷			四库提要
	〔西晋〕杜预 集解	《春秋经传集解》三十卷		十一行，十九字，小字双行，廿七字，左右双边，细黑口	中国台湾
余恭礼	〔宋〕刘信甫 编	《活人事证方》二十卷	嘉定丙子（1216 年）	序八行，十四字。十一行，廿一字。	森志、汉目、日本
明经堂余唐卿	〔宋〕许叔微 编撰	《类证普济本事方》十卷、《后集》十卷	宝祐癸丑（1304 年）	十三行，廿一字。	森志、汉目、日本
余腾夫	〔宋〕张耒 撰	《张文潜文集》十卷	南宋		北大藏嘉靖本跋
励贤堂余彦国	〔唐〕唐慎微〔宋〕艾晟、寇宗奭 等编著〔宋〕许洪 等编校	《新编类要图注本草》四十二卷、《序例》五卷、《目录》一卷		十行，十九字。	森志、汉目、日本
崇化余志安勤有堂	〔宋〕杨复 撰	《仪礼图》			《天禄琳琅书目后编》二、《书林清话》卷二《宋建安余氏刻书》
余靖安勤有堂	〔西汉〕刘向 编著	《古列女传》			《书林清话》卷二《宋建安余氏刻书》

现知宋代余氏刻书者有余仁仲万卷堂、余恭礼、余唐卿明经堂、余腾夫、崇川余氏、余彦国励贤堂。其中，尤以余仁仲万卷堂最为著名。他大约生活在南宋中期，刻有《尚书精义》、《春秋公羊经传解诂》、《春秋榖梁经传》、《事物纪原》、《礼记注》、《周礼注》、《尚书注疏》、《陆氏易解》、《尚书全解》、《王状元集注分类东坡先生诗》等。

关于余氏刻书，清代乾隆皇帝较早予以关注与研究。《书林清话》对此记载较详：

> 闽中造纸印书，宋时极盛。……乾隆四十年正月丙寅，谕军机大臣等："近日阅米芾墨迹，其纸幅有'勤有'二字印记，未能悉其来历，及阅内府所藏旧版《千家注杜诗》，向称为宋椠者，卷后有'皇庆壬子余氏刊于勤有堂'数字。皇庆为元仁宗年号，则其版是元非宋。继阅宋版《古列女传》，书末亦有'建安余氏靖安刊于勤有堂'字样，则宋时已有此堂。因考之宋岳珂相台家塾论书板之精者，称建安余仁仲，虽未刊有堂名，可见闽中余板，在南宋久已著名，但未知北宋时即行勤有堂名否？又他书所载，明季余氏建版犹盛行，是其世业流传甚久，近日是否相沿？并其家刊书始自何年？及勤有堂名所自，询之闽人之官于朝者，罕知其详。若在本处查考，尚非难事。著传谕钟音，于建宁府所属访查余氏子孙，见在是否尚习刊书之业，并建安余氏自宋以来刊印书板源流，及勤有堂昉于何代何年？今尚存否？或遗迹已无可考，仅存其名，并其家在宋曾否造纸？有无印记之处？或考之志乘，或征之传闻，逐一查明，遇便覆奏。此系考订文墨旧闻，无关政治，钟音宜选派诚妥之员，善为询访，不得稍涉张皇，尤不得令胥役等借端滋扰，将此随该督奏折之便，谕令知之。"寻据覆奏："余氏后人余廷勤等呈出《族谱》，载其先世自北宋建阳县之书林，即以刊书为业。彼时外省板少，余氏独于他处购选纸料，印记'勤有'二字，纸板俱佳。是以建安书籍盛行，至'勤有堂'名，相沿已久。宋理宗时，有余文兴，号'勤有居士'，亦系袭旧有堂名为号。今余姓见行邵庆堂书集，据称即勤有堂故址，其年已不可考"云云。此当时钟音覆奏大略也。《天禄琳琅后编》二《仪礼图》序后刻"崇化余志安刊于勤有堂"。按宋板《列女传》，载"建安余氏靖安刊于勤有堂"，乃南北朝余祖焕，始居闽中，十四世徙建安书林，习其业，二十五世余文兴，以旧有勤有堂之名，号"勤有居士"。盖建安自唐为书肆所萃，余氏世业之，仁

仲最著，岳珂所称"建余氏本"也。①

可见，清代以来对建安余氏刻书的关注与研究，源于乾隆皇帝。这位酷爱读书、藏书、编书，尤其是在中国古代书籍出版史上以领导出版《四库全书》而彪炳史册的出版家，竟然将对余氏刻书的考知项目如此专精详备地谕示出来，并如此认真仔细地布置下去，从而以帝王之尊揭开了余氏刻书的历史面纱，透出了历史的真相及其出版文化的光辉。

余仁仲的国学进士功名在《宋登科记考》②中查不到，既有史籍也无记载。但是在余氏万卷堂所出《春秋穀梁传》一书的牌记上却有明确记载。为了弄清这一问题，兹将该牌记移录如下：

国学进士余　仁仲校正

国学进士刘　子庚同校

国学进士陈　几　同校

国学进士张　甫　同校

奉议郎签书武安军节度判官厅公事　陈应行参校

余氏万卷堂藏书记③

余仁仲是建阳地区著名出版家，所出书籍行销海内外，据历史逻辑及常理推断，此处落款"国学进士"④应为历史事实，而不可能是"文凭造假"，更不可能是"文凭"集体造假。否则，余仁仲即使在当时亦必被士林、出版

① 叶德辉著：《书林清话》卷二之《宋建安余氏刻书》，第42～43页，中华书局，1957年版。

② 傅璇琮主编，龚延明、祖慧编撰：《宋登科记考》，江苏教育出版社，2009年版。

③ 林申清编著：《宋元书刻牌记图录》，第58页，北京图书馆出版社，1999年版。

④ 国学进士，指国子监及太学发解之进士。参见龚延明著《中国古代职官科举研究》之《宋代及第进士之鉴别》，第387页，中华书局，2006年版。这种进士的特殊性尚有待进一步研究。有关文献记载如"天圣末，欧阳文忠公文章三冠多士，国学补试国学解，礼部奏登甲科。"（〔宋〕王辟之撰，吕友仁、李伟国点校：《渑水燕谈录》，第40页，中华书局，1981年版。）庆历末，杨寘"十九岁游太学，补试，遂冠诸生。后试国学、礼部、殿前，皆为天下第一。"（〔宋〕王辟之撰，吕友仁、李伟国点校：《渑水燕谈录》，第76页，中华书局，1981年版。）以及岳珂《桯史》卷二《太学祭斋碑》（中华书局，1981年版）等。唐宋进士虽然并非均及第进士，但现时史料亦无从证明余仁仲等属于非及第进士，故此以及第进士视之。况且，宋时进士福建一路又出之甚夥，居全国前列。有关文章请参阅：丁鼎：《唐人所谓"进士"多非进士》，《文史知识》，1992年第8期；龚延明：《宋人所谓"进士"也多非及第进士》，《文史知识》，1992年第12期；丁鼎：《科举称谓"进士"的历史考察——兼与龚延明先生商榷》，《烟台大学学报》，1994年第3期；龚延明：《宋代及第进士之鉴别》，《文史》，1997年第4期。

界乃至天下读者所耻笑。再者，假造进士出身亦必将受到法律及道德的惩罚。

《春秋公羊经传解诂》一书之牌记表明余仁仲出书非常注重版本比勘。该书牌记曰：

> 《公羊》、《穀梁》二书，书肆苦无善本，谨以家藏监本及江浙诸处官本参校，颇加厘正。惟是陆氏释音字或与正文字不同，如此序醸嘲，陆氏作醸讓，隐元年嫡子作適归，含作唅，召公作邵桓，四年曰蒐作廋。若此者众皆不敢以臆见更定，姑两存之，以俟知者。绍兴辛亥孟冬朔日建安余 仁仲 敬书。
>
> 余仁仲刊于家塾
>
> 癸丑仲秋重校①

《礼记注》牌记：

> 经伍阡柒拾肆字
>
> 注肆阡捌伯玖拾捌字
>
> 音义贰阡玖伯壹拾陆字
>
> 余仁仲刊于家塾②

这三条精确的统计数字不仅表明了余氏校勘之细致，也表明了出版经济意义上之精细。

余氏出版世家经营书籍出版最显著的特点有三：一是家族性，二是持久性，三是品牌性。作为在世界出版史上亦仅此一例的出版世家（或出版世族），在宋代它自然成为了福建路出版——建阳出版的一个缩影、一个出版文化象征符号。当然，它也是宋代——中国古代出版史乃至世界出版史上民间出版——坊刻的一个典型（或典范）。余氏刻书，始于北宋，衰于清初，相沿几百年，堪称刻书世家之翘楚。

余氏所出书籍，内容广泛，从经史子集至平民日用，从科考用书至算卦卜命，尽于其中。形式方面，以黑口与书耳、汇注本、上图下文本、附刻刊记为显，且多所创新。

---

① 林申清编著：《宋元书刻牌记图录》，第 56～57 页，北京图书馆出版社，1999 年版。

② 林申清编著：《宋元书刻牌记图录》，第 59 页，北京图书馆出版社，1999 年版。

余氏于一地经营出版数百年，且有如此之高的出版成就，个中原因究竟是什么？笔者认为，这数百年间（北宋至清初），建阳一地幸无毁灭性的政治灾难、兵燹之灾与自然之灾，这是重要的环境因素。然而，更为重要者，是余氏书坊——建阳书坊形成了自身的书业产业规模、经营模式、发行策略、出版特色——核心竞争力——文化软实力——出版价值观，创造、巩固并维护了全国性的基本市场，书籍生产与销售的基本利润得以有效保障。余氏及整个建阳出版业，显然在由宋及清的数百年间，对于知识的普及与文化的传播作出了影响广泛而深远的历史贡献。客观地讲，知识传播与文化传播的独特出版方式成为了余氏出版——建阳出版600余年屹立不倒的唯一真谛——余氏书籍出版创造并坚持的商业出版模式同宋代至清发达的古代商业及科举制度的同构。

（三）陈起、余仁仲书籍出版比较

陈起（约1187～1257年）和余仁仲（约北宋晚期至南宋）都是杰出的民间出版家，具备较高的文化素养，主要出版活动都在南宋时期。所出书籍流光溢彩，至今犹有存者。二人均在中国出版史和文化传播史上占有显著地位。

陈起是典型的文士型民间出版家，主要出版唐宋文人别集。出版文化属于京派文化类型。京城杭州的政治气候及陈氏书籍铺显著的地理位置，决定了陈起对政治的必然关注，再加上江湖诗人群体的不平之气，使得陈起扮演了京城坊间出版之"意见领袖"的角色。陈氏出版因此而触怒了阴暗之政治权力，以下场悲惨而结局。

陈氏出版的文人理想之品质实现了对一般坊间出版的本质超越，超越了商业出版的宿命，尤其在唐宋诗词出版传播中放一异彩。但陈氏出版是悲剧性的、短暂的，如星光一闪，令人长叹。

余仁仲是典型的商业出版者——出版商——出版家，是出版市场化路线的卓越代表，主要出版经史书籍、科考书籍及医书。余氏远离京城，唯市场需求是从，坚持市场本位，坚持民间出版本色。余氏出版因而没有遭遇到如陈氏出版那样之政治打击，其开创的出版事业一直延续到清代，从而创造并谱写了民间商业出版成功的历史长卷。其商业出版的成功经验，令后人景仰。

陈起、余仁仲二位杰出的出版家，创造了二种各具鲜明特色的民间出版模式。

第四章　宋代书籍发行与贸易

一、国内发行与域外发行[①]

宋代图书品种丰富，上自儒家经典，下至百姓婚丧嫁娶及日用方面的书籍一应俱全，生产数量充足。在此基础上，宋代图书发行与贸易十分发达，表现出销售范围广泛、销售方式多种多样、销售价格自由灵活、销售品种齐全，零售、批发、贸易兼备，大型贸易中心与地摊小贩并存，国内销售、辽金夏销售与海外销售皆达的特色。

《道山清话》记载："有一士人，尽掊其家所有，约百余千，买书，将以入京。"[②] 可以反映宋代士人一般买书之状况。

宋代书籍的发行区域，可概括为三大地理区域：1. 宋朝国内。2. 辽、金、西夏。3、日本、高丽、交趾。宋朝书籍发行将书籍生产、书籍制度、款式、书籍文化、书籍文本及其意义诸方面均传播到了上述国家、地区。

（一）宋朝国内

宋朝国内是最主要最基本的发行范围，形成了主要的图书生产与销售市场——全国性的市场。由书籍的主要产地及分散产地、批发与零售渠道、铺面销售等商业销售方式与长途贩运方式、内部垂直销售，以及颁赐、宣赐等

---

① 《中华人民共和国著作权法》（2001 年版）第 10 条规定："发行权，即以出售或者赠与方式向公众提供作品的原件或者复制件的权利。"发行，本章主要指非商业意义之书籍传播，如皇帝颁赐、政府配发。销售，主要指商业销售、市场销售。贸易，主要指宋朝对辽、金、西夏政权，及向日本、高丽、交趾等国的书籍输出。

② 〔宋〕王晬撰：《道山清话》，文渊阁《四库全书》本。

多种方式构成为一个全国性的发行系统，使得国内发行与销售十分广泛、活跃。

北宋书肆十分繁荣，各种书籍都有。汴京有著名的大相国寺书市。《清明上河图》中有书铺售书画面。《靖康纪闻》记载，该年十二月"二十三日，金人索监书藏经如苏、黄文及《资治通鉴》之类，指名取索。仍移文开封府，令见钱支出收买，开封府直取书籍铺。"①　"二十三日甲申，金人索监书、藏经、苏黄文及古文书、《资治通鉴》诸书。金人指名取索书籍甚多，又取苏黄文墨迹及古文书籍，开封府支拨见钱收买，又直取于书籍铺。"②

诚如朱熹在《建阳县学藏书记》中专门谈到建版书时所言："建阳版本书籍行四方者，无远不至。"建阳县书籍市场上"上自《六经》，下及训传、史记、子集"③，种类齐全。岳珂在《愧郯集》中写道：场屋编类之书，"建阳书肆方日辑月刊，时异而岁不同，以冀速售而四方转致传习"④。苏轼记载："近岁市人转相摹刻，诸子百家之书日传万纸，学者之于书多且易致。"⑤　一个讲"无远不至"，一个讲"多且易致"，这充分说明宋朝国内品种齐备的书籍发行与销售的范围之广以及实效之大！

南宋都城杭州棚北大街一带是书铺集中的地区。《梦粱录》记载：杭城市肆有名者，"橘园亭书房"、"住大树下橘园亭文籍书房"。⑥《咸淳临安志》、《武林旧事》"诸市"、《都城纪胜》"市井"条亦有记载。橘园亭书房周有橘林，环境如画。

（二）辽、金、西夏

宋朝由于同辽、金、西夏长期的对峙关系（和战关系），主要是出于军事上与外交上的政治考虑，一者虑及军事、政治泄密，二者虑及授对方以口实，

---

①　〔宋〕汪藻撰，王智勇笺注：《靖康要录笺注》引《靖康纪闻》语，第 1487 页，四川大学出版社，2008 年版。

②　〔宋〕徐梦莘撰：《三朝北盟会编》，第 548 页，上海古籍出版社，2008 年版。

③　〔宋〕朱熹撰：《朱子全书》（贰拾肆）《建宁府建阳县学藏书记》，第 3745 页，上海古籍出版社、安徽教育出版社，2002 年版。

④　〔宋〕岳珂撰：《愧郯录》卷九《场屋编类之书》，文渊阁《四库全书》本。

⑤　〔宋〕苏轼撰，孔凡礼点校：《苏轼文集》卷十一《李氏山房藏书记》，第 359 页，中华书局，1986 年版。

⑥　〔宋〕吴自牧撰：《梦粱录》卷十三《团行》、《铺席》，第 340 页，台北：文海出版社，1981 年版。

故此基本实行对辽、金、西夏的有限书籍输出政策，犯者予以严惩。但是综观这一书禁政策的实行情况，大致呈现出二个特点，一是其随机性，即发现问题后随即申明，事件缓和后又陷于自由松弛之常态；二是文词上严禁，实际执行上并非如此，只具文件形式而已。所以，一方面是宋朝政府发布有严禁的政策文件，一方面是宋朝书籍通过多种渠道（主要是民间渠道）大量输入辽、金、西夏或通过互市及走私、挟带人员往来等隐蔽方式输出。

《桯史》记载："承平时，国家与辽欢盟，文禁甚宽，辂客者往来，率以谈谑诗文相娱乐。"① 可知宋辽和平时期书籍交易相对自由。

宋朝的书禁政策。如元丰元年（1078 年）四月，诏："诸榷场除《九经疏》外，若卖余书与北客，及诸人私卖于化外人书者，并徒三年，引致者减一等，皆配邻州本城，情重者配千里，许人告捕给赏。著为令。"② 崇宁二年（1103 年）三月十三日，诏："访闻虏中多收蓄本朝见行印卖文集书册之类，其间不无夹带论议边防、兵机、夷狄之事，深属未便。其雕印书铺，昨降指挥，令所属看验，无违碍，然后印行。可检举行下，仍修立不经看验校定文书，擅行印卖，告捕条禁颁降其沿边州军，仍严行禁止，应贩卖藏匿出界者，并以铜钱法出界罪赏施行。"③

元祐四年（1089 年），苏辙奉命使辽，即在燕京见到了苏轼的《眉山集》，并得知他自己的著作及父亲苏洵的著作也都传入了辽国，归宋后在给哲宗的报告中称："本朝民间开版印行文字，臣等窃料北界无所不有。臣等初至燕京，副留守邢希古相接送，令引接殿侍元辛傅语臣辙云：'令兄内翰（谓臣兄轼）《眉山集》已到此多时，内翰何不印行文集，亦使流传至此？'及至中京，度支使郑颛押宴，为臣辙言：先臣洵所为文字中事迹，颇能尽其委屈。及至帐前，馆伴王师儒谓臣辙：'开常服茯苓，预乞其方。'盖臣辙尝作《服茯苓赋》，必此赋亦已到北疆故也。臣等因此料本朝印本文字，多已流传在彼。其间臣僚章疏及士子策论，言朝廷得失、军国利害，盖不为少。兼小民愚陋，唯利是视，印行戏亵之语，无所不至。若使尽得流传北界，上则泄漏

---

① 〔宋〕岳珂撰，吴企明点校：《桯史》卷二《东坡属对》，第 16 页，中华书局，1981 年版。

② 〔宋〕李焘撰：《续资治通鉴长编》卷二百八十九神宗元丰元年四月庚申，第 7068 页，中华书局，1992 年版。

③ 〔清〕徐松辑：《宋会要辑稿》刑法二之四七，第 6505 页，中华书局，1957 年版。

机密，下则取笑夷狄，皆极不便。访闻此等文字贩入虏中，其利十倍。人情嗜利，虽重为赏罚，亦不能禁。"① 由这段话，亦可知宋朝对辽金西夏书籍输出的范围及程度。

金政权入主中原后，占有北宋时出版中心之京城汴梁，但是其他三大出版中心（杭州、福建、四川）却都在南方，属于南宋，所以金国对南宋生产的书籍，特别是与当时政治军事密切相关者，急切需要，不惜重金收购。《桯史》记载："翠华北狩，居五国城，一日燕坐，闻外有货《日录》者，亟辍衣易之。""《日录》一书，本熙宁间荆公奏对之辞，私所录记。"② 徽宗以阶下囚之身，居然在金国听到有人叫卖此书。这实在是对宋朝书禁政策的一个绝妙讽刺！不过，于此可见宋朝书籍输入金国之一斑。

西夏也通过多种方式和渠道输入宋朝书籍。西夏书籍出版业基本上是在宋朝的影响下建立起来的。

嘉祐七年（1062 年），西夏国主拓拔谅祚"乞国子监所印诸书、释氏经一藏并译经僧及幞头、工人、伶官等。诏给国子监书及释氏经并幞头"。③

俄国学者研究指出："西夏人甚至在发明本民族的文字和把早期的汉字书籍译成西夏文之后，也经常向国外购买书籍。1055 年，西夏使者向中国求购史传和佛经。1058～1059 年，西夏向宋朝皇帝上书说，他们新建了佛寺，请求赠送汉文大藏经，宋朝也予以答应。1062 年，他们又请求赏赐太宗御制诗、《九经》、《唐史》和《册府元龟》。1063 年，西夏人得到了《九经》、《孟子正义》和医书。文献记载，这些书籍都是按西夏人的要求在中国印造的。"④ "早在西夏文发明以前，汉族的语言和文字在西夏国的领域已存在，购买宋朝书籍的情况尽人皆知。"⑤ "无论如何，西夏人仿照中国书籍样式以及书籍页码经常使用汉字这一事实，都似乎说明汉人在西夏人印刷术出现过程中的巨

---

① 〔宋〕苏辙撰，陈宏天、高秀芳点校：《苏辙集》卷四十二《论北朝所见于朝廷不便事》，第747 页，中华书局，1990 年版。

② 〔宋〕岳珂撰，吴企明点校：《桯史》卷十一《尊尧集表》，第130 页，中华书局，1981 年版。

③ 〔宋〕司马光撰，邓广铭、张希清点校：《涑水记闻》卷九，第165 页，中华书局，1989 年版。

④ 〔俄〕捷连提耶夫—卡坦斯基著：《西夏书籍业》，王克孝、景永时译，第116～117 页，宁夏人民出版社，2000 年版。

⑤ 〔俄〕捷连提耶夫—卡坦斯基著：《西夏书籍业》，王克孝、景永时译，第129 页，宁夏人民出版社，2000 年版。

大作用。"①

俄藏黑水城汉文佛教文献，宋刻本佛经约 30 种，其中有宋刻纪年的 5 种。宋刻汉文书籍有《新雕文酒清话》、《吕观文进庄子义》、《论语》、《礼记》、《新唐书》、《汉书》、《广韵》、《一切经音义》、《杂字》、《刘知远诸宫调》、《孙真人千金方》。

西夏书籍的装帧也主要是宋代盛行的"蝴蝶装"。"从整体上来看，西夏木版书的页面装帧一般是仿效了宋代印本书页面的装帧。"②

可见，宋朝书籍文化对西夏的影响是十分广泛的。除了政治高层的书籍索赠与颁赐外，民间书籍销售为其主要渠道及方式。

（三）日本、高丽、交趾

宋朝与日本、高丽、交趾等国都有频繁的书籍交流与贸易行为。这种交流与贸易以宋朝书籍输出为主，主要通过使者、留学生、学问僧、商人作为中介进行。熊禾在为建阳"同文书院"所撰《上梁文》中写道："儿郎伟，抛梁东，书籍高丽日本通。"③ 反映了宋朝书籍源源不断发行至高丽和日本的盛况。显然，高丽和日本成为了宋朝书籍销售主要的海外市场。

宋朝对高丽、日本，一是输出书籍，二是输出雕版技术，三是输出书籍文化与印刷文化。总之，是输出了宋朝先进的文明。

宋朝书籍之所以源源不断地大量发行至日本、高丽，完全是因为宋朝先进文明的吸引力所致。宋朝是其时世界上文明领先之邦，成为了一个先进文明的核心。这一核心以辐射方式首先向其四周之地区、政权、国家——辽、金、西夏，以及高丽、日本、交趾传播文化，从而发扬了核心层儒学文化圈的光辉。这种先进文明的放射能量与吸引能量是客观存在的一种优越力量，任何因素都无法阻挡。这就是先进文化发展与传播的内在历史规律。同时，日本、高丽对宋朝书籍文化表现出的价值认同、高度敏感及强烈吸纳力也是令人吃惊的。

---

① 〔俄〕捷连提耶夫—卡坦斯基著：《西夏书籍业》，王克孝、景永时译，第 117 页，宁夏人民出版社，2000 年版。

② 〔俄〕捷连提耶夫—卡坦斯基著：《西夏书籍业》，王克孝、景永时译，第 123 页，宁夏人民出版社，2000 年版。

③ 〔宋〕熊禾撰：《勿轩集》卷四《书坊同文书院上梁文》，文渊阁《四库全书》本。

宋文明同周边文明之间存有明显的"文化落差"，即宋文明明显高于周边文明。这就必然导致宋文明向周边文明的扩散性运动，表现为一方面是主动运动，一方面是周边的吸收性运动，而周边文明中既已存在的汉文化则使这种"落差性"运动更符合历史与文化自身运动的同一性逻辑。显然，宋文明对周边文明而言绝对是一种文化上的"元语言"，"元语言功能"在周边文明中得以显示大体相同的传播。

尽管宋朝书籍输出的具体动机可能是比较复杂的，但是专制皇权政治意义上的"文化同化"政治心理及商业意义上的逐利心理却无疑是其中二种最基本的心理。

宋日、宋丽书籍文化交流之历史进程中，宋朝显然是绝对的供方，而日本、高丽则是需方。尽管实际交流总是具体而情境化的，但是一切交流却总是由双方基本的供需关系决定并支配着的。从宋日、宋丽书籍文化之传播与交流状况可以推知，宋朝文化对日本、高丽文化的影响与塑造大于此前任何一个朝代之影响，并真正塑造了日本、高丽文化的主体性。

日本。据《宋史·日本国》记载，雍熙元年（984年），日僧奝然浮海而至，云："国中有《五经》书及佛经、《白居易集》七十卷，并得自中国。"奝然带来了《孝经》一卷、越王《孝经新义》第十五一卷，"皆金缕红罗褾，水晶为轴"。奝然"又求印本《大藏经》，诏亦给之"①。

《杨文公谈苑》对宋日书籍交流作了珍贵记录。

景德三年（1006年），杨亿询问来华日本僧人寂照，对云本国"书有《史记》、《汉书》、《文选》、《五经》、《论语》、《孝经》、《尔雅》、《醉乡日月》、《御览》、《玉篇》、《蒋鲂歌》、《老》、《列子》、《神仙传》、《朝野金载》、《白集六帖》、《初学记》。本国有《国史》、《秘府略》、《交观词林》、《混元录》等书。释氏论及疏钞传集之类多有，不可悉数"。"国中多有王右军书，寂照颇得其笔法。""寂照东游，予遗以印本《圆觉经》并诗送之。""又治部卿源从英寄书，略云：'所咨《唐历》以后史籍，及他内外经书，未来本国者，因寄便风为望。商人重利，唯载轻货而来。上国之风绝而无闻，

---

① 〔元〕脱脱等撰：《宋史》卷四百九十一《外国七》，第 14131、14135 页，中华书局，1977 年版。

学者之恨在此一事。'"①

宋朝中日书籍交流与贸易中，以宋朝输入日本书籍占绝对多数。这种输入是一种数量上不平衡的输入，即宋朝文化对日呈传播强势的输入，日本则是以学习与虔诚的文化心态来积极主动地引进或接受这种输入的。宋朝输出日本书籍的方式。主要有：1. 佛教书籍。2. 儒家书籍。3. 宋朝所编类书。4. 唐宋著名文集。5. 其他书籍。宋朝对日书籍输出的方式也大致有四种：一是"贡赐"方式（或赐予、赠予方式）；二是日本僧人等在华购买的方式；三是中国僧人入日带去书籍的方式；四是中国商船及商人直接前往日本进行书籍销售的方式。宋朝输出日本的书籍显然不在少数，而是一个令人吃惊的数字！除了赐予类书籍外，大多数书籍应是通过现金交易的方式取得的。也有一些可能是通过以货易货的方式获得的。此外，日本僧人在华出资刻印书籍，或将在华刻竣的书版运回日本印刷，也的确不失为一种经济的中日合作出版的方式。至于中国刊工的署名出现在和刻书籍上，如"大宋卢四郎"、"宋了一"、"四明徐汝舟"等，而且有俗有僧，是之谓雕版先进技术之输入也。日本将宋朝已佚或稀见的中国书籍作为贡物呈献给宋朝，也足以令人有"礼尚往来"之叹！

宋朝中日文化交流（包括书籍交流），木宫泰彦在所著《日中文化交流史》"五代、北宋篇"之第二章《和北宋的往来》及"南宋、元篇"之第一章《和南宋的贸易》、第二章《入宋僧、入籍宋僧和文化的移植》中有详尽的考论②。杨渭生在《宋代文化新观察》一书中也对宋代书籍输入日本问题作了详细论证。

高丽。高丽是宋朝对外输出书籍的又一个重要国家。宋朝书籍输出高丽的主要方式大致有四种：一是上述"贡赐"方式；二是高丽人在华购买的方式；三是高丽借助于辽国购买宋朝书籍的方式；四是其他获得方式。使者、僧人、留学生是主要中介。官方渠道与民间渠道并举。由于特殊的政治及地缘关系，高丽所处的政治地位及所扮演的政治角色有时十分微妙，从而导致

---

① 〔宋〕杨亿口述，黄鉴笔录，宋庠整理，李裕民辑校：《杨文公谈苑》之"寂照"条，上海古籍出版社，1993 年版。

② 〔日〕木宫泰彦著：《日中文化交流史》，胡锡年译，第 237～288、293～382 页，商务印书馆，1980 年版。

了宋朝对高丽书籍输出政策上相应的一些微妙变化。宋朝输入高丽的书籍主要有：1. 儒家经书。2. 诸子书籍。3. 医书。4.《大藏经》等佛典。5. 其他书籍。

《宋史·高丽传》记载，端拱二年（989 年），宋赐高丽僧《大藏经》，此为《开宝藏》。淳化二年（991 年），高丽使"求印佛经"，赐《藏经》并御制《秘藏诠》、《逍遥咏》、《莲花心轮》。淳化四年（993 年），赐高丽使板本《九经》，是为国子监版。大中祥符九年（1016 年），赐经史、历日、《太平圣惠方》、《国朝登科记》。天禧五年（1021 年），赐阴阳地理书、《圣惠方》。元丰八年（1085 年），高丽使"请市刑法之书、《太平御览》、《开宝通礼》、《文苑英华》，诏惟赐《文苑英华》一书。"元祐七年（1092 年），高丽使"来献《皇帝针经》，请市书甚众。……卒市书《册府元龟》以归。"政和（1111～1118 年）中，赐以《大成宴乐》。①

据苏轼《论高丽买书之利害札子三首》知，高丽使者买到的书籍有：《册府元龟》、《北史》。又，"淳化四年、大中祥符九年、天禧五年曾赐高丽《九经书》、《史记》、《两汉书》、《三国志》、《晋书》、诸子、历日、《圣惠方》、阴阳、地理书等"②。可为印证。

尽管苏轼于元祐八年（1093 年）二月连上三道札子，站在维护宋朝国家利益的立场上，坚决反对卖书给高丽，"今来高丽人使所欲买历代史、《册府元龟》及《敕式》，乞并不许收买"③。原因主要是他认为高丽与辽国是政治同盟之关系。但是文化交流的客观规律并不以人为设置的障碍为转移，宋朝书籍终是大量发行到了高丽。

高丽使者、僧人、留学生从宋朝市场上购置了大量书籍。例如《东斋记事》记载："天圣中，新罗人来朝贡，因往国子监市书。"④ 熙宁七年（1074 年），诏国子监许卖《九经》、子、史诸书与高丽国使人。元丰八年 1085 年），高丽僧统义天入宋求法，归国时带回从宋、辽、日搜购的典籍共 4740 余卷，

---

　①〔元〕脱脱等撰：《宋史》卷四百八十七《外国三》，第 14039、14040、14041、14044、14048、14049 页，中华书局，1977 年版。

　②〔宋〕苏轼撰，孔凡礼点校：《苏轼文集》卷三十五《论高丽买书利害札子三首》，第 1000 页，中华书局，1986 年版。

　③〔宋〕苏轼撰，孔凡礼点校：《苏轼文集》卷三十五《论高丽买书利害札子三首》，第 994～1001 页，中华书局，1986 年版。

　④〔宋〕范镇撰，汝沛点校：《东斋记事》附录一《新罗》，第 56 页，中华书局，1980 年版。

后编出《续藏经》。

　　雕版印刷术和活字印刷术传入高丽，促进了高丽的书籍出版业。高丽金属活字印刷后来居上，在印刷史上放一异彩。高丽与辽、金也有书籍交流。高丽所刻汉籍，有些宋朝已无。元祐六年（1091 年）六月，出使宋朝的高丽户部尚书李资义归国时向高丽国王奏云："帝闻我国书籍多好本，命馆伴书所求书目"，并呈交了这份目录。它从信息反馈的角度充分印证了宋代对高丽输出书籍的巨大能量。《高丽史·宣宗世家》记载了这份目录，共 128 种，4993卷。哲宗要求："虽有卷第不足者，亦须传写附来。"① 这说明宋朝与高丽书籍传播是相互的。宋朝先进的书籍出版文化促进了高丽书籍出版事业的发展，高丽反过来也对宋朝的书籍文化予以积极的反馈。

　　交趾。交趾国通过贡赐方式、购买方式也从宋朝输入了不少书籍。贡使、商人、僧人是书籍输入的主要人员。输入的书籍主要是佛藏、道藏、儒家经典，以及子部书籍。大观元年（1107 年），交趾"贡使至京乞市书籍，有司法虽不许，诏嘉其慕义，除禁书、卜筮、阴阳、历算、术数、兵书、敕令、时务、边机、地理外，余书许买。"② 南宋时，交趾仍然进贡临安宋廷。淳熙三年（1176 年），宋廷赐安南国历日。交趾（安南）购书的主要渠道是民间渠道，直到元代还是如此。

二、发行方式呈现多元化③

　　宋朝的书籍发行渠道与方式多种多样，基本上形成了一个书籍发行的体系。虽然这一体系是在宋朝社会内自发形成的，但它的确是客观存在的，而

---

　　① ［韩］郑麟趾、金宗瑞等撰：《高丽史》（上）《世家》卷第十《宣宗》，第 212～213 页，亚细亚文化社，1972 年版。

　　② 〔元〕脱脱等撰：《宋史》卷四百八十八《交趾》，第 14070 页，中华书局，1977 年版。

　　③ 对宋代书籍发行方式进行分类是一件颇伤脑筋的事，完全准确几乎不可能。本书以近现代出版业一般分类为基本依据，主要从宋代书籍出版发行实际出发，二相结合，做出如此分类。例如夜市，归入集市亦未尝不可，但考虑到并为了突出它的历史特色，单列出来，亦未尝不可。分类的目的是为了反映实际，而不是客观上限制乃至扭曲实际，抑或削足适履。

设若没有这一体系，则就很难解释朱子所言宋朝书籍之"无远不至"① 及苏轼所言"学者之于书多且易致"② 的经济文化现象。从大的方面讲，宋朝的书籍发行渠道盖有二焉：一是官方渠道，即官营发行渠道，如国子监书籍发行即是。一是民间渠道，如建阳书坊的书籍发行即是。具体而言，大致可归结为宣赐、政府征购、官办发行、国子监销售、市易务发行、内部垂直发行、书铺销售、集市销售、夜市销售、贩卖销售、赁版销售、课本发行、书院发行、个人捎带发行、市井印卖、走私发行、互市发行、易货发行、海外发行、批发与零售、自由确立售价等多种发行渠道及方式。

宋代书籍发行最主要的特点是其商业发行的发达及发行方式的多元化，这是由宋代商品经济的发达及书籍生产的商品化所决定的。

1. 宣赐发行

皇帝赐予皇子、宗王、贵戚大臣、他国使者等特殊人物及机构组织以书籍。如太平兴国二年三月，庐山白鹿洞（学徒常数千百人）书院请赐《九经》，使之肄习。太宗"诏国子监给本，仍传送之"。③ 至道二年（996 年）七月，赐嵩山书院印本《九经》书疏。咸平四年（1101 年）六月，"诏诸路郡县有学校聚徒讲诵之所，赐《九经》书一部"。④ 大中祥符三年（1010 年）二月，赐英州文宣王庙板本《九经》。⑤ 天圣六年（1028 年）八月，赐江阴军至圣文宣王庙举人《九经》。⑥

2. 政府征（采）购

这是至高的、官方的、大宗的、全国性的书籍购买方式。这一购书方式在特殊时期往往具有极大的号召力，产生广泛的政治影响。宋朝立国后，一

---

① 〔宋〕朱熹撰：《朱子全书》（贰拾肆）《建宁府建阳县学藏书记》，第 3745 页，上海古籍出版社、安徽教育出版社，2002 年版。

② 〔宋〕苏轼撰，孔凡礼点校：《苏轼文集》卷十一《李氏山房藏书记》，第 359 页，中华书局，1986 年版。

③ 〔宋〕李焘撰：《续资治通鉴长编》卷十八太宗太平兴国二年三月庚寅，第 402 页，中华书局，1992 年版。

④ 〔清〕徐松辑，苗书梅等点校，王云海审订：《宋会要辑稿·崇儒一》，第 78 页，河南大学出版社，2001 年版。

⑤ 〔清〕徐松辑，苗书梅等点校，王云海审订：《宋会要辑稿·崇儒二》，第 80 页，河南大学出版社，2001 年版。

⑥ 〔清〕徐松辑，苗书梅等点校，王云海审订：《宋会要辑稿·崇儒二》，第 81 页，河南大学出版社，2001 年版。

仍前代"访书"之策，为了充实国家藏书，由皇帝下"访书"之诏，在全国范围内派出专门人员搜求（购置）图书。即以北宋而论，如：

太平兴国九年（984 年）正月，诏曰："国家宣明态度，恢张政治，敦崇儒术，启迪化源，国典朝章，咸从振举，遗编坠简，当务询求，眷言经济，无以加此。宜令三馆以《开元四部书目》阅馆中所阙者，具列其名，于待漏院出榜告示中外，若臣僚之家有三馆阙者，许诣官进纳。及三百卷以上者，其进书人送学士院引验人材书札，试问公理，如堪任职官者与一子出身，亲儒墨者即与量才安排；如不及三百卷者，据卷帙多少优给金帛；如不愿纳官者，借本缮写毕，却以付之。"① 自是四方书籍往往出焉。

淳化四年（993 年）三月，"诏三馆所少书有进纳者，卷给千钱，三百卷以上量材录用。"②

至道元年（995 年）六月，"命内品、监秘阁三馆书籍裴愈使江南、两浙诸州，寻访图书。如愿进纳入官，优给价直……数年之间，献图书于阙下者不可胜计，诸道又募得者数倍。……图书之盛，近代无比。"③

咸平四年（1001 年）十月，诏曰："国家设广内石渠之署，访羽陵汲冢之书。法汉氏之前规，购求虽至；验开元之旧目，亡逸尚多。庶坠简以毕臻，更悬金而示赏，式广献书之路，且开与进之门。应中外臣庶家有收得三馆所少书籍，每纳到一卷给千钱，仰判馆看详，委是所少之书，及卷帙别无差误，方得收纳。其所进书如及三百卷已上，量材试问，与出身酬奖；如或不亲儒墨，即与班行内安排。宜令史馆抄出所少书籍名目于待漏院张悬，及递牒诸路转运司严行告示。"④

嘉祐五年（1060 年）八月，诏曰："宜开购赏之科，以广献书之路。应中外士庶之家，并许上馆阁所阙书，每卷支绢一疋，及五百卷，特与文资安排。""帝既择士编校馆阁书籍，访遗书于天下，以补遗亡，又谓辅臣曰：'宋、齐、梁、陈、后周、北齐书，世罕有善本，未行之学官。可委编校官精加校勘。'自是访得众本，校正讹谬，遂为完书，模本而行之。"⑤

---

① 〔宋〕程俱撰，张富祥校证：《麟台故事校证》，第 254 页，中华书局，2000 年版。
② 〔宋〕程俱撰，张富祥校证：《麟台故事校证》，第 257 页，中华书局，2000 年版。
③ 〔宋〕程俱撰，张富祥校证：《麟台故事校证》，第 257～258 页，中华书局，2000 年版。
④ 〔宋〕程俱撰，张富祥校证：《麟台故事校证》，第 262～263 页，中华书局，2000 年版。
⑤ 〔宋〕程俱撰，张富祥校证：《麟台故事校证》，第 271～272 页，中华书局，2000 年版。

可见，宋朝皇帝亲自领导，命令大员分赴江浙等地搜访购求图书，以恢复并充实国家藏书，历时之久，动作之大，倾力之巨，史所罕见。其中绝大多数图书，都是用金钱或丝帛购买的。宋朝皇帝在诏书中反复重申为了购书要"优给价直"、"优给金帛"，甚至许以官职禄位，对于三馆所缺书籍，一卷给予千钱，可谓昂价！以是"献图书于阙下者不可胜计"。咸平四年（1001年）所下诏书，可谓举一国之财力而为的中央政府购书狂潮！难怪许多人献书如潮，甚至不惜采用投机取巧的欺诈手段，或一书分解为数书，或现时胡编乱造。

3. 官办发行

宋朝中央政府部门及地方政府部门出版书籍，大多对外定价销售，以取赢利。中央政府部门以国子监的书籍出版发行为典型，地方政府部门以公使库的书籍出版发行为典型。其他如市易务发行等也颇具特色。

（1）国子监发行

国子监是宋朝中央政府书籍出版部门，其书籍面向海内外销售。除了直接销售外，还采用其他方式销售。《书林清话》考称："宋时国子监板，例许士人纳纸墨钱自印。凡官刻书，亦有定价出售。今北宋本《说文解字》后，有雍熙三年中书门下牒徐铉等新校定《说文解字》，牒文有'其书宜付史馆，仍令国子监雕为印板，依《九经》书例，许人纳纸墨钱收赎'等语。"① 这显然是一种优惠销售。

（2）公使库发行

如乾道二年（1166年）汤修年在《〈梦溪笔谈〉跋》中写道："此书（扬州）公库旧有之，往往贸易以充郡帑。"② 范成大在《吴郡志》中称，嘉祐年间苏州公使库刻印《杜工部集》，销售赢利达"数千缗"③ 之多。

（3）市易务发行

市易务是王安石变法的产物，是宋朝政府设立的市场贸易及管理机构。元祐四年（1089年），时任杭州知州的苏轼在《乞赐州学书板状》一文中讲："前知州熊本，曾奏乞用废罢市易务书板，赐与州学，印赁收钱，以助学粮；

---

① 叶德辉著：《书林清话》卷六，第143页，中华书局，1957年版。
② 〔宋〕沈括撰：《梦溪笔谈》，汤修年之《跋》，江苏古籍出版社，1999年版。
③ 〔宋〕范成大纂修，汪泰亨等增订：《吴郡志》卷六《官宇》，江苏古籍出版社，1986年版。

或乞卖与州学，限十年还钱。今蒙都督指挥，只限五年。见今转运司差官重行估价，约计一千四百六贯九百八十三文。若依限送纳，即州学岁纳二百八十一贯三百九十七文，五年之间，深为不易。学者旦夕阙食，而望利于五年之后，何补于事。而朝廷岁得二百八十一贯三百九十七文，如江海之中增损涓滴，了无所觉。徒使一方士民，以谓朝廷既已捐利与民，废罢市易，所放欠负，动以万计，农商小民，衔荷圣泽，莫知纪极，而独于此饥寒儒素之士，惜毫末之费，犹欲于此追收市易之息，流传四方，为损不小，此乃有司出纳之吝，非朝廷宽大之政也。臣以侍从，备位守臣，怀有所见，不敢不尽。伏望圣慈特出宸断，尽以市易书板赐与州学，更不估价收钱，所贵稍服士心以全国体。谨录奏闻，伏侯敕旨。"[1]

此奏说明，市易务也是宋代从事书籍出版与发行的政府机构之一。印赁，看来在宋代已成为一种普遍而重要的出版方式，可称之为印赁出版。苏轼请求将原市易务书版无偿赐予州学，文中不惜锱铢必较，也反映出原市易务从事书籍出版与发行利润之可观，以是政府有关部门依然把住书版不肯放手。

4. 内部垂直发行

国子监书籍发行的一个显著特点就是从上至下发行，此即垂直发行的一个显例。由国子监到地方学校，由中央部门到地方部门。同一系统内部，由行政最高层往基层发行。

5. 书铺销售

这是宋朝书籍生产与销售商业化运作最典型的方式，也是宋朝民间出版的基本生产方式。书铺一般有二种，一种是集书籍生产与销售为一体的书铺，一种是主要经营书籍销售的书铺。前者如临安府棚北大街睦亲坊南陈宅书籍铺、建宁府黄三八郎书铺、建宁府陈八郎书铺、临安府太庙前尹家书籍铺、杭州钱唐门里车桥南大街郭宅□铺、西蜀崔氏书肆等。这类书铺，又名书坊、书肆、坊肆，或以坊主姓氏为铺号，或起一文雅的字号。《清明上河图》中即描绘有一家"书坊"，这是一幅对北宋京城汴梁民间书坊售书情景的逼真写照。

6. 集市销售

北宋东京大相国寺是一个繁华之地，也是京城由政府管理的最大的定期

---

① 〔宋〕苏轼撰，孔凡礼点校：《苏轼文集》卷二十九《乞赐州学书板状》，第 839～840 页，中华书局，1986 年版。

贸易市场。《东京梦华录》云："相国寺，每月五次开放，万姓交易。"① 这里的近佛殿，卖有"赵文秀笔及潘谷墨"，"后殿资圣门前，皆书籍、玩好、图画，及诸路散任官员土物、香药之类"②。

《曲洧旧闻》记载："穆修伯长在本朝为初好学古文者，始得韩、柳善本……欲二家文集行于世，乃自镂板鬻于相国寺。"③

文献中记有一些著名文人在相国寺买书的逸事，从中可以想见相国寺书籍买卖的景象。

苏颂《苏魏公文集》记载："祖父应举之年，元日游相国寺。时浙本中字《前汉书》方出，祖父戏扑之，为钱五千，十三淳一掷皆红。鬻书者云：'未尝领所下金。'祖父遂行，不取。众亦皆不平。然以为必有大喜庆，逾月，南庙试第一，遂登科。"④ "祖父尝于相国寺置得《阁本法帖》十卷，甚奇。其末云'玉堂夜直，蒙恩赐到，受恩如是，激节可知。'"⑤

王得臣《麈史》记载："吴兴姚铉集唐人所为古赋、乐章、歌、诗、赞、颂、碑铭、文论、箴表、传录、书序，凡百卷，名《文粹》。予在开封时，长子渝游相国寺，得唐漳州刺史《张登文集》一册六卷，权文公为之序。其略曰：'所著诗赋之外，书启、志记、序述、铭诔合为一百二十篇。'又曰：'如《求居》、《寄别》、《怀人》三赋与《证相》一篇，意有所激，锵然玉振。傥有继梁昭明之为者，斯不可遗者也。'然所得书肆镂板，才六十六篇。盖已亡其半。抑观《文粹》并不编载，由是知姚亦有未见者。予续《文粹》之外登之文以至金石所传，裒而录之，以广前集。今病矣，不酬其志。"⑥

魏泰《东轩笔录》记载："文章随时美恶，咸通已后，文力衰弱，无复气

①〔宋〕孟元老撰，伊永文笺注：《东京梦华录笺注》卷三《相国寺内万姓交易》，第288页，中华书局，2006年版。

②〔宋〕孟元老撰，伊永文笺注：《东京梦华录笺注》卷三《相国寺内万姓交易》，第288页，中华书局，2006年版。

③〔宋〕朱弁撰，孔凡礼点校：《曲洧旧闻》卷四《穆伯长自刻韩柳集鬻于相国寺》，第142页，中华书局，2002年版。

④〔宋〕苏颂撰，王同策、管成学、颜中其等点校：《苏魏公文集》（下）附录一《魏公谭训》卷第八《恬淡器玩饮膳》，第1166页，中华书局，1988年版。

⑤〔宋〕苏颂撰，王同策、管成学、颜中其等点校：《苏魏公文集》（下）附录一《魏公谭训》卷第八《恬淡器玩饮膳》，第1168页，中华书局，1988年版。

⑥〔宋〕王得臣撰，黄纯艳整理：《麈史》卷中《论文》。《全宋笔记》（第一编　十），第53页，大象出版社，2003年版。

格。本朝穆修首倡古道，学者稍稍向之。修性褊讦少合，初任海州参军，以气陵通判，遂为捃摭削籍，系池州，其集中有《秋浦会遇诗》，自叙甚详。后遇赦释放，流落江外，赋命穷薄，稍得钱帛，即遇盗，或卧病，费竭然后已。是故衣食不能给，晚年得《柳宗元集》，募工镂板，印数百帙，携入京相国寺，设肆鬻之。有儒生数辈至其肆，未评价直，先展揭披阅，修就手夺取，瞋目谓曰：'汝辈能读一篇，不失句读，吾当以一部赠汝。'其忤物如此，自是经年不售一部。"①

岳珂《桯史》记载："会市肆有刊《武夷先生集》者，乃（徐）常所为文，文肃（曾布）之子纤适相国寺，偶售得之。"②

显然，"万姓交易"的大相国寺是北宋东京最大的书籍销售市场，其交易规模及交易量可想而知。书籍买卖甚至延及大相国寺周围一带。"寺东门大街，皆是幞头、腰带，书籍、冠朵铺席，丁家素茶。"③

《东京梦华录》卷三"诸色杂卖"条记载，东京诸杂卖中专门有刻印并销售版画——佛像的，所谓"时节即印施佛像"④。

7. 夜市

《东京梦华录》"潘楼东街巷"条记载："又东十字大街，曰从行里角茶坊，每五更点灯博易，买卖衣物、图画、花环、领抹之类，至晓即散，谓之'鬼市子'。"⑤ 博易是一种特殊的交易方式，夜市（鬼市子）中例应有书籍买卖。

8. 贩卖

贩卖是宋朝最基本的书籍销售方式。特别是书籍生产中心的书籍，主要依靠贩卖销往各地乃至海外。朱熹讲的"建阳版本书籍，行于四方者，无远不至"⑥，即指建阳版书籍主要依靠贩卖方式销往各地。

---

① 〔宋〕魏泰撰，李裕民点校：《东轩笔录》卷三，第30～31页，中华书局，1983年版。

② 〔宋〕岳珂撰，吴企明点校：《桯史》卷十三《武夷先生》，第152～153页，中华书局，1981年版。

③ 〔宋〕孟元老撰，伊永文笺注：《东京梦华录笺注》《寺东门街巷》，第301页，中华书局，2006版。

④ 〔宋〕孟元老撰，伊永文笺注：《东京梦华录笺注》卷三《诸色杂卖》，第373页，中华书局，2006版。

⑤ 〔宋〕孟元老撰，伊永文笺注：《东京梦华录笺注》卷二《潘楼东街巷》，第163～164页，中华书局，2006版。

⑥ 〔宋〕朱熹撰：《朱子全书》（贰拾肆）《建宁府建阳县学藏书记》，第3745页，上海古籍出版社、安徽教育出版社，2002年版。

宋朝其他书籍生产中心的贩卖销售情况亦一。如宋版坊刻本《抱朴子内篇》牌记："旧日东京大相国寺东荣六郎家，见寄居临安府中瓦南街东，开印输经史书籍铺。今将京师旧本《抱朴子内篇》校正刊行的无一字差讹，请四方收书好事君子幸赐藻鉴。绍兴壬申岁六月旦日。"① 这条牌记说明，北宋东京大相国寺与南宋临安府中瓦南街等地作为宋朝书籍生产与销售的中心地带，其销售依靠的正是那些"四方收书好事君子"——贩客的贩卖销售方式。这一销售方式的重要性与有效性，荣六郎家将这一销售方式由东京继承到了临安——作为一个民间书坊的个案，即足以证实。

9. 赁版印销

这一销售方式，实为近代出版业中的租型印制之祖。宋朝国子监的书版，按例允许士人交纳一定的"纸墨钱"自印。印数越多所需交纳的钱也越多。北宋版《说文解字》后有一雍熙三年（986 年）的牒文，中有："其书宜付史馆，仍令国子监雕为印版，依《九经》书例，许人纳纸墨钱收赎"等语。南宋刻本林钺《汉隽》一书，书后有淳熙十年杨王休记云"象山县学《汉隽》，每部二册，见卖钱六百文足，印造用纸一百六十幅，碧纸二幅，赁板钱一百文足，工墨装背钱一百六十文足。"又题云："善本锓木，储之县庠，且藉工墨盈余为养士之助。"淳熙三年（1176 年）舒州公使库刻本《大易粹言》、绍兴府刊《会稽志》、沅州公使库刻本孔平仲《续世说》、庆元元年（1195 年）刊本《二俊文集》、绍兴十七年（1147 年）刻本《王黄州小蓄集》等书牒文中，均有"赁板"印销的记载。②

不过宋代国子监出版的书籍，其印版许人自出纸墨钱印制这一集生产与销售为一体的特殊出版方式，大概有二个限制：一是很可能只限于国子监系统内部或与之有关系者，二是赁版费实行优惠价。虽然这种书籍生产与销售方式实际上不只限于国子监，地方政府出版中也有同样作法，但其所许赁版印制的对象还是有一定范围的，不排除具有士人资质的基本条件。宋朝国子监实行的这一优惠政策，其初衷在于向士人这一特定的读者群体传播儒家《九经》等官方知识体系内的必要知识。

---

① 林申清编著：《宋元书刻牌记图录》，第 53 页，北京图书馆出版社，1999 年版。
② 叶德辉著：《书林清话》卷六，第 143～145 页，中华书局，1957 年版。

10. 课本发行

宋朝的学校大致可分为二类，一是官办学校，一是私立学校，而以前者为主体。官办学校的课本（或教材）发行，又大致可分为三种方式，一是免费发行，这只限于人数极少的特定教育对象及其范围，如宗学。二是收取一定费用的发行，这种方式最为普遍。三是面向社会学习者的销售发行方式。至于私立学校（主要指私塾）的课本使用，则不外乎二种方式，一是由私塾教师自行编写、印制，二是从官办学校、书坊等处购买。

11. 书院发行

宋朝书院大兴，据研究大概有 500 多所书院。宋朝书院大致可分为二类：官办书院与私立书院。凡是书院系统内部的书籍使用，概称之为书院发行。

12. 捎带发行

主要指委托朋友或其他关系人代买书籍的一种异地购买方式。这一方式具有某些特殊的意义，有的还具有一定的戏剧性。

13. 走私发行

这是一种非常特殊而又普遍的商业销售方式。宋朝禁止对辽等国输出的图书即通过这种方式输入辽国等。苏辙出使辽国时就发现"本朝民间开版印行文字，料北界无所不有。"[1]

14. 市井印卖

《东京梦华录》记载："近岁节市井皆印卖门神、钟馗、桃板、桃符，及财门钝驴，回头鹿马，天行帖子。"[2] 此处所卖，皆为祈求吉庆、升官晋爵、发财进宝一类的版画。这表明宋代版画作品，特别是贺年版画以及同农业生产密切相关的作品如"求雨龙"、"指日蛮"等创作与生产的繁盛，以致需求量与销售量都很大。

15. 互市发行

景德三年（1006 年）诏："民以书籍赴缘边榷场博易者，自非《九经》

---

① 〔宋〕苏辙撰，陈宏天、高秀芳点校：《苏辙集》卷四十二《论北朝所见于朝廷不便事》，第 747 页，中华书局，1990 年版。

② 〔宋〕孟元老撰，伊永文笺注：《东京梦华录笺注》卷十《十二月》，第 943 页，中华书局，2006 年版。

书疏，悉禁之。违者案罪，其书没官。"① 这虽然是一道禁书诏，但是它恰恰说明了此诏产生的原因——沿边榷场——互市中书籍交易的种类之广，不仅有儒家《九经》，而且有其他种类的书籍，其中甚至有禁书。其实，大概一切种类的书籍原在沿边榷场中都有贸易。

16. 易货发行

即以书籍商品同其他产品或货物直接交易，而非以货币交易。这种交易方式在沿边榷场（互市）乃至东京"鬼市"是存在的。在书画交易中也是存在的。

17. 批发与零售

上文所引的"四方收书君子"——书籍贩卖商，他们在书籍生产中心地肯定主要是以批发的方式进货的，然后再贩卖到各地。可以推知，对于这些远途贩卖商——固定客商来讲，书籍生产商已经同他们达成了一种符合行业规范的书籍批发关系。就宋朝书籍的全国发行来看，批发无疑是一种最基本的发行方式。

18. 自由定价

宋朝书籍的销售价格，虽然基于全国的物质供求状况及一般的物价水平而自有其相对稳定的基价，但是在此前提之下，书籍生产者拥有自由定价权。对于上文所称的远途贩书者来说，则拥有确定书籍零售价格的自主权。②

19. 博戏发行

"集市销售"条所引《苏魏公文集》中"时浙本中字《前汉书》方出，祖必戏扑之，为钱五千，十三淳一掷皆红。"即是一种博彩式的发行方式，"鬻书者"将书籍作为筹物，以"戏扑"的方式集游戏、娱乐、赌博与书籍发行为一体。

20. 海外发行

主要指对日本、高丽、交趾的书籍发行。

---

① 〔宋〕李焘撰：《续资治通鉴长编》卷六十四真宗景德三年九月壬子，第1425页，中华书局，1992年版。

② 从世界出版史角度看，印刷商或出版商自由定价一直持续到18世纪。18世纪德国出版商菲里浦·E·里奇（Philipp Erasmus Reich）提出图书销售的"净价原则"。1887年首先被德国采纳。1901年，英国书商协会、出版商协会及作家协会共同签定了"净价图书协定"，成为此后世界图书销售的统一准则。

三、图书价格实现平民化

由于雕版印刷技术的普遍应用，宋代书籍产量大增，"多且易致"，从而导致书价的下降。书籍作为一种文化商品，体现出它的价值、使用价值，特别是体现出它作为一般商品所具有的社会普遍的交换价值、流通价值。书籍价格成为图书生产与销售的一个最敏感的因素，它直接反映着书籍生产成本与利润的比例关系，反映着书籍商品生产的供求关系。

宋代的书籍定价，是同宋代一般的生产资料之生产，特别是同一般的生活资料之生产的价值、使用价值——交换价值、流通价值基本一致的。换言之，宋代书籍的定价反映了宋代物质生产、文化生产的一般物价水准。概言之，宋代书籍的价格主要有二个特点：一是它反映了书籍作为一种社会化一般商品（文化商品）的价值，二是书籍销售价格（较之以前朝代）下降为社会普通物价水准，并且确立了此后书籍价格的基本关系。[①]

据袁逸考证，"宋时的平均书价为每册 320 文，南宋时期的平均书价为每册 393 文。刻于北宋嘉祐四年的《杜工部集》定价最低，仅 100 文。其原因：一是在于当时物价状况尚好；二是由于苏州地方政府急于弥补财经超支，采取薄利多销的对策，且印数达万部之多，使成本相对降低。结果赢利仍超过'数千缗'，即每部书赢利至少在二三百文以上。南宋以后，随着国家财经状况的不断恶化，政府频繁发行、改换会子，货币迅速贬值，物价上涨，促使书价也大幅度上涨。南宋时平均每册书价 393 文，比《杜工部集》高出近 3 倍，而几乎同一时期的米价也涨了 3 倍左右。熙宁八年（1075）至淳熙十年（1183），江南米价从每石 500 文涨至 2000 文。因此，北宋、南宋的书价大致是相当的。"[②]

两宋时期，政府曾多次在全国范围内征求图书，其中有几次明言赏额。

---

① 宋代物价，可参考汪圣铎先生《北南宋物价比较研究》，载《宋史研究论文集》，河北教育出版社，1989 年版。

② 袁逸：《唐宋元书籍价格考》，《编辑之友》，1993 年第 2 期。不过，袁逸先生认为《杜工部集》一书赢利超过"数千潘"，疑有误！因为该书销售所得抵偿所假"省库钱"即"数千潘"。成本（支用公使库钱）不明，原文中"羡余"二字所指是否扣除了该成本，也不明。

淳化四年（993年），"诏三馆所少书有进纳者，卷给千钱，三百卷以上量材录用。"①

嘉祐五年（1060年），诏"应中外士庶之家，并许上馆阁所阙书，每卷支绢壹匹"②。绢一匹相当于钱一千。《宋会要辑稿》记载："袁州和买绸绢，旧以盐准折，今乞依诸路例，每匹给钱千。"③

上述诏令，均言明一卷书1000钱的赏额，但有个前提，必须是皇家馆阁藏书中所缺收的书。因此，其开价远远高出当时社会普遍书价。事实上，在实际执行中这一标准有时有所折扣，如天禧二年（1018年），"长乐郡主献家藏书八百卷，赐钱三十万，以书藏秘阁"④。则每卷书实际价格为375文。

苏轼记载："欧阳文忠公言文章如精金美玉，市有定价，非人所能以口舌定贵贱也。"⑤ "文章如金玉，各有定价。"⑥ 这说明宋代文章——文稿——书稿已经市场化、货币化。在一定时期内，形成了相对稳定的市场价格。不同作者的文章其价格也是不同的，即文章价格是分等级的。显然，像欧阳修、苏轼这样著名的作者，其文章（书稿）是最值钱的，即"市价"颇高。

出于刻工计算工作量与计算工价的原因，有的书籍在卷尾专门刻上字数，类似于现今书籍版权页上标识的字数。不过，宋代书籍的字数，指的是实际字数。如绍兴九年（1139年）单疏刊本《毛诗正义》，即于卷十后另起一行在版面中下位置处刻有"计一万六千七百三十六字"⑦。《说文解字》，第二部分之正文前刻有一段非常珍贵的文字："三十部　六百九十三文　重八十八凡八千四百九十八字　文三十四新附"。此处只取其刻明字数之义。⑧ 这种情况在宋代民间以施财方式刊刻宗教书籍（主要是《大藏经》）中已成惯例，一般均要刻上施主姓名、施财数量及刻字数量，以为功德。

宋代雕版书籍之书价，总体而言变得便宜了。由宋初至南宋灭亡，总的

---

① 〔宋〕程俱撰，张富祥校证：《麟台故事校证》，第257页，中华书局，2000年版。
② 〔宋〕程俱撰，张富祥校证：《麟台故事校证》，第272页，中华书局，2000年版。
③ 〔清〕徐松辑：《宋会要辑稿》食货三八之二，第5467页，中华书局，1957年版。
④ 〔宋〕程俱撰，张富祥校证：《麟台故事校证》，第268页，中华书局，2000年版。
⑤ 〔宋〕苏轼撰，孔凡礼点校：《苏轼文集》卷四十九《与谢民师推官书》，第1419页，中华书局，1986年版。
⑥ 〔宋〕苏轼撰：《东坡全集》卷七十四《答毛滂书》，文渊阁《四库全书》本。
⑦ 严绍璗编著：《日藏汉籍善本书录》（上册），第33页书影，中华书局，2007年版。
⑧ 严绍璗编著：《日藏汉籍善本书录》（上册），第54页书影，中华书局，2007年版。

趋势是平价化。但是也不是平均的，北宋初及南宋初，由于书籍出版尚未普及及宋金战争，书价相对贵一些。学界一般以《大易粹言》等几部书的牌记为依据进行研究，固然是必要的，能够得出这些书的具体书价。然而，也许如苏轼所言"多且易致"之类语言更能够从整体上及本质上反映宋代书价的平民化。

四、牌记广告诉求大众化

宋代书籍出版业的发达及市场竞争的激烈，特别是民间出版的激烈竞争，使得民营书籍生产商产生了较强的宣传书籍产品、促进书籍销售的产销意识，进而产生了书业广告。宋朝的书业广告在版式上以随书牌记广告为主，大致有二种，一种是纯文字广告，一种是图文并呈式广告。笔者将此种广告称之为牌记式广告。叶德辉云："宋人刻书，于书之首尾或序后、目录后，往往刻一墨图记及牌记。其牌记亦谓之墨围，以其外墨阑环之也；又谓之碑牌，以其形式如碑也。元、明以后，书坊刻书多效之，其文有详有略。……大抵此类木记牌识，见于坊肆刻本为多。"①

宋朝书籍产品广告从文案角度考察，又可分为简单的单句式广告与较为复杂的单段式广告两种。

以下采用文本分析、话语分析及结构主义语言学诸方法作一简论。

铺号式广告。这种广告由三个关键词构成，一般模式为：地名＋人名＋书坊名。它以简洁明了、通俗易懂的句式突出了广告的告知功能。这种广告主要产生在书坊群集的书籍生产中心，其广告目的主要在于"标识"与"识别"，即告知书籍销售商及消费者该书坊的地理位置、坊主及书坊字号。

福建路建安、建阳两县是宋朝书坊集中的地区之一。据《书林清话》、《中国印刷史》、《宋元版刻图释》，可考的书坊字号亦即书坊字号广告如下：

建宁府黄三八郎书铺
建宁书铺蔡琪纯父一经堂（或作建安蔡纯父）

---

① 叶德辉著：《书林清话》卷六，第 152～153 页，中华书局，1957 年版。

建安万卷堂

建安曾氏家塾

建安王懋甫桂堂

建安刘元起家塾

建安刘日新宅三桂堂

建安刘叔刚宅

建安刘之问（刘元起）

建安江仲达群玉堂

建安魏仲立宅

建安魏仲举家塾

建安陈彦甫家塾

建安黄善夫家塾

建安蔡子文家塾

建安虞平斋务本书堂

建安虞氏家塾

建安庆有书堂

建溪三峰蔡梦弼傅卿家塾（建溪或作建安）

建阳崇化书坊陈八郎家（或作建宁府陈八郎书铺）

建宁府麻沙镇虞叔异宅

麻沙镇南斋虞千里

麻沙镇水南刘仲吉宅

麻沙刘仲立

麻沙刘智明

麻沙刘将仕宅

麻沙刘通判宅

麻沙刘仕隆宅

建安余恭礼宅

夏渊余氏明经堂（或作建安余氏唐卿宅）

建安余彦国励贤堂

建安虞氏家塾

建安魏忠卿家塾

建安黄及甫家塾

建安王朋甫

建阳龙山堂

余氏广勤堂

建安余仁仲万卷堂

余靖安勤有堂

建邑王氏世翰堂

建安余氏

闽山阮仲猷种德堂①

其实这些书坊的知名度、美誉度也不尽一致。多数都是一般性的书坊，而其中少数则是具有相当知名度与美誉度的名牌书坊，如余仁仲万卷堂即是当时的著名品牌，所刊《尚书精义》、《春秋公羊传》、《春秋穀梁传》等，世称建安余氏九经本，与兴国于氏本皆分句读，称为善本。

文化诉求、文化告知——文化传播，构成建安、建阳两县书坊广告的基本特色。本来，这两县书坊的文化品位参差不齐，甚至普遍偏低，历来学人对此一直存有指斥与批评。然而，书籍出版业的文化属性要求书坊主们必须以文化旗帜相号召，对外进行宣传。因此，他们中的多数都起了一个文雅的，甚至颇具书卷气的堂号。如：万卷堂、三桂堂、群玉堂、务本书堂、明经堂、励贤堂、广勤堂等。书坊以"堂"为名，就成为了宋朝建安、建阳书籍出版业的一个显著特征，也是其书业广告的一个显著特征。

南宋京城临安作为书籍生产中心之一，书坊林立。其书坊有书铺、经铺、经坊、经籍铺、经书铺、书籍铺等不同称谓。据《书林清话》、《中国印刷史》、《宋元版刻图释》，有铺名可考者计16家：

临安府棚北睦亲坊南陈宅书籍铺（或作临安府睦亲坊陈宅经籍铺）

临安府棚北大街陈解元书籍铺（或作临安府棚北睦亲坊巷口陈解元宅）

① 叶德辉著：《书林清话》，中华书局，1957 版。张秀民著，韩琦增订：《中国印刷史》（插图珍藏增订版），浙江古籍出版社，2006 年版。陈坚、马文大撰辑：《宋元版刻图释》，学苑出版社，2008 年版。诸家所考主要依据现存古籍以及明清著名版本学、目录学著作记载作者知见。

　　　　临安府洪桥子南河西岸陈宅书籍铺

　　　　临安府鞔鼓桥南河西岸陈宅书籍铺

　　　　临安府太庙前尹家书籍铺（或作太庙前尹家父子文字铺）

　　　　临安府众安桥南街东开经书铺贾官人宅（或作临安众安桥南贾官人

　　经书铺）

　　　　临安府修文坊相对王八郎家经铺

　　　　钱塘门里车桥南大街郭宅经铺

　　　　保佑坊前张官人经史子文籍铺（或简称中瓦子张家）

　　　　行在棚南街前西经坊王念三郎家

　　　　杭州沈二郎经坊

　　　　杭州猫儿桥河东岸开笺纸马铺钟家

　　　　太学前陆家

　　　　临安府中瓦南街东开印输经史书籍荣六郎家

　　　　钱塘俞宅书塾

　　　　钱塘王叔边①

　　其中猫儿桥笺纸马铺钟家，虽然主营笺纸及风俗用品，但也刻印并发行过《文选》。

　　较之上述建安、建阳两县的书坊广告，临安府的书坊广告具有二个显著的文本特色：一是详细开列地址，这是因为临安府是南宋京城，人烟稠密，城市地理复杂，所以不得不采取如此周密的文字告知策略，否则不利于书商与读者前来认知。二是一般以"铺"（或坊）为名，而不是以"堂"为名，采用直接告知的语言方式，或曰经籍铺、或曰书籍铺、或曰文字铺、或曰经书铺，或者干脆简称为经铺、经坊。这两个特色，体现了江浙地区临安府书坊经营的精明之道。

　　临安府书坊广告语的构成模式一般为：府名＋坊名（桥名或河名）＋街名＋方位（东南西北）＋坊主姓氏＋书铺（书坊、经籍铺、文字铺等）。

　　南宋书坊在书籍上的署名，既具有版权意义，即标明出版者、出版地，

<hr />

　　① 叶德辉著：《书林清话》，中华书局，1957 年版。张秀民著，韩琦增订：《中国印刷史》（插图珍藏增订版），浙江古籍出版社，2006 年版。陈坚、马文大撰辑：《宋元版刻图释》，学苑出版社，2008 年版。诸家所考主要依据现存古籍以及明清著名版本学、目录学著作记载作者知见。

又具有广告意义，即导引书商与读者前来购书。从修辞策略上讲，主要有以下几个特点：1. 城市意识、中心城市意识或其空间意识。上引书坊，大都把"临安府"置于文前，表明这些书坊在全国范围内对临安府之京城角色的强调与特殊认知，即对其中心城市地理位置与空间意识的确认。2. 姓氏意识。几乎无一例外地标明了坊主的姓氏。如陈宅、陈解元宅、尹家父子、贾官人、王八郎、郭宅、张官人、张家、王念三郎、沈二郎、钟家、陆家、荣六郎家、俞宅、王叔边。其中，绝大多数使用姓氏，一部分使用客气性的习惯称呼（张官人、沈二郎等），只有一个使用全名（王叔边）。这反映了书坊经营中主客关系的熟稔，以及对经营环境、经验和历史的默认。3. 语言通俗。4. 书坊气息浓厚。这点比起官方出版来尤其明显，没有什么尊贵的官衔作为前缀语。5. 词序呈现为辐辏性思维定式，由远及近，由大到小，形成了基本模式：临安府——街、坊、桥——某某书籍铺。如临安府棚北大街书籍铺。6. 方位与指向。如临安府洪桥子南河西岸书籍铺，其中表示方向的词即有"南"、"西"两个。其他方位词有"北"、"巷口"、"前"、"相对"、"东"等。东南西北、前后、相对，这些反映杭州城市空间方位、公共意识的词汇显然是当时人们都很熟悉的。

文案式广告。这一牌记广告形式往往是一个独立的自然段文案结构，内容丰富，表达完整，揭示信息充分。有的甚至具备了书籍提要、跋语（后记）的基本要素。以下就此种广告例举并作文本分析。

1.《春秋经传集解》三十卷。卷末有墨围识语八行，云："谨依监本写作大字，附以《释文》，三复校正刊行，如履通衢，了亡室碍处，诚可嘉矣。兼列图表于卷首，迹夫唐、虞、三代之本末源流，虽千载之久，豁然如一日矣。其明经之指南欤！以是衍传，愿垂清鉴。淳熙柔兆涒滩中夏初吉，闽山阮仲猷种德堂刊。"①

这条牌记广告中突出了监本、大字、附文、三校、列图5个特色，即：底本为宋朝印本书的典范"监本"；刻成大字易于阅读，不伤视力；附刻有《释文》，便于理解内容；至少校对了三遍，文字通顺；卷首列有图表可使读者一目了然。

―――――――――

① 叶德辉著：《书林清话》卷六，第152页，中华书局，1957年版。文中"室"似为"窒"之讹。

2.《类编增广黄先生大全文集》五十卷。该书《目录》后有碑牌一方，云："麻沙镇水南刘仲吉宅，近求到《类编增广黄先生大全文集》计五十卷，比之先印行者增三分之一，不欲私藏，庸鑱木以广其传，幸学士详鉴焉。乾道端午识。"①

这条广告力图申明：本书虽然晚出，但是比先出的同一著者文集内容上更为完整，多出三分之一篇幅。这表明当时对于一些著名作者的文集争相出版的状况。

3.《纂图互注扬子法言》十卷。书后有木记云："本宅今将《监本四子纂图互注》附入《重言重意》，精加校正，兹无讹谬，誊作大字刊行。务令学者得以参考，互相发明，诚为益之大也。建安□□□谨咨。"②

这条牌记突出了附入"重言重意"这一编辑特色，再加上大字、精校，广告用语比较恳切。

4.《新编近时十便良方》十卷，成都眉山万卷堂刊本。书末有墨图记，云："万卷堂作十三行大字刊行，庶便检用，请详鉴。"③

这条牌记简洁明快，以"十三行大字刊行"为宣传点，即书坊不惜版材，版面字大行疏，易于阅读。

5.《妙法莲华经注》。卷七末有牌记云："本铺今将古本《莲花经》一一点句，请名师校正重刊，选拣道地山场钞造细白上等纸札，志诚印造。现住杭州大街棚前南钞库相对，沈二郎经坊新雕印行，望四远主顾寻认本铺牌额请赎。谨白。"④

这是一条比较典型的广告。它表明此书乃至宋代书籍编辑出版中的几个重要细节：一是部分专业性书籍需要聘请名师编辑。这种聘请从雇佣关系角度考察，一般应为计件性聘请，即校正完该书即告聘期结束。这种聘请来的编辑，其实即是坊外专家编辑。他们所得的编辑报酬，应该高于一般书籍编辑。二是对于具有一定名气的书坊来讲，往往形成了一批比较固定的主顾，而书坊对这些主顾是十分尊敬的。鉴于书坊使用劣质纸张印刷书籍的弊端，

---

① 林申清编著：《宋元书刻牌记图录》，第40页，北京图书馆出版社，1999年版。

② 叶德辉著：《书林清话》卷六，第153页，中华书局，1957年版。

③ 林申清编著：《宋元书刻牌记图录》，第61页，北京图书馆出版社，1999年版。

④〔清〕丁申撰：《武林藏书录》卷末《释道经版》。《丛书集成续编》史部（第66册），第61页，上海书店出版社，1994年版。

刻意宣传了"专用上等好纸印造"的用料长处。

6.《活人事证药方》，建安余恭礼宅刻梓。《目录》前有牌记云："药有金石草木、鱼虫禽兽等物，具出温凉寒热、酸咸甘苦、有毒无毒、相反相恶之类，切虑本草浩繁，卒难检阅。今将常用药性400余件附于卷首，庶得易于辨药性也。"①

这是一本家庭常备医药用书。广告文案将400余种常用药及其药性列于卷首作为卖点予以突出。

同书另则牌记："余幼习儒医，长游海外，凡用药救人取效者及秘传妙方，随手抄录，集成部帙，分为门类，计二十余卷。每方各有事件引证，皆可取信于人，并系已经试验之方，为诸方之祖。不私于己，以广其传，庶使此方以活天下也。桃谿居士刘信甫编。"②

这是一则自传式广告，突出了验方与医德二个话语要素。

7.《古三坟书》三卷。牌记："余家藏此《古三坟书》，而时人罕有识者，恐遂湮没不传于世，乃命刻于婺州学中，以与天下共之。绍兴十七年岁次丁卯五月重五日三衢沈斐书。"③

此条突出"家藏"二字，并以"与天下共之"相标榜。出版时间、地点、出版人详明。

8.《礼记正义》，绍熙三年（1192年），两浙东路提举常平司刊本。牌记："六经疏义，自京、监、蜀本，皆有正文及注。又篇章散乱，览者病焉。本司旧刊《易书》、《周礼》，正经注疏萃见一书，便于批绎，它经独阙。绍熙辛亥仲冬，唐备员司廈遂取《毛诗》、《礼记》疏义，如前三经编汇，精加雠正，用锓诸木，庶广前人之所未备。乃若《春秋》一经，顾力未暇，姑以贻同志云。壬子秋八月三山黄唐谨识。"④

这是一条经注疏合刊的典型记录，突出权威版本，合刊之缘由明矣。

宋朝书籍牌记的作者大概不外乎三种人：一是聘请来的名儒编辑；二是书坊主人，或书坊家庭（族）内的编辑；三是书坊刻工。第一种作者写的牌

---

① 傅增湘撰：《藏园群书经眼录》，第591页，中华书局，1983年版。
② 傅增湘撰：《藏园群书经眼录》，第591页，中华书局，1983年版。
③ 傅增湘撰：《藏园群书经眼录》，第22～23页，中华书局，1983年版。
④ 林申清编著：《宋元书刻牌记图录》，第22页，北京图书馆出版社，1999年版。

记，水平自然非同一般。第二种作者写的，有的水平较高，不少则一般，乃至间有错别字。第三种作者刻的，一般比较简略。

9.《重广眉山三苏先生文集》。此书有数个牌记，有的简略，有的复杂。简略者如："饶州德兴庄溪綦龙应梦集古堂善本。"卷三十二后："饶州德兴县庄溪董应梦宅经史局逐一校勘，写作大字，命工刊行。"复杂者如卷二十八后："饶州德兴县庄溪书痴子董应梦重新校正，写作大字，命工刊板，衖用皮纸印造，务在流通，使收书英俊得兹本板，端不负于收书矣。绍兴庚辰除日因笔以记志岁月云。"①

这位饶州德兴县庄溪的书痴子——坊主董应梦，想必是个十分有个性的人，痴性难收，爱书成癖，又是集古堂，又是经史局，以是一书而多个牌记，个个少不了他董应梦的大名！

这种一书而多个牌记的广告，符合重复传播的原理，具有传播学中"魔弹论"的效果。研究者应将一书中所有的牌记既一一细加分析，又应将其置于一起作为一个文案整体予以研究。

不过，据傅增湘考证，此书"卷中诸题识均称'写作大字'，而实为小字密行"。② 若事实果真如此，那么这个董书痴子岂不是在明目张胆地大行欺骗之道而授人以柄！

10.《抱朴子内篇》。卷二十末牌记："旧日东京大相国寺东荣六郎家，见寄居临安府中瓦南街东，开印输经史书籍铺。今将京师旧本《抱朴子内篇》校正刊行的无一字差讹，请四方收书好事君子幸赐藻鉴。绍兴壬申岁六月旦日。"③

这是一条凸显历史沧桑的广告，广告话语中明显折射出北宋、南宋的历史变迁。文案采用历史追忆的笔法，试图激起大家的历史映象，从而更好地达到广告主诉求的现实目标。

文中以"旧日"与"见"（现在）的鲜明对比修辞策略，讲述了宋朝一个书坊——荣六郎家的历史故事。一个书坊见证了宋朝历史！这条看似不经意的广告却是一条具有很高写作水平的广告，不仅堪称宋朝，而且堪称中外

---

① 林申清编著：《宋元书刻牌记图录》，第 31～32 页，北京图书馆出版社，1999 年版。
② 傅增湘撰：《藏园群书经眼录》，第 1531 页，中华书局，1983 年版。
③ 林申清编著：《宋元书刻牌记图录》，第 53 页，北京图书馆出版社，1999 年版。

广告史上的典范作品。

11.《春秋公羊经传解诂》。《序》后牌记："《公羊》、《穀梁》二书，书肆苦无善本。谨以家藏监本及江浙诸处官本参校，颇加厘正。惟是陆氏释音字，或与正文字不同。如此序'酿嘲'，陆氏'酿'作'让'。隐元年'嫡子'作'適妇'，'含'作'唅'，'召公'作'邵'。桓四年'曰蒐'作'庱'。若此者众，皆不敢以臆见更定，姑两存之，以俟知者。绍熙辛亥孟冬朔日建安余仁仲敬书。"①

余仁仲为国学进士，建安万卷堂堂主，有宋一代著名出版家。他写的这条牌记，突出了该书校勘上坚持的科学原则，即多闻阙疑，尊重书籍原貌，绝不凭主观臆测妄改古书。以编校的科学严谨昭示天下，是这条牌记的特色。

12.《本草衍义》，江南西路转运司刊本。牌记："右《证类本草》计版一千六百二十有二，岁月屡更，版字漫漶者十之七八，观者难之。鸠工刊补，今复成全书矣。时庆元乙卯秋八月癸丑识。"②

将1622块漫漶不清的书版鸠工刊补成一部全帙，其校识及补刊的难度及工作量之大可想而知！而这正是这条广告所要诉知并打动读者的文本要义。

13.《太平圣惠方》。刊记："福建路转运司今将国子监《太平圣惠方》一部一百卷二十六册，计三千五百三十九板对证，内有用药分两及脱漏差误共有一万余字，各已修改开板，并无讹舛，于本司公使库印行。绍兴十七年四月日。"③

这是一条地方政府的医学书籍出版广告，突出校正数字之大，表明对医书出版的特殊重视。

14.《大易粹言》，舒州公使库刻本。题记："今具《大易粹言》一部，计二十册，合用纸数印造工墨钱下项：纸副耗共一千三百张，装背饶青纸三十张，背青白纸三十张，棕墨糊药印背匠工食等钱共一贯五十文足，赁板钱一贯二百文足。库本印造，见成出卖，每部价钱八贯文足，右具如前。淳熙三年正月日雕造所贴司胡至和具。"④

---

① 林申清编著：《宋元书刻牌记图录》，第56页，北京图书馆出版社，1999年版。

② 严绍璗编著：《日藏汉籍善本书录》（中册），第910页，中华书局，2007年版。文中"娄"应为"屡"。

③ 严绍璗编著：《日藏汉籍善本书录》（中册），第932～933页，中华书局，2007年版。

④ 叶德辉著：《书林清话》卷六，第143页，中华书局，1957年版。

这是一条典型的公使库版书籍广告，同上条广告一样，将主要成本及定价一一列明，用数字来增强广告诉求效果，令人产生信服。

15.《汉隽》，淳熙十年（1183年），象山县学刻本。刊记："象山县学《汉隽》，每部二册，见卖钱六百文足。印造用纸一百六十幅，碧纸二幅，赁板钱一百文足，工墨装背钱一百六十文足。"又题："善本锓木，储之县庠，且藉工墨盈余为养士之助。"①

这部书可能主要用于县学，所以对于售价及主要成本都一一列明，以示优惠。

16.《大方广佛华严经》，杭州龙兴寺华严社雕造。题记："今此印板依华严大疏所释经本校勘已定，其间经文或有欠失文字，并是翻译时误。观疏主一一检会新旧二经梵夹，将所欠文编在疏中，不敢擅添经内，请后贤悉之耳。"②

此以纠正并严格区分翻译之误为要点。

17.《妙法莲华经》，杭州大街睦亲坊内沈八郎校正重刊印行，梵夹装。碑式牌记载仁宗御赞：

> 六万余言七轴装，无边妙义广含藏。
> 白玉齿边流舍利，红莲舌上放毫光。
> 喉中甘露涓涓润，口内醍醐滴滴凉。
> 假饶造罪过山岳，不许妙法二三行。

经后牌记："杭州大街睦亲坊内沈八郎校正重刊印行"③。这位沈八郎竟将仁宗御作刻为广告词，充分利用名人效应及其品牌效应，不愧是"异想天开"的绝妙创意。

18.《重修事物纪原集》。牌记："此书系求到京本，将出处逐一比较，使无差谬，重新写作大板雕开，并无一字误落。旹庆元丁巳之岁建安余氏刊。"④

---

① 叶德辉著：《书林清话》卷六，第143页，中华书局，1957年版。
② 傅增湘撰：《藏园群书经眼录》，第869页，中华书局，1983年版。
③ 傅增湘撰：《藏园群书经眼录》，第868～869页，中华书局，1983年版。岳珂《桯史》之《售脓足之药》记载一卖脚药人利用皇帝（"供御"、"曾经宣唤"）做招牌的笑料，可与此条互读互证。
④ 林申清编著：《宋元书刻牌记图录》，第60页，北京图书馆出版社，1999年版。

宋朝书籍之牌记广告，随书刊刻，不仅合理利用了书版上的自然留白，使得牌记与正文浑然一体，相互印证，合为全璧，而且以其特有的牌记文字、图案——版式丰富了版面空间，从而成为书籍版面的必要构成形式，隐含并传播了更为丰富的书籍语言与文化语言。

因为这些牌记的作者一般都是对该书编辑出版及书市经营十分在行的通人，所以写作上都能作到抓住该书要点，要言不烦，简短而确切，诚所谓行家熟语，从而在宋朝形成了一种新的书籍出版文体——牌记文体。

广告语言具有经营欺诈的本性，书籍广告亦不例外。宋朝书籍广告一般来讲是符合广告规范的，但也不乏故意夸大其辞、华而不实乃至明显欺诈的广告，如福建麻沙本，即存在版材松软、偷工减料、校勘粗劣、贪多求快等弊端，历代饱受指责与批评。陆游《老学庵笔记》、周辉《清波杂志》、沈括《梦溪笔谈》、叶梦得《石林燕语》、朱弁《曲洧旧闻》等书均有批评之声。

第五章　宋代书籍设计、插图及美学特征

一、简单经典的设计理念

较之同时期欧洲华贵之羊皮书而言，宋代雕版书籍之设计一般体现为朴实无华的显著特色，主要体现了"井田制"特征，朴实、线性、简单、庄重、大气。这同雕版技术及雕版书籍最早发明于中国民间及其农业文化具有渊源关系。纸墨生产的普及、刻工工价的低廉、书籍需求空间及数量之大也都是重要的决定因素，而雕版书籍生产力的发达也使得书籍具有了平民文化的基本特征。相反，这时欧洲之书籍尚属于贵族僧侣文化之范畴①，羊皮纸的使用又使得书籍成本不菲，以是生产之书籍必然以华贵的形制设计为显著特色，形成了欧洲特有的书籍"精装文化"。

宋代经过精心装褙的皇室书籍，如太清楼本等，像丝绸一样灿烂辉煌。

宋代确立的这种朴实的书籍形制设计理念，使得书籍得以广泛传播，真正成为了一种空间意义上的大众媒介。

二、朴实直观的基本形制

书籍形制指的是书籍的物质形态或物质空间形式。宋代确立了雕版印刷术普遍采用后中国书籍的基本形制，尤其是版面形制，其后相沿不改，直到

---

① 《阅读史》一书作者指出：在中世纪的世俗世界中，"印刷术发明前，读写能力并不普及，书本仍属于富有者的财产，为一小撮读者的特权。"［加拿大］阿尔维托·曼古埃尔著：《阅读史》，吴昌杰译，第 142 页，商务印书馆，2002 年版。

近代西方机械化活字印刷术传入为止。宋初，沿袭过唐代及以前的书籍形制卷轴装制、经折装制、旋风装制、龙麟装制。旋风装制是由卷轴装制到蝴蝶装制的一种典型的过渡形制或中间形制。宋代主流书籍形制——蝴蝶装制是对上述之前三种书籍形制继承并创新的一种新的书籍形制。大约从宋代中晚期起，又在蝴蝶装制的基础上加以改进，产生了包背装制，这种书籍形制后来成为了元代基本的书籍形制。

宋代书籍基本形制中存在技术与艺术上一定的变化，如字体的不同、字号的大中小等。这使得宋代书籍形制体现出标准规范性与灵活机动性的高度统一，也为宋代以后书籍形制的发展与创新开启了思想、技术——艺术上的山林，奠定了中国雕版书籍形制的范式。

宋代书籍之有边栏，直接目的在于确定一部书版式尺寸或规格的一致。究其深层原因，可能同汉字的书写习惯、抄本形制乃至农业民族田亩耕作及其计量思维有关。

宋代书籍的开本既有一般规格的，也有大型开本，以及小型乃至微型开本。

宋版书籍一般在目录或序文后刻上刊语或牌记，也有刻于全书末尾的。牌记是宋版书籍形制的重要形式元素或形式语言，是宋版书籍版式中的"版式"。刊语或牌记的内容主要包括刻书地点、时间、堂号、书铺、人名，以及编校、版本特点、广告宣传用语、版权保护声明等。有些牌记具有简单的装饰性，如世綵堂刻《昌黎先生集》，线框的4个内角各刻有一个小的方状曲形，线条粗细一样，这4条略带弧度的方形短线，正好同框内刊语的篆书形成默契，使得线性框饰同所记文字圆融为一，而4个小方格的大小也同刊语中每个字的大小相当。这个牌记看似不经意，但仔细一琢磨，就不难发现其艺术巧思。又如钱塘王叔边刊《前汉书》、《后汉书》，所记文字上下各刻有一排相对的卷云纹，卷云纹前即每个行界间又各刻有一个"o"乳钉符号。卷云纹印出后呈现显著的黑色，同中间所记文字比较粗黑的效果相互映证，从而突出了牌记的视觉效果，使得此方牌记十分醒目。卷云云朵上的细线及"o"乳钉小圆线的设计，又避免了卷云图案印出后漆黑一团的效果，从而既反衬了黑色的主色调，又使得此方牌记具有了灵气而不失死板。牌记的边框，一般均为粗黑线框。

　　字体是书籍形态与书籍形制最基本的元素①。宋版书籍一般为正书字体，直接脱胎于写本书籍的历史文化环境，存其韵意。从书法角度考察，主要仿效者有三：1. 唐代著名书法家书体，以欧阳询、柳公权、颜真卿三家为主。2. 宋代著名书法家书体，如苏东坡书、徽宗瘦金体。3. 其他，如行楷、草书、手写体、古体、简体。

　　宋朝雕版书籍基本上奠定了中国古代雕版书籍的基本字体——宋体字的规范。这是宋版书对中国书籍文化——出版文化——中华文明最突出贡献之一。汉字中的基本字体——宋体，即源于宋朝雕版书籍。一般认为南宋中晚期时宋体字即已确立。② 这一书籍标准字体——基本字体一直沿用至今。宋版书籍字形有方形、长形、扁形、圆活、细瘦等多种。宋版书籍字体多样，各呈风流，大小字体刻印相映成趣。

　　标点符号是正文的必要构成部分，是一种特殊的"语言"，与正文文字语言一起完成文本意义的构建。雕版书籍之有圈点符号，叶德辉认为始于宋中叶以后。"刻本书之有圈点，始于宋中叶以后。岳珂《九经三传沿革例》有'圈点必校'之语，此其明证也。孙《记》宋版《西山先生真文忠公文章正宗》二十四卷，旁有句读圈点……有元以来，遂及经史。如缪《记》元刻叶时《礼经会元》四卷，何焯校《通志堂经解目》、程端礼《春秋本义》三十卷，有句读圈点。大抵此风滥觞于南宋，流极于元、明。"③ 宋版书籍中已经产生了一些用于断句兼表意的标点符号，如小黑点、小白圈、——、、、、等。这些标点也是宋版书籍基本形制的特殊符号。

　　宋版书籍的基本形制体现了简约实用的特色，设计与结构上以线性为主，没有多余的装饰，对版面空间的利用达到了最大化的程度，一切以文字内容为主，没有冗余的文字干扰形式语言。即使是刻工姓名、字数、页数、篇目以及刊语、牌记，也都是必要的文本内容的补充，是必不可少的文字。这一书籍形制最大的优点即在于将读者的阅读最大程度地"纯粹化"

---

　　① 宋代雕版书籍之形制特点，参阅张秀民著，韩琦增订《中国印刷史》（插图珍藏增订版），第115～131 页，浙江古籍出版社，2006 年版。

　　② 对古代钱币素有研究的业师汪圣铎先生面授指出，南宋孝宗以后钱币上一律为宋体字，基本结束了此前多种字体的时期。

　　③ 叶德辉著：《书林清话》卷二，第33～34 页，中华书局，1957 年版。又，宋刊梵夹本《妙法莲华经》七卷，"经文加句读"，傅增湘撰：《藏园群书经眼录》，第868 页，中华书局，1983 年版。

了——读者只要一翻开书，即可以直接进入文字语言的世界——书籍内容的世界——文本意义的世界，绝不会看到其他多余的形式"语言"。一句话，宋版书籍的基本形制，纯粹就是为了文字呈现及读者阅读而设计的极其简约的一种书籍形制。从经济学角度考量，这一书籍形制也是生产成本最低的，因而对书籍定价、销售及其利润的影响也是可想而知的。低廉的生产成本控制，理论上必将实现对书籍销售价格的控制——书籍销售价格的有限性。这对于宋代书籍的大量生产，书籍生产的繁荣，书籍购买的普及和广泛阅读的形成均是至关重要的因素，也是其奥妙之所在。由此而产生的关于宋代思想、文化、意义的社会化的普遍生产及其深远的影响，更是令人欣然而深思的。

较之同时期欧洲主要由修道院精心设计的手抄书籍而言，欧洲书籍不失其华丽的美术形态，而宋版书籍却显得朴实无华，以内容的直接呈现为主，已经走向了大众化，欧洲修道院书籍华贵的外表及其制作则将普通读者挡在了门槛之外。

三、古代书籍平装的典范

宋代雕版书籍确立了书籍史上最早的平装典范。欧洲书籍史上的"纸皮书革命"已是1935年莱恩"企鹅丛书"出版以后的事了。[①] 二者相差已近1000年。书籍装帧是对书籍的美术设计或书籍的造型艺术，是书籍出版过程中关于书籍各部分结构、形态、材料应用、印刷工艺、装订工艺等全部设计的总和。

宋版书籍确立了中国古代印本书籍（相对于抄本书籍而言，主要指雕版、活字两种方式的印刷书）装帧设计的基本典范。

宋代书籍的装帧类型既具有传承性，又具有创新性。它大致包括卷轴装、经折装、旋风装、龙麟装、蝴蝶装、包背装，而以蝴蝶装为宋代书籍

---

① ［加拿大］阿尔维托·曼古埃尔著：《阅读史》，吴昌杰译，第170～177页，商务印书馆，2002年版。参见［英］汉斯·史莫勒《平装本革命》，《朗文出版社250周年（1724～1974）社庆出版史论文集》，伦敦，1974年版。

的主流装帧形式。蝴蝶装是宋版书籍脱胎于旋风装、龙麟装的一种新创的书籍装帧形式。

宋代皇室书籍装帧是种特例。张秀民先生曾目睹手验，称"宋印宋装《文苑英华》，黄绫书衣里面有墨戳一行云：'景定元年（1260 年）十月二十六日装背臣王润照管讫。'王润为宋内府装背匠，故自称'臣'。黄绫装潢，有蓝绫墨笔书签。富丽堂皇，与欧阳修说'秘阁藏书，并以黄绫装裹，谓之太清本'者正合。钤有宋'缉熙殿书籍印'、'内殿文玺'、'御府图书'等玺印。考缉熙殿为临安京城皇宫后殿，建成于绍定六年（1233 年）六月。此书为缉熙殿建成后不久所入藏，惜北图仅存残本十二册，与上述有'缉熙殿宝'的唐贞观写本《善见律》，可称为我国善本图书之白眉。《文苑英华》在装背史上又有新创，王氏为便于翻阅，将每卷首尾页边分上中下部位，粘有红色、黄色、酱色之小绫片，与西文大字典将起首字母挖一小洞于书口外，以便查阅相同。他这种做法，可说是前无古人，后无来者。"① 秘阁"初为太宗藏书之府，并以黄绫装裹，谓之太清本"。② 秘阁书"并以黄绫装之"。③

《南宋馆阁续录》记载："旧制，秘阁书用藤黄纸栏界书写，用黄绫一样装背，碧绫面签，黄绢垂签，编排成帙，及用黄罗夹复檀香字号牌子，入柜安顿。黄纸并装褙物料等，并杂买务收买。"④

《宋史》称太祖皇帝玉牒"旧制以梅红罗面签金字，今欲题曰《皇宋太祖皇帝玉牒》"。⑤ 可以想见此书封面装帧之美。

《高氏小史》，"此书旧有杭本，今本用厚纸装褙夹面，写多错误，俟求杭本校之。"⑥《春秋加减》，唐宪宗元和十三年（818 年）国子监奉勅定，不著人名。"此本作小褙册，才十余板，前有睿思殿书籍印，末称臣雩校正，盖承

---

① 张秀民：《宋元的印工和装背工》。《张秀民印刷史论文集》，第 113 ~ 117 页，印刷工业出版社，1988 年版。

② 〔宋〕程俱撰，张富祥校证：《麟台故事校证》，第 272 页，中华书局，2000 年版。

③ 〔清〕徐松辑：《宋会要辑稿》崇儒四之九，第 2234 页，中华书局，1957 年版。

④ 〔宋〕陈骙、佚名撰，张富祥点校：《南宋馆阁录续录》，第 23 ~ 24 页，中华书局，1998 年版。

⑤ 〔元〕脱脱等撰：《宋史》卷一百一十四《礼十七》，第 2713 页，中华书局，1977 年版。

⑥ 〔宋〕陈振孙著，徐小蛮、顾美华点校：《直斋书录解题》，第 109 页，上海古籍出版社，1987 年版。

平时禁中书也。"①

《齐东野语》之《绍兴御府书画式》详细记录了御府书画装裱的规格、物料，透露了御府书画装裱的华贵特色。鉴于书籍装帧艺术与书画装裱二者之间的共性，可资参考。文中记载："按唐《艺文志·序》，载四库装轴之法，极其瑰致。《六典》载崇文馆有装潢匠五人，即今背匠也。本朝秘府谓之装界即此事，盖古今所尚云。"② 可知宋继唐规，三馆中设有专门从事书画、书籍装裱、装帧之职员。

总之，宋版书籍装帧（主要指蝴蝶装）的主要特点是：简约、实用、成本低廉、色彩单调，版式设计以横竖线为主，朴素无华，少有或没有纯粹的美术装饰图案、美术设计及其他设计语言。宋版书籍装帧最具艺术价值及审美情趣的元素，主要不在于裱褙匠的工作，而在于书页中完成于写工与刻工之手的那一个个蕴意美妙的文字，而裱褙匠简单的工作，以其上述之朴实，恰恰将宋版书籍中的文字之美映衬到了无以复加的程度，此其化外之功欤！

欧洲直到文艺复兴时期书籍装帧形态仍为贵族式的。这可从文艺复兴研究权威雅各布的记述窥知。"抄写的字迹是前一世纪已经开始使用的美丽的近代意大利字体，它使那个时代的书籍看起来非常美观。……那些附带的装饰，即使其中没有精细画，也是饶有风趣的；……这些抄本在字行的开始和结尾都有浅淡而美丽的花体字。如果抄写工作是由大人物或富有者的命令进行的，用来抄写的材料总是羊皮纸，而无论是在梵蒂冈或在乌尔比诺，都一律用深红色的天鹅绒作为封面装订，并带有白银的搭扣。因为人们十分注意用书籍外观的美丽来表示对于它的内容的重视。"③

---

① 〔宋〕陈振孙著，徐小蛮、顾美华点校：《直斋书录解题》，第57页，上海古籍出版社，1987年版。
② 〔宋〕周密撰，张茂鹏点校：《齐东野语》卷六，第93～100页，中华书局，1983年版。
③ 〔瑞士〕雅各布·布克哈特著：《意大利文艺复兴时期的文化》，何新译，189～190页，商务印书馆，1979年版。

四、规范丰富的版面语言

宋版书籍，采用不同字体、不同字号以及特殊的标识符号区分或标示不同的编辑语言，使版面编辑语言及其功能十分明确。这种编辑语言及其书籍体例奠定了中国古代雕版书籍版面编辑语言的基本规范，为中国雕版书籍所一直沿用。例如《周易注疏》①，书名、著者、正文用同一种字体、字号，疏用一种字体、字号。疏文前刻有一个以示与正文加以区别的"疏"字，此字字体、字号虽与原文相同，但是采用了阴刻的手法，即黑底白字，且其外围刻有两个线圈，从而造成了鲜明的视觉反差，达到了疏文与本文的明确分界效果。《尚书正义》②，书名、卷名、著者、正文基本上是同一种字体，但字号大小却不同，书名、卷名与正文序目为同一种字号，著者字号小之，疏文字号又小之。再者，书名、卷名、著者、序目字体方正，而疏文却用比较细的稍长字体。"疏"字字体也略有变化，阴刻，十分醒目。《说文解字》③一书，字体尤其多样，而以各字之间不同篆书形态为显。再者，正文中题头，即"说文解字第一"等处，"第"字皆刻作"弟"字，由此看来，南宋时刻本书籍中即已出现简化汉字。《说文解字》④，共用了5种不同字体：书名、卷名、著者一种，校定者一种，本文一种，释文一种，原字一种。

除了上述这种字体、字号变化丰富，予人以版面语言差参错落之美的书籍语言及其形制外，宋版书籍中还有一种字体字号"一以贯之"或"一成不变"的书籍语言及其形制。例如《毛诗正义》⑤，该书书名、卷名、撰者名、正文，总之，全书使用同一种字体，字体大小也完全一样。全书写刻认真，章法森然，一笔不苟，予人以一种风神俊逸的整一之美——纯粹之美，读之着实令人神清目明而心旷神逸，大有右军行走在山阴道上之感，不愧为宋代雕版书籍中的典范与极致。

---

① 严绍璗编著：《日藏汉籍善本书录》（上册），第23页书影，中华书局，2007年版。
② 严绍璗编著：《日藏汉籍善本书录》（上册），第39页书影，中华书局，2007年版。
③ 严绍璗编著：《日藏汉籍善本书录》（上册），第53页书影，中华书局，2007年版。
④ 严绍璗编著：《日藏汉籍善本书录》（上册），第54页书影，中华书局，2007年版。
⑤ 严绍璗编著：《日藏汉籍善本书录》（上册），第32～33页书影，中华书局，2007年版。

宋版书籍之著述术语与编辑术语十分丰富。①

宋代创立了中国古代雕版书籍的版面语言格式、规范及其形制、体制。一般格式相同，然而每种书的格式又不尽相同，从而形成了宋版书籍一般格式规范之内的丰富变异。

五、精美细腻的书籍插图

宋代书籍插图已比较普遍。插图的普遍应用，使得宋版书籍图文并茂，不仅书籍内容更加完整，意义更加丰富，而且书籍的视觉效果和阅读效果也更加理想，书籍文本知识和意义的传播也由此变得更加生动、直观、多彩。

书籍插图按书籍种类大致可分为以下种类：1. 经史书籍插图；2. 佛经插

---

① 据笔者收集统计，计有：编辑、书籍、图书、注疏、翻译、卷、第一（以下）、撰、正义、撰定、序、要义、疏、附释音、音义、注、标目、记、校定、新附、终、韵略、刊行、校勘、讹舛、新撰、编修、编年、编、纲目、备要、修、毕、篇、新雕、说、事类、集、门、附、目录、自序、凡、纂、秘览、释文、内篇、外篇、上、中、下、千家、翰墨、大全、合、部、译转、大字、中字、新添、选、文集、初梓、刻梓、编纂、分类、批点、诸家、文粹、类编、增广、解、新编、谈录、甲集（以下）、叙引、引子、通用、集解、传标、标阅、阅标、手标、谨记、讲义、传注、新义、纂例、义疏、白文、录、通书、语录、集编、音辨、蒙求、须知、注补、详节、索隐、提要、本末、撮要、会编、纪事、续、长编、杂记、通鉴、闻见录、政要、小记、要录、实录、言行录、家传、年谱、小录、登科录、图经、图、志、纪胜、胜览、增修、图说、历代、地理、指掌、书录、解题、古今、总要、续记、集记、新志、丙记、丁记、丛编、具注、语类、语略、衍义、龟鉴、见闻志、类聚、事迹、类苑、贴、补、记纂、渊海、考索、新书、枢要、万卷、菁华、重修、新修、总类、采选、集传、集注、重编、笺注、诗集、门类、分门、百家、举正、音注、外集、注释、五百家、重校、添注、全集、别集、续别集、丛书、甲乙集、大成、类稿、新集、校正、类别、大全集、事略、增刊、刊梓、拾遗、杂著、丛语、撰集、书稿、遗稿、小集、标准、初集、续集、乙稿、存稿、集稿、小稿、详注、绝妙、广记、诗话、英华、文苑、纂要、纂类、新刊、二百家、五十家、文选、全集、年鉴、前集、后集、学海、百川、警悟、记遗、统宗、秘苑、法要、图论、纂要、谱、略、法式、笔谈、论、要方、要略、秘要、必用、要旨、集验、单方、集方、方、名方、选方、续添、类证、良方、遗方、真诀、详定、重定、镂板、出相、彩绘、藏、大藏、本、识误、考异、正误、新校、刊误、考证、辨证、书目、大成集、后记、叙、跋、正集、集外、参校、厘正、正文、臆见、补遗、刊定、鼎新、重刊、雕印、刻板、篇章、旧刊、编汇、雠正、谨识、识、刊补、刊、锓板、后录、后学、篇目、谨序、是正、印行、详鉴、善本、谨咨、藻鉴、文字、敬书、同校、比较、大板、雕开、检用、印、卷上、第一卷（序列）、全书、全帙、锓木、第一（序列）、卷之一（序列）、锓梓、集义、订正、音释、纂图、重言、重意、互注、点校、诂训、纲领、新定、地理图、名号、图卷、意林、纂修、辑略、解经、章、或问、押韵、释疑、新注、叙例、编集、系年、节要、校注、策要、博闻、标注、管见、序论、新纂、门目、上集、中集、下集、述、新人、议论、图谱、增入、含要、著、增改、参考、重鋟、从话、舛误、补讹订舛、绣梓、刊改、传写、古本、校本、雠对、校勘等。

图；3. 科技类书籍插图；4. 生产、生活应用类书籍插图；5. 礼仪类书籍插图；6. 教育类书籍插图；7. 医学类书籍插图；8. 文体类书籍插图；9. 图经、图志类书籍；10、版画；11、其他书籍插图。

文献中关于图画书、插图书、附图书及书法、绘画、文物、地图记载甚多。如《直斋书录解题》中记录的《六经图》、《累代历年》（又名《历年图》）、《三朝训鉴图》、《苏州图经》、《歙砚图谱》等书。其中，《历年图》"本为图五卷"，作者司马光称："由三晋开国，迄于显德之末造，臣既具之于《历年图》"①。御府刻本《三朝训鉴图》，"卷为一册，凡十事，事为一图，饰以青赤。"② 可见宋人对于图像传播的认识已很普遍。《苏州图经》解题中云"景德四年，诏以四方郡县所上图经，刊修校定为一千五百六十六卷。以大中祥符四年颁下，今皆散亡，馆中仅存九十八卷。"③ 显然这是一项全国性的图经编撰出版工程。《皇祐新乐图记》，此书凡十二篇，"首载诏旨，次及律度、量衡、钟磬、鼓鼎、鸾刀，图其形制，刊板颁之天下。"④ "北方旧刻"《隶释》、《隶续》，收录"凡汉刻之存于世者"，"又为之世代谱及物象图碑，形式悉具之"⑤。

张秀民指出："两宋除大量刊行古今书籍外，内廷与民间又刊印不少板画，或单张，或附作书籍插图。"⑥

此据《中国印刷史》、《中国古代插图史》及《俄藏黑水城文献》（汉文部分）列表如下，并作简论。

---

① 〔宋〕陈振孙著，徐小蛮、顾美华点校：《直斋书录解题》，第 114 页，上海古籍出版社，1987 年版。

② 〔宋〕陈振孙著，徐小蛮、顾美华点校：《直斋书录解题》，第 163 页，上海古籍出版社，1987 年版。

③ 〔宋〕陈振孙著，徐小蛮、顾美华点校：《直斋书录解题》，第 245 页，上海古籍出版社，1987 年版。

④ 〔宋〕陈振孙著，徐小蛮、顾美华点校：《直斋书录解题》，第 403 页，上海古籍出版社，1987 年版。

⑤ 〔宋〕陈振孙著，徐小蛮、顾美华点校：《直斋书录解题》，第 236 页，上海古籍出版社，1987 年版。

⑥ 张秀民著，韩琦增订：《中国印刷史》（插图珍藏增订版），第 156 页，浙江古籍出版社，2006 年版。

表5-1　宋代部分书籍插图及版画一览表

作者	书名	版画	刊刻时间	页码	出处
〔宋〕仁宗 绘	《宸画》	绘画作品,曾镂版印刷。	仁宗朝(1023～1063年)	第115页	
〔宋〕曾公亮、丁度 编撰	《武经总要》	兵器插图	庆历年间(1041～1048年)	第115页	
〔宋〕吕夷简 监修	《三朝宝训》	彩绘书籍	皇祐元年(1049年)书成,御府刻本	第114页	
〔宋〕阮逸、胡瑗撰	《皇祐新乐图记》	礼乐器物图	皇祐五年(1053年)	第115页	
〔宋〕佚名 绘制	《卤簿图》	绘图精美,镂版于禁中。	元丰末(1085年)重印	第114页	
〔宋〕吕大临 撰	《考古图》	考古图 彝器及古物插图	成书于元祐七年(1092年)	第115页	张秀民著《中国印刷史》
〔宋〕李诫 编著	《营造法式》	建筑插图	崇宁二年(1103年)	第115页	
〔宋〕王黼 撰	《宣和博古图》	考古图 彝器及古物插图	成书于宣和五年(1123年)后	第115页	
〔宋〕楼俦 绘	《耕织图》	耕织图	绍兴年间(1131～1162年)	第115页	
〔宋〕苏颂 撰	《新仪象法要》	天文仪器插图	乾道八年(1172年)	第115页	
〔宋〕聂崇义 撰	《新定三礼图》	仪礼图	淳熙(1174～1189年)刻本	第115页	
〔汉〕刘向 编撰	《古列女传》	人物画专集	嘉定七年(1214年)	第115页	
〔宋〕宋伯仁 撰绘	《梅花喜神谱》	梅花画册	嘉熙年间(1237～1240年)刻印	第115页	
〔南朝梁〕张僧繇	《山海经图》	地理及动植物图	闽中刊本	第115页	
〔唐〕昝殷 撰	《产宝方》	十二月产图		第115页	
《本草》	植物插图		第115页		
	《大随求陀罗尼轮曼陀罗图》	发现于敦煌"藏经洞"。两侧分别刻有"施主李知顺"、"王文昭雕板"字样,下方有题记	太平兴国五年(980年)	第38页	徐小蛮、王福康著《中国古代插图史》
〔宋〕高文进	《文殊菩萨骑狮子像》、《普贤菩萨骑象像》、《弥勒菩萨像》、《灵山变相图》	1954年发现于日本东京清凉寺释迦像中	雍熙元年(984年),绍兴间(1131～1162年)刊刻	第29页	
〔姚秦〕鸠摩罗什 译	《金刚般若波罗蜜经》扉画	上刻"雍熙二年六月三十日高邮军吴守真施刊",刻工为台州张延陵、张延龚二人	雍熙二年(985年)	第33页	

续表

作者	书名	版画	刊刻时间	页码	出处
	《大随求陀罗尼经咒》	发现于苏州瑞光寺佛塔。图两侧刻有刊雕人题名，下边刻有一篇题记。题记末有"咸平四年十一月 日，杭州赵宗霸开"	咸平四年(1001年)	第39页	徐小蛮、王福康著《中国古代插图史》
	《大随求陀罗尼经咒》	佛教图	景德二年(1005年)	第39页	
〔姚秦〕鸠摩罗什 译	《妙法莲华经》扉画	佛经插图	熙宁二年(1069年)	第32页	
〔宋〕李诚 编撰	《营造法式》	建筑类插图	元符三年(1100年)	第74页	
	《佛顶心观世音菩萨大陀罗尼轮经》	佛经故事图。刻有佛经念诵的故事及通俗的文字解释	崇宁元年(1102年)	第52页	
〔宋〕税安礼 撰、赵亮夫 增补	《历代地理指掌图》	现存我国最早之地图集。共有地图44幅。《总论》后刊有"西川成都府市西俞家印"一行	南宋初(1127年)	第67、68页	
〔姚秦〕鸠摩罗什 译	《妙法莲华经》	佛经插图。每卷之首均有一幅扉画，并于卷首上端刻明如"妙法莲花经卷第三"字样	绍兴末(1162年)	第327页	
〔宋〕杨甲 编著	《六经图》	六经插图，凡309幅	乾道元年(1165年)	第59、318页	
〔宋〕聂崇义 撰	《新定三礼图》	插图500多幅	淳熙二年(1175年)镇江府学刊本	第60、330页	
	《尚书图》	上图下文，插图77幅	绍熙年间(1190～1194年)建阳书肆刊本	第61页	
〔宋〕欧阳修 撰	《欧阳文忠公集》之"九射格"图	游戏类插图	庆元二年(1196年)江西刊本	第76页	
〔宋〕佚名 撰	《天竺灵签》	求签解卦之书。一卦一图，连环画册	嘉定年间(1208～1224年)	第46页	
〔宋〕林希逸 撰	《鬳斋考工记解》	手工业插图	嘉定年间(1208～1224年)	第61页	
〔宋〕唐慎微 撰	《经史证类备急本草》	大量本草插图	嘉定四年(1211年)	第72页	
〔宋〕赵安国等主持出版	《碛砂藏》之《说法图》	佛经插图	端平元年至咸淳八年(1234～1272年)	第42页	

续表

作者	书名	版画	刊刻时间	页码	出处
〔宋〕宋伯仁 撰绘	《梅花喜神谱》	100 幅梅花图，100 首五言诗，一一相配	景定二年（1261 年）	第 76、337 页	徐小蛮、王福康著《中国古代插图史》
〔宋〕孔传 撰	《东家杂记》之"杏坛图"	孔子事迹图	北宋衢州刊南宋补版本	第 63 页	
〔汉〕刘向 编撰	《列女传》	上图下文，共有 123 幅图	建安余氏靖安勤有堂刻本	第 65 页	
〔宋〕释惟白、张商英 绘	《佛国禅师文殊指南图赞》	佛教图	南宋临安府众安桥贾官人经书铺刊本，图首竖刻"临安府众安南街东开经书铺贾官人宅印造"一行	第 45 页	
〔唐〕杨倞 撰	《纂图互注荀子》中之《天子大路图》	帝王出行图，上图下文	南宋刊本	第 52 页	
〔汉〕郑玄 注〔唐〕陆德明 音义	《纂图互注礼记》	仪礼图。上图下文，卷首有图 27 幅	南宋刊本	第 62 页	
	《灵山说法图》	佛经画图。左下角刻有"凌璋刁"三字	南宋临安贾官人经书铺刊本	第 31 页	
〔姚秦〕鸠摩罗什 译	《妙法莲华经》扉画	佛经画图。右下角刻有"建安范生刊"字样	南宋建安刊本	第 32 页	
	《太上洞玄灵宝天尊说救苦经》	道教图画		第一册，彩版二二	《俄藏黑水城文献》
〔姚秦〕鸠摩罗什 译	《妙法莲华经观世音菩萨普门品第二十五》	佛经插图		第四册，彩版四	
	《注清凉心要》	佛经插图		第四册，彩版六，第 167 页	
〔姚秦〕鸠摩罗什 译	《妙法莲华经观世音菩萨普门品第二十五》	佛经插图		第四册，第 59 页	
〔姚秦〕鸠摩罗什 译	《佛说阿弥陀经》	佛经插图		第四册，第 123 页	
〔姚秦〕鸠摩罗什 译	《妙法莲华经观世音菩萨普门品第二十五》	佛经插图		第四册，第 124 页	
〔东晋〕伽提婆 译	《增壹阿含经版画》	佛经插图		第四册，第 349 页	

续表

作者	书名	版画	刊刻时间	页码	出处
〔东晋〕伽提婆 译	《佛说长阿含经第四分世纪经阿须伦品第六》	佛经插图		第四册,第365页	《俄藏黑水城文献》
〔东晋〕伽提婆 译	《佛说长阿含经护法神主版画》	佛经插图		第四册,第366页	
	《护法神版画》	佛教图画		第四册,第367页	
	《佛经版画》	佛经插图		第四册,第369页	
	《护法天王版画》	佛教图画		第六册,第109页	

宋代版画上有不少关于版权、书籍生产等方面的珍贵记录文字。这说明版画雕刻的技术、艺术专业性及其特殊价值。如雍熙元年(984年)绍兴刊刻《弥勒菩萨像》。单幅,花框。右上角刊"待诏高文进画",高氏为宋初著名画家,太宗时为翰林待诏。左上角刊"越州僧知礼雕",知礼为天台名僧。中部右侧刊"云华兜率,月满婆娑,稽首拜手,惟阿逸多。沙门仲休赞。"左侧刊"甲申岁十月丁丑朔十五日辛卯雕印普施,永充供养。"这是一幅有着详细版权记录的画作,画者、雕者、赞者、出版时间及用途,一应俱全。雍熙二年(985年)雕印《金刚般若波罗蜜经》扉画。经上刻"雍熙二年六月三十日高邮君吴守真施刊",刻工为台州张延陵、张延龚二人。

版画题记实为序跋文体之渊源。例如太平兴国五年(980年)刻印的《大随求陀罗尼轮曼陀罗图》,两侧分别刻有"施主李知顺"、"王文昭雕板"字样。题记:"《大随求陀罗尼》,若有受持此神咒者,所在得胜。若有能书写带在头者,若在臂者,是人能成一切善事,最胜清净,常为诸大龙王之所拥护,又为诸佛菩萨之所忆念。此神咒能与众生最胜安乐,不为夜叉、罗刹诸鬼神等为诸□害,亦不为寒热等病之所侵损,厌蛊咒咀不能为害。先业之罪,受持消灾。持此咒者,常得安乐,无诸疾病,色相炽盛,圆满吉祥。福德增长,一切咒法,皆悉成□。若有人受持供养,切宜护净。太平兴国五年六月二十五日雕板毕手记。"咸平四年(1001年)刊行的《大随求陀罗尼经咒》,两侧刻有刊雕人题名,下边刻有一篇题记,末有"咸平四年十一月□日,杭州赵宗霸开"。景德二年(1005年)刊本《大随求陀罗尼经咒》,亦有一篇题记。

坊间出版书籍插图及版画。例如南宋临安贾官人经书铺刊本《妙法莲花经》扉画《灵山说法图》，左下角刻有"凌璋刀"三字。贾官人经书铺刊本《佛国禅师文殊指南图赞》，图首竖刻"临安府众安桥南街东开经书铺贾官人宅印造"一行。嘉定年间(1208~1224年)刊本《天竺灵签》，求签解卦之书。如图中第七十八签上刻此签内容："求官吉，求财遂，孕生男，婚成，蚕熟，病安，移徙利，出往吉，公事吉，行人至，失物在，谋事成。"反映了宋代社会一般的公共愿景。崇宁元年(1102年)刊印《佛顶心观世音菩萨大陀罗尼轮经》，上刻念诵此经的各种境遇图及通俗文字解释。①

南宋初出版的《历代地理指掌图》，是流传至今我国最早的地图集，共有地图44幅。《总论》后刊有"西川成都府市西俞家印"一行。傅增湘《藏园群书经眼录》记载："余曾在厂市文友堂见之。明代有翻刊本(东洋文库石田干之助藏，己巳十一月十九日阅)。"②1986年谭其骧先生于日本东洋文库见到此部宋版书，并有记载。③

雕版印刷的版画多种多样，有佛像、钟馗像、门神、桃符、财门钝驴、回头鹿马、笺纸、画历等。《武林旧事》记载："都下自十月以来，朝天门内外，竞售锦装新历、诸般大小门神、桃符、钟馗、狻猊……为市甚盛。"④中国历史博物馆藏有一幅北宋时出版的女士像，长59厘米，宽15厘米，丰颐修眉，衣锦饰华，神态高贵，似为道教某神祇。另一幅画上绘有三名女性，不甚清晰，印有楷书"三姑置蚕大吉"、"收千斤百两大古"字样，似为蚕神像。⑤

插图已超越其实用功能、一般的告知功能而成为了理想与气节的隐喻符号，一如《爱莲说》中之"莲"的意象。南宋景定二年(1261年)刊本《梅花喜神谱》，共有100幅梅花图，以100首五言诗一一相配。作者宋伯仁，《序》云："余于花放之时，满肝清霜，满肩寒月，不厌细徘徊于竹篱茅屋边。嗅蕊吹英，挼香嚼粉，谛玩梅花之低昂俯仰、分合卷舒。其态度冷冷然，清奇俊古……余于是考其自甲而芳、由荣而悴，图写花之状貌，得二百余品。久而删其具体而微者，止留一百品。各名其所肖，并题以古律，以《梅花谱》目之。"⑥

①　徐小蛮、王福康著：《中国古代插图史》，第31、33、38~39、45~46、52、67~68、76页书影，上海古籍出版社，2007年版。

②　傅增湘撰：《藏园群书经眼录》卷五，第384页，中华书局，1983年版。

③　谭其骧：《宋本历代地理指掌图》之《序言》，第4页，上海古籍出版社，1989年版。

④　〔宋〕周密著，李小龙、赵锐评注：《武林旧事》卷三，第96页，中华书局，2007年版。

⑤　石志廉：《博物馆藏品：北宋人像雕版二例》，《文物》，1981年第3期。原文"古"似应为"吉"。

⑥　徐小蛮、王福康著：《中国古代插图史》，第76页，上海古籍出版社，2007年版。

艺术价值高者是那些佛经中的扉页画,体现出高妙的理解、阐释理性及艺术表现力。对佛教的虔诚信仰,造就了佛经书籍出版的精美及繁盛。这些佛经题材的插图往往体现出构图邃密、画面繁复、神灵众多、秩序井然、佛国庄严、曲尽其妙、线条灵动、神气郁勃、情景生动的特征,代表了宋代书籍插图的顶尖水平,堪与敦煌壁画媲美,精美绝伦。

宋代书籍生产中能够根据不同性质与种类的书籍配以相应的插图,而且在神采的表现与准确性的表现这两方面作到了高度的统一,体现了插图的专业分工,以及奏刀技术上的纯熟,从而为以后雕版书籍插图及图画类书籍的出版提供了成熟的思想及技艺体系。

宋代书籍插图的普及以及版画出版的繁荣,一方面说明雕版印刷技术的优越,另一方面也充分表明宋代出版界各方人士对书籍插图及图画类书籍出版的认识更加科学、专业而全面。

六、神韵至上的美学特征

宋版书籍形成了独特的美学风格,具有独特的美学品质,确立了中国古代雕版书籍基本的美学风范,被后世尊为雕版书籍的不朽"典范"。技术美学、材料美学、书法美学、工艺美学悉备。

从宋代至近代,中国有名的的藏书家、版本学家、目录学家、校勘学家及文献学家对宋版书籍几乎是众口一词,赞美不绝! 对其美学价值的美学认知基本上是一致的、同质化的。他们对宋版书籍的美学评价语言代代相因,一格出之,其评价要素主要集中在宋版书籍的开本、材质、纸墨、书体、刻风、版面布局、插图,以及边框、界行、版口、鱼尾、牌记、书耳上。评价的理论语言及名词术语完全出自中国古代美学的语言体系。他们对宋版书籍的美学评价,是中国古代美学体系的必然组成部分。如黄丕烈评识宋版书籍:

1.《春秋繁露》十七卷。"字画斩方,一笔不苟,信属宋刻精本。"

2.《前汉书》。"字大悦目,在宋椠中信为佳刻。""纸墨精好。"

3.《历代纪年》十卷。"此书诚哉宋刻……然残缺损污,究为瑜不掩瑕。"

4.《国语》二十一卷。"宋本之妙"、"书中称影宋本者,皆尽美尽善处也"。

5. 《东南进取舆地通鉴》三十卷。"岂非天壤间奇物乎？"

6. 《咸淳临安志》九十三卷。"纸色墨香与书法之美，真目所未睹。"

7. 《吴郡图经续记》三卷。"楮墨精良。"

8. 《史载之方》二卷。"北宋精椠"、"字画斩方，神气肃穆，在宋椠中不多遇"。

9. 《卫生家宝产科备要》八卷。"楮墨精好可爱。"

10. 《钱杲之离骚集传》一卷。"宋版之精绝者。"

11. 《陶靖节先生诗注》四卷。"是书乃世间所稀有，宋刻之最精者也。"

12. 《三谢诗》一卷。"楮墨古雅，洵宋刻中上驷。"

13. 《五百家注音辨唐柳先生文集》十一卷。"惟此残宋椠十一卷，楮精墨妙，实出宋刻宋印。"①

孙从添《藏书纪要》云："若果南、北宋刻本，纸质罗纹不同，字画刻手古劲而雅，墨气香淡，纸色苍润，展卷便有惊人之处。所谓墨香纸润，秀雅古劲，宋刻之妙尽矣。"②

《天禄琳琅书目》评价《周易》："字法圆活，刻手精整……乃宋椠之最佳者。"③《资治通鉴考异》，元祐椠本，乾隆御题："是书字体浑穆，具颜、柳笔意，纸质薄如蝉翼，而文理坚致，为宋代所制无疑。"④ 《南华真经》，"字画倍加纤朗，纸质墨光亦极莹致，乃巾箱本之最佳者。"乾隆御题："蝇头细书，纸香墨古，诚宝迹也。"⑤《宋刊昌黎集》，乾隆御题："字画精好，纸墨细润。非坊贾冒为旧刻者，可比《天禄琳琅》所储《韩》集，当以是本为第一。"⑥《唐文粹》，宝元二年（1039 年）临安孟琪刻，乾隆御题："字画工

① 〔清〕黄丕烈著，潘祖荫辑，周少川点校：《士礼居藏书题跋记》，第 5、11、16、23、35、48～49、55、91、93、177、183、186、193 页，书目文献出版社，1989 年版。

② 〔清〕孙从添撰：《藏书纪要》之《鉴别》，第 4 页，士礼居，1914 年石印本。

③ 〔清〕于敏中等撰：《天禄琳琅书目》卷一。《宋元明清书目题跋丛刊》（十七），第 11 页，中华书局，2006 年版。

④ 〔清〕于敏中等撰：《天禄琳琅书目》卷二。《宋元明清书目题跋丛刊》（十七），第 28 页，中华书局，2006 年版。

⑤ 〔清〕于敏中等撰：《天禄琳琅书目》卷二。《宋元明清书目题跋丛刊》（十七），第 38 页，中华书局，2006 年版。

⑥ 〔清〕于敏中等撰：《天禄琳琅书目》卷三。《宋元明清书目题跋丛刊》（十七），第 49 页，中华书局，2006 年版。

楷，墨色如漆，犹见临安孟琪原雕面目。"①

《资治通鉴目录》，"绵纸四端绝宽，字体浑穆，古香古色，流溢简外。"②《东都事略》，眉山程舍人宅刊行，"薄绵纸精好阔大"，曾文正公"诧为人间未有之秘宝"③。《战国策》，廖莹中刊，"纸质墨光，皆真绝品"④。

《嘉泰普灯录》，刻有陆游手书跋文及黄汝霖文。傅增湘评曰："陆放翁跋以真迹入木，波磔惟肖，韵味雅秀。""陆跋以手书上板，书法秀逸，黄书法米襄阳，亦极流畅遒美。"⑤《明州阿育王山如来舍利宝塔传一卷附护塔灵鳗普萨传一卷》，傅增湘评曰："字大于钱，书法坚浑，镌刊精湛，墨光如漆，使人赏玩不置。"⑥

历代审美宋朝书籍，其美学评语皆如上引之类语言。总评之语，如：尽善尽美、天壤间奇物、目所未睹、世间所稀有、上驷、宝迹、第一、凤毛麟角。其他如：印迹清朗、字体方整峭历、纸墨精好、字体劲整、刻印极精、纸白而韧、皮纸精印、完整如新、字大如钱、笔意古健坚实、版式阔大、纸印精美、版式宽展、结体方严、版心阔大、字体方扁、刊工甚精、字体古拙、古色古香、刀法险峭、刊工清挺等等，皆达于峰颠！至清代著名藏书家黄丕烈自号"佞宋主人"而将这种评价引为极致，可谓拜倒在宋版书籍之美的"石榴裙"下。

叶德辉评曰："观此知有宋一代文化之盛，物力之丰，与其工艺之精，断非元以后所能得其仿佛。"⑦

总之，宋版书籍具有一种内在的简约之美。这种美直接脱胎于写本文化的内蕴及书法精神。至于墨香纸润、秀雅古劲、字画工好、字大如钱、墨如点漆、版式疏朗……凡此种种均不过是对宋版书籍要素的具体评价——工艺之美。蕴藉之美与其神气的飞扬二者的统一应当视之为宋版书籍之美的最高

---

① 〔清〕于敏中等撰：《天禄琳琅书目》卷三。《宋元明清书目题跋丛刊》（十七），第64页，中华书局，2006年版。

② 〔清〕江标编：《丰顺丁氏持静宅宋元校抄本书目》。《宋元版书目题跋辑刊》（第二册），第57页，北京图书馆出版社，2003年版。

③ 〔清〕江标编：《丰顺丁氏持静宅宋元校抄本书目》。《宋元版书目题跋辑刊》（第二册），第57页，北京图书馆出版社，2003年版。

④ 〔清〕江标编：《丰顺丁氏持静宅宋元校抄本书目》。《宋元版书目题跋辑刊》（第二册），第58页，北京图书馆出版社，2003年版。

⑤ 傅增湘撰：《藏园群书经眼录》卷十子部四，第888页，中华书局，1983年版。

⑥ 傅增湘撰：《藏园群书经眼录》卷十子部四，第875页，中华书局，1983年版。

⑦ 叶德辉著：《书林清话》，第162页，中华书局，1957年版。

境界——集美之真谛。当然，宋版书籍也不乏劣本，如麻沙坊刻中之差者。

字体丰富，姿态万端，这是宋版书最显著的美学特征。这一特征使人可以尽情领略宋版书籍的无限风采，它也是宋版书籍的主要魅力之源。宋版书籍，没有二种书的字体是完全一样的，每种书，尤其是书籍开篇一页，其字体都独具风貌。完全可以这样讲，整个宋版书籍，不啻就是琳琅满目而美不胜收的书法海洋，各种不同的字体争奇斗妍，或端庄、或凝重、或俊朗、或飘逸、或灵动、或雅致、或萧疏、或洒脱、或瘦劲，或肥硕，或紧密，或空阔……万千字相，充分显示了宋人思想的活跃与精神的自由向往。过去一般认为宋代雕版书籍一主颜、柳、欧三体，其实不然，只要一望宋版书留存至今者的书影，就会令人心驰神往，如入仙幻之境。如《日藏汉籍善本书录》中之《周易注疏》、《毛诗正义》、《尚书正义》、《春秋左氏音义》、《郑氏注周礼》、《礼记正义》、《说文解字》、《尔雅》、《广韵》、《史记集解》、《汉书》、《后汉书》、《三国志·吴书》、《唐书》、《通典》、《庐山记》、《太平御览》、《圣宋千家名贤表启翰墨大全》、《众经目录》、《兰盆疏钞余义》、《北涧诗帖》、《新编醉翁谈录》等，一一不同，各呈风流。疏者海阔天空，密者纹风不透，笔细处如银丝，笔重处如松柏。

宋版书籍之字体自然以正书为主，但也有篆书、行书诸体。如《北涧诗帖》①，即以大字篆、行书二种字体并用，不惜纸张，信笔而书，章法十分疏朗，予人以信札之意象美。即使是主字体正字，也是变化无限，真正呈现了宋版书籍"太极生二仪，二仪生四象，四象生八卦，八卦生万物"的无极之境，达到了一而万象的变化之极。这表明宋版书籍在对基本字体——正字的理解、认知与把握、应用上确已达到了"庖丁解牛"而游刃有余的纯青之境，臻于了大雅大俗的大美之境。章法上，宋版书籍不论字体形态如何千变万化，神不可测，却是森然谨严，不越基准，信守正体字的法度。如《诚斋集》②，第二行"庐陵杨万里廷秀"七字，"万里"二字字号明显减小，笔画明显变细，而将"庐陵杨万里廷秀解"的"解"字，单挑出来，另起一行，孤悬在第三行起首处，下边全部留白——这真是极具想象力的"神来之笔"，巧夺天工！宋版书籍正是以如此高超的字体与章法求变、求异、求新、求奇、求美

---

① 严绍璗编著：《日藏汉籍善本书录》（上册），第 167 页书影，中华书局，2007 年版。
② 严绍璗编著：《日藏汉籍善本书录》（上册），第 165 页书影，中华书局，2007 年版。

的变化之功，从而造就了宋版书籍形态美的"神殿"，令万世敬仰。

宋版书籍最入目者，正是其风神别具——没有二种书书刻之字体完全相同者——正字书体的美。

一言以蔽之，笔者认为：宋朝书籍之美，乃在于其书籍内在的宋朝文化精神之美。

然而，宋版书也并非十全十美。相对而言，宋版书之形制显得过于单一，色彩主要局限于黑白二色，不少书籍文字紧密，妨碍阅读。与同时期欧洲书籍之形制相比，显得制作粗简，缺乏形制语言的丰富性。究其根本，这可能同中国农业社会讲究农业成本及实用观念有密切关系。

第六章 宋代书籍版权保护

一、版权问题产生的历史背景

宋代版权问题的产生，是宋代社会政治、经济、文化、法制、科技、书籍生产等因素全面发展的产物。①

政治因素。宋代出版业既属于生产领域，又属于文化领域，它具有生产、技术、科学、文化等多元意义。宋代出版业不仅是宋代物质生产的典型代表之一，而且更是宋代精神生产与文化生产的典型象征。它生产了技术，更生产了新的文化、观念与意义。

宋朝政府的文化政策及对书籍出版业的管理基本上是比较自由而宽松的。宋朝书籍出版业的发展与繁荣，必然要求规范书业秩序，有效管理并严厉惩

① 对宋代版权问题，国内外学者近年来关注较多，具体论文恕不一一罗列。如国内版权问题研究著名学者郑成思先生认为：研究版权法，必须把各个历史时期影响它的有关技术考虑进去。与版权的产生关系最为密切的技术莫过于印刷术。版权随印刷术的产生而产生，应当最早出现于我国。五代后唐长兴三年（932 年）校正出版《九经》一事，"使版权保护在当时已有了客观上的需要"。可以认为国子监是世界上第一个官办的、以出售为目的而大规模印刻图书的"出版社"。"禁擅镂"，这实质上是保护国子监对《九经》监本的刻印出版的一种专有权……但比欧洲的这类特权早出现近 500 年。宋版书中的"禁例"，"都包含禁止原刻印出版（或编辑兼刻印出版）者之外的其他人'嗜利翻板'的内容，已经反映出版权保护中对经济权利加以保护的因素"。"眉山程舍人宅刊行，已申上司，不许覆板"之牌记，"它简直可以被看作今天多数国家图书版权页上'版权标记'的前身了"。《书林清话》所引，宋代榜文中"不许覆板"的禁令所规定的措施，即"追板劈毁"等。今天，一些发达国家对于盗印他人有版权作品者的制裁也不过如此。《丛桂毛诗集解》所载国子监有关禁止翻板的"公据"说明：此时受保护的主体已不限于刻印出版者本人，而且延及作者（或作者的合法继承人）。版权在我国的起源，应追溯到宋代。（郑成思著：《版权法》，第 1～7 页，中国人民大学出版社，1990 年版。）

但是在研究中存在两种值得商榷的倾向：一是脱离宋代历史实际，一味机械罗列史料，未能充分深入到宋代历史背景中做出深刻分析；二是套用西方近代资产阶级版权理论，否认宋代版权及版权保护的客观历史、价值与意义，而归之于封建专制主义。笔者在此拟学习借鉴学界同人的研究成果，从宋代历史实际出发，对宋代版权问题做一些新的探讨。

治危害出版业的不法行为。无论是政府出版，还是私家出版、坊间出版，以及书院出版、寺院出版，书业的健康发展都需要一种有效的秩序及保障。宋朝的文化政策中也就必然包含并反映了这一书业发展的客观要求。宋朝政府对版权的保护，正是宋朝"文治"政策——文化政策的重要内容之一。

经济因素。宋朝阶级关系的新变化、主客户制的确立、租佃制的发展，以及城市经济、商品经济及手工业生产的发达，催生了整个社会巨大的物质消费需求与精神消费需求，而这种巨大的物质与精神消费需求反过来又促进了宋朝的经济发展与商品生产。宋代书籍生产与消费的发展与繁荣正是基于这一宏观经济背景的必然产物。

宋朝经济的发展，特别是城市经济及商品经济的发达，使人们充分认识到了一般商品（包括书籍商品）的商品属性及商品交换过程中的货币功能。这正是宋朝版权问题产生的最根本的社会经济原因。

宋朝形成了一门具有社会普遍价值的新型手工业生产领域——雕版印刷业，造纸、制墨、雕镂等手工业获得了新的发展。虽然雕版印刷业大致在隋末唐初已经产生，但是真正形成为一种社会性的手工业门类，应该讲还是在宋朝。宋朝手工业的发达不仅为雕版印刷这一新兴的手工业提供了一般的产业生成背景与基础，而且也为版权意识提供了技术"利刃"，直接生产了版权关系。

城市因素。诚如姜锡东先生所言："在中国历史上，宋代的大城市比以前任何一个朝代都毫不逊色。而中小城镇之多且发达，是前所未有的。"① 宋朝的城市（镇）都是全国及地方上的商业中心，其商业功能十分显著。宋朝城市的繁荣意味着宋朝已经形成了一个市民阶层——市民社会。这一市民阶层存在着巨大的物质消费与文化消费的潜力与空间。与之相应，形成了宋朝的市民生活方式、市民消费方式与市民文化。货币功能与商业金融在宋朝城市的存在与繁荣中成为了最活跃的因素。

宋朝城市的繁荣不仅为书籍生产提供了城市空间，从而使书籍生产中心赖以形成，而且也为书籍消费提供了城市人口集合意义上的需求总量。同时，城市还为宋朝书籍的销售与传播提供了空间交通上的中心地位，以及文化传

---

① 姜锡东著：《宋代商人和商业资本》，第283页，中华书局，2002年版。

播上的中心地位。这也正是宋朝书籍生产与销售中心主要集中于汴京、临安、成都、眉山、建阳等城市（镇）的原因所在。其实，宋朝城市之繁荣所赋予书籍生产乃至文化生产的意义与价值远非如此直观、单纯，而是更综合、更丰富、更巨大。

文化因素。宋代出版业既是宋代文化的重要部分，也是宋代文化兴盛的重要原因，是宋代文化的主要生产者之一。宋朝书籍出版业的发达，是宋朝社会文明全面演进的结果，是宋朝社会物质文明与精神文明全面进步的结果。宋朝书籍出版业是宋朝社会文明的一部分，而且是非常灿烂的一部分。宋朝由于普遍使用了雕版印刷术——一种书籍生产新技术，从而使书籍成为了一种全社会普遍认可的精神产品、一种商品——一种具有极强传播力和创造力的知识与文化传播媒介。

宋代文化——书籍文化的发达，必然要导致版权文化的产生。

法制因素。宋朝十分重视法制。终宋一代，所修法典至今有名可考者有242 部，其中 176 部为官修，66 部为私人修撰①。宋朝法典的大量刊行提高了民众的法律意识。因此，宋朝关于版权保护方面的法律及法律实践也应视为是宋朝法律建设的新的内容和新的进步。

科技因素。宋代版权问题最直接的产生原因在于发明于隋末唐初的雕版印刷术在宋朝全社会的普遍应用以及由此而造成的书籍的大量生产或社会化生产。

宋朝的科技成就中，印刷术显然是最具有代表性的成就之一。书籍生产新技术的应用与普及必然导致相应的法律规定。

书籍生产因素。宋代是我国古代书籍出版业的"黄金时期"与"经典时期"。宋代书籍的种类、产量及生产速度、效率各项主要指标，均达到了史无前例的高度。

宋朝书籍生产与传播中取得的成就，主要源于宋朝广泛使用雕版印刷术的书籍新生产方式。这种书籍新生产方式基于宋代社会商品生产非常活跃的社会经济基础，它使书籍生产成为了宋朝社会中具有普遍价值和定义的一种精神商品生产。书籍在宋朝以被普遍认可的社会化商品的面目而客观存在。

---

① 　梁启超著：《饮冰室合集》文集之十六《论中国成文法编制之沿革得失》，第 27 页，中华书局，1989 年版。法典数字为梁氏所考。

书籍作为一般商品，其价值与使用价值——成本、价格、等价交换、利润等商品属性，非常明确地成为了社会生产与生活中的公共意识。尤其是宋朝异常活跃的坊间出版（民间出版），更是将书籍的商品属性空前地展示得淋漓尽致。

书籍一旦成为了一种可进行社会化生产的商品，它所可能创造的利润及财富也就势必引起宋朝社会生产者一致的期许和关注。在整个书籍生产领域中，出于对利润的追逐心理，也就势必会产生种种合法或不合法乃至违法的生产行为。

二、版权观念的萌芽

中国版权观念即书籍出版私有财产观念的萌芽，盖唐代即已产生。如：唐代著名诗人元稹叹云：“杨越间多作书模勒乐天及予杂诗，卖于市肆之中也。其甚者有至于盗窃名姓，苟求自售，杂乱间厕，无可奈何。”[①] 咸通二年（861 年）写本《新集备急灸经》，末有“京中李家于东市印”[②]。写本《崔夫人要女文》末书“上都李家印崔氏夫人壹本”[③]。咸通九年（868 年）出版《金刚般若婆罗蜜经》，尾有“咸通九年四月十五日王玠为二亲敬造普施”[④]。僖宗时期刻印历书上有“剑南四川成都府樊赏家历”[⑤]。一《金刚经》残卷上有“四川过家真印本”[⑥]。成都一晚唐墓中出土《陀罗尼经咒》，上刊“成都府成都县□龙池坊□□□□近下……印卖咒本□□□……”[⑦] 一行。一历书上

---

① 〔唐〕元稹撰：《白氏长庆集序》，《白氏长庆集》卷五十一，文渊阁《四库全书》本。

② 赵健雄：《敦煌写本〈新集备急灸经〉初探》，《中国针灸》，1986 年第 1 期。现藏法国巴黎国立图书馆。

③ 法国国家图书馆、上海古籍出版社编：《法藏敦煌西域文献》（17）之《崔夫人要女文一本》，第 17 页，上海古籍出版社，2001 年版。

④ 李致忠：《英伦阅书记》，《文献》，1987 年第 3 期。此件现藏伦敦不列颠博物馆。

⑤ 黄永武编：《敦煌宝藏》（第 55 册），第 479～480 页，台北：新文丰出版公司，1981～1986 年出版。此件现藏伦敦不列颠博物馆。

⑥ 任继愈主编：《国家图书馆藏敦煌遗书》（第一百四册），条记目录第 32 页，“有”字九号，北京图书馆出版社，2008 年版。

⑦ 《文物参考资料》，1957 年第 5 期，第 51 页图版。现藏四川省博物馆。

有"上都东市大刁家大印具注历日"①。上述李家、樊家、过家、卞家、刁家之落款，主要意义即私有版权。

政府对民间印历的禁止早从唐代即已开始。《旧唐书·文宗纪》中记载，太和九年（835 年）十二月，"丁丑，敕诸道府，不得私置日历版"。②《全唐文》中记载，东川节度使冯宿上奏反映："剑南两川及淮南道，皆以板印历日鬻于市。每岁，司天台未奏颁下新历，其印历已满天下，有乖敬授之道。"③可见唐代民间私印历日已如此猖獗。民间私印历日，不妨可视为是对政府历日专有出版权的侵犯。

但是唐代的版权观念主要体现为政治权力及私有财产观念。政府对版权的管理也相应地主要体现为一种政治文化管理。

经五代而至宋代，则书籍出版版权观念已经成熟，并在书籍出版业中普遍确立。考古实物表明，中国版权观念主要萌芽于唐宋社会私有商品经济之中。当然，一般意义上之私有观念也是版权观念产生的观念基础。

宋代书籍出版之版权观念绝不是孤立的，而是整个社会私有财产观念的一种新的发展。这在其他商品生产中也可得到印证。如：宋代一铜镜上有"张家造"三个显著的字体，围以长方框，位置显著，不惜破坏镜面的整体设计。南宋一漆碗上题记："壬午临安府符家真实上劳"，乃私人手工业作坊产品。南宋著名的"济南刘家功夫针铺"铜版广告，既是商标、广告，更是版权记录。私有版权意识南宋时尤甚。如铜镜业，上有诸如"湖州仪凤桥石家真正一色青铜镜"、"建康茆八叔"、"湖州石十郎家无比炼铜照子"、"吉州李道功夫"、"王家造换青铜"、"饶州肖家巷周小三炼铜照子"④ 等具有版权意味的记录。特别是一件铜镜上之"假充李货真乃猪狗"一语，更是赤裸裸地表达了对盗版作品的无比愤怒。这条铭文虽然是句粗话，但话糙理不糙，其富含的版权理论同书籍出版中著名的刊语"已申上司，不许覆板"相互形成

---

① 黄永武编：《敦煌宝藏》（第 55 册），第 490 页，台北：新文丰出版公司，1981～1986 年出版。此件现藏伦敦不列颠博物馆。

② 〔后晋〕刘昫撰：《旧唐书》卷十七下《文宗下》，第 563 页，中华书局，1975 年版。

③ 〔清〕董诰等编：《全唐文》卷六百二十四《禁版印时宪书奏》，第 6301 页，中华书局，1983 年版。

④ 中国历史博物馆编：《中国古代史参考图录·宋元时期》，第 54、107、109、110、111 页图版，上海教育出版社，1991 年版。

鲜明的印证，修辞策略上可谓大俗大雅之至。有意义的是，宋代书籍之牌记一般形式同铜镜铭文之一般形式基本一样，即长方框。

三、书籍盗版①现象及其他违法行为

以近代著作权（版权）立法的视角考察，则宋代书籍出版业中的侵权行为十分广泛，主要侵犯了著作人和出版人的以下权利：一、发表权；二、署名权；三、修改权；四、保护作品完整权；五、复制权；六、发行权；七、出租权；八、展览权；九、改编权；十、汇编权。

宋代侵犯著作权（版权）的主要表现有：一、未经著作权人许可，发表其作品。二、没有参加创作，为谋取个人名利，在他人作品上署名。三、歪曲、篡改他人作品。四、剽窃他人作品。五、不经著作权人许可，又非法律许可，以改编、汇编、选编、注释等编辑方法使用他人作品。六、使用他人作品，应当支付报酬而未支付。七、未经出版者许可，使用其出版的图书的版式设计。八、未经著作权人许可，复制、发行其作品。九、制作、出售假冒他人署名的作品。

尽管宋朝人没有近代著作权（版权）之观念，但是书籍出版中的上述现象却是客观存在的事实，无一没有。况且，宋朝法律在政治、法律及道德意义上对上述现象明确予以惩治。宋朝政府对违法现象一再予以严惩，主要是出于维护专制主义政治的根本原因。下引《两浙转运司录白》及《行在国子

---

① 一般认为，凡是未经著作权人（版权人）许可而复制、使用（利用）、销售其作品者，均属盗版。西方法律术语中，piracy 即盗印。在版权管理中，凡未经许可而复制他人作品的行为，均被称为 piracy。Piratical Edition（盗印版），即盗版。（郑成思著：《版权法》之《版权法名词术语的西文中译及简要释义》，第 384 页，中国人民大学出版社，1990 年版。）盗版是一种侵犯著作权（版权）的主要行为。海盗行为、假冒文化产品、剽窃均被视为侵犯著作权之犯罪行为。"海盗行为"，现指在文化领域，不经版权所有者授权，不向其支付报酬，在大多数情况下亦不说明作品出处，而复制他人受国内版权法或国际版权公约保护的作品，公开发行。（沈仁干：《中国大百科全书·新闻出版》卷"海盗行为"辞条，第 139 页，中国大百科全书出版社，1990 年版。）著作权之犯罪行为可分为三类：侵犯精神权利；侵犯经济权利；对精神权利和经济权利的双重侵犯。（［西班牙］德利娅·利普希克：《著作权与邻接权》，第 426～439 页，中国对外翻译出版公司、联合国教科文组织，2000 年版。）侵犯著作权（版权）主要表现为直接侵犯、间接侵犯二种类型，后者一般被称为"共同侵权"（Contributory Infringement），许多英语国家的版权法也称之为"二次侵权"（Secondary Infringement）。（郑成思著：《版权法》，第 239～243 页，中国人民大学出版社，1990 年版。）

监禁止翻版公据》二文，不仅足以作为此观点之铁证，而且足以反映宋朝关于书籍盗版及其种种违法行为认识之明确与普遍。文中"翻版之患"、"书肆嗜利翻版"、"致本宅徒劳心力"、"追板劈毁，断罪施行"、"乞行约束，庶绝翻版之患"等用语，其命意明矣！当然，宋朝对书籍盗版之认识与行为自然而且也只能以宋时之认识与观念表达之。法律亦然。

宋朝书籍生产中最大最普遍的违法行为即是盗版行为，包括翻版、盗印、窜改等。

宋代书籍盗版，严重到盗印皇帝作品的地步。如至和二年（1055年）五月，"诏开封府自今有模刻御书字鬻卖者，重坐之。"① 《庆元条法事类》卷一七《给纳印记·雕印文书杂敕》："诸雕印御书、本朝会要及言时政边机文书者，杖捌拾，并许人告，即传写国史、实录者，罪亦如之。"《给纳印记·雕印文书赏格》："诸色人告获和雕印时政边机文书，钱伍拾贯。御书、本朝会要、国史、实录者，钱壹佰贯。"②

宋朝书籍生产中的盗版现象屡见不鲜，不少著名作者的著作均有过盗版的遭遇。例如，北宋早期思想家李觏（1009～1059年）在其《皇祐续稿》的序中即愤愤不平地写道："觏庆历癸未秋，录所著文曰《退居类稿》十二卷。后三年复出百余首，不知阿谁盗去，刻印既甚差谬，且题《外集》，尤不韪。心常恶之，而未能止。"③ 这显然是一起十分严重的侵犯作者著作权的典型案例，给作者造成了长期的精神痛苦。

苏轼的作品，多次遭遇盗版。他生前从未出版过文集，然而书肆印行的苏轼文集竟达20余种，不少还流传到了宋朝境外。宋朝著名的"文字狱""乌台诗案"的发生，即与苏轼文集的出版有着密切的关系，结果给苏轼带来了一场政治灾难。苏轼在致友人信中披露了其作品遭到盗版的情况。他说："某方病市人逐于利，好刊某拙文，欲毁其板，矧欲更令人刊耶。当俟稍暇，尽取旧诗文，存其不甚恶者，为一集。……今所示者，不唯有脱误，其间亦

① 〔清〕徐松辑，苗书梅等点校，王云海审订：《宋会要辑稿·崇儒》，第327页，河南大学出版社，2001年版。

② 〔宋〕谢深甫等编：《庆元条法事类》卷十七，第244～245页，台北：新文丰出版股份有限公司，1976年版。

③ 〔宋〕李觏著，王国轩校著：《李觏集》卷二十五，第269页，中华书局，1981年版。

有他人文也。"①"欲一状申礼曹。凡刊行文字，皆先毁板，如所教也。"②

《藏园群书经眼录》记载，苏东坡诗歌作品自政和弛禁后，"盛行与时"，"杭、蜀、楚、建诸地，咸有刊本"，闽中刊本"版式行格皆同，盖人士喜诵苏诗，风行一时，流播四出，闽中坊肆遂争先镂雕，或就原版以摹刊，或改标名以动听，期于广销射利，故同时同地有五、六刻之多，而于文字初无所更订也。"③

《挥麈录》中记载了这样一件趣事，一位名叫李仲宁的刻工，拒刻"元祐党祸"中的"党人碑"，理由是："小人家旧贫窭，止因开苏内翰、黄学士词翰，遂至饱暖。今日以奸人为名，诚不忍下手。"从中可以窥知苏轼、黄庭坚作品经常遭遇盗版以及盗版者获利的情况。

理学家张栻逝世后，朱熹为其编辑文集准备出版。不料朱熹"方将为之定著缮写，归之张氏，则或者已用别本摹印而流传广矣。遽取观之，盖多向所讲焉而未定之论。而凡近岁以来谈经论事、发明道要之精语，反不与焉。"④

盗版行为主要发生在民间书坊。书坊不仅盗印著名作者的作品，而且也盗印涉及到国家政治机密的文字作品。只要有利可图，书坊就有可能伸出盗版之手予以盗版。据《宋会要辑稿·刑法》记载，绍熙四年（1193 年）六月十九日，臣僚言："朝廷大臣之奏议，台谏之章疏，内外之封事，士子之程文，机谋密画，不可漏泄，今乃传播街市，书坊刊行，流布四远，事属未便，乞严切禁止。诏四川制司下所属州军并仰临安府、婺州、建宁府，照见年条法指挥，严行禁止。其书坊见刊板及已印者，并日下追取，当官焚毁，具已焚毁名件申枢密院。今后雕印文书，须经本州委官看定，然后刊行，仍委各州通判，专切觉察，如或违戾，取旨责罚。"⑤

《宋会要辑稿·刑法》记载，庆历二年（1042 年）正月二十八日，杭州

①〔宋〕苏轼撰，孔凡礼点校：《苏轼文集》卷五十三《答陈传道五首》，第 1574 页，中华书局，1986 年版。

②〔宋〕苏轼撰，孔凡礼点校：《苏轼文集》卷五十一《与滕达道六十八首》之四十六，第 1490 页，中华书局，1986 年版。

③ 傅增湘撰：《藏园群书题记》卷第一三《元建安熊氏本百家注苏诗跋》，第 687 页，上海古籍出版社，1989 年版。

④〔宋〕朱熹撰，郭齐、尹波点校：《朱熹集》（七）之《张南轩文集序》，第 3979 页，四川教育出版社，1996 年版。

⑤〔清〕徐松辑：《宋会要辑稿》刑法二之一二五，第 6558 页，中华书局，1957 年版。

上言："知仁和县、太子中舍翟昭应将《刑统律疏》正本改为《金科正义》镂板印卖。诏转运使鞫罪毁其板。"①

绍兴十五年（1145 年）七月二日，司马光曾孙两浙东路安抚司干办公事司马伋反映："建州近日刊行《司马温公记闻》，其间颇关前朝政事。窃缘曾祖光平日论著，即无上件文字，妄借名字，售其私说。诏委建州守臣将不合开板文字并行毁弃。"②

廖行之号省斋，著有《省斋集》。周必大也号省斋，盗版者故意"张冠李戴"，把周必大的大名署在廖行之所著《省斋集》所收文章之中，以欺世盗名。今本《省斋集》潜敷跋称，嘉定己巳（1209 年）春，省斋之子廖谦"求其遗编读之，至骈四俪六，遽惊叹以尝载之《周益公表启》中。质诸小倅，且称其先君子昔侍亲官沅陵，随兄仕濆阳，以笺翰供子弟职。既登第，尉巴陵，形之尺牍，履历可见。逮寺簿刘公守衡阳，委以图志，手泽具存。方其时益公已登政府，岂容远涉熊湘，俯从朱墨事也？此焉可诬！窃惟益公亦尝名斋以'省'，岂书市之不审耶？抑故托之以售其书耶？又岂料刊之家塾，而不可紊如是乎！"③

朱熹多部著作被人盗印。淳熙四年（1177 年），其《四书或问》刚一完成，"未尝出以示人，书肆有窃刊行者，亟请于县官追索其板，故惟学者私传录之。"④ 可见，盗版者早有预谋，采用卑鄙手段窃取作者的著作。《论语集注》，"盖某十年前本，为朋友间传去，乡人遂不告而刊，及知觉，则已分裂四出，而不可收矣。"⑤《论孟精义》，此书朱熹自印自销，因销路看好，义乌一书商以为有利可图，竟私自盗印起来。朱熹为此事致信求助于吕祖谦，信中说："熹此粗如昨。岁前附一书于城中寻便，不知达否？纸尾所扣婺人番开《精义》事，不知如何？此近传闻稍的，云是义乌人，说者以为移书禁止，亦有故事。鄙意甚不欲为之，又以为此费用稍广，出于众力，今粗流行，而遽有此患，非独熹不便也。试烦早为问故，以一言止之，渠必相听。如其不然，

---

①〔清〕徐松辑：《宋会要辑稿》刑法二之二六，第 6508 页，中华书局，1957 年版。

②〔清〕徐松辑：《宋会要辑稿》刑法二之一五一，第 6571 页，中华书局，1957 年版。

③〔宋〕潜敷撰：《省斋集跋》，文渊阁《四库全书》本。

④ 王云五主编，王懋竑纂订：《新编中国名人年谱集成》第七十辑之《宋朱子年谱》，第 65 页，台北：商务印书馆，1983 年版。

⑤〔宋〕黎靖德编，王星贤点校：《朱子语类》卷第十九，第 438 页，中华书局，1981 年版。

即有一状烦封致沈丈处，唯速为佳。盖及其费用未多之时止之，则彼此无所伤耳。熹亦欲作沈丈书，又以顷辞免未获，不欲速通都下书，只烦书中为道此意。此举殊觉可笑，然为贫谋食，不免至此，意亦可谅也。"① 盗印者的盗版行为使朱熹为此大伤脑筋，于此信可见一斑！朱熹在《答苏晋叟》中以无可奈何的口气写道："《论》、《孟》解乃为建阳众人不相关白而辄刊行，方此追毁，然闻鬻书者已持其本四出矣，问之当可得。"② 这种防不胜防的盗版行为令朱熹这样的著名作者遭受到了精神上和物质上的严重损失。

南宋初年，建阳书坊假冒文人范浚之名，出版了《和元祐赋》，销路大畅。范浚得知后，在《答姚令声书》中说："妄人假仆姓名《和元祐赋》，锓板散鬻……仆亦闻诸道路谓伪《和赋集》颇已流布……然似闻所和赋无一语可读者……近亦尝白官司，移文建阳破板矣。"③ 这是一起典型的假冒著名作者的侵权案件，直接侵犯了作者的人身权利，犯罪性质更为恶劣。

洪迈《容斋随笔》中讲过一个皇帝阅读盗版书的有趣故事，而所阅之书恰好是《容斋随笔》。

> 是书先已成十六卷，淳熙十四年八月在禁林日，入侍至尊寿皇圣帝清闲之燕，圣语忽云"近见甚斋随笔。"迈竦而对曰："是臣所著《容斋随笔》，无足采者。"上曰："煞有好议论。"迈起谢，退而询之，乃婺女所刻，贾人贩鬻于书坊中，贵人买以入，遂尘乙览。书生遭遇，可谓至荣。因复裒臆说缀于后，惧与前书相乱，故别以一二数而目曰续，亦十六卷云。绍熙三年三月十日迈序。④

"书生遭遇，可谓至荣"一句，含义丰富。问题在于，天下遭遇盗版的作者，有几人能有如此崇高无上的巧合！从古至今，有文献可考者，大概只此一人而已。迈洪此一序文，也肯定是自古及今天下书籍之序中绝无仅有的一篇妙文了！不过，宋朝书籍盗版之严重，于此可知矣。

---

① 〔宋〕朱熹撰：《朱子全书》（贰拾壹）《答吕伯恭》，第 1447～1448 页，上海古籍出版社、安徽教育出版社，2002 年版。
② 〔宋〕朱熹撰，郭齐、尹波点校：《朱熹集》（五）之《答苏晋叟》，第 2810 页，四川教育出版社，1996 年版。
③ 〔宋〕范浚著：《香溪集》卷十八《答姚令声书》，文渊阁《四库全书》本。
④ 〔宋〕洪迈著：《容斋随笔·续笔》卷第一，第 215 页，上海古籍出版社，1996 年版。

宗教书籍出版中也存在侵权现象。《老学庵笔记》称："闽中有习左道者，谓之明教。亦有明教经，甚多刻版摹印，妄取《道藏》中校定官名衔赘其后。"①

盗版不仅严重侵害了著作人的精神权利，而且也严重侵犯了著作人乃至出版人的财产权利。

有盗版就有反盗版。宋朝书籍生产中严重的盗版行为直接促成了宋朝版权观念的意义及版权保护的法律行为。宋朝的版权保护客观上因应于盗版现象的严重而涉及到了版权的几乎所有基本方面，既包括著作人的精神权利，也包括其财产权利。

四、版权保护的法制规范及案例

宋朝书籍生产中的版权保护，从权利主体角度考察，大概可以分为政府保护主体与民间保护主体二类，而以后者为更具有版权意义的保护主体。

政府保护权利主体。即政府作为出版权利主体而应受到版权保护。宋朝对政府权利主体的版权保护，是宋朝整个出版政策及法制环境的一部分。宋朝自立国至灭亡，对书籍出版一直没有中断过必要的政策管理与法制管理。对政府权利主体的版权保护，正是其中具有新的生产意义及版权意义的突出篇章。例如它同宋朝一直实行的禁书政策就存在有内在的逻辑关系，盖禁书即为保护，保护中寓有禁止。

兹以宋朝禁印历书及《九经》为例。熙宁四年（1071 年）二月二十三日，"诏民间毋得私印造历日。令司天监选官，官自印卖，其所得之息，均给在监官属。"② 元丰三年（1080 年）三月十一日，"诏自今岁降大小历本，付川广福建江浙荆湖路转运司印卖，不得抑配……余路听商人指定路分卖。"③ 元丰四年（1081 年）五月二十七日，"判太史局周彤奏乞今后应诸路转运司

---

① 〔宋〕陆游撰，李剑雄、刘德权点校：《老学庵笔记》卷十，第 125 页，中华书局，1979 年版。

② 〔清〕徐松辑：《宋会要辑稿》职官十八之八四，第 2796 页，中华书局，1957 年版。

③ 〔清〕徐松辑：《宋会要辑稿》职官十八之八六，第 2796 页，中华书局，1957 年版。

每年收到历日净利钱，并限次年四月一日已前，依条起发上京送纳尽绝。如违令，本路转运司取索点检，究治施行。诏违限如上供法。"①

宋朝对民间私印历日的禁止是完全必要的。对中央政府职能部门（司天监）独家出版历日的版权保护是完全必要的。因为历法出版事关国家政治及社会稳定。中国古代农业社会，历法对于农业生产及人们的生活十分重要，民间私印历日则错谬百出，使得人们不知何去何从，这就破坏了历法出版的神圣性、专业性、权威性及科学性，诚所谓有违天道是也。

五代时政府采用雕版印刷术出版儒家《九经》，始于后梁长兴三年（932年），历后唐、后晋、后汉、后周，凡22年始成。《九经》出版后，中央政府明确保护其专有出版权，禁止擅自翻印。《罗氏识遗》"成书得书难"条记载："后唐明宗长兴二年，宰相冯道、李愚始令国子监田敏校六经板行之，世方知镂甚便。宋兴，治平以前，犹禁擅镂，必须申请国子监。熙宁后，方尽驰此禁，然则士生于后者，何其幸也！"② 事实上，所谓弛禁，也是有限度的，主要是允许国子监之外的政府部门雕印。自《九经》成书至方驰此禁（954～1068年），前后一百余年，《九经》的专有出版权一直受到政府的保护。对五代《九经》版权的保护是十分必要的。因为这部书是五代乱离中产生的中国历史上第一部印本《九经》，它同汉代熹平及其后的历代石本《九经》一样，均是中央政府专门出版的国家标准版本，旨在消除《九经》传播中出现的纰漏与差异。此种国颁版本，一般都是由其时著名的硕学鸿儒精心校勘的权威版本。所以，对《九经》版权的保护，岂只一个"版权"名词所能了得，其实是对《九经》文本质量的保护，是对《九经》的学术保护！

民间保护权利主体。相对于政府而言，以著者个人身份及民间出版者身份而作为著作权及版权保护主体者，即为民间保护权利主体。从现有文献来看，宋朝民间出版权利保护主体主要是著作人，其中又以著名的著作人为主，如前述苏轼、朱熹、洪迈、范浚等。正因为他们是著名的著作人（作者），所以才更易遭致盗版，也才有更多的可能被历史文献记录下来。但是这种状况并不代表宋朝一般的或全部的民间版权保护历史，这是因为一般人物或出版者在历史上很难被记载下来，以致文献无征而已。

① 〔清〕徐松辑：《宋会要辑稿》职官十八之八六，第2797页，中华书局，1957年版。

② 〔宋〕罗璧撰：《罗氏识遗》卷一《成书得书难》，文渊阁《四库全书》本。

试看几条民间版权主体申请保护的珍贵史料。

1. 王偁《东都事略》一百三十卷。《目录》后有长方牌记："眉山程舍人宅刊行，已申上司，不许覆板。"①

寥寥数语，表明了出版者对专有出版权的自觉保护。"已申上司，不许覆板"，表明其时政府受理此类版权保护申请已有一定之规，而且政府在版权保护上态度明确，坚决反对盗版盗印，并将出版权视为出版者的一种私权，决不允许盗版者侵犯。虽然是眉人程舍人一宅的版权声明，但它绝不是唯一的个案，而是当时坊间出版者普遍的版权保护内在要求。可以认为，此条版权声明反映了宋朝民间出版商普遍的版权保护意识，以及宋朝版权保护的一般状况。

2. 祝穆《方舆胜览》。《前集》四十三卷、《后集》七卷、《续集》十一卷、《拾遗》二卷、正集总目一卷、分类诗文目一卷。嘉熙三年（1239 年）刊本。《序》后有嘉熙二年（1238 年）《两浙转运司录白》：

　　两浙转运司　录白

　　据祝太傅宅幹人吴吉状：本宅见雕诸郡志，名曰《方舆胜览》并《四六宝苑》两书，并系本宅进士私自编辑，数载辛勤。今来雕版，所费浩瀚。窃恐书市嗜利之徒，辄将上件书版翻开，或改换名目，或以节略《舆地纪胜》等书为名，翻开攙夺，致本宅徒劳心力，枉费本钱，委实切害。照得雕书合经

　　使台申明，乞行约束，庶绝翻版之患，乞给榜下衢、婺州雕书籍处，张挂晓示，如有此色，容本宅陈告，乞追人毁版，断治施行。奉台判备榜须至指挥。

　　右今出榜衢、婺州雕书籍去处，张挂晓示，各令知悉。如有似此之人，仰经所属陈告追究，毁版施行。故榜。

　　嘉熙二年十二月　日牓。

　　衢、婺州雕书籍去处张挂

　　转运副使曾　　　　台押

---

① 〔宋〕王偁撰：《东都事略》。《日本宫内厅书陵部藏宋元版汉籍选刊》（第三八册），第 60 页，上海古籍出版社，2012 年版。

福建路转运司状乞给榜，约束所属，不得翻开上件书版并同前式。
更不再录白。①

这是一条完整的版权保护史料，反映了宋朝一般的盗版手法、著作人及
出版人强烈的版权保护意识，政府受理版权保护申请及预防并处理盗版案件
的整个过程。版权所有者经向政府申请并认定后，由政府部门出具一份具有
法律效力的版权保护公文，并张贴在出版商聚集之地，如有违反者，即依法
予以追惩。这一公文，其实就是宋朝政府版权保护的法律条文。它不仅保护
著作权人的权利，而且同时也保护出版人的权利。对于盗版者花样翻新的盗
版行径，政府一律严予追究。著作权人和出版人在盗版威胁严重的环境中，
只有借助政府的行政权力（包括司法权力）才有可能使其版权得到保护，有
效防止盗版，并使盗版者受到法律的震慑与严惩。对于这样的政府榜文，出
版者自然是奉若"尚方宝剑"。所以时隔20多年后，祝宅出版的这4部书上，
仍刊有版权保护的政府文告。

咸淳三年（1267年）书籍再版时，上刻咸淳二年（1266年）《福建转运
使司录白》：

据祝太傅宅幹人吴吉状称："本宅先隐士私编《事文类聚》、《方舆胜览》、
《四六妙语》，本官思院续编《朱子四书附录》进尘御览，并行于世。家有其
书，乃是一生灯窗辛勤所就，非其他剽窃编类者比。当来累经两浙转运使司浙
东提举司给榜，禁戢翻刊。近日书市有一等嗜利之徒，不能自出己见编辑，专
一翻板。窃恐或改换名目，或节略文字，有误学士大夫披阅，实为利害。照
得雕书合经使台申明，乞给榜下麻沙书坊、长平熊屯刊书籍等处张挂晓示。
仍乞帖下嘉禾县，严责知委。如有此色，容本宅陈告，追人毁板，断治施行，
庶杜翻刊之患。"②

这样的保护力度，在当时的世界书籍史上，恐怕也是最先进的。当然，
宋朝版权保护中地方政府的颟顸行为也是客观存在的，朱熹对此即有严厉的
批评。

---

① 严绍璗编著：《日藏汉籍善本书录》（上册），第559页，中华书局，2007年版。
② 〔宋〕祝穆撰，祝洙增订，施和金点校：《方舆胜览》（下），第1237页，中华书局，2003
年版。

3. 段昌武《丛桂毛诗集解》三十卷。前有《行在国子监禁止翻版公据》：

> 行在国子监据迪功郎新赣州会昌县丞段维清状：维清先叔朝奉昌武，以《诗经》而两魁秋贡，以累举而擢第春官，学者咸宗师之。印山罗使君瀛尝遣其子侄来学，先叔以《毛氏诗》口讲指画，笔以成编，本之东莱《诗记》，参以晦庵《诗传》，以至近世诸儒，一话一言，苟足发明，率以录焉，名曰《丛桂毛诗集解》，独罗氏得其缮本，校雠最为精密，今其侄漕贡樾镂梓以广其传。维清窃惟先叔刻志穷经，平生精力，毕于此书，倘或其他书肆嗜利翻版，则必窜易首尾，增损音义，非惟有辜罗贡士镂梓之意，亦重为先叔明经之玷。今状披陈，乞备牒两浙福建路运司备词约束，乞给据付罗贡士为照。未敢自专，伏候台旨。呈奉台判牒，仍给本监，除已备牒两浙路福建路运司备词约束所属书肆，取责知委文状回申外，如有不遵约束违戾之人，仰执此经所属陈乞，追板劈毁，断罪施行。须至给据者。
>
> 右出给公据付罗贡士樾收执照应。淳祐八年七月日给。①

这是一条宋朝国子监保护著作人与出版人的史料。著作人版权代理人是会昌县丞段维清，他通过自己的官方渠道请求国子监给予其先叔著作《丛桂毛诗集解》与此书出版者罗贡士以版权保护。国子监受理后，一方面发出公文（牒文），要求两浙路福建路转运司备词约束所属书肆，一方面开出公文（公据）传予出版者罗贡士作为版权保护官方证明。本书《丛桂毛诗集解》著作权代理人段维清的版权保护申请理由表述得十分明确，即"倘或其他书肆嗜利翻版"，"非惟有辜罗贡士镂梓之意，亦重为先叔明经之玷"。换言之，若书肆盗版，则既侵犯了出版者权利，又侵犯了著作者权利。史料表明，国子监乃至宋朝整个政府系统对于此类版权保护案件已经形成了一套完整的行政执法规范，这也是宋朝文官制度健全的一个体现。国子监在下发具有法律效力的公文中还明确了对盗版者的法治措施，即"追板辟毁，断罪施行"。这相当于《中华人民共和国著作权法》（2001 年修订版）第四十七条中规定的：情节严重的，没收侵权复制品的材料、工具、设备等，构成犯罪的，依法追究刑事责任。

---

① 叶德辉著：《书林清话》卷二《翻版有例禁始于宋人》，第 27 页，中华书局，1957 年版。

4. 朱熹书稿多次遭遇盗版。朱熹一封信中提到："某之谬说本未成书，往往为人窃出印卖，更加错误，殊不可读。不谓流传已到几间，更自不足观也。"①

5. 吕祖谦著作遭遇盗版后，他的弟弟吕祖俭及从子吕乔年迅速编辑出版《东莱吕太公文集》四十卷，专门对付市面上的盗版伪作《东莱先生集》。吕乔年《东莱吕太公文集跋》中称："自太史公之没，不知何人刻所谓《东莱先生集》者，真赝错糅，殆不可读，而又假托门人名氏，以实其传，流布日广，疑信相半。先君病之，乃始与一二友收拾整比，将付之锓木者，以易旧本之失。会言事贬，不果就。乔年追惟先绪之不可坠，因遂刊补是正，以定此本。……虽或年月之失次，访求之未备，未可谓无遗恨。至於绝旧传之缪，以终先君之志，则不敢缓，且不敢隐焉。"②

五、研究结论

宋代产生了中国古代书籍生产与传播中比较显著的版权观念及版权保护法制规范。可以认为，宋代是中国古代书籍著作者与生产者真正开始实现版权自觉的时代。

宋代版权问题是宋代商品经济与雕版书籍业发展的必然产物。不了解宋代历史，就不可能对宋代版权问题作出科学合理的解释。

宋代版权问题是历史的客观存在。宋代版权保护只有在宋代的历史背景上才有它的真实性及其意义。至于宋代没有产生出世界近代意义上的版权法以致知识产权法，这个问题本身就是一个十分荒谬的假设，因为宋代只能产生出属于宋代的版权问题。迄至清代，1910 年清政府颁布了中国第一部具有近代意义的版权法《大清著作权律》，所以一些学者从近现代欧洲版权立法的角度"生搬硬套"，否认宋代版权问题客观存在的观点，显然犯了中国成语"削足适履"所寓意的历史的与逻辑的错误。

宋代的"文治"政治总体上使其书籍生产的出版环境比较宽容，因而一

---

① 〔宋〕朱熹撰：《朱子全书》（贰拾伍册）《黄商伯》，第 4965 页，上海古籍出版社、安徽教育出版社，2002 年版。

② 〔宋〕吕乔年撰：《东莱集》卷首之《东莱吕太史文集跋》，文渊阁《四库全书》本。

直被称为中国古代书籍出版史上的"黄金时代"。虽然宋代并未制定出专门的出版法，但是在宋代的法律框架内，已经运用国家政权、法律以及民间协调的力量对诸如盗版等侵权行为实施治理。从政府到民间，关于版权保护的一般观念已经普遍产生。眉山程舍人宅出版书籍上的刊语"已申上司，不须覆板"即是一句典型的版权保护语言、符号、象征。总之，宋代已经形成了从版权及版权保护观念、法律申诉、依法断案、判决与执行乃至民间协调等一系列的版权保护程序。

第七章 宋代书籍出版的地域经济特征

一、书籍出版业经济属性之特殊性

书籍出版业属于手工业部门。《道命录》记载："建阳、邵武两县，民间以印书为业。"① 可知书籍出版业已成为独立的经济门类。《老学庵笔记》中提到"书籍行"②，说明书籍出版与销售已经成为一种社会公认的行业。漆侠先生《宋代经济史》第十二章《宋代造纸业和刊刻印刷业的发展》已经明确了这一经济属性。王曾瑜先生《宋朝福建路经济文化发展初探》③ 一文也将书籍生产列为手工业之印刷业。然而，书籍生产绝不等同于一般的手工业生产，即其经济属性具有特殊性：文化生产乃至政治生产的属性。手工业生产之属性只是就书籍出版之手工生产（雕印）这一主要生产环节而言，为其基本属性，但不是全部属性，更不是本质属性。书籍出版的本质属性在于广义文化之生产。再者，不同的生产方式其经济文化属性的表现也有差异，如坊刻的经济属性更为突出，而私刻则文化属性更为突出，官刻则政治属性较为明显。这是由书籍出版的双重属性——经济属性与文化属性所决定的。因此，书籍出版不但是宋朝新兴的重要经济部门——手工业部门，而且更是宋朝新兴的十分重要的文化生产领域。

书籍出版业（特别是印刷业）成为了宋代一种新型的产业——文化产业部门，一个新的重要的经济增长点，对宋朝之国民生产总值及其国家税收做

---

① 〔宋〕李心传编：《道命录》卷四《张震乞申勒天下学校禁专门之学》，第 134 页，台北：文海出版社，1981 年版。

② 〔宋〕陆游撰，李剑雄、刘德权点校：《老学庵笔记》卷一，第 7 页，中华书局，1979 年版。

③ 王曾瑜著：《锱铢编》，第 185～203 页，河北大学出版社，2006 年版。

出了不容忽视的贡献。特别是对于地方经济，如建阳地区，显然已经成为了其支柱产业。

二、书籍出版业总体分布之不平衡性

漆侠先生明确指出了宋代手工业布局的"多样性和发展的不平衡性"。①宋代书籍出版业也一样，虽然已经形成了全国性的局面，但是其地域分布却不均衡。

宋代书籍出版的地区分布呈现出以下显著特点：1. 遍布全国，从琼州到西北地区的瓜州、沙州，都有书籍出版。2. 形成了蜀浙闽三大刻书中心。3. 京城亦即出版中心。北宋时全国的出版中心在汴梁（开封），南宋时则在临安（杭州），二个京城并列为整个宋代书籍出版的"枢纽"与"首要"城市。4. 偏远而社会相对安定地区。如成都地区、建阳地区。四、城市经济与手工业经济发达城市。5. 分布不均衡。从区域地理上看，主要分布在东南沿海一带经济与文化繁庶发达地区。

印刷史学家张秀民先生对宋代刻书地点作了详细考证②。考古学家宿白先生对南宋主要刻书地域（城市）之间刻书技术及风格的传播及相互影响作了精湛研究③。不过，张秀民主要是从"印刷史"的学术视角，宿白主要是从"刻工互见"的手工业考古视角立论的。本书将借鉴上述研究成果，从宋朝社会文化发展的背景出发去分析其书籍生产的地域分布问题，并进而勾勒出一幅宋朝书籍出版地域分布的学术版图。

据张秀民研究，北宋刻书之地可考者有 30 余处，南宋则有近 200 处。北宋计有：汴京、杭州、成都、应天府、沧州、信阳、太原府、解县、绛州、越州、明州、章安、钱塘、余杭、秀州、盐官、苏州、吴江、江阴、江宁府、歙县、洪州府、庐山、吉州、临川、赣县、高邮、龙舒、湖南、春陵、建安、

---

① 漆侠著：《宋代经济史》。《漆侠全集》（第四卷），第 521～526 页，河北大学出版社，2009 年版。

② 张秀民著，韩琦增订：《中国印刷史》（插图珍藏增订版），第 44～45、70～71 页，浙江古籍出版社，2006 年版。

③ 宿白：《唐宋时期的雕版印刷》，第 84～110 页，文物出版社，1999 年版。

四川、平昌、广都、丹州、潮州、曲江、广南西路。南宋刻书地点可考者共184 处，两浙路48 处，江南东西路37 处，荆湖南北路28 处，福建路23 处，淮南东西路及四川路各十七八处，广南东西路较少。既有各路的首府，也有偏僻的小县。尤以两浙路之临安府、绍兴府、明州、婺州、严州、湖州、平江府，江南东路之建康府，四川之成都府、眉山，福建路之福州与建宁府之建安、建阳，为刻版中心。①

三、区域分布与经济文化发达地区之一致性

宋代书籍出版总体分布同宋代经济及文化发达地区分布大致吻合。如汴京、临安、江南地区、两浙地区为宋代经济发达地区，亦为书籍出版发达地区。建阳经济虽相对落后，但书籍出版业成为了其发达的特色产业。

徽州也是宋代出版业的一个重要地区。黟县著名民间出版家汪纲出版有《越绝书》、《吴越春秋》、《参同契分章通真义》等。绍兴末，歙县出版洪皓《松漠纪闻》。咸淳四年（1268 年），绩溪汪梦斗出版其祖父汪晫所辑《曾子子思子全书》，黄绫装褙，黄罗夹复，进献尚书省。咸淳六年（1270 年），郡斋出版罗愿《尔雅翼》。宋末，婺源鲍宜翁乐于出版劝诫类书籍。朱熹著作频繁得以在此出版。《黄山图经》四次得以出版。徽版宋本图书流传至今的尚有吕祖谦《皇朝文鉴》、《朱熹诗集传》，王佖《朱子语录》、魏了翁《九经古义》等。②

咸淳十年（1274 年）四月，汪梦斗《曾子子思子全书进表》，由此可见徽州书籍出版政治文化之一斑。

　　臣汪梦斗言：乃者徽州以臣先大父晫所编辑《子曾子子思子全书》缴申尚书省，已奉指挥送秘书省收管。今将上件书刊镂讫，赍诣登闻检院投进者。臣伏以圣皇劝学，载推道统之尊；遗老编书，宜补经文之缺。……伏念臣先大父臣晫箪瓢自乐，缣素为生。诒后人垂宪言，尽黜百家之陋；为往圣继绝学，首辑二蕙之全。汇次悉其幽微，网罗靡所遗

　　① 张秀民著，韩琦增订：《中国印刷史》（插图珍藏增订版），第 44~45 页、第 70~71 页，浙江古籍出版社，2006 年版。
　　② 徐学林著：《徽州刻书》，安徽人民出版社，2005 年版。

轶。卷帙成于庆元、嘉泰，向不畏党祸之方兴；句读本乎伊洛、考亭，间亦明师旨之未发。观其序之所自述者，岂云苟焉而漫为之。盖以先臣之生平，尝遇诸公之许可。闻道精诣，同朱熹视祝有道于外家；制行洁修，如袁甫与真德秀乃为知己。……其新刻先大父臣㫧所编《曾子子思子全书》，见印造二部四册，黄绫装褙，黄罗夹複封全，内一部二册，乞留中；一部二册，乞降付尚书省。臣无任瞻天望圣、激切屏营之至，谨奉表上进以闻。臣梦斗惶惧惶惧，顿首顿首，谨言。咸淳十四年四月日，徽州紫阳书院学生、江东漕贡进士臣汪梦斗上书。[①]

四、城市分布：京城及蜀浙闽特色产业城市

无论从全国范围内考察，还是从上述主要地域考察，实际上，宋朝的书籍主要还是在一个个的城市（镇）内生产出来的，从京城至小城镇，莫不如是。京城是一国的政治、文化、经济、教育、商业中心，而一个小镇则是一地的商品交易中心。城市（镇）的繁盛为包括雕版书籍生产在内的手工业商品生产提供了地理、人口、交通、消费、文化、教育、物质乃至社会与行业信息等一体化的综合的环境、空间与基础条件。

漆侠先生在其《宋代经济史》中谈到宋代手工业布局的"多样性和发展的不平衡性"问题时，明确指出："宋代手工业主要是在城市、镇市上建立和发展，它的布局毫无疑义地受到城市、镇市的决定性影响。"[②]

宋朝作为一个城市经济发达的朝代，雕版书籍生产手工业自然也就合乎规律地主要存在于从京城至各地的大中小城市（镇）之中。

宋朝书籍生产的主要城市（镇）有：汴梁（开封）、临安（杭州）、成都、眉山、福州、建阳、徽州、绍兴、婺州、嘉兴、湖州、宁波、台州、严州、金华、衢州、温州、处州、庆元、平江、建康、隆兴、抚州、赣州、吉州、池州、歙州、饶州、鄂州、江陵，以及远方的瓜州、沙州、琼州等地，

① 〔宋〕汪梦斗：《曾子子思子全书进表》。《全宋文》（第三五七册）卷八二六一，第1~3页，上海辞书出版社、安徽教育出版社，2006年版。
② 漆侠著：《宋代经济史》。《漆侠全集》（第四卷），第526页，河北大学出版社，2009年版。

可谓星罗棋布，遍及全国。但是大体上主要集中在汴京地区、东南地区及西南的四川地区。限于篇幅，在兹仅选择具有代表性的 8 个城市（镇）作一简论，以见宋代城市（镇）书籍生产——宋代城市（镇）与书籍生产之关系之一斑。这 8 个城市是：汴京、杭州、成都、眉山、长沙、福州、建阳、建安。

1. 汴京

汴京是北宋的京城，也是其时世界上最大最繁华的城市。其繁华的景象，可从《东京梦华录》一书与《清明上河图》上获知一斑。汴京不仅是北宋的政治中心，而且也是北宋的文化中心、教育中心与商业中心。再者，还是北宋的书籍出版中心，特别是政府出版的中心。汴京形成了一个以皇帝为书籍出版元首的出版中心，形成了一整套中央政府出版体制与机制。特别是国子监的书籍出版，尤为显著。北宋中央政府及国子监的书籍，不仅在汴京出版，而且在杭州也进行生产，即：汴京进行书籍原稿的创作、编撰与校勘，再将完成之书稿发往杭州雕版印刷。开宝年间四川成都刻印的《大藏经》，版片凡 13 万之多，也被运到汴京用于印刷，这使汴京实际上又具有了佛教出版中心的地位。

汴京的民间书坊——私营书籍生产与销售也很繁盛，自成为一个中心。遗憾的是，今日可考者，只有大相国寺东荣六郎家、集贤堂书铺二家而已。不过从荣六郎迁居杭州之刻书牌记之历史语境，以及《清明上河图》上"集贤堂书铺"之历史语境考察，兼之其他史料（如《东京梦华录》对大相国寺书市的记载），完全可以推断出汴京作为一个书籍出版中心的历史结论。

北宋覆亡，兵燹之余，汴京的书籍生产与销售自然在劫难逃，几于全毁。不过，汴京的书籍生产文化、文化产品（书籍）、人才、技术资源等，由北而南，迁移并传播到了临安、成都、眉山以及江南其他地区。

2. 杭州

杭州早在北宋时即已成为全国书籍生产的一大中心，北宋国子监的书稿即有汴京发往此地刻印者，故杭州实际上已成为汴京中央政府书籍出版链条上的重要一环。北宋亡国，杭州成为南宋的京城——政治、文化、教育、商业、经济中心，也是全国的出版中心。杭州人杰地灵，人烟稠密，商业发达，人文荟萃，人口逾百万，是当时世界上最大最繁华的先进城市。交通的便利，手工业与商业的繁荣，书籍生产原料（纸、墨）的原产地域，这些都是促使杭州成为全国书籍出版中心的优越条件。

杭州是南宋的出版中心，自然也是浙刻的中心。杭州执南宋时全国书籍出版之牛耳，此其一；其二，杭州及附近地区共同形成了江浙书籍出版文化圈。这一书籍生产文化圈，主要经由书籍产品及其刻工作为媒介之传播，进而明显影响到了江淮湖广及福建、广东等辽阔的东南、中南地区之书籍出版业。以杭州为中心的浙刻之风，浸被上述广大地区。①

杭州不仅是一个书籍生产的中心，而且更是一个书籍文化的传播中心。

书坊林立，民间出版业主要集中在杭城御河一带，生产的书籍世称"书棚本"。这些书坊面对客户和市场的需要，生产出了大量的书籍，种类繁多，应有尽有，包括经、史、子、集、俗文、杂书、佛经、京城地图等。有铺名可考者，现知有临安府棚北睦亲坊南陈宅书籍铺、临安府众安桥南街东开经书铺贾官人宅、临安府修文坊相对王八郎家经铺等共16家。

"书籍"一词，已经成为了杭州民间书籍出版业的通用行业词语。如"临安府洪桥子南河西岸陈宅书籍铺"、"临安府鞔鼓桥南河西岸陈宅书籍铺"等。

叶梦得评价道："天下印书，以杭州为上，蜀本次之，福建最下。"② 这是对杭州书籍生产质量及出版文化的公允评价。

3. 成都

成都是中国雕版印刷业的起源地之一。早在唐朝，这里的坊间就批量印造佛教经文、咒本，历日，以及阴阳杂记、占梦、相宅、九宫五纬之流，字书、小学等民间常用书籍。大和九年（835年），大臣冯宿出使剑南两川，发现坊间私印历日，上书称："准敕禁断印历日版。剑南两川及淮南道，皆以版印历日鬻于市。每岁司天台未奏颁下新历，其印历已满天下，有乖敬授之道。"③ 可见其雕版印刷的普及程度。

崇宁二年（1103年）五月，诏"成都府路有民间镂板奇书，令漕司取

---

① 宿白《南宋的雕版印刷》一文从书籍"刻工互见"的考古视角对之有过洞察幽微般的考论。《文物》，1962年第1期。

② 〔宋〕叶梦得撰、宇文绍奕考异，侯忠义点校：《石林燕语》卷八，第116页，中华书局，1984年版。

③ 〔清〕董诰等编：《全唐文》卷六二四《禁版印时宪书奏》，第6300～6301页，中华书局，1983年版。

索，送秘书省"。① 这说明成都府民间出版业发达，所出书籍选题独特，甚至成为秘书省藏书的重要来源，也说明中央政府对民间书籍出版的充分认可。

成都府在宋朝成为了全国三大书籍生产中心城市之一。宋朝刻印的 7 部佛教《大藏经》，第一部就是在益州生产的，可谓北宋立国后第一个重大出版工程。此书计雕版 13 万块，全书 5048 卷，卷轴装潢，480 函，世称《宋开宝刊蜀本大藏经》，简称《开宝藏》，又称《蜀藏》，足见成都府书籍生产的规模与魄力。北宋中央政府宣赐给高丽、日本、安南、西夏、女真、龟兹的《大藏经》也正是这部《蜀藏》。所以，这部《蜀藏》不仅在传播中华佛教文化，而且在传播中华印本书籍文化方面都居功至伟。

太祖为何选中成都府雕印《大藏经》呢？这必然与成都书籍生产中佛教书籍的既有出版成就及成都具有能够胜任这一大型书籍出版工程的生产力（技术力量）直接相关。唐代柳玭记载："中和三年癸卯夏，銮舆在蜀之三年也，余为中书舍人，旬休，阅书于重城之东南，其书多阴阳杂记、占梦相宅、九宫五纬之流。又有字书、小学，率雕版，印纸浸染，不可尽晓。"② 于此可知唐代其时此地民间书籍出版业之发展状况。成都府自唐代开始的书籍出版物表明，这里是一个存在多种信仰的中心，既存在佛教信仰，又存在中国传统的迷信信仰成份，因此这里便在实际上又成为了一个关于多种信仰之书籍的出版中心。《蜀藏》的成功出版，更使成都府（益州）成为了名扬天下而垂于后世的书籍出版重镇，特别的《大藏经》出版的祖地。"蜀本"、"蜀刻"、"蜀版"这样公认的印刷称谓自然也就成为了不胫而走的专有名词术语。

4. 眉山

眉山是四川地区书籍出版中心之一。距成都约百公里，史称："夫眉都毗连蜀都，田土沃衍，同号'天府'。自汉以来称为礼仪之邦，其人才之杰出，史不绝书。"③ 盛产纸墨。眉山是"蜀学"的发端之地，名家辈出。"蜀学"领袖苏轼即为眉州人，苏门一家即足以令眉州万世不朽。学者研究认为，宋

---

① 〔清〕徐松辑，苗书梅等点校、王云海审订：《宋会要辑稿·崇儒》，第 239 页，河南大学出版社，2001 年版。

② 〔唐〕柳玭撰：《柳氏家训·序》。〔宋〕薛居正等撰：《旧五代史》卷四十三《明宗纪》，第 589 页，中华书局，1976 年版。

③ 王铭新等修，郭庆琳等纂：《眉山县志》卷十四《艺文志》之《涂长发眉州志序》，汉文石印社代印，民国十二年（1923 年）版。

代文化上的"眉山现象"，"其主要根源正在唐、五代的移民运动"，即移民运动为眉山移植了文化、教育与学术上的雄厚而显豁的力量。"由于眉州及西蜀教育发达，读书人多，又决定了对书籍的大量需求，这是眉州成为宋代全国著名的三大刻书中心之一的根本原因。"①

眉山的文化、学术生产与书籍出版融为一体。南宋初晁公遡作《眉州州学藏书记》记载："郡之富于文，不独诸生之言辞为然，盖文籍于是乎出，至布于其部，而溢于四方。"② 诗云："吾州俗近古，他邦那得如。饮食犹俎豆，佣贩皆读书。"③ 南宋蜀地学者蒲叔献为蜀刻《太平御览》作跋道："吾蜀文集，巨细毕备。"④

眉山出版的书籍中，尤以著名的"眉山七史"、唐人文集以及宋代四大类书中的《太平御览》及《册府元龟》为其显赫者。庆元五年（1199 年）成都府路转运判官兼提举学事蒲叔献出版《太平御览》。南宋中叶眉山坊肆刻《册府元龟》。

四川转运副使井度是一个十分热爱书籍与书籍出版的人，领导并主持出版了著名的"眉山七史"。《郡斋读书志》记载其编校及出版始末甚明：

> 嘉祐中，以《宋》、《齐》、《梁》、《陈》、《魏》、《北齐》、《周书》舛谬亡阙，始诏馆职雠校。曾巩等以秘阁所藏多误，不足凭以是正，请诏天下藏书之家，悉上异本。久之，始集。治平中，巩校定《南齐》、《梁》、《陈》三书上之，刘恕等上《后魏书》，王安国上《周书》。政和中，始皆毕，颁之学官，民间传者尚少。未几，遭靖康丙午之乱，中原沦陷，此书几亡。绍兴十四年，井宪孟为四川漕，始檄诸州学官，求当日所颁本。时四川五十余州，皆不被兵，书颇有在者，然往往亡阙不全，收合补缀，独少《后魏书》十许卷，最后得宇文季蒙家本，偶有所少者，于是七史遂全，因命眉山刊行焉。⑤

---

① 祝尚书：《论宋代文化中的"眉山现象"》，《四川大学学报》（哲学社会科学版），2004 年第3 期。

② 〔宋〕晁公遡撰：《嵩山集》卷五十《眉州州学藏书记》，文渊阁《四库全书》本。

③ 〔宋〕晁公遡撰：《嵩山集》卷五《古诗二十五首》，文渊阁《四库全书》本。

④ 〔宋〕蒲叔献撰：《太平御览原序》，《太平御览》，第 1 页，中华书局，1960 年版。

⑤ 〔宋〕晁公武撰，孙猛校证：《郡斋读书志校证》，第 184 页，上海古籍出版社，1990 年版。

眉山所出书籍以字大醒目为突出特征。如"眉山七史",半叶九行,行十八字。《新编近时十便良方》,不仅字大,而且目录中每书上方的装饰符号亦又黑又大,予人以"黑云压城城欲摧"的视觉压迫效果,竖长方框二行牌记"万卷堂作十三行大字刊行庶便捡用请详鉴"①。

"眉山七史"之书版,至清代顺、康、雍、乾时犹有残存。叶德辉称:"计自绍兴刻板至嘉庆火,几七百年。木板之存于世者,未有久于此者也。"②

据《直斋书录解题》记载"蜀刻唐六十家集"③,可知宋代眉州刻印的唐人文集达到 60 多种。千余年之后,现今犹可见者尚有 23 种之多。即:《骆宾王文集》、《李太白文集》、《王摩诘文集》、《孟浩然诗集》、《孟东野文集》、《刘文房文集》、《刘梦得文集》、《陆宣公文集》、《新刊权载之文集》、《新刊元微几文集》、《张文昌文集》、《张承吉文集》、《姚少监诗集》、《皇甫持正文集》、《李长吉文集》、《许用晦文集》、《孙可之文集》、《司空表圣文集》、《杜荀鹤文集》、《郑守愚文集》、《昌黎先生文集》、《新刊经进昌黎先生文》、《新刊增广百家详补注唐柳先生文》、《欧阳行周文集》。

这些唐人文集的出版,不仅保存继承了唐代的文学精华,而且对于唐代文化的传播也作出了伟大的贡献。后世对唐代文学的认识与研究,端赖于此,其功昭然可鉴。每一部流传至今的唐人别集,实际上都已经成为了一部富有文化积淀的文化传播史案。

眉山所出宋人文集,至今犹存于世者尚有:《欧阳文忠文集》、《苏文定公文集》、《苏文忠公奏议》、《苏文忠文集》、《淮海先生闲居集》、《嘉祐集》等。④

眉山书籍出版业在中国出版史乃至世界出版史上卓有贡献的一笔是:眉山版《东都事略》牌记:"眉山程舍人宅刊行　已申上司　不许覆板"。这句话不仅表明眉山地区书籍出版业的繁荣,而且表明了其显著明确的版权意识。

眉山出版的书籍,经史子集齐备,内容广泛。精选底本,校勘严谨。字号大小灵活,大体上可分为大字本、中字本和小字本三种类型。大字本一般

---

① 林申清编著:《宋元书刻牌记图录》,第 61 页,北京图书馆出版社,1999 年版。

② 叶德辉著:《书林清话》卷六,第 147 页,中华书局,1957 年版。

③ 〔宋〕陈振孙著,徐小蛮、顾美华点校:《直斋书录解题》,第 468 页,上海古籍出版社,1987 年版。

④ 陈坚、马文大撰辑:《宋元版刻图释》,第 344～363 页书影,学苑出版社,2008 年版。

框高 21 厘米、广 16 厘米左右，半叶 9 行，每行 15 字至 18 字不等，版式美观，因此获得后世的一致称誉，成为宋代版印书籍文化上与美学上的典范。

眉山书籍印纸洁白厚重坚韧，不易破裂。这种纸张是成都地区特产的麻、楮二纸，质优价廉，最适宜印制各种书籍。费著撰《笺纸谱》："蜀中经、史、子、集，皆以此纸传印。①

四川地区书籍出版业的繁盛，促进了目录学的发展，特别体现在宋代目录学上。晁公武及其《郡斋读书志》即是一个显例，此书大体上可以看作宋代蜀版书目。它反映出宋代四川刻书之丰富，出版业之发达！蜀刻书几乎包括了所有当时重要的典籍。②

从宋代书籍生产之视角考察宋代地域文化，则宋代蜀地文化是最具有地域特色的地域文化。它封闭而不保守，自成体系而播于全国。地理上的"屏障"意义转换为了"屏障"中文化持续生产并能够获得自然积累、沉郁与勃发的成长意义。"蜀学"范围中的几乎所有文人，都有一种天生的浓郁的共同的蜀文化情结，这是蜀地教育、科举、读书、创作与书籍出版生生不息的真正文化源泉。他们的文章及话语之中，如前文所引"全蜀数道，文籍山积"③、"盖文籍于是乎出，至布于其部，而溢于四方"④、"饮食犹俎豆，佣贩皆读书"⑤、"吾蜀文籍，巨细毕备"⑥，以及"蜀学"领袖苏轼之《谢范舍人书》对西蜀自汉至宋 1200 多年间文化之繁盛的刻意描述，字里行间，言内言外，无不浸透着蜀地文人共同的文化自信与文化优越心理。如果说汴京、临安因京城之特殊地位而获书籍生产中心之号，建阳为民间书坊的生态家园的话，那么真正基于地域文化而在书籍生产上具有持久性、规模性与浓郁的文化性——独特的地域文化与独特的书籍文化天生即连为一体者，非蜀刻而谁与归！

若想体验有宋一代蜀地书籍的精神世界与文化魅力，只需一读《苏轼文集》即可。苏轼文章的魅力，就是宋朝蜀文化魅力的最好范例，自然也是宋

---

① 〔元〕费著撰：《笺纸谱》，文渊阁《四库全书》本。
② 祝尚书：《晁公武与宋代四川图书业》，《中国典籍与文化》，1995 年第 1 期。
③ 〔宋〕李心传编：《道命录》卷四，第 134 页，台北：文海出版社，1981 年版。
④ 〔宋〕晁公遡撰：《嵩山集》卷五十《眉州州学藏书记》，文渊阁《四库全书》本。
⑤ 〔宋〕晁公遡撰：《嵩山集》卷五《古诗二十五首》，文渊阁《四库全书》本。
⑥ 〔宋〕蒲叔献撰：《太平御览原序》。《太平御览》，第 1 页，中华书局，1960 年版。

朝蜀文化世界中书籍文化的最好范例。

5. 长沙

据《直斋书录解题》著录，长沙书坊出版号称为"百家词"之大型系列丛书。由此可以窥知长沙一地书籍出版的整体发展状况、书籍品种、出版规模、出版资源、生产力量及出版水平。此摘录并列表如下。

表7-1　宋朝长沙刘氏书坊出版"百家词"一览表

作　者	书　名	卷数	出版者
〔南唐〕李璟、李煜撰	《南唐二主词》	一卷	
〔南唐〕冯延巳撰	《阳春录》	一卷	
〔宋〕佚名编	《家宴集》	五卷	
〔宋〕晏殊撰	《珠玉集》	一卷	
〔宋〕张先撰	《张子野词》	一卷	
〔宋〕杜安世撰	《杜寿域词》	一卷	
〔宋〕欧阳修撰	《六一词》	一卷	
〔宋〕柳永撰	《乐章集》	九卷	
〔宋〕苏轼撰	《东坡词》	二卷	
〔宋〕黄庭坚撰	《山谷词》	一卷	
〔宋〕秦观撰	《淮海集》	一卷	
〔宋〕晁补之撰	《晁无咎词》	一卷	
〔宋〕陈师道撰	《后山词》	一卷	
〔宋〕晁端礼撰	《闲适集》	一卷	长沙刘氏书坊
〔宋〕晁冲之撰	《晁叔用词》	一卷	
〔宋〕晏几道撰	《小山集》	一卷	
〔宋〕周邦彦撰	《清真词》	二卷、《后集》一卷	
〔宋〕贺铸撰	《东山寓声乐府》	三卷	
〔宋〕毛滂撰	《东堂词》	一卷	
〔宋〕谢逸撰	《溪堂词》	一卷	
〔宋〕王观撰	《冠柳集》	一卷	
〔宋〕李之仪撰	《姑溪集》	一卷	
〔宋〕赵令畤撰	《聊复集》	一卷	
〔宋〕苏庠撰	《后湖词》	一卷	
〔宋〕万俟咏撰	《大声集》	五卷	
〔宋〕叶梦得撰	《石林词》	一卷	

续表

作　者	书　名	出版者	
〔宋〕张元干撰	《芦川词》	一卷	
〔宋〕陈克撰	《赤城词》	一卷	
〔宋〕陈与义撰	《简斋词》	一卷	
〔宋〕刘一止撰	《刘行简词》	一卷	
〔宋〕康与之撰	《顺庵乐府》	五卷	
〔宋〕朱希真撰	《樵歌》	一卷	
〔宋〕王安中撰	《初寮词》	一卷	
〔宋〕葛胜仲撰	《丹阳词》	一卷	
〔宋〕向子諲撰	《酒边集》	一卷	
〔宋〕李清照撰	《漱玉集》	一卷	
〔宋〕赵忠简撰	《得全词》	一卷	
〔宋〕韩元吉撰	《焦尾集》	一卷	
〔宋〕陆游撰	《放翁词》	一卷	
〔宋〕范成大撰	《石湖词》	一卷	
〔宋〕蔡伸撰	《友古词》	一卷	
〔宋〕王之道撰	《相山词》	一卷	
〔宋〕蔡楠撰	《浩歌集》	一卷	长沙刘氏书坊
〔宋〕张孝祥撰	《于湖词》	一卷	
〔宋〕辛弃疾撰	《稼轩词》	一卷	
〔宋〕黄人杰撰	《可轩曲林》	一卷	
〔宋〕王武子撰	《王武子词》	一卷	
〔宋〕向滴撰	《乐斋词》	一卷	
〔宋〕黄定撰	《凤城词》	一卷	
〔宋〕周紫芝撰	《竹坡词》	一卷	
〔宋〕赵彦端撰	《介庵词》	一卷	
〔宋〕沈瀛撰	《竹斋词》	一卷	
〔宋〕程垓撰	《书丹词》	一卷	
〔宋〕曹冠撰	《燕喜集》	一卷	
〔宋〕马宁祖撰	《退圃词》	一卷	
〔宋〕廖行之撰	《省斋诗余》	一卷	
〔宋〕沈端节撰	《克斋词》	一卷	
〔宋〕吴镒撰	《敬斋词》	一卷	

续表

作 者	书 名	出版者	
〔宋〕杨无咎撰	《逃禅集》	一卷	
〔宋〕袁去华撰	《袁去华词》	一卷	
〔宋〕毛开撰	《樵隐词》	一卷	
〔宋〕王庭珪撰	《芦溪词》	一卷	
〔宋〕黄公度撰	《知稼翁集》	一卷	
〔宋〕吕渭老撰	《吕圣求词》	一卷	
〔宋〕侯延庆撰	《退斋词》	一卷	
〔宋〕石孝文撰	《金石遗音》	一卷	
〔宋〕葛立方撰	《归愚词》	一卷	
〔宋〕葛郯撰	《信斋词》	一卷	
〔宋〕黄谈撰	《涧壑词》	一卷	
〔宋〕侯寘撰	《懒窟词》	一卷	
〔宋〕王以宁撰	《王周士词》	一卷	
〔宋〕芦炳撰	《哄堂集》	一卷	
〔宋〕林淳撰	《定斋诗余》	一卷	
〔宋〕邓元撰	《漫堂集》	一卷	
〔宋〕管鉴撰	《养拙堂词集》	一卷	长沙刘氏书坊
〔宋〕赵师侠撰	《坦庵长短句》	一卷	
〔宋〕李处全撰	《晦庵词》	一卷	
〔宋〕王大受撰	《近情词》	一卷	
〔宋〕张孝忠撰	《野逸堂词》	一卷	
〔宋〕京镗撰	《松坡词》	一卷	
〔宋〕刘德秀撰	《默轩词》	一卷	
〔宋〕钟将之撰	《岫云词》	一卷	
〔宋〕杨炎正撰	《西樵语业》	一卷	
〔宋〕魏子敬撰	《云溪乐府》	四卷	
〔宋〕徐得之撰	《西园鼓吹》	二卷	
〔宋〕李叔献撰	《李东老词》	一卷	
〔宋〕韩玉撰	《东浦词》	一卷	
〔宋〕李洪、李漳、李泳、李洤、李澜撰	《李氏花萼集》	五卷	
〔宋〕方信孺撰	《好庵游戏》	一卷	

续表

作　者	书　名	出版者	
〔宋〕刘光祖撰	《鹤林词》	一卷	
〔宋〕郭应祥撰	《笑笑词集》	一卷。	
〔宋〕蔡伯坚撰	《萧闲集》	六卷	
〔宋〕吴激撰	《吴彦高词》	一卷	
〔宋〕姜夔撰	《白石词》	五卷	
〔宋〕姚宽撰	《西溪乐府》	一卷	
〔宋〕陈从古撰	《洮湖词》	一卷	
〔宋〕王千秋撰	《审斋词》	一卷	
〔宋〕曾觌撰	《海野词》	一卷	
〔宋〕张抡撰	《莲社词》	一卷	长沙刘氏书坊
〔宋〕史达祖撰	《梅溪词》	一卷	
〔宋〕高观国撰	《竹屋词》	一卷	
〔宋〕刘过撰	《刘改之词》	一卷	
〔宋〕苏泂撰	《泠然斋诗余》	一卷	
〔宋〕卢祖皋撰	《蒲江集》	一卷	
〔宋〕严次山撰	《欸乃集》	八卷	
〔宋〕孙惟信撰	《花翁词》	一卷	
〔宋〕韩疁撰	《萧闲词》	一卷	
〔宋〕傅干撰	《注坡词》	二卷	
〔宋〕曹鸿撰	《注琴趣外篇》	三卷	
〔宋〕曹杓撰	《注清真词》	二卷	以上自南唐二主至此书，书坊号"百家词"

6. 福州

史称宋代福建路："其俗信鬼尚祀，重浮屠之教……然多向学，喜讲诵，好为文辞，登科第者尤多。"[①] 这一人文环境促进了福建地区之书籍出版业。据统计，宋代新建寺院1493座，其中福州府新建550座，庆历中（1041～1048年）已有寺庙1625座，居全国之冠。信众广泛，这就促进了福州地区的佛教传播。福州的书籍出版，以佛教《大藏经》的出版为显赫成就。宋代共出版过7部佛教《大藏经》，福州一地占其2部，即《崇宁万寿大藏》、《毗

---

① 〔元〕脱脱等撰：《宋史》卷八十九《地理五》，第2210页，中华书局，1977年版。

卢大藏》,此足以说明福州地区书籍出版资源与力量的雄厚。

这二部佛教《大藏》之外,福州还出版了一部道教《大藏》,此即《万寿道藏》。徽宗崇信道教,崇宁、政和年间两度下诏搜访道家遗书,命道士整理校勘,并统一送往福州天宁万寿观雕印,时任福州知府的黄裳秉承徽宗圣谕负责监雕。政和四年(1114年)开雕,政和八年(1118年)刊毕,历时仅4年。全藏凡5481卷,540函。此藏雕毕后黄裳即将经版进呈于京师,世称《政和万寿道藏》。由于是徽宗钦命,政府出资并主持刊雕,典型的天子文化工程项目,所以仅用4年即功成。

三大宗教书籍出版工程,雕成版片约30余万块,总卷数达1.8万余卷,出版于福州——地处海隅的一个城市之手,堪称书籍史上的奇迹。

7. 建阳、建安①

此地不仅是宋代出版中心之一,而且是宋元明乃至清代早期的出版中心之一。建阳县在宋代成为了民间出版的一方"天堂",形成了民间书籍出版的文化生态园区及其书籍生产模式。曹绂称:"建阳、邵武两县,民间以印书为业。"② 叶德辉评价说:"夫宋刻书之盛,首推闽中,而闽中尤以建安为最。"③ 建安县处于崇山峻岭之中,盛产竹纸,具有得天独厚的书籍生产地理空间,且远离朝廷政治与文化政策的管制,以民间的"草根"力量相对自由地从事书籍出版,其中包括所谓非法出版以及其他违制出版,从而形成一种带有自然生长性质的出版生产、出版经济与出版文化为一体的县域书籍生产典型。

建阳县的书籍生产,主要集中在该县的麻沙、崇化两坊镇。叶德辉认为:"盖建安自唐为书肆所萃。"④ 祝穆《方舆胜览》将印本书籍列为建安"土产",称其"书籍行四方","麻沙、崇化两坊产书,号为图书之府"⑤。刘克庄称建阳县"两坊坟籍大备,比屋弦诵"⑥。熊禾为书坊同文书院作文称:"文公之文,如日丽天,书坊之书,犹水行地。"⑦ 他为重修同文书院所写上

---

① 建安为建宁府附郭县,与建阳县同为刻书中心。文献中时有将二者混称者。

② 〔宋〕李心传编:《道命录》卷四,第134页,台北:文海出版社,1981年版。

③ 叶德辉著:《书林清话》卷二,第46~47页,中华书局,1957年版。

④ 叶德辉著:《书林清话》卷二,第43页,中华书局,1957年版。

⑤ 〔宋〕祝穆撰:《方舆胜览》(上)卷十一《建宁府》,第181页,中华书局,2003年版。

⑥ 〔宋〕刘克庄撰,王蓉贵、向以鲜校点,刁忠民审订:《后村先生大全集》卷八十九《建阳县厅续题名》,第2310页,四川大学出版社,2008年版。

⑦ 〔宋〕熊禾撰:《勿轩集》卷四《建阳书坊同文书院》,文渊阁《四库全书》本。

梁文中称："儿郎伟，抛梁东，书籍日本高丽通……儿郎伟，抛梁北，万里车书通上国。"① 朱熹《建阳县学藏书记》中称："建阳版本书籍上自《六经》，下及训传，行四方者，无远不至。"②

《明公书判清明集》记载的一起家产继承案中，主人即在"书坊"开"小典买卖"，"在书坊买卖营运"③。于此可窥书坊经济环境之一斑。

建阳区区一县，出产书籍数量之巨，销售区域之广，历时之长，影响之大，遗存今日相对之多，均为宋代书籍生产之冠。④ 个中原因，值得继续深入探讨。诸如为何偏偏是这一地方，而非全国其他地方？为何其书籍生产竟能持续至清初，长达600余年。

据考证，宋代建阳确切可知的书坊即有37家。其中，除王氏世翰堂、蔡子文东塾为北宋书坊外，其余均为南宋书坊。此据张秀民先生所考列表如下。

表7-2 宋代建宁府地区书坊刻书一览表⑤

作者	书名	书坊名称	时间	地点
〔唐〕司马贞 撰	《史记索隐》	王氏世翰堂	嘉祐二年(1057年)	建邑
〔宋〕邵雍 撰	《邵子击壤集》	蔡子文东塾	治平三年(1066年)	建安
〔宋〕宋祁、欧阳修 等撰	《新唐书》	麻沙镇水南刘仲吉宅	绍兴三十年(1160年)	麻沙
〔南朝梁〕萧统 主编	《文选》	崇化书坊陈八郎家(或作建宁府陈八郎书铺)	绍兴三十一年(1161年)	建阳
〔南朝宋〕范晔 撰	《后汉书》	刘智明 刘仲立	隆兴二年(1164年)	麻沙
〔宋〕黄庭坚 撰	《类编增广黄先生大全文集》	麻沙镇水南刘仲吉宅	乾道(1165~1173年)	麻沙
〔战国〕韩非 撰	《韩非子》	建宁府黄三八郎书铺	乾道元年(1165年)	建宁
〔东汉〕班固 撰	《汉书》	刘智明 刘仲立	乾道三年(1167年)	麻沙

① 〔宋〕熊禾撰：《勿轩集》卷四《书坊同文书院上梁文》，文渊阁《四库全书》本。
② 〔宋〕朱熹撰：《朱子全书》（贰拾肆）《建宁府建阳县学藏书记》，第3745页，上海古籍出版社、安徽教育出版社，2002年版。
③ 宋本《明公书判清明集》之《已有亲子不应命继》。中国社会科学院历史研究所编，王曾瑜、陈智超、吴泰点校：《中国古代社会经济史资料》（第一辑），第380页，福建人民出版社，1985年版。
④ 明景泰《建阳县志续集·典籍》及嘉靖《建阳县志·书坊书目》列有二个建阳书坊书目，非常珍贵，足资追溯宋时此地刻书之参考。前文称"天下书籍备于建阳之书坊，书目具在可考也。"二目见《宋元明清书目题跋丛刊》（六），中华书局，2006年版。
⑤ 张秀民著，韩琦增订：《中国印刷史》（插图珍藏增订版），第67~68页，浙江古籍出版社，2006年版。

续表

作者	书名	书坊名称	时间	地点
〔宋〕王令 撰	《王先生十七史蒙求》	麻沙镇南斋虞千里	乾道五年（1169 年）	麻沙
〔宋〕陈彭年、丘雍 等 修撰	《巨宋广韵》	建宁府黄三八郎书铺	乾道五年（1169 年）	建宁
〔西汉〕司马迁 撰	《史记》	建溪三峰蔡梦弼傅卿家塾（建溪或作建安）	乾道七年（1171 年）	建溪
〔东汉〕何休 注〔唐〕徐彦 疏	《春秋公羊经传解诂》	余仁仲万卷堂	绍熙二年（1191 年）	建安
〔东汉〕班固 撰	《汉书》	刘之问（刘元起）	庆元元年（1195 年）	建安
〔南朝宋〕裴骃集解〔唐〕司马贞 索隐,张守节正义	《史记集解索隐正义》	黄善夫家塾	庆元（1195～1200 年）	建安
〔东汉〕班固 撰	《前汉书》	黄善夫家塾	庆元（1195～1200 年）	建安
〔南朝宋〕范晔 撰	《后汉书》	黄善夫家塾	庆元（1195～1200 年）	建安
〔宋〕叶棻 辑	《圣宋名贤四六丛珠》	陈彦甫家塾	庆元二年（1196 年）	建安
〔宋〕高承 编撰	《事物纪原》	余氏	庆元丁巳（1197 年）	建安
〔南朝宋〕范晔 撰	《后汉书》	刘之问（刘元起）	庆元四年（1198 年）	建安
〔唐〕韩愈 撰	《新刊五百家注音辨昌黎先生文集》	魏仲举家塾	庆元六年（1200 年）	建安
〔唐〕柳宗元 撰	《柳集》	魏仲举家塾	庆元六年（1200 年）	建安
〔宋〕王宗传 撰	《童溪王先生易传》	刘日新宅三桂堂	开禧元年（1205 年）	建安
〔东汉〕班固 撰	《汉书》	建宁书铺蔡琪纯父一经堂或作建安蔡纯父	嘉定元年（1208 年）	建宁
〔南朝宋〕范晔 撰	《后汉书》	建宁书铺蔡琪纯父一经堂或作建安蔡纯父	嘉定元年（1208 年）	建宁
〔宋〕刘信甫 编	《活人事证方》	余恭礼宅	嘉定九年（1216 年）	建安
〔宋〕许叔微编撰	《许学士类证普济本事方》	余唐卿宅或作夏渊余氏明经堂	宝祐元年（1253 年）	建安
〔金〕成无己 撰	《伤寒明理论》	庆有书堂	景定二年（1261 年）	建安
〔宋〕周敦颐、张载、程颢、程颐撰,朱熹、吕祖谦选编,曾氏家塾编辑	《文场资用分门近思录》	曾氏家塾	宋末（1279 年）	建安

续表

作者	书名	书坊名称	时间	地点
〔宋〕唐慎微、寇宗奭 编撰，刘信甫校正	《新编类要图注本草》	余彦国励贤堂		建安
〔宋〕唐慎微、寇宗奭 编撰，刘信甫校正	《新编类要图注本草》	余氏广勤堂		
〔西汉〕戴圣 编纂	《礼记》	余仁仲万卷堂		建安
〔汉〕刘向 撰	《古列女传》	余靖安勤有堂 或作静庵余氏		
〔宋〕杨复 撰	《仪礼图》	余志安勤有书堂		崇化
〔宋〕方闻一 辑	《大易粹言》	刘叔刚宅		建安
〔西汉〕郑玄 注 〔唐〕孔颖达 疏	《礼记注疏》	刘叔刚宅		建安
〔西汉〕郑玄 注 〔唐〕孔颖达 疏	《毛诗注疏》	刘叔刚宅		建安
〔宋〕陈彭年、丘雍 编修	《广韵》	刘仕隆宅		麻沙
〔宋〕吕祖谦 编	《皇朝文鉴》	刘将仕宅		麻沙
〔西汉〕扬雄 撰 〔唐〕李轨 等注	《五臣注扬子法言》	刘通判宅		麻沙
〔春秋〕李耳 撰	《老子道德经》	虞氏家塾		建安
〔宋〕张师正 撰	《括异志》	建宁府麻沙镇虞叔异宅		麻沙
〔宋〕宋祁、欧阳修 等撰	《新唐书》	魏仲立宅		建安
〔宋〕苏轼 撰、王十朋 集注	《王状元集百家注分类东坡先生诗》	魏忠卿家塾		建安
〔宋〕苏轼 撰	《东坡先生诗》	黄善夫家塾		建安
〔宋〕苏轼 撰、王十朋 集注	《王状元集百家注分类东坡先生诗集》	黄及甫家塾		建安
〔宋〕佚名 辑	《选青赋笺》	王懋甫桂堂		建安

续表

作者	书名	书坊名称	时间	地点
〔春秋〕孔子 编纂	《尚书》	王朋甫		建安
〔宋〕江仲达 编	《二十先生回澜文鉴》	江仲达群玉堂		建安
〔宋〕苏轼 撰 王十朋 集注	《王状元集诸家注分类东坡先生诗》	万卷堂		建安
〔宋〕王明清 撰	《王知府宅真本挥麈录》	龙山堂		建阳

张秀民称:"自宋至明建宁书坊之多,一直为全国之冠。"①

建阳生产的书籍,上自六经,下至日常生活用书,门类广泛,应有尽有。大概凡是社会上存在需求的,不论雅俗,一律予以编撰生产。但是总的来说,各种通俗读物、实用书籍及带有工具书性质的书籍占了大多数。李瑞良总结为六类:1. 经史和诸子书。2. 诗文别集和选本。3. 时文和科举应试用书。这类书籍销量大,品种多,是书坊的重要赢利来源。4. 字书、韵书、类书等工具书,特别是类书。《四库全书总目》著录宋代类书 29 种,其中大多为麻沙刻本,而且闽人编的就有 8 种。5. 农书、医书和日用杂书。6. 启蒙读物。②7. 平话、小说、戏曲等通俗文学作品,如《大宋宣和遗事》、《京本通俗小说》等。

建安生产的书籍,质量高低不一。既有著编校印俱佳的善本,也有编校印粗制滥造的劣本。叶梦得评价说:"今天下印书,以杭州为上,蜀本次之,福建最下。"③ 这是从区域出版的角度作出的一种结论。这一比较结论应当代表了其时宋人的一般看法,也是对其时蜀浙闽三大刻书区域书籍生产的一个质量鉴定结论。建本书籍质量之差主要表现为:一是编校差错普遍而严重,二是在刻版与印刷上偷工减料,如使用易刻价廉的软木,使用廉价乃至劣质纸张,刻字紧密等。编校环节上的伪劣作法主要有:改头换面、胡乱拼凑、

---

① 张秀民著,韩琦增订:《中国印刷史》(插图珍藏增订版),第 68 页,浙江古籍出版社,2006 年版。

② 李瑞良:《福建古代刻书业综述》,中国出版科学研究所编:《第二届全国出版科学研究优秀论文获奖论文集》,中国书籍出版社,1997 年版。

③ 〔宋〕叶梦得撰,字文绍奕考异,侯忠义点校:《石林燕语》卷八,第 116 页,中华书局,1984 年版。

任意删减、伪装全书、改换书名、变换次序、化整为零、盗版盗印、妄改古书等。例如科举参考用书，《愧郯录》披露道："自国家取士场屋，世以决科之学为先，故凡编类条目、撮载纲要之书，稍可以便检阅者，今充栋汗牛矣！建阳书肆方日辑月刊，时异而岁不同，以冀速售，而四方转致传习，率携以入棘闱，务以眩有司，谓之怀挟，视为故常。……比年以来于时文中采摭陈言，区别事类，编次成集，便于剽窃，谓之《决科机要》。愉惰之士，往往记诵以欺有司。"① 造成这种恶劣状况的原因，主要是大多数书坊的经营者出自民间，文化素质低下，生产书籍的目的完全在于赢利，因此只顾压低成本，速成速售，争取丝毫之利。宋代全国书籍生产中，建安这一手工业与商业密切结合的书坊书籍生产及赢利方式成为了一种典型的书籍生产模式。一方面，建阳地处崇山峻岭中，地理空间相对闭塞，不利于政府上层部门的管制，地方政府部门则不排除有地方保护主义与地方税收利益的障护，因而滋生了这种生产经营中弄虚作假的严重陋习，长期相沿不改。另方面，这其中也孕育着地方上书籍生产中民间资本运作的原始性，乃至其时"近世"社会母体内商业资本运作中资本主义萌芽性质的原始积累的先天表现。国内外研究者认为，宋代是中国近世社会的开端。既为开端，则必有其种种所谓近世社会之表现。建阳书坊无论是作为一个总体，还是单从民间商业资本在书籍生产与销售中运用的具体细节而言，都不能不视作是颇为值得思考的近世社会之端倪。建阳书坊的资本运作方式——生产与经营模式——种种表现，发展至明代尤为显著，直到清初。

一批士人乃至著名儒士（如朱熹等）参与了建阳书坊的书籍出版，再加上一批具有文化理想的坊主的努力，这使得建阳出版了相当数量的优质书籍。因此，建阳是一个阳春白雪与下里巴人群聚在一起的书籍生产园区，既有高蹈天下的儒雅的出版人，也有双眼泛着铜绿的出版小人，他们如此奇妙地共居在这个闽北崇山峻岭中的区区小县中，从事书籍生产，然其品位、旨趣、目的之不同，竟使此地的书籍出版呈现出如此丰富的生态景观。

建阳之书籍生产与经营方式，使其书籍产量位居全国之冠，行销天下。这根源于建阳走的是一条通俗化、大众化、应用化的出版路线。正是因为其

---

① 〔宋〕岳珂撰：《愧郯录》卷九《场屋编类之书》，文渊阁《四库全书》本。

产量大、行销量大，行销天下乃至海外，所以才为宋代建本书留存于后世提供了最大的概率。现在留存于世的宋版书中，建阳麻沙本即占有显著位置。例如 1980 年日本宫内厅赠送给北京图书馆的《全芳备祖》一书影印本，即为宋代麻沙本。

　　宋代书籍生产的城市（镇）遍及全国。除上文重点叙论者外，其他较著者尚有绍兴府、庆元府、婺州、衢州、严州、湖州、平江府、建康府，以及台州、温州、嘉兴、处州、温陵、泉州、潮州、高邮军、饶州、鄱阳、池州、当涂、江州、吉州、抚州、桂林、漳州等。

结　语

一、书籍生产之社会作用

宋代雕版技术之于书籍生产的广泛应用，乃是中国古代专制集权社会中继秦朝"书同文"之后的又一次重大"媒介革命"，使得知识信息的生产与消费进入了标准化时期，从而深刻改变并塑造了宋朝的精神世界，确立了一种基本的精神生活方式之模式，一直持续到近代西方机械化书籍生产方式输入中国时期。宋代在书籍出版商业化、出版政治化、国家出版管理体制及实践、民间出版自由、出版权益与版权保护、出版体制及类型化出版诸方面均作出了体系化、社会化的历史建树。

宋代书籍出版业塑造了近世精神世界之蓝图。

国内外学者对宋朝书籍出版业饱加赞誉成为了主流观点。但是也有一种观点认为，宋代印刷术的发展并没有导致中国古代专制集权社会发生质的变化——资本主义生产方式的产生，而是更加强化了专制主义制度。因此，宋代印刷术并没有对宋代社会起到如欧洲近代印刷术所起到的伟大社会变革作用——宗教改革、文艺复兴——资本主义制度推翻封建制度。笔者认为，以欧洲近代社会前夕同中国宋代如此相比本身即是错误的，因而其所得结论也必然是错误的。因为，宋代基本上仍是一个传统的农业社会，虽然手工业经济、商品经济有了显著的发展，但是古代农业生产的社会框架及社会性质并没有变。政治上，古代专制主义制度也仍然是最基本的国家政治制度。而且，唐末五代之乱及宋辽夏金的历史背景及现实政治格局，客观上也必然要求宋朝强化专制主义中央集权政治。因此，作为宋朝具有全国意义的新兴手工业——雕版印刷业（书籍生产），显然是适应（顺应）这一历史格局的，而不可能超历史地去突破这一基本的历史格局——经济与政治框架。

至于毕昇发明之活字印刷术在宋代及其后没有得到充分发展——成为书籍出版主流技术，没有产生如欧洲古登堡活字印刷术之于欧洲社会近代变革之巨大作用，主要是因为该印刷术成本高昂，背离宋代社会及其后中国古代社会生产力与生产关系发展程度之实际状况。因此，宋代至中国近代开始，活字印刷术仅在局部范围内得以应用，并没有产生出像欧洲古登堡及其后之机械化印刷术。当然，这是由中国宋代及其后社会文明中机械意识的缺失所造成的。

法国著名史学家弗雷德里克·巴比耶在其《书籍的历史》一书中论述了中国印刷术的应用、改进及效率问题，明确指出中国的木版印刷术"9 世纪它被应用于所有种类的文章（挂历、各种各样的条约、文学作品和佛教或儒教的文章）的印刷上。""这项技术大大提高了效率，因为它在必要时可以同时印刷几万本书的印刷品，直到移动活字的发明，文章可以分为一定数量的标准化活字的原则才开始实施。用来制造活字的材料首先由黏土构成，它的耐用性不强，不利于印刷机的工作。王祯对其进行了第二阶段的改进：人们将活字刻在小木块上，并且将它们放在绕轴旋转的分隔开的格子里（13 世纪末）。印刷的过程通过磨压完成。"

特别值得注意的是，巴比耶敏锐地意识到了中国印刷术在中国一直没有得到重大技术革新这一重要问题，并对其原因进行了探讨。用他自己的语言表述，即"问题是，为什么中国四大发明之一的印刷术没有得到深度发展"。他认为有两点原因值得重视，"一项新技术的成功是由其市场保证，然而，在中国，从长远角度来看，那些能够拓宽书市的条件并没有被集中利用，只有扩大书市才能维持生产的机械化。官僚主义和中国社会凝固的特点阻挡了书籍体系的发展"。但是他又指出"中国的图书市场在出现危机之前，于十五六世纪已达到其鼎盛时期——人们并不确切地了解其衰退的原因"。①

法国年鉴派史学大师费夫贺在其经典之作《印刷书的诞生》中却令人费解（匪夷所思）地对中国印刷术与欧洲印刷术的关系提出了明显自相矛盾的观点。一方面，他指出"只是，单就事实论，木刻的翻印技术，对于后来的

---

① ［法］弗雷德里克·巴比耶著，刘阳等译：《书籍的历史》，第 103 ~ 104 页，广西师范大学出版社，2005 年版。

印刷术并无任何启发；印刷术系脱胎自截然不同的技术"①；"具备足够潜力推动人类文明大步向前演化的印刷术，终究与西方旅行家失之交臂；至少没人认为这事儿值得在见闻录里记上一笔"。②　"金匠谷登堡才是传统上公认的印刷术发明者，而事实也应该如此"。③　"迄今的研究结果显示，中国对欧洲的印刷发展并无其他贡献"。④　另方面，又指出"以雕板压印技术在布面印上式样，则源自东方"⑤；"然而，中国人懂得用活字来印刷，比谷登堡早了将近五百年，却是事实"⑥；"11 世纪时，知晓冶铁与炼金的北宋人毕昇，相传是首先尝试活字印刷的人"⑦。费夫贺还在该书第二章中列了一个"中国的先例"的专题。费氏的观点，呈现为三个特点：一是认为欧洲印刷术独立发明，即为谷登堡所发明；二是他似乎没有研究清楚雕版印刷术与活字印刷术谁先发明以及二者之间的技术关系问题；三是他严重忽视了中国印刷术发明及应用的历史事实，基本上仍然持"欧洲中心论"的腔调。再者，费氏大作《印刷书的诞生》，诚如作者自言，写的是"印刷问世之初三百年的历史"，"这段时间始于 15 世纪中叶，终于 18 世纪末，处于两次历史气候的大变化之间"⑧，亦即欧洲文艺复兴时期。那么，15 世纪中叶以前中国印刷术的发明及广泛应用却又当何解？显然，费氏囿于其"欧洲中心论"的学术视野，兼之为了其大作《印刷书的诞生》之体例及影响，忽视之意图明矣。

　　总而言之，宋代印刷业（书籍出版业）对宋代社会发展起到了积极的促进作用。政治上，强化了专制主义制度，有利于巩固国家的统一。经济上，

---

① 〔法〕费夫贺、马尔坦著，李鸿志译：《印刷书的诞生》，第 20 页，广西师范大学出版社，2006 年版。

② 〔法〕费夫贺、马尔坦著，李鸿志译：《印刷书的诞生》，第 53 页，广西师范大学出版社，2006 年版。

③ 〔法〕费夫贺、马尔坦著，李鸿志译：《印刷书的诞生》，第 23 页，广西师范大学出版社，2006 年版。

④ 〔法〕费夫贺、马尔坦著，李鸿志译：《印刷书的诞生》，第 48 页，广西师范大学出版社，2006 年版。

⑤ 〔法〕费夫贺、马尔坦著，李鸿志译：《印刷书的诞生》，第 20 页，广西师范大学出版社，2006 年版。

⑥ 〔法〕费夫贺、马尔坦著，李鸿志译：《印刷书的诞生》，第 48～49 页，广西师范大学出版社，2006 年版。

⑦ 〔法〕费夫贺、马尔坦著，李鸿志译：《印刷书的诞生》，第 52 页，广西师范大学出版社，2006 年版。

⑧ 〔法〕费夫贺、马尔坦著，李鸿志译：《印刷书的诞生》之《作者序》，广西师范大学出版社，2006 年版。

成为了一个新的手工业生产部门，并且带动了相关印刷材料产业的发展。文化上，对于继承优秀传统文化，促进文化交流与传播，活跃文化气氛，推动宋代文化繁荣，起到了巨大的作用。陈寅恪先生讲的中华文化"造极于赵宋之世"，书籍出版当是最为主要的技术及生产原因。宋代书籍出版构建了完整的宋代文明之意义世界。新儒家的文本及意义构建已为国内外学者所公认，其经济及生产原因主要即在于书籍之雕版生产。如余英时先生以韦伯《新教伦理与资本主义精神》之观点比较研究后认为宋代是中国近世商业伦理重要产生期，而所举宋人及其著作多以雕版方式出版。① 新学、蜀学、理学等各派学说莫不以书籍出版为其生产与传播利器，为其主要传播方式。教育上，促进了知识的普及，巩固了科举制度，不仅有利于人才的培养与选拔，而且造就了社会化的学习环境。至于找一二个局部的反面例子进行观点相反的论证，那是完全可能的，但这决不能推翻上述总的基本结论，而且如此论证的方法在逻辑总体上是错误的。

　　一方面书籍生产使得知识廉价，打破了知识垄断及贵族化历史格局，开辟了知识大众化道路，知识与教育因而共同普及，确立了知识在整个社会系统中的核心资源地位，高雅文化与通俗文化二种基本的文化方式分野明确，同时二种文化的融合与共同发展成为知识与文化发展的新趋势，尤其是通俗文化得以广泛发展，从而开辟了中国文化及知识生产的新历史。一方面，专制主义国家更加强化了主流意识形态，促进了国家文化体制及其文化政治化意识，形成了文化极权及其控制体制与机制。这一知识与文化生产之社会新模式被明清时期放大，并一直影响至今。

　　宋代书籍生产、技术、功能、作用、作者、读者等所有要素已经形成了一个政治、经济、文化、教育等社会历史（或社会文明）的统一有机体，而不是机械性的单纯意义上的零部件。政府出版、民间出版、私人出版、书院出版、寺院出版、道观出版呈现为密切的互动关系，相互融合，相互促进。既展现出各自丰富的出版生态，又共同构建出宋代国家出版的整体格局。国家、政治、权力、经济、意识、文化、教育、技术诸社会要素以印刷书籍此一大众媒体为新载体而讯息化。

----

① 余英时著：《士与中国文化》之《中国近世宗教伦理与商人精神》，第 395～513 页，上海人民出版社，2003 年版。

例如吕祖谦受帝命编撰《皇朝文鉴》一书即是一个典型案例。

《文鉴》者，吕伯恭被旨所编也。先是，临安书坊有所谓《圣宋文海》者，近岁江钿所编，孝宗得之，命本府校正刻板，时淳熙四年十一月也。其七日壬寅，周益公以学士轮当内直，召对清华阁，因奏："陛下命临安府开雕《文海》，有诸？"上曰："然。"益公曰："此编去取差谬，殊无伦理，今降旨刊刻，事体则重，恐难传后。莫若委馆阁官铨择本朝文章，成一代之书。"上大以为然，曰："卿可理会。"益公奏乞委馆职。上曰："特差一两员。"后二日，伯恭以秘书郎转对，上遂令伯恭校正，本府开雕，其日甲辰也。始赵丞相以西府奏事，上问伯恭文采及为人何如？赵公力荐之，故有是命。伯恭言："《文海》原系书坊一时刻行，名贤高文大册，尚多遗落，乞一就增损，仍断自中兴以前铨次，庶几可以行远。"十五日庚戌，许之。后数日，又命知临安府赵磻老并本府教官二员，同伯恭校正。二十日乙卯，磻老言："臣府事繁委，若往来秘书同共校正，虑有妨碍本职，兼策府书籍亦难令教官携出，乞专令祖谦校正。"从之。于是伯恭尽取秘府及士大夫所藏本朝诸家文集，旁求传记他书，悉行编类，凡六十一门，为百五十卷。既而伯恭再迁著作郎兼礼部郎官。五年十二月十四日夜，得中风病。六年春正月，引疾求去。十一日庚午，有诏予郡，伯恭固辞。后十三日癸未，上对辅臣，因令王季海枢使问伯恭所编《文海》次第，伯恭乃以书进。二月四日壬辰，上又谕辅臣曰："祖谦编类《文海》，采掇精详，可与除直秘阁。"又遣中使李裕文宣谕，赐银帛三百匹两。时方严非有功不除职之令，舍人陈叔进将缴之，先以白丞相赵公，公谕毋缴，叔进不从。七日乙未，辅臣奏事，上谕曰："祖谦平日好名则有之，今此编次《文海》，采取精详，且如奏议之类，有益于治道。"于是批旨曰："馆阁之职，文史为先。祖谦所进《文海》，采取精详，有益治道，故以宠之。可即命词。"叔进不得已草制曰："馆阁之职，文史为先，而编类《文海》，用意甚深，采取精详，有益治道。寓直中秘，酬宠良多，尔当知恩之有自，省行之不诬，用竭报焉。"人斯无议。时益公为礼部尚书兼学士，其月十八日丙午，得旨撰《文海序》。四月三日辛卯，进呈，乞赐名。上问何以为名？益公乞名《皇朝文鉴》。上曰："善。"时《序》既成，将刻板，会有近臣密启云："所载臣僚奏议，有诋及祖宗政事者，不可示后世。"乃命直院崔大雅更定，增损去留凡数十篇，然迄不果刻也。张南轩时在江陵，移书晦翁曰："伯恭好弊精神于闲文字中，徒自损何益。如编《文海》，何补于治道，何补于后学，徒使精力困于翻阅，亦可怜耳！且承当编此等文字，亦非所以承君德也。"今《孝宗实录》书此事颇详，未知何人当笔。其词云："初，祖谦得旨校正，盖上意令校雠差误而已。祖谦乃奏以为去取未当，欲乞一就增损。三省取旨，许之。甫数日，上仍命磻老与临安教官二员同校正，则上意犹如初也。时祖谦已诵言皆当大去取，其实欲自为一书，非复如上命。议者不以为可。磻老及教官畏之，不敢与共事，固辞不肯预，而祖谦方自谓得计。及书成，前辈名人之文，搜罗殆尽，有通经而不能文词者，亦以表奏厕其间，以自矜党同伐异之功，荐绅公论皆疾之。及推恩除直秘阁，中书舍人陈骙缴还。比再下，骙虽奉命，然颇诋薄之，祖谦不敢辩也。故祖谦之书上，不复降出云。"史臣所谓通经不能文词，盖指伊川也。时侂胄方以道学为禁，故诋伯恭如此，而牵联及于伊川。余谓伯恭既为词臣丑诋，自当力逊职名，今受之非矣。黄直卿亦以余言为然。①

《皇朝文鉴》是一部宋代著名的总集，也是一部著名的类书。文献表明：1. 最高统治者密切关注民间出版，对有利于国家统治的书籍采取绝对支持的政策。孝宗作为南宋一代明君，显示出了政治上理性的文化宽容。他以"有益治道"的出版观指示吕伯恭编辑此书，并赐名为《皇朝文鉴》。文中"被旨""得旨""赐名"之类字眼，充分表明孝宗才是此书真正的绝对主编。2. 此书最初由临安府民间出版，引起孝宗特别关注后，命令临安府出版。这不独表明临安府出版的发达水平——甚至在一些领域超越了政府出版，也可视之为书坊出版与政府出版互动与一致的一个显例。3. 党争政治、学术政治与阴谋政治——政治意识乃至政治风险贯穿于此书出版全过程。在孝宗眼皮底下，吕伯恭编书的政治用意与道学传播意识，赵磻害怕因书致祸的政治阴

---

① 〔宋〕李心传撰，徐规点校：《建炎以来朝野杂记》（下），第 595～597 页，中华书局，2000年版。该书复杂的编辑出版经过及版别，参见吕乔年《太史成公编〈皇朝文鉴〉始末》及嘉泰甲子郡守沈有蹟记、嘉定十五年郡守赵彦适跋记、端平初元郡守刘炳跋记，周必大序五篇文章。〔宋〕吕祖谦辑：《皇朝文鉴》，嘉泰四年新安郡斋刊本，国家图书馆藏。北京图书馆出版社，2006 年版，中华再造善本工程本。

险心理，陈骙的抵制态度及"颇诋薄之"的行为、臣僚罗织"有诋及祖宗政事"的致命攻讦，凡此种种，尽寓其中。4. 学术批评。张南轩认为吕伯恭多此一举，"好弊精神于闲文字中"，"何补于治道，何补于治学"。其实是对此书非道学之书，编辑此书不值得的批评。有意思的是，不独道学挚友不理解，更是饱受韩党排斥道学背景下群起攻击的痛苦。5. 此书编辑中，除了解决原书"校雠差误"、"去取差谬，殊无伦次"及"名贤高文大册，尚多遗落"等编辑问题外，更主要的目的有三：一是贯彻帝旨，二是挟带传播道学，三是扬名后世。6. 此书编成后的舆论效果。如文中记载："及书成，前辈名人之文，搜罗殆尽，有通经而不能文词者，亦以表奏厕其间，以自矜党同伐异之功，荐绅公论皆疾之。"因为是"党同伐异"，故一时落得个"荐绅公论皆疾之"的结果。

理学家吕祖谦、张栻、朱熹对此书各有识见，朱、吕二人同张栻意见相左，颇令人回味。孝宗、吕祖谦、张栻、朱熹、周必大五人围绕此书编辑出版而上演的这台出版"大戏"，更足以令人遐想。

国家权力控制书籍出版，国家政治渗透于书籍出版之中，甚至决定了一部书的出版命运。一书之编辑出版如此复杂，简直堪称一部南宋书史，更堪称一部南宋史的缩微品。

这条完整的《文鉴》出版事件记录，反映了书坊出版对帝制出版的直接触动以及书籍出版同南宋国家政治之间不可告人的密切关系，也反映了吕祖谦政治与文化生态及其个人品性之多重信息。

中华文明属于早熟文明，秦汉定型的中国封建社会①至宋代更为成熟，因此，印刷术不可能超历史地创造出一种文明（如古登堡印刷术对欧洲民族语言、国家及近代史发展的巨大推动）或一种新的社会制度——社会发展的新阶段。相反，印刷术恰恰成为了这一文明鲜活有力的"造血干细胞"，极为活跃地复制、繁衍了这一文明的宋代封建国家体制及社会体制。印刷术只是一颗技术"硬件"——一种新的技术媒介，而不是"文化软件"。它极大地复

---

①　1978 年以来，史学界一些学者否认秦汉以后中国社会为封建社会，主要从"封建"词义及中西历史比较上立论。笔者认为，封建社会不一定就是特指西周分封制度意义上之社会，而且即使是封建社会，也并不只有一种具体的表现形态。更主要的是，这一立论非但没有将中国古代社会之历史逻辑予以清楚构架，反而令人有倒退回封建旧史学田地之迷惑——历史现象纷纭繁杂之乱象上。因此，此处不妨仍然使用封建社会一词。

制了封建文明、精神、意识，但不可能破除封建世界。我们暂且把宋代繁荣的封建城市经济及商业经济搁在一边，印刷术对于作为宋代自然经济基础和社会自然基础的广大农村经济来说，显然是一种次要的附庸生产力而已。

宋代专制权力体系牢牢地控制了印刷媒介的"内容生产"。专制权力、行政权力与法权对于有违专制主义的内容生产严加控制，五刑并用，实施全面管治。印刷工人不过只是赖以出卖技术糊口的"另类"农民而已——本质上依旧是封建农民——他们并不掌握真正意义上思想、精神、知识与内容的生产（并非作者世界），而内容本身的生产一如既往由专制体制内官僚、贵族、士大夫掌握，由知识分子掌握，并且专制主义意识形态占据其主导地位。

北宋国子监及南宋胄监出版的书籍，仅从书名上一览便可得出上述结论。基本上都是以前朝代遗留下来的经典著作，即使是少量的算学、医学著作，也是以前朝代的著作。宋人做些增补之类的具体编辑工作，均属"小动作"，无关根本。

宋初三帝确立"文治"国策并身体力行，史料比较充分，但至今我们找不出一条提倡或鼓励出版具有改造国家政治与社会制度的言论资料来。无论是宋初三帝，还是仁宗、神宗、高宗、孝宗、理宗，无一例外。相反，一旦发现了有违封建制度（祖制）的出版内容，马上予以制裁、严惩。即使是王安石主编的《三经新义》，亦并非王安石等原创，也没有真正"出格"。这部著作实际上是神宗借王安石之手的"钦定"作品。《三经新义》是出版——书籍政治化的典型。即便如此，此书也难免"厄运"连连，当时即饱受攻讦与批判，北宋亡国时更是遭遇"大劫"，至今片纸不存。

因此，宋代的印刷媒介本身即是中央集权专制主义体制化媒介——如果按照麦克卢汉著名的论题"媒介即讯息"来审视，则也不过是宋代的技术媒介、文化媒介而已。既然是宋代的媒介，则无论媒介本身亦或是媒介承载的文本内容，均属宋代封建体制文化而已。

但是就这一媒介的物质意义与技术意义而论，则无疑具有媒介的超越性，尽管它在宋代生产的内容是体制化的，但是它在宋代完成了其媒介及技术的成熟，并自然地贯穿了宋代以后的朝代。

这一成本低廉的媒介也是一种生产力先进的媒介。它被广泛采用，主要是它具有先进的媒介优势。它的价值和使用价值在当时媒介环境中是最优越的。它扩大了媒介使用范围，广泛创造了社会文化，生产了媒介本身及其蕴含的意义世界。

二、书籍生产与技术工人

宋代书籍生产业的繁荣成就，不能光看到太祖、太宗、真宗以及王安石、朱熹、廖莹中等政治领袖及著名学者的作用，更应看到第一线的技术工人——刻工，以及印刷、装裱等技术工人。正是这些默默无闻的普通社会劳动者，一刀一刀地刻印出了所有宋代出版的书籍，从御制作品到坊间世俗作品概莫外焉。没有他们的辛勤劳动，宋代书籍生产（出版）显然将无从谈起。然而中国古代之史书，特别是正史，基本上是"帝王将相史"，极少关于普通劳动者的详细记载。即使如毕昇这样伟大的发明家，也只有"布衣"二字。宋代刻工，往往仅以简单俗称的名字留在了所刻书籍上，其他详情几付阙如。如《广韵》① 五卷（宁宗年间，1195～1224 年，浙中刊本），刻工姓名有沈思恭、王恭、沈思忠、宋琚、曹荣等28 余人。《史记集解附索引正义》② 一百三十卷（庆元年间，1195～1200 年，建安黄善夫刊本），刻工姓名有仇永、王全、王先文、仲良、仲鉴、朱明、何通等50 余人。《礼记正义》③ 七十卷（绍熙三年，1192 年，两浙东路茶盐司刊本），刻工有王恭、王佐、王允、王宗、王茂、王椿、王祐、祐、王寿、翁祥等100 余人。王肇文《古籍宋元刊工姓名索引》④ 共著录宋元刊工 4500 人，这显然不是一个宋元刊工全数。宋代刊工已经形成一个手工业行业阶层。刊工具有明显的家族性、行业性、职业性、地域性特征。上引《礼记正义》一书刊工达 100 余人，足见刊工对于书籍生产的重要与贡献。

《淮海集》⑤。乾道九年（1173 年），高邮军学刻。后记有一份生产清单，

①　严绍璗编著：《日藏汉籍善本书录》（上册），第 291 页，中华书局，2007 年版。

②　严绍璗编著：《日藏汉籍善本书录》（上册），第 324 页，中华书局，2007 年版。

③　严绍璗编著：《日藏汉籍善本书录》（上册），第 108 页，中华书局，2007 年版。

④　王肇文编著：《古籍宋元刊工姓名索引》，上海古籍出版社，1990 年版。

⑤　严绍璗编著：《日藏汉籍善本书录》（下册），第 1544～1545 页，中华书局，2007 年版。［美］钱存训著，刘祖慰译：《中国纸和印刷文化史》，第 352 页书影，广西师范大学出版社，2004 年版。

其中"工墨每版一文"，应当包含刻工工钱，可见刻工工钱之低廉。

三、宋代书籍出版成就的领先地位

宋代书籍出版成就巨大，居于当时世界领先地位。一方面，对于宋朝之前经史子集书籍的出版，继承并保存了中国传统文献，使中国文化得以持续传播与发展，贡献至伟。另方面，对宋人著作大量予以出版，充分展现了宋朝文化的新创造、新发明、新发展与新成就。其中，如宋人文集、理学著作、科技书籍、佛道二藏等书籍颇显宋朝文化特色。具体而言，四大类书、苏轼文集、《梦溪笔谈》、《资治通鉴》、《四书集注》、《三字经》、《百家姓》等书，不仅成为了中国文化的符号，而且风骚广被，也为中国文化赢得了世界声誉。例如《苏东坡集》，已知宋代即有 24 种版本之多[1]，既有分类选本，又有大全集，是宋代的畅销书，畅销海内外。江湖诗人陈造在其《次臧秀才读书集》一诗中反映了读书人喜读《苏集》的状况。诗云："自我得苏集，玩阅几忘年。"[2] 书籍出版的繁盛还培育了一批杰出的出版家与杰出的作者。

宋代印刷书籍培育了大众化的阅读生活方式，开辟了中国古代阅读史大众化的历史新时期。

四、宋代关于书籍出版之认识与观念

宋代学者对雕版印刷术及书籍出版源流、社会作用、出版质量、活字印刷术、版本、校雠、目录、雕版书籍的特性等问题予以关注并作了一定研究。其中不少认识是十分深刻的，特别是对于书籍的政治功能、社会功能、教化

---

① 张秀民著，韩琦增订：《中国印刷史》（插图珍藏增订版），第 92 页，浙江古籍出版社，2006 年版。

② 〔清〕吕之振、吕留良、吴自牧选，管庭芬、蒋光煦补：《宋诗钞》（第二册），第 1180 ～ 1181 页，中华书局，1986 年版。

功能及道德功能的认识尤为深刻。基于书籍出版业的普及与繁荣，宋代产生了一系列基本的书籍出版概念及相关概念，如：书籍、编辑、版本、翻译、新闻、传播等。有的概念甚至成为了中国当代新兴学科的标志性概念（或学科概念），如"传播"一词（"印卖传播于外者"①、"今乃传播街市，书坊刊行流布四远"②）即成为了 20 世纪 80 年代主要由美国传入的传播学学科概念"Communication"一词选用的对译概念。

五、宋代书籍出版业的历史局限

宋代书籍出版业主要的历史局限有二：其一是自然科学类书籍出版"短缺"。③ 其二是出版技术改进（创新）"短缺"。300 余年，雕版技术没有真正的革新。毕昇发明的泥活字印刷术也只是"灵光一现"。④ 这一问题一直持续到近代西方机械化活字印刷术输入中国并迅速促使雕版技术"寿终正寝"为止。宋代书籍出版业显然亦未能摆脱中国封建体制系统结构的"桎梏"，反而更加强化了此一体制。技术守旧心理及其技术政治体系的负面影响十分深远。历史证明，雕版技术在必要的历史时间段内因未能及时创新而蜕变为了一种落后的出版技术。此外，书籍装帧设计及版式过于简单，与同时期欧洲书籍相比，缺乏美术感及艺术表现力，因而直到晚清西方书籍生产方式输入中国为止，中国古代雕版书籍没有形成精装制度。

---

① 〔宋〕徐梦莘撰：《三朝北盟会编》卷九十五，第 701 页，上海古籍出版社，2008 年版。

② 〔清〕徐松辑：《宋会要辑稿》刑法二之一二五，第 6558 页，中华书局，1957 年版。

③ 相对于经史书籍出版及出版总体而言，科技书籍出版的政治地位偏低，出版规格、种类及数量均难以与经史书籍出版相提并论。科技书籍出版，参见张秀民著，韩琦增订《中国印刷史》（插图珍藏增订版），第 101~109 页，浙江古籍出版社，2006 年版。

④ 宋代印刷技术的发展，迄今有以下考古发现及历史记载。1965 年，温州白象塔出土《佛说观无量寿佛经》，专家鉴定为活字印刷品，印于崇宁二年（1103 年），也有专家认为是雕版印刷品。周必大于绍熙四年（1193 年）"以胶泥铜板"印刷过所著《玉堂杂记》。又，绍圣元年（1094 年），汴京有人使用蜡板印刷过新科状元名单。

六、对今后宋代书籍出版史研究的几点认识

　　贯彻"百花齐放，百家争鸣"的学术原则。尊重任何理论、方法和学派的研究，不同研究派别、风格之间平等相处，相互尊重，共同发展。今后应开展以下工作：1. 运用原马克思主义理论（特别是历史唯物主义理论）进行深入研究。2. 借鉴西方史学及其相关学科的理论与方法。3. 拓宽研究领域，拓展研究视角。4. 开展阅读史、心灵史、书籍考古学、书籍政治学、书籍经济学及微观出版学诸方面的具体研究。5. 深化对雕版书籍媒介意义的专题研究。

参考文献

（以出版时间先后为序）

一、古代典籍

[1]〔宋〕释怀深、王永从编辑出版.圆觉藏［M］.靖康至绍兴年间.日本南禅寺存.

[2]〔宋〕李曾伯撰.可斋杂稿、续稿、续稿后［M］.浙江鲍士恭家藏本.

[3]〔清〕阮元等撰.四库未收书目提要［M］.苏州：仪征阮氏刻擘经室外集本，清道光二年（1822）.

[4]〔宋〕舒邦佐撰.双峰猥稿［M］.裔孙舒化民、舒懋勋、舒恭受校刊，清道光二十九年（1849）.

[5]〔元〕黄溍撰.《金华黄先生文集》［M］.四部丛刊初编.上海：上海涵芬楼影印本，1919.

[6]〔宋〕晁补之撰.《鸡肋集》［M］.四部丛刊初编.上海：上海涵芬楼影印明诗瘦阁仿宋刊本，1929.

[7]〔宋〕陈傅良撰.止斋先生文集［M］.四部丛刊初编.上海：上海涵芬楼借印吴兴刘氏嘉业堂藏明弘治刊本，1936.

[8]〔清〕阮元撰.傅以礼重编.四库未收书目提要［M］.上海：商务印书馆，1955.

[9]〔宋〕司马光编著、〔元〕胡三省音注.资治通鉴［M］.北京：中华书局，1956.

[10]〔宋〕孟元老等著.东京梦华录（外四种）［M］.上海：古典文学出版社，1956.

[11]〔清〕徐松辑.宋会要辑稿［M］.北京：中华书局，1957.

[12]〔明〕祁承㸁.〔清〕孙从添著.澹生堂藏书约 藏书记要［M］.北京：古典文学出版社，1957.

[13]〔朝鲜〕金致仁等修、李万运续补、高宗朝弘文馆纂辑校正.增补文献备考［M］.〔韩〕东国文化社，1957.

[14]〔宋〕张淏撰.张宗祥校录.云谷杂记［M］.北京：中华书局，1958.

[15]〔宋〕李昉等编纂.太平御览［M］.北京：中华书局，1960.

[16]〔宋〕吴曾撰.能改斋漫录［M］.上海：上海古籍出版社，1960.

[17]〔清〕王谟撰.汉唐地理书钞［M］.北京：中华书局，1961.

[18]〔宋〕胡仔纂集.廖德明校点.苕溪渔隐丛话［M］.北京：人民文学出版社，1962.

[19]〔清〕永瑢等撰.四库全书总目［M］.北京：中华书局，1965.

[20]〔宋〕李昉等编.文苑英华［M］.北京：中华书局，1966.

[21]〔宋〕李心传撰.建炎以来朝野杂记［M］.台北：文海出版社，1968.

[22]〔高丽〕郑麟趾.〔朝鲜〕金宗瑞等撰.高丽史［M］.香港：亚细亚文化社，1972.

[23]〔宋〕陈起辑.南宋群贤小集［M］.台北：艺文印书馆，1972.

[24]〔宋〕欧阳修撰.新五代史［M］.北京：中华书局，1974.

[25]〔后晋〕刘昫撰.旧唐书［M］.北京：中华书局，1975.

[26]〔宋〕陆游撰.陆游集［M］.北京：中华书局，1976.

[27]〔宋〕薛居正等撰.旧五代史［M］.北京：中华书局，1976.

[28]〔元〕脱脱等撰.宋史［M］.北京：中华书局，1977.

[29]〔宋〕王溥撰.五代会要［M］.上海：上海古籍出版社，1978.

[30]〔宋〕王称撰.东都事略［M］.台北：文海出版社，1979.

[31]〔宋〕李清照撰.王仲闻校注.李清照集校注［M］.北京：人民文学出版社，1979.

[32]〔宋〕陆游撰.老学庵笔记［M］.北京：中华书局，1979.

[33]〔宋〕吴曾撰.能改斋漫录［M］.上海：上海古籍出版社，1979.

[34]〔宋〕李心传撰.建炎以来系年要录［M］.台北：文海出版社，1980.

[35]〔宋〕范镇撰.汝沛点校.东斋记事［M］.北京：中华书局，1980.

[36]〔宋〕施宿等撰.嘉泰会稽志［M］.张淏撰.会稽续志［M］.宋元地方志丛书.台北：大化书局，1980.

[37]〔宋〕周应合撰.景定建康志［M］.宋元地方志丛书.台北：大化书局，1980.

[38]〔宋〕岳珂撰.吴企明点校.桯史［M］.北京：中华书局，1981.

[39]〔宋〕李觏著.王国轩校点.李觏集［M］.北京：中华书局，1981.

[40]〔宋〕吴自牧撰.梦粱录［M］.台北：文海出版社有限公司，1981.

[41]〔宋〕李心传编.道命录［M］.台北：文海出版社有限公司，1981.

[42]〔宋〕王栐撰.成刚点校.燕翼诒谋录［M］.北京：中华书局，1981.

[43]黄永武编.敦煌宝藏［M］.台北：新文丰出版公司，1981～1986.

[44]〔宋〕陈与义撰.吴书荫、金德厚点校.陈与义集［M］.北京：中华书局，1982.

[45]傅增湘撰.藏园群书经眼录［M］.北京：中华书局，1983.

[46]〔宋〕苏轼撰.华东师范大学古籍研究所点校注释.仇池笔记［M］.上海：华东师范大学出版社，1983.

［47］〔清〕厉鹗辑撰．宋诗纪事［M］．上海：上海古籍出版社，1983.

［48］〔清〕董诰等编．全唐文［M］．北京：中华书局，1983.

［49］〔宋〕周密撰．张茂鹏点校．齐东野语［M］．北京：中华书局，1983.

［50］〔宋〕魏泰撰．李裕民点校．东轩笔录［M］．北京：中华书局，1983.

［51］〔宋〕罗大经撰．王瑞来点校．鹤林玉露［M］．北京：中华书局，1983.

［52］〔唐〕贾公彦等撰．仪礼疏［M］．四部丛刊续编．上海：上海书店，1984.

［53］〔宋〕张淏撰．云谷杂记［M］．台北：新文丰出版股份有限公司，1984.

［54］〔宋〕戴埴著．鼠璞［M］．台北：新文丰出版股份有限公司，1984.

［55］〔宋〕叶梦得撰、宇文绍奕考异．侯忠义点校．石林燕语［M］．北京：中华书局，1984.

［56］〔宋〕郭若虚撰．图画见闻志［M］．四部丛刊续编．上海：上海书店，1984.

［57］〔宋〕文莹撰．郑世刚、杨立扬点校．湘山野录［M］．北京：中华书局，1984.

［58］〔宋〕王存等撰．王文楚、魏嵩山点校．元丰九域志［M］．北京：中华书局，1984.

［59］〔宋〕窦仪等撰．宋刑统［M］．台北：新宇出版社，1985.

［60］〔宋〕朱翌撰．猗觉寮杂记［M］．北京：中华书局，1985.

［61］〔宋〕费衮撰．金圆校点．梁谿漫志［M］．上海：上海古籍出版社，1985.

［62］〔宋〕撰人未详．爱日斋丛钞［M］．丛书集成初编，北京：中华书局，1985.

［63］〔宋〕范成大纂修、汪泰亨等增订．吴郡志［M］．南京：江苏古籍出版社，1986.

［64］〔明〕陶宗仪纂．说郛［M］．北京：中国书店，1986.

［65］〔宋〕黎靖德编．王星贤点校．朱子语类［M］．北京：中华书局，1986.

［66］〔清〕黄宗羲原著、全祖望补修．宋元学案［M］．北京：中华书局，1986.

［67］〔明〕丘浚撰．大学衍义补［M］．台北：台湾商务印书馆，1986.

［68］〔宋〕苏轼撰．孔凡礼点校．苏轼文集［M］．北京：中华书局，1986.

［69］〔清〕吴之振、吕留良、吴自牧选，管庭芬、蒋光煦补．宋诗钞［M］．北京：中华书局，1986.

［70］〔宋〕唐庚撰．眉山唐先生文集［M］．四部丛刊三编．上海：上海书店，1986.

［71］〔宋〕释契嵩撰．镡津文集［M］．四部丛刊三编，上海：上海书店，1986.

［72］〔明〕朱棣、解缙主编．永乐大典［M］．北京：中华书局，1986.

［73］〔元〕马端临撰．文献通考［M］．北京：中华书局，1986.

［74］〔宋〕司马光撰．宋本切韵指掌图［M］．北京：中华书局，1986.

［75］〔宋〕陈振孙著．徐小蛮、顾美华点校．直斋书录解题［M］．上海：上海古籍出版社，1987.

［76］〔宋〕陈亮撰．陈亮集［M］．北京：中华书局，1987.

[77]〔宋〕苏辙撰．曾枣庄、马德富校点．栾城集［M］．上海：上海古籍出版社，1987.

[78]〔宋〕苏颂撰．王同策、管成学、颜中其等点校．苏魏公文集［M］．北京：中华书局，1988.

[79]〔宋〕周密撰．吴企明点校．癸辛杂识［M］．北京：中华书局，1988.

[80]〔宋〕潘自牧编纂．记纂渊海［M］．北京：中华书局，1988.

[81]〔清〕黄丕烈著、潘祖荫辑．周少川点校．士礼居藏书题跋记［M］．北京：书目文献出版社，1989.

[82]〔清〕叶昌炽著．王欣夫补正．藏书纪事诗附补正［M］．上海：上海古籍出版社，1989.

[83]〔宋〕司马光撰．邓广铭、张希清点校．涑水记闻［M］．北京：中华书局，1989.

[84]〔宋〕税安礼撰、赵亮夫增补．宋本历代地理指掌图［M］．上海：上海古籍出版社，1989.

[85]〔宋〕丁度等编．宋刻集韵［M］．北京：中华书局，1989.

[86]〔宋〕叶廷珪撰．海录碎事［M］．上海：上海辞书出版社，1989.

[87]〔宋〕郭应祥撰．笑笑词［M］．彊村丛书，上海：上海书店，扬州：江苏广陵古籍刻印社，1989.

[88]〔清〕朱孝威辑校．彊村丛书［M］．上海：上海书店，扬州：江苏广陵古籍刻印社，1989.

[89]〔宋〕苏辙撰．陈宏天、高秀芳点校．苏辙集［M］．北京：中华书局，1990.

[90]〔宋〕孔平仲、马永卿著．珩璜新论［M］．上海：上海书店，1990.

[91]〔明〕王瓒编集．弘治温州府志［M］．天一阁藏明代方志选刊续编．上海：上海书店，1990.

[92]〔宋〕晁公武撰．孙猛校证．郡斋读书志校证［M］．上海：上海古籍出版社，1990.

[93]〔清〕丁丙著．武林坊巷志［M］．杭州：浙江人民出版社，1990.

[94]〔宋〕张耒撰．李逸安、孙通海、傅信点校．张耒集［M］．北京：中华书局，1990.

[95]〔宋〕苏辙撰．曾枣庄、马德富校点．栾城集［M］．上海：上海古籍出版社，1987.

[96]〔宋〕沈作宾修、施宿等纂．《嘉泰会稽志》［M］．宋元方志丛刊．北京：中华书局，1990.

[97]〔宋〕赵明诚撰．宋本金石录［M］．北京：中华书局，1991.

[98]〔宋〕郑思肖撰．陈福康校点．郑思肖集［M］．上海：上海古籍出版社，1991.

[99]〔宋〕祝穆编、祝洙补订．宋本方舆胜览［M］．上海：上海古籍出版社，1991.

[100]〔宋〕罗璧撰．罗氏识遗［M］．北京：中华书局，1991.

[101]〔宋〕章如愚编撰．山堂考索［M］．北京：中华书局，1992.

［102］〔宋〕李焘撰．续资治通鉴长编［M］．北京：中华书局，1992.

［103］〔宋〕陈元靓撰．事林广记［M］．北京：中华书局，1992.

［104］〔宋〕佚名编纂．锦绣万花谷［M］．上海：上海辞书出版社，1992.

［105］〔宋〕释志磐撰．佛祖统纪［M］．扬州：江苏广陵古籍刻印社，1992.

［106］〔宋〕吕祖谦编．齐治平校点．宋文鉴［M］．北京：中华书局，1992.

［107］〔宋〕姚宽撰．孔凡礼点校．西溪丛话［M］．北京：中华书局，1993.

［108］〔宋〕杨亿口述、黄鉴笔录、宋庠整理．李裕民辑校．杨文公谈苑［M］．上海：上海古籍出版社，1993.

［109］〔清〕阮元撰．揅经室三集［M］．北京：中华书局，1993.

［110］〔清〕丁申撰．武林藏书录［M］．丛书集成续编．上海：上海书店出版社，1994.

［111］〔宋〕周辉撰．刘永翔校注．清波杂志校注［M］．北京：中华书局，1994.

［111］〔清〕曹溶辑．陶樾增订．学海类编［M］．扬州：江苏广陵古籍刻印社，1994.

［113］〔宋〕陈起撰．芸居乙稿［M］．丛书集成续编．上海：上海书店出版社，1994.

［114］〔宋〕秦观撰．徐培均笺注．淮海集笺注［M］．上海：上海古籍出版社，1994.

［115］〔宋〕苏颂撰．尚志钧辑校．本草图经［M］．合肥：安徽科技出版社，1994.

［116］陈允鹤编．中国历代艺术·绘画编［M］．上海：上海人民美术出版社，1994.

［117］〔宋〕谈钥撰．吴兴志［M］．丛书集成续编．上海：上海书店出版社，1994.

［118］〔宋〕赵与时撰．宾退录［M］．周光培编．宋代笔记小说．石家庄：河北教育出版社，1995.

［119］上海古籍出版社、法国国家图书馆编．法藏敦煌西域文献［M］．上海：上海古籍出版社，1995～2005.

［120］〔宋〕洪迈撰．容斋随笔［M］．上海：上海古籍出版社，1996.

［121］俄罗斯科学院东方研究所圣彼得堡分所、中国社会科学院民族研究所、上海古籍出版社编．俄藏黑水城文献［M］．上海：上海古籍出版社，1996年迄今．

［122］〔元〕马端临撰．文献通考［M］．北京：中华书局，1996.

［123］〔宋〕朱熹撰．郭齐、尹波点校．朱熹集［M］．成都：四川教育出版社，1996.

［124］〔宋〕宋绶子孙编纂．宋大诏令集［M］．北京：中华书局，1997.

［125］〔宋〕陈骙、佚名撰．南宋馆阁录续录［M］．北京：中华书局，1998.

［126］〔宋〕赵汝愚编．北京大学中国中古史研究中心校点整理．邓广铭主持，吴小如、张衍田、张希清、孔繁敏、李孝聪、臧健、杨若薇、周生春、陈植锷、包伟民、邓小南、李宝柱、马力校点，吴小如、张衍田部分覆校，陈智超统校．宋朝诸臣奏议［M］．上海：上海古籍出版社，1999.

［127］〔清〕叶昌炽撰．王锷、伏亚鹏点校．藏书纪事诗［M］．北京：北京燕山出

版社，1999.

[128]〔宋〕张栻撰．杨世文、王蓉贵校点．张栻全集［M］．长春：长春出版社，1999.

[129]〔宋〕包拯撰．杨国宜校注．包拯集校注［M］．合肥：黄山书社，1999.

[130]〔宋〕程俱撰．张富祥校证．麟台故事校证［M］．北京：中华书局，2000.

[131]〔宋〕李心传撰．徐规点校．建炎以来朝野杂记［M］．北京：中华书局，2000.

[132]〔宋〕朱熹、吕祖谦撰．严佐之导读．朱子近思录［M］．上海：上海古籍出版社，2000.

[133]〔宋〕张詠著．张其凡整理．张乖崖集［M］．北京：中华书局，2000.

[134]〔宋〕俞鼎孙、俞经辑刊．儒学警悟［M］．北京：中华书局，2000.

[135]〔宋〕邓椿撰．米田水译注．画继［M］．长沙：湖南美术出版社，2000.

[136]〔宋〕欧阳修撰．李逸安点校．欧阳修全集［M］．北京：中华书局，2001.

[137]〔宋〕王明清撰．田松清校点．挥麈录［M］．上海：上海书店出版社，2001.

[138]〔清〕徐松辑．苗书梅等点校、王云海审订．宋会要辑稿·崇儒［M］．开封：河南大学出版社，2001.

[139]上海古籍出版社编．宋元笔记小说大观［M］．上海：上海古籍出版社，2001.

[140]〔唐〕杜甫撰．宋本杜工部集［M］．续古逸丛书（集部）．南京：江苏古籍出版社，2001.

[141]〔宋〕王伯仁编绘．宋本梅花喜神谱［M］．续古逸丛书（子部）．南京：江苏古籍出版社，2001.

[142]〔宋〕丁度等编．礼部韵略［M］．续古逸丛书（经部）．南京：江苏古籍出版社，2001.

[143]〔辽〕释行均撰．宋本新修龙龛手鉴［M］．续古逸丛书（经部）．南京：江苏古籍出版社，2001.

[144]〔宋〕王明清著．挥麈录［M］．上海：上海书店出版社，2001.

[145]〔宋〕黄休复撰．茅亭客话［M］．宋元笔记小说大观．上海：上海古籍出版社，2001.

[146]〔宋〕黄庭坚撰．刘琳、李勇先、王蓉贵校点．黄庭坚全集［M］．成都：四川大学出版社，2001.

[147]天津人民美术出版社编．宋代小品画画集［M］．天津：天津人民美术出版社，2001.

[148]〔清〕张之洞撰．范希曾补正．徐鹏导读．书目答问补正［M］．上海：上海古籍出版社，2001.

[149]〔宋〕朱弁撰．孔凡礼点校．曲洧旧闻［M］．北京：中华书局，2002.

［150］〔宋〕赵令畤撰．侯鲭录［M］．北京：中华书局，2002.

［151］〔宋〕朱熹撰．朱子全书［M］．上海：上海古籍出版社，合肥：安徽教育出版社，2002.

［152］〔宋〕王应麟撰．玉海［M］．扬州：广陵书社，2003.

［153］上海师范大学古籍整理研究所编．全宋笔记［M］．郑州：大象出版社，2003年迄今．

［154］贾贵荣、王冠辑．宋元版书目题跋辑刊［M］．北京：北京图书馆出版社，2003.

［155］〔宋〕祝穆撰．方舆胜览［M］．北京：中华书局，2003.

［156］〔宋〕沈括撰．梦溪笔谈［M］．上海：上海书店出版社，2003.

［157］〔清〕江标编．丰顺丁氏持静宅宋元校抄本书目［M］．北京：北京图书馆出版社，2003.

［158］〔宋〕朱肱撰．唐迎雪、张成博、欧阳兵点校．类证活人书［M］．天津：天津科学技术出版社，2003.

［159］〔清〕杨守敬撰．张雷校点．日本访书志［M］．沈阳：辽宁教育出版社，2003.

［160］〔汉〕扬雄撰．李守奎、洪玉琴译注．扬子法言译注［M］．哈尔滨：黑龙江人民出版社，2003.

［161］〔宋〕王禹偁撰．王黄州小畜集［M］．北京：北京图书馆出版社，2004. 中华再造善本工程本．

［162］〔宋〕寇准撰．寇忠愍公诗集［M］．宋集珍本丛刊．北京：线装书局，2004.

［163］〔宋〕龚昱编．昆山杂咏［M］．北京：北京图书馆出版社，2004. 中华再造善本工程本．

［164］〔宋〕陈襄撰．古灵先生文集［M］．宋集珍本丛刊．北京：线装书局，2004.

［165］〔宋〕吕颐浩撰．忠穆集［M］．宋集珍本丛刊．北京：线装书局，2004.

［166］〔宋〕张纲撰．华阳集［M］．宋集珍本丛刊．北京：线装书局，2004.

［167］〔宋〕李纲著．王瑞明点校．李纲全集［M］．长沙：岳麓书社，2004.

［168］〔宋〕陈岩撰．九华诗集［M］．宋集珍本丛刊．北京：线装书局，2004.

［169］〔宋〕魏了翁撰．重校鹤山先生大全文集［M］．宋集珍本丛刊．北京：线装书局，2004.

［170］〔宋〕王禹偁撰．王黄州小畜集［M］．宋集珍本丛刊．北京：线装书局，2004.

［171］〔宋〕张咏撰．乖崖先生文集［M］．北京：国家图书馆出版社，2004. 中华再造善本工程本．

［172］〔宋〕周弼撰．端平诗隽［M］．宋集珍本丛刊，汲古阁景钞南宋六十家小集．

北京：线装书局，2004.

[173]〔宋〕王同祖撰．学诗初稿［M］．宋集珍本丛刊，汲古阁景钞南宋六十家小集．北京：线装书局，2004.

[174]〔宋〕俞桂撰．渔溪诗稿［M］．宋集珍本丛刊，汲古阁景钞南宋六十家小集．北京：线装书局，2004.

[175]〔宋〕徐铉撰．徐公文集［M］．宋集珍本丛刊．北京：线装书局，2004.

[176]〔宋〕宋伯仁撰．雪岩吟草补遗［M］．宋集珍本丛刊．北京：线装书局，2004.

[177]〔宋〕田锡撰．咸平集［M］．宋集珍本丛刊．北京：线装书局，2004.

[178]〔元〕方回选评．李庆甲集评校点［M］．瀛奎律髓汇评．上海：上海古籍出版社，2005.

[179]〔宋〕洪迈撰．孔凡礼点校．容斋随笔［M］．北京：中华书局，2005.

[180]［日］高楠顺次郎、渡边海旭主编．大正新修大藏经［M］．石家庄：河北省佛教协会倡印，2005.

[181]〔宋〕王安石撰．李之亮笺注．王荆公文集笺注［M］．成都：巴蜀书社，2005.

[182]〔宋〕王钦若等编撰．周勋初等校订．册府元龟［M］．南京：凤凰出版社，2006.

[183]〔宋〕孟元老撰．伊永文笺注．东京梦华录笺注［M］．北京：中华书局，2006.

[184]〔宋〕曾穜辑．大易粹言［M］．北京：北京图书馆出版社，2006. 中华再造善本工程本．

[185]〔宋〕吕祖谦辑．皇朝文鉴［M］．北京：北京图书馆出版社，2006. 中华再造善本工程本．

[186]〔宋〕魏齐贤、叶棻编．圣宋名贤五百家播芳大全文粹［M］．北京：北京图书馆出版社，2006. 中华再造善本工程本．

[187]〔宋〕米芾撰．书史［M］．全宋笔记．郑州：大象出版社，2006.

[188]〔宋〕米芾撰．画史［M］．全宋笔记．郑州：大象出版社，2006.

[189]〔宋〕庞元英撰．文昌杂录［M］．全宋笔记．郑州：大象出版社，2006.

[190]［高丽］释义天集．圆宗文类［M］．卍续藏经．石家庄：河北省佛教协会倡印，2006.

[191]〔清〕丁丙撰．善本书室藏书志［M］．宋元明清书目题跋丛刊．北京：中华书局，2006.

[192]〔宋〕释智圆撰．闲居编［M］．卍续藏经．石家庄：河北省佛教协会倡印，2006.

[193]〔宋〕范仲淹撰．李勇先、王蓉贵校点．范仲淹全集［M］．成都：四川大学出版社，2007.

［194］〔宋〕赵升撰．王瑞来点校．朝野类要［M］．北京：中华书局，2007．

［195］〔宋〕杨万里撰．辛更儒笺校．杨万里集笺校［M］．北京：中华书局，2007．

［196］〔清〕王文进著．柳向春校点．文禄堂访书记［M］．上海：上海古籍出版社，2007．

［197］〔清〕褚人获撰．坚瓠集［M］．清代笔记小说大观．上海：上海古籍出版社，2007．

［198］〔宋〕朱彧撰．李伟国点校．萍洲可谈［M］．北京：中华书局，2007．

［199］〔宋〕徐梦莘撰．三朝北盟会编［M］．上海：上海古籍出版社，2008．

［200］〔清〕饶全修、旷敏本纂．衡州府志［M］．湖湘文库．长沙：岳麓书社，2008．

［201］〔宋〕刘克庄撰．后村先生大全集［M］．成都：四川大学出版社，2008．

［202］〔宋〕汪藻著．王智勇笺注．靖康要录笺注［M］．成都：四川大学出版社，2008．

［203］〔宋〕吕祖谦撰．黄灵庚、吴战垒主编．吕祖谦全集［M］．杭州：浙江古籍出版社，2008．

［204］中国国家图书馆、中国国家古籍保护中心编．第一批国家珍贵古籍名录图录［M］．北京：国家图书馆出版社，2008．

［205］〔宋〕程大昌撰．许沛藻、刘宇整理．演繁露［M］．全宋笔记．郑州：大象出版社，2008．

［206］〔宋〕朱翌撰．朱凯、姜汉椿整理．猗觉寮杂记［M］．全宋笔记．郑州：大象出版社，2008．

［207］〔唐〕杜佑著．〔日〕长泽规矩也、尾崎康校．韩昇译．北宋版通典［M］．上海：上海人民出版社，2008．

［208］浙江大学中国古代书画研究中心编．宋画全集［M］．杭州：浙江大学出版社，2008 年迄今．

［209］〔清〕莫友芝撰．傅增湘补订．傅熹年整理．郘亭知见传本书目［M］．北京：中华书局，2009．

［210］《域外汉籍珍本文库》编纂出版委员会编．《域外汉籍珍本文库》第一辑［M］重庆：西南师范大学出版社，北京：人民出版社，2009．

［211］《域外汉籍珍本文库》编纂出版委员会编．《域外汉籍珍本文库》第二辑［M］重庆：西南师范大学出版社，北京：人民出版社，2009．

［212］〔清〕陆心源著．冯惠民整理．仪顾堂书目题跋汇编［M］．北京：中华书局，2009．

［213］上海图书馆编．上海图书馆藏宋本图录［M］．上海：上海古籍出版社，2010．

［214］〔宋〕苏轼撰．张志烈、马德富、周裕锴主编．苏轼全集校注［M］．石家庄：

河北人民出版社，2010.

　　［215］〔宋〕楼钥撰．顾大朋点校．楼钥集［M］．杭州：浙江古籍出版社，2010.

　　［216］〔元〕佚名撰．王瑞来笺证．宋季三朝政要笺证［M］．北京：中华书局，2010.

　　［217］〔宋〕叶寘撰．孔凡礼点校．爱日斋丛抄［M］．北京：中华书局，2010.

　　［218］任继愈主编．国家图书馆藏敦煌遗书［M］．北京：国家图书馆出版社，2010.

　　［219］中国国家图书馆、中国国家古籍保护中心编．第二批国家珍贵古籍名录图录［M］．北京：国家图书馆出版社，2010.

　　［220］〔宋〕苏易简著．石祥编著．文房四谱［M］．北京：中华书局，2011.

　　［221］〔宋〕左圭辑．百川学海［M］．北京：中国书店，2011.

　　［222］〔宋〕陈思编〔元〕陈世隆补编．两宋名贤小集［M］．北京：全国图书馆缩微文献复制中心，2011.

　　［223］〔宋〕陈善撰．查清华整理．扪虱新话［M］．全宋笔记．郑州：大象出版社，2012.

　　［224］〔宋〕程大昌撰．刘向荣整理．考古编［M］．全宋笔记．郑州：大象出版社，2012.

　　［225］〔宋〕费衮撰．梁谿漫志［M］．全宋笔记．郑州：大象出版社，2012.

　　［226］〔宋〕周辉撰．刘永翔、徐丹整理．清波别志［M］．全宋笔记．郑州：大象出版社，2012.

　　［227］中国国家图书馆、中国国家古籍保护中心编．第三批国家珍贵古籍名录图录［M］．北京：国家图书馆出版社，2012.

　　［228］上海博物馆编．翰墨聚珍——中国日本美国藏中国古代书画艺术［M］．上海：上海书画出版社，2012.

　　［229］全国高等院校古籍整理研究工作委员会编．日本宫内厅书陵部藏宋元版汉籍选刊［M］．上海：上海古籍出版社，2013.

　　［230］杨忠等编．日本国立公文书馆藏宋元本汉籍选刊［M］．南京：凤凰出版社，2013.

　　［231］刘玉才，［日］稲畑耕一郎编．日本国会图书馆藏宋元本汉籍选刊［M］．南京：凤凰出版社，2013.

　　［232］〔宋〕高似孙著．王群栗点校．高似孙集［M］．杭州：浙江古籍出版社，2015.

　　［233］〔唐〕元稹撰．元氏长庆集［M］．文渊阁《四库全书》本．

　　［234］〔唐〕陆龟蒙撰．笠泽丛书［M］．文渊阁《四库全书》本．

　　［235］〔唐〕徐寅撰．徐正字诗赋［M］．文渊阁《四库全书》本．

　　［236］〔唐〕白居易〔宋〕孔传纂．白孔六帖［M］．文渊阁《四库全书》本．

［237］〔宋〕杨伯岩撰．六帖补［M］．文渊阁《四库全书》本．

［238］〔宋〕陈景沂编纂、祝穆参订．全芳备祖［M］．文渊阁《四库全书》本．

［239］〔宋〕唐仲友撰．帝王经世图谱［M］．文渊阁《四库全书》本．

［240］〔宋〕林駉撰．古今源流至论［M］．文渊阁《四库全书》本．

［241］〔宋〕不著撰人．翰苑新书［M］．文渊阁《四库全书》本．

［242］〔宋〕谢维新、虞载编纂．古今合璧事类备要［M］．文渊阁《四库全书》本．

［243］〔宋〕史尧弼撰．莲峰集［M］．文渊阁《四库全书》本．

［244］〔宋〕魏了翁撰．鹤山集［M］．文渊阁《四库全书》本．

［245］〔宋〕晁公遡撰．嵩山集［M］．文渊阁《四库全书》本．

［246］〔宋〕罗璧撰．罗氏识遗［M］．文渊阁《四库全书》本．

［247］〔宋〕葛胜仲撰．丹阳集［M］．文渊阁《四库全书》本．

［248］〔宋〕郑虎臣编．吴都文萃［M］．文渊阁《四库全书》本．

［249］〔宋〕黄希原、黄鹤撰．补注杜诗［M］．文渊阁《四库全书》本．

［250］〔宋〕陈思编〔元〕陈世隆补．两宋名贤小集［M］．文渊阁《四库全书》本．

［251］〔宋〕刘克庄撰．后村集［M］．文渊阁《四库全书》本．

［252］〔宋〕岳珂撰．愧郯录［M］．文渊阁《四库全书》本．

［253］〔宋〕熊禾撰．勿轩集［M］．文渊阁《四库全书》本．

［254］〔宋〕苏轼撰．东坡全集［M］．文渊阁《四库全书》本．

［255］〔宋〕范浚撰．香溪集［M］．文渊阁《四库全书》本．

［256］〔宋〕廖行之撰．省斋集［M］．文渊阁《四库全书》本．

［257］〔宋〕吕祖谦撰．东莱集［M］．文渊阁《四库全书》本．

［258］〔宋〕祝穆编撰．古今事文类聚［M］．文渊阁《四库全书》本．

［259］〔宋〕魏了翁撰．六经正误［M］．文渊阁《四库全书》本．

［260］〔宋〕祝穆撰．方舆胜览［M］．文渊阁《四库全书》本．

［261］〔宋〕王尧臣等编纂．崇文总目［M］．文渊阁《四库全书》本．

［262］〔宋〕王暐撰．道山清话［M］．文渊阁《四库全书》本．

［263］〔宋〕周必大撰．文忠集［M］．文渊阁《四库全书》本．

［264］〔宋〕许棐撰．梅屋集［M］．文渊阁《四库全书》本．

［265］〔宋〕吴文英撰．梦窗稿［M］．文渊阁《四库全书》本．

［266］〔宋〕陈起编．江湖小集［M］．文渊阁《四库全书》本．

［267］〔宋〕章如愚撰．群书考索［M］．文渊阁《四库全书》本．

［268］〔宋〕陈元靓编纂．岁时广记［M］．文渊阁《四库全书》本．

［269］〔宋〕王应麟撰．玉海［M］．文渊阁《四库全书》本．

[270]〔宋〕祝穆〔元〕富大用、祝渊编．古今事文类聚［M］．文渊阁《四库全书》本．

[271]〔宋〕危稹撰．巽斋小集［M］．文渊阁《四库全书》本．

[272]〔宋〕董棻辑．严陵集［M］．文渊阁《四库全书》本．

[273]〔宋〕真德秀纂辑．文章正宗［M］．文渊阁《四库全书》本．

[274]〔宋〕孙绍远撰．声画集［M］．文渊阁《四库全书》本．

[275]〔宋〕包拯撰．包孝肃奏议集［M］．文渊阁《四库全书》本．

[276]〔宋〕范纯仁撰．范忠宣集［M］．文渊阁《四库全书》本．

[277]〔宋〕蔡正孙编．诗林广记［M］．文渊阁《四库全书》本．

[278]〔宋〕周弼撰．端平诗隽［M］．文渊阁《四库全书》本．

[279]〔宋〕洪皓撰．鄱阳集［M］．文渊阁《四库全书》本．

[280]〔宋〕薛季宣撰．浪语集［M］．文渊阁《四库全书》本．

[281]〔宋〕黄公度撰．知稼翁集［M］．文渊阁《四库全书》本．

[282]〔宋〕周孚撰．蠹斋铅刀编［M］．文渊阁《四库全书》本．

[283]〔宋〕乐雷发撰．雪矶丛稿［M］．文渊阁《四库全书》本．

[284]〔宋〕韩元吉撰．南涧甲乙稿［M］．文渊阁《四库全书》本．

[285]〔宋〕刘过撰．龙州集［M］．文渊阁《四库全书》本．

[286]〔宋〕程颢、程颐撰．二程文集［M］．文渊阁《四库全书》本．

[287]〔宋〕潘良贵撰．默成文集［M］．文渊阁《四库全书》本．

[288]〔宋〕徐元杰撰．楳埜集［M］．文渊阁《四库全书》本．

[289]〔宋〕葛胜仲撰．丹阳集［M］．文渊阁《四库全书》本．

[290]〔宋〕宋庠撰．元宪集［M］．文渊阁《四库全书》本．

[291]〔宋〕叶适撰．水心集［M］．文渊阁《四库全书》本．

[292]〔宋〕张纲撰．华阳集［M］．文渊阁《四库全书》本．

[293]〔宋〕寇准撰．忠愍集［M］．文渊阁《四库全书》本．

[294]〔宋〕许棐撰．梅屋集［M］．文渊阁《四库全书》本．

[295]〔宋〕陈起编．江湖小集［M］．文渊阁《四库全书》本．

[296]〔宋〕林师蒧等编．天台续集［M］．文渊阁《四库全书》本．

[297]〔宋〕邓椿撰．画继［M］．文渊阁《四库全书》本．

[298]〔宋〕祖无择撰．龙学文集［M］．文渊阁《四库全书》本．

[299]〔宋〕周紫芝撰．太仓稊米集［M］．文渊阁《四库全书》本．

[300]〔宋〕唐庚撰．眉山集［M］．文渊阁《四库全书》本．

[301]〔宋〕唐庚撰．眉山诗集［M］．文渊阁《四库全书》本．

［302］〔宋〕汤汉编选．妙绝古今文选［M］．文渊阁《四库全书》本．

［303］〔宋〕李弥逊撰．筠溪集［M］．文渊阁《四库全书》本．

［304］〔宋〕周麟之撰．海陵集［M］．文渊阁《四库全书》本．

［305］〔宋〕苏易简撰．文房四谱［M］．文渊阁《四库全书》本．

［306］〔宋〕彭龟年撰．止堂集［M］．文渊阁《四库全书》本．

［307］〔宋〕徐积撰．节孝集［M］．文渊阁《四库全书》本．

［308］〔宋〕张守撰．毗陵集［M］．文渊阁《四库全书》本．

［309］〔宋〕黄庶撰．伐檀集［M］．文渊阁《四库全书》本．

［310］〔宋〕陈师道撰．后山集［M］．文渊阁《四库全书》本．

［311］〔元〕陆友仁撰．研北杂志［M］．文渊阁《四库全书》本．

［312］〔元〕费著撰．笺纸谱［M］．文渊阁《四库全书》本．

［313］〔元〕吴澄撰．吴文正集［M］．文渊阁《四库全书》本．

［314］〔元〕吴师道撰．礼部集［M］．文渊阁《四库全书》本．

［315］〔元〕程钜夫撰．雪楼集［M］．文渊阁《四库全书》本．

［316］〔元〕方回撰．桐江续集［M］．文渊阁《四库全书》本．

［317］〔明〕周复俊编纂．全蜀艺文志［M］．文渊阁《四库全书》本．

［318］〔清〕王士祯撰．居易录［M］．文渊阁《四库全书》本．

［319］〔清〕朱彝尊撰．经义考［M］．文渊阁《四库全书》本．

［320］〔清〕厉鹗编．宋诗纪事［M］．文渊阁《四库全书》本．

［321］〔清〕王懋竑撰．朱熹年谱［M］．北京：中华书局，1998.

二、近代以来论著

［1］留庵编纂．中国雕版源流考［M］．北京：商务印书馆，1918.

［2］王铭新、杨卫新、郭庆琳纂．眉山县志［M］．汉文石印社，1923.

［3］［日］美术研究所矢代幸雄、黑田源次编．支那古版画图录［M］．东京：大塚巧艺社，1932.

［4］陈登原著．古今典籍聚散考［M］．北京：商务印书馆，1936.

［5］郑振铎编．中国版画史图录［M］．上海：中国版画史社，1942.

［6］傅增湘撰．藏园群书题记［M］．企骥轩，民国32年（1943）．

［7］杨寿清著．中国出版界简史［M］．上海：永祥印书馆，1946.

［8］刘国均著．可爱的中国书［M］．北京：建业书局，1952.

［9］屈万里、昌彼得著．图书版本学要略［M］．台北：中华文化出版事业社，1953.

［10］刘国均著．中国书的故事［M］．北京：中国青年出版社，1955.

［11］叶德辉著．书林清话［M］．北京：中华书局，1957.

［12］马念祖编.水经注等八种古籍引用书目汇编［M］.北京：中华书局，1959.

［13］罗锦堂著.历代图书板本志要［M］.台北："国立编译馆"中华丛书编审委员会印行，1958.

［14］"国立编译馆"主编.宋史研究集（第一辑）［M］.台北："国立编译馆"，1958.

［15］［日］藤枝晃：西夏经——石和木和泥——现存最古的木活字本.石滨先生古稀纪念［M］.东洋学论丛.吹田：石滨先生古稀纪念会，1958.

［16］北京图书馆编.中国版刻图录［M］.北京：文物出版社，1961.

［17］郭味蕖编著.中国版画史略［M］.北京：朝花美术出版社，1962.

［18］［美］汤普逊著.耿淡如译.中世纪经济社会史［M］.北京：商务印书馆，1963.

［19］余又荪著.宋元中日关系史［M］.台北：台湾商务印书馆，1964.

［20］"国立编译馆"主编.宋史研究集（第二辑）［M］.台北："国立编译馆"，1964.

［21］"国立编译馆"主编.宋史研究集（第三辑）［M］.台北："国立编译馆"，1966.

［22］［德］罗樾著.中国10世纪所刻《御制秘藏诠》之木刻风景画［M］.马萨诸塞州剑桥：哈佛大学出版社、贝尔纳普出版社，1968.

［23］王云五著.宋元教学思想［M］.台北：台湾商务印书馆，1971.

［24］高越天著.中国书纲［M］.台北：维新书局，1971.

［25］［丹麦］格林斯塔德编著.西夏文佛经（第九卷）［M］.印度：新德里，1973.

［26］刘家璧编.中国图书史料集［M］.北京：龙门书局，1974.

［27］［美］钱存训著.中国古代书史［M］.香港：香港中文大学，1975.

［28］［英］李约瑟著.《中国科学技术史》翻译小组译.中国科学技术史［M］.北京：科学出版社，1975.

［29］［日］长泽规矩也撰.图解和汉印刷史［M］.东京：汲古书院，1976.

［30］张秀民著.中国印刷术的发明及其影响［M］.北京：人民出版社，1958.

［31］［日］西田龙雄编撰.西夏文华严经［M］.京都：日本京都大学文学部印，1977.

［32］方品光编.福建版本资料汇编［M］.福州：福建师范大学图书馆，1979.

［33］［瑞士］雅各布·布克哈特著.何新译.意大利文艺复兴时期的文化［M］.北京：商务印书馆，1979.

［34］潘吉星著.中国造纸技术史稿［M］.北京：文物出版社，1979.

［35］竺可桢著.竺可桢文集［M］.北京：科学出版社，1979.

［36］陈寅恪著.金明馆丛稿［M］.上海：上海古籍出版社，1980.

［37］［日］木宫泰彦著．胡锡年译．日中文化交流史［M］．北京：商务印书馆，1980.

［38］［美］卡特著．胡志伟译．中国印刷术的发明及其西传［M］．北京：商务印书馆，1980.

［39］刘叶秋著．类书简说［M］．上海：上海古籍出版社，1980.

［40］胡道静著．中国古代的类书［M］．北京：中华书局，1982.

［41］刘国均著．郑如斯订补．中国书史简编［M］．北京：书目文献出版社，1982.

［42］［日］长泽规矩也撰．长泽规矩也著作集（第2卷）和汉书印刷历史［M］．东京：汲古书院，1982.

［43］［日］长泽规矩也撰．长泽规矩也著作集（第3卷）宋元版研究［M］．东京：汲古书院，1983.

［44］王国维撰．王国维遗书［M］．上海：上海古籍书店，1983.

［45］［日］小野玄妙著．杨白衣译．佛教经典总论［M］．台北：新文丰出版公司，1983.

［46］赵效宣著．宋代驿站制度［M］．台北：联经出版事业公司，1983.

［47］［日］丹波元胤编．中国医籍考［M］．北京：人民卫生出版社，1983.

［48］魏隐儒、王金雨编著．古籍版本鉴定丛谈［M］．北京：印刷工业出版社，1984.

［49］孔祥星、刘一曼著．中国古代铜镜［M］．北京：文物出版社，1984.

［50］李致忠著．中国古代书籍史［M］．北京：文物出版社，1985.

［51］黄宽重著．南宋史研究集［M］．台北：新文丰出版公司，1985.

［52］中国社会科学院历史研究所编．王曾瑜、陈智超、吴泰点校．中国古代社会经济史资料（第一辑）［M］．福州：福建人民出版社，1985.

［53］张涤华．类书流别［M］．北京：商务印书馆，1985.

［54］严复著．严复集［M］．北京：中华书局，1986.

［55］杨绳信编．中国版刻综录［M］．西安：陕西人民出版社，1987.

［56］郑如斯、肖东发编著．中国书史［M］．北京：北京图书馆出版社，1987.

［57］胡道静校证．梦溪笔谈校证［M］．上海：上海古籍出版社，1987.

［58］［法］雅克·勒戈夫皮埃尔·诺拉主编．郝名玮译．史学研究的新问题、新方法、新对策——法国新史学发展趋势［M］．北京：社会科学文献出版社，1988.

［59］韩仲民著．中国书籍编纂史稿［M］．北京：中国书籍出版社，1988.

［60］张秀民著．张秀民印刷史论文集［M］．北京：印刷工业出版社，1988.

［61］郑振铎编．中国古代版画丛刊［M］．上海：上海古籍出版社，1988.

［62］周芜编．中国版画史图录［M］．上海：上海人民美术出版社，1988.

［63］魏隐儒编著．中国古籍印刷史［M］．北京：印刷工业出版社，1988.

［64］梁启超著．饮冰室合集［M］．北京：中华书局，1989．

［65］傅增湘撰．藏园群书题记［M］．上海：上海古籍出版社，1989．

［66］王仁波主编．陕西省博物馆编．隋唐文化［M］．上海：学林出版社，香港：中华书局（香港）有限公司，1990．

［67］姚福申著．中国编辑史［M］．上海：复旦大学出版社，1990．

［68］郑成思著．版权法［M］．北京：中国人民大学出版社，1990．

［69］上海新四军历史研究会印刷印钞分会编．雕版印刷源流［M］．中国印刷史料选辑（第1辑）．北京：印刷工业出版社，1990．

［70］上海新四军历史研究会印刷印钞分会编．活字印刷源流［M］．中国印刷史料选辑（第2辑）．北京：印刷工业出版社，1990．

［71］李致忠著．古书版本学概论［M］．北京：北京图书馆出版社，1990．

［72］王肇文编．古籍宋元刊工姓名索引［M］．上海：上海古籍出版社，1990．

［73］李致忠著．历代刻书考述［M］．成都：巴蜀书社，1990．

［74］［美］钱存训著．刘祖慰译．中国科学技术史第五卷化学及相关技术第一分册纸和印刷［M］．北京：科学出版社，上海：上海古籍出版社，1990．

［75］来新夏等著．中国古代图书事业史［M］．上海：上海人民出版社，1990．

［76］徐雁、王燕均编．中国历史藏书论著读本［M］．成都：四川人民出版社，1990．

［77］上海市文物管理委员会、上海博物馆编．宋人佚简［M］．上海：上海古籍出版社，1990．

［78］［英］李约瑟著．袁翰青、王冰、于佳译．中国科学技术史（第一卷导论）［M］．北京：科学出版社，上海：上海古籍出版社，1990．

［79］方广锠著．八——十世纪佛教大藏经史［M］．北京：中国社会科学出版社，1991．

［80］童玮编著．北宋《开宝大藏经》雕印考释及目录还原［M］．北京：书目文献出版社，1991．

［81］上海新四军历史研究会印刷印钞分会编．历代刻书概况［M］．中国印刷史料选辑（第3辑）．北京：印刷工业出版社，1991．

［82］中国历史博物馆编．中国古代史参考图录·宋元时期［M］．上海：上海教育出版社，1991．

［83］傅璇琮等主编．北京大学古文献研究所编．全宋诗［M］．北京：北京大学出版社，1991．

［84］刘俊文主编．日本学者研究中国史论著选译［M］．北京：中华书局，1992．

［85］［美］钱存训著．中国书籍、纸墨及印刷史论文集［M］．香港：香港中文大学出版社，1992.

［86］何忠礼著．宋代选举制补正［M］．杭州：浙江古籍出版社，1992.

［87］江澄波、杜信孚、杜永康著．江苏刻书［M］．南京：江苏人民出版社，1993.

［88］罗树宝著．中国古代印刷史［M］．北京：印刷工业出版社，1993.

［89］［英］杰弗雷·乔叟著．方重译．坎特伯雷故事［M］．上海：上海译文出版社，1993.

［90］上海新四军历史研究会印刷印钞分会编．装订源流和补遗［M］．中国印刷史料选辑（第4辑）．北京：中国书籍出版社，1993.

［91］［日］尾崎康著．陈捷译．以正史为中心的宋元版本研究［M］．北京：北京大学出版社，1993.

［92］李致忠著．宋版书叙录［M］．北京：书目文献出版社，1994.

［93］上海书店编．丛书集成续编［M］．上海：上海书店出版社，1994.

［94］杜信孚、漆身起编．江西历代刻书［M］．南昌：江西人民出版社，1994.

［95］程焕文编．中国图书论集［M］．北京：商务印书馆，1994.

［96］钱穆著．国史大纲［M］．北京：商务印书馆，1994.

［97］李弘祺著．宋代官学教育与科举［M］．台北：联经出版公司，1994.

［98］张国刚著．德国的汉学研究［M］．北京：中华书局，1994.

［99］张志强著．江苏图书印刷史［M］．南京：江苏人民出版社，1995.

［100］白新良著．中国古代书院发展史［M］．天津：天津大学出版社，1995.

［101］肖东发著．中国古代刻书世家［M］．北京：中国对外翻译出版公司，1996.

［102］肖东发主编．中国编辑出版史［M］．沈阳：辽宁教育出版社，1996.

［103］朱瑞熙著．中国政治制度通史（第六卷宋代）［M］．北京：人民出版社，1996.

［104］戚志芬著．中国的类书、政书和丛书［M］．北京：商务印书馆，1996.

［105］漆侠、王天顺主编．宋史研究论文集［M］．保定：河北大学出版社，1996.

［106］谢水顺．李珽著．福建古代刻本［M］．福州：福建人民出版社，1997.

［107］傅杰编校．王国维论学集［M］．北京：中国社会科学出版社，1997.

［108］陈谷嘉、邓洪波主编．中国书院制度研究［M］．杭州：浙江教育出版社，1997.

［109］张秀民、韩琦著．中国活字印刷史［M］．北京：中国书籍出版社，1998.

［110］潘吉星著．中国科学技术史（造纸与印刷卷）［M］．北京：科学出版社，1998.

［111］［英］奥雷尔·斯坦因著．中国社会科学院考古研究所译．西域考古图记［M］.

桂林：广西师范大学出版社，1998.

[112]［美］菲利普·李·拉尔夫、罗伯特·E. 勒纳、斯坦迪什·米查姆、爱德华·伯恩斯著．赵丰等译．世界文明史［M］．北京：商务印书馆，1998.

[113]上海有正书局编．宋元书影［M］．扬州：江苏广陵古籍刻印社，1998.

[114]宿白著．唐宋时期的雕版印刷［M］．北京：文物出版社，1999.

[115]曹之著．中国古籍编撰史［M］．武汉：武汉大学出版社，1999.

[116]林申清编著．宋元书刻牌记图录［M］．北京：北京图书馆出版社，1999.

[117]祝尚书著．宋人别集叙录［M］．北京：中华书局，1999.

[118]任继愈主编．中国国家图书馆古籍珍品图录［M］．北京：北京图书馆出版社，1999.

[119]周心慧编．新编中国版刻史图录［M］．北京：学苑出版社，2000.

[120]郑士德著．中国图书发行史［M］．北京：高等教育出版社，2000.

[121]［西班牙］德利娅·利普希克著．联合国译．著作权与邻接权［M］．北京：中国对外翻译出版公司、联合国教科文组织，2000.

[122]李瑞良著．中国古代图书流通史［M］．上海：上海人民出版社，2000.

[123]［俄］捷连提耶夫－卡塔斯基著．王克孝等译．西夏书籍业［M］．银川：宁夏人民出版社，2000.

[124]李致忠著．古代版印通论［M］．北京：紫禁城出版社，2000.

[125]肖东发著．中国图书出版印刷史论［M］．北京：北京大学出版社，2001.

[126]陈寅恪著．寒柳堂集［M］．上海：三联书店，2001.

[127]［美］包弼德著．刘宁译．斯文：唐宋思想的转型［M］．南京：江苏人民出版社，2001.

[128]［美］钱存训著．中国古代书籍纸墨及印刷术［M］．北京：北京图书馆出版社，2002.

[129]［日］井上進著．中国出版文化史［M］．名古屋：名古屋大学出版会，2002.

[130]漆侠著．宋学的发展和演变［M］．石家庄：河北人民出版社，2002.

[131]姜锡东著．宋代商人和商业资本［M］．北京：中华书局，2002.

[132]李际宁著．佛经版本［M］．南京：江苏古籍出版社，2002.

[133]陈乐素著．宋史艺文志考证［M］．广州：广东人民出版社，2002.

[134]姚明达著．中国目录学史［M］．上海：上海古籍出版社，2002.

[135]宋藏遗珍［M］．国家图书馆古籍文献丛刊．北京：全国图书馆文献缩微复制中心，2002.

[136]［加拿大］阿尔维托·曼古埃尔著．吴昌杰译．阅读史［M］．北京：商务印

书馆，2002.

[137] 管锡华著. 中国古代标点符号发展史 [M]. 成都：巴蜀书社，2002.

[138] 史金波、雅森·吾守尔著. 中国活字印刷术的发明和早期传播 西夏和回鹘活字印刷术研究 [M]. 北京：社会科学文献出版社，2002.

[139] 陶湘、王文进等编. 涉园所见宋版书影 文禄堂书影 宋元书式 [M]. 北京：北京图书馆出版社，2003.

[140] 陈振著. 宋史 [M]. 上海：上海人民出版社，2003.

[141] 余英时著. 士与中国文化 [M]. 上海：上海人民出版社，2003.

[142] 方彦寿著. 建阳刻书史 [M]. 北京：中国社会出版社，2003.

[143] 王澄编著. 扬州刻书考 [M]. 扬州：广陵书社，2003.

[144] 周宝荣著. 宋代出版史研究 [M]. 郑州：中州古籍出版社，2003.

[145] [加拿大] 哈罗德·伊尼斯著. 何道宽译. 传播的偏向 [M]. 北京：中国人民大学出版社，2003.

[146] [加拿大] 哈罗德·伊尼斯著. 何道宽译. 帝国与传播 [M]. 北京：中国人民大学出版社，2003.

[147] 黄丕烈、王国维撰. 宋版书考录 [M]. 北京：北京图书馆出版社，2003.

[148] [日] 岛田翰撰. 汉籍善本考 [M]. 北京：北京图书馆出版社，2003.

[149] 郭黛姮主编. 中国古代建筑史（第三卷宋、辽、金、西夏建筑）[M]. 北京：中国建筑工业出版社，2003.

[150] 梁天锡著. 北宋传法院及其译经制度 [M]. 香港：志莲净苑，2003.

[151] 李富华、何梅著. 汉文佛教大藏经研究 [M]. 北京：宗教文化出版社，2003.

[152] 李瑞良编著. 中国出版编年史 [M]. 福州：福建人民出版社，2004.

[153] 谢国桢著. 明清笔记谈丛 [M]. 上海：上海书店出版社，2004.

[154] 史金波著. 西夏出版研究 [M]. 银川：宁夏人民出版社，2004.

[155] 张政烺著. 张政烺文史论集 [M]. 北京：中华书局，2004.

[156] [美] 钱存训著. 刘祖慰译. 中国纸和印刷文化史 [M]. 桂林：广西师范大学出版社，2004.

[157] 祝尚书著. 宋人总集叙录 [M]. 北京：中华书局，2004.

[158] 钱婉约著. 内藤湖南研究 [M]. 北京：中华书局，2004.

[159] 牛达生著. 西夏活字印刷研究 [M]. 银川：宁夏人民出版社，2004.

[160] 张树栋、庞多益、郑如斯著. 简明中华印刷通史 [M]. 桂林：广西师范大学出版社，2004.

[161] [法] 弗雷德里克·巴比耶著. 刘阳等译. 书籍的历史 [M]. 桂林：广西师

范大学出版社，2005.

[162] 宁夏文物考古研究所编著．拜寺沟西夏方塔 ［M］．北京：文物出版社，2005.

[163] 徐学林著．徽州刻书 ［M］．合肥：安徽人民出版社，2005.

[164] 张秉伦、方晓阳、樊嘉禄著．中国传统工艺全集·造纸与印刷卷 ［M］．郑州：大象出版社，2005.

[165] 黄永年著．古籍版本学 ［M］．南京：江苏教育出版社，2005.

[166] 张围东著．宋代类书之研究 ［M］．台北：花木兰文化出版社，2005.

[167] 穆鸿利著．鸿鹄集 ［M］．北京：中国国际出版社，2005.

[168] 李春棠著．坊墙倒塌以后——宋代城市生活长卷 ［M］．长沙：湖南人民出版社，2006.

[169] 张秀民著．韩琦增订．中国印刷史（插图珍藏增订本）［M］．杭州：浙江古籍出版社，2006.

[170] 李明杰著．宋代版本学研究——中国版本学的发源及形成 ［M］．济南：齐鲁书社，2006.

[171] 管成学、王兴文著．宋代科技文献研究 ［M］．兰州：兰州大学出版社，2006.

[172] 王曾瑜著．锱铢编 ［M］．保定：河北大学出版社，2006.

[173] ［法］费夫贺、马尔坦著．李鸿志译．印刷书的诞生 ［M］．桂林：广西师范大学出版社，2006.

[174] 方建新编．二十世纪宋史研究论著目录 ［M］．北京：北京图书馆出版社，2006.

[175] 李更著．宋代馆阁校勘研究 ［M］．南京：凤凰出版社，2006.

[176] 李清志著．古书版本鉴定研究 ［M］．台北：文史哲出版社，2006.

[177] 阎国栋著．俄国汉学史 ［M］．北京：人民出版社，2006.

[178] ［美］皮特·N.斯特恩斯等著．赵轶峰等译．全球文明史 ［M］．北京：中华书局，2006.

[179] 曾枣庄、刘琳主编．四川大学古籍整理研究所编．全宋文 ［M］．上海：上海辞书出版社，合肥：安徽教育出版社，2006.

[180] 陕西省考古研究所等编著．法门寺考古发掘报告 ［M］．北京：文物出版社，2007.

[181] 严绍璗编著．日藏汉籍善本书录 ［M］．北京：中华书局，2007.

[182] 徐小蛮、王福康著．中国古代插图史 ［M］．上海：上海古籍出版社，2007.

[183] 李国玲编著．宋僧著述考 ［M］．成都：四川大学出版社，2007.

[184] 熊文华著．英国汉学史 ［M］．北京：学苑出版社，2007.

［185］叶德辉撰．书林清话［M］．上海：上海古籍出版社，2008．

［186］孙毓修撰．中国雕板源流考［M］．上海：上海古籍出版社，2008．

［187］李致忠著．中国出版通史·宋辽西夏金元卷［M］．北京：中国书籍出版社，2008．

［188］黄复山著．王安石《字说》之研究［M］．台北：花木兰文化出版社，2008．

［189］陈坚、马文大撰辑．宋元版刻图释［M］．北京：学苑出版社，2008．

［190］刘金柱著．中国古代题壁文化研究［M］．北京：人民出版社，2008．

［191］程民生著．宋代物价研究［M］．北京：人民出版社，2008．

［192］罗树宝著．中国古代图书印刷史（彩图本）［M］．长沙：岳麓书社，2008．

［193］叶烨著．北宋文人的经济生活［M］．南昌：百花洲文艺出版社，2008．

［194］朱迎平著．宋代刻书产业与文学［M］．上海：上海古籍出版社，2008．

［195］漆侠著．漆侠全集［M］．保定：河北大学出版社，2009．

［196］［美］周绍明著．何朝晖译．书籍的社会史　中华帝国晚期的书籍与士人文化［M］．北京：北京大学出版社，2009．

［197］傅璇琮主编．龚延明、祖慧编撰．宋登科记考［M］．南京：江苏教育出版社，2009．

［198］汪圣铎著．宋代政教关系研究［M］．北京：人民出版社，2010．

［199］姜锡东著．《近思录》研究［M］．北京：人民出版社，2010．

［200］方广锠主编．开宝遗珍［M］．北京：文物出版社，2010．

［201］林平著．宋代禁书研究［M］．成都：四川大学出版社，2010．

［202］王国维著．王国维全集［M］．杭州：浙江教育出版社，广州：广东教育出版社，2010．

［203］祝尚书编．宋集序跋汇编［M］．北京：中华书局，2010．

［204］王水照选注．宋代散文选注［M］．上海：上海古籍出版社，2010．

［205］朱杰人主编．朱子著述宋刻集成［M］．上海：华东师范大学出版社，2010．

［206］上海图书馆编．上海图书馆藏宋本图录［M］．上海：上海古籍出版社，2010．

［207］夏其峰著．宋版古籍佚存书录［M］．太原：三晋出版社，2010．

［208］郑振铎编．中国版画史图录［M］．北京：中国书店，2012．

［209］［日］斯波义信著．方健、何忠礼译．宋代江南经济史研究［M］．南京：江苏人民出版社，2012．

［210］熊文华著．荷兰汉学史［M］．北京：学苑出版社，2012．

［211］张丽娟著．宋代经书注疏刊刻研究［M］．北京：北京大学出版社，2013．

［212］何忠礼著．宋史选举制补正［M］．北京：中华书局，2013．

[213] 杜伟生著. 中国古籍修复与装裱技术图解［M］. 北京：中华书局，2013.

三、学术论文

[1]［日］长沢规矩也著. 邓衍林译. 宋元刊本刻工名表初稿［J］. 图书馆学季刊，1934，8（3）.

[2] 全汉昇. 宋代官吏之私营商业［J］. 傅斯年等主编. 国立中央研究院历史语言研究所集刊第七本第二分，北京：商务印书馆，1936.

[3] 全汉昇. 北宋汴梁的输出入贸易［J］. 傅斯年等主编. 国立中央研究院. 历史语言研究所集刊第八本第二分，北京：商务印书馆，1939.

[4] 冯汉骥. 记唐印本陀罗尼经咒的发现［J］. 文物参考资料，1957，（5）.

[5] 宿白. 南宋的雕版印刷［J］. 文物，1962，（1）.

[6] 张秀民. 南宋（1127～1279年）刻书地域考［J］. 图书馆，1963，（3）.

[7] 金志超. 浙江碧湖宋塔出土文物［J］. 文物，1963，（3）.

[8]［美］潘铭燊. 中国宋代（960～1279）印刷工的牌记［J］. 图书馆季刊，1973年1月，43卷第一期，芝加哥大学出版社.（Ming - Sun Poon：The Printer´s Colophon in Sung China，960－1279，The Library Quarterly，Vol. 43，No. 1，Jan. 1973，The University of Chicago Press.）

[9] 浙江省博物馆. 浙江瑞安北宋慧光塔出土文物［J］. 文物，1973，（1）.

[10] 苏州市文管会、苏州博物馆. 苏州市瑞光寺塔发现一批五代、北宋文物［J］. 文物，1979，（11）.

[11] 李致忠. 唐代刻书考略［J］. 宁夏图书馆学会通讯，1980，（1）.

[12] 石志廉. 北宋人像雕版二例［J］. 文物，1981，（3）.

[13] 李域铮、关双喜. 西安西郊出土唐代手写经咒绢画［J］. 文物，1984（7）.

[14] 潘美月. 宋刻九经三传（上）［J］. 台北：《故宫文物月刊》第一卷第十一期，故宫博物院，1984年2月.

[15] 潘美月. 宋刻九经三传（中）［J］. 台北：《故宫文物月刊》第一卷第十二期，故宫博物院，1984年3月.

[16] 潘美月. 宋刻九经三传（下）［J］. 台北：《故宫文物月刊》第二卷第一期，故宫博物院，1984年4月.

[17] 潘美月. 南宋最著名的出版家——谈陈起刻书［J］. 台北：《故宫文物月刊》第二卷第五期，故宫博物院，1984年8月.

[18] 潘美月. 宋刻韩柳文集［J］. 台北：《故宫文物月刊》第二卷第三期，故宫博物院，1984年6月.

[19] 潘美月. 宋刻南北朝七史［J］. 台北：《故宫文物月刊》第二卷第二期，故宫

博物院, 1984 年 5 月.

[20] 杨绳信. 从碛砂藏刻印看宋元印刷工人的几个问题 [J]. 中华文史论丛, 1984, (1).

[21] 肖东发. 建阳余氏刻书考略 [J]. 文献, 1984, (3)、(4), 1985, (1).

[22] 赵健雄. 敦煌写本《新集备急灸经》初探 [J]. 中国针灸, 1986, (1).

[23] 安占华. 法国书籍史研究简介 [J]. 世界史研究动态, 1986, (1).

[24] 宋立民. 北宋时期的校雠机构及其制度 [J]. 古籍整理研究学刊, 1986, (3).

[25] 钱亚新. 江标与《宋元本行格表》[J]. 文献, 1986, (4).

[26] 李致忠. 英伦阅书记 [J]. 文献, 1987, (3) (4).

[27] 金柏东. 早期活字印刷术的实物见证——温州市白象塔出土北宋佛经残页介绍 [J]. 文物, 1987, (5).

[28] 刘云. 对《早期活字印刷术的实物见证》一文的商榷 [J]. 文物, 1988, (10).

[29] 高信成. 我国宋代的图书发行事业 [J]. 出版发行研究, 1988, (3).

[30] 青岛市文物管理委员会. 青岛发现北宋金银书《妙法莲华经》[J]. 文物, 1988, (8).

[31] 杨倩描. 北宋的财务行政管理 [J]. 中国经济史研究, 1988, (1).

[32] 杨倩描. 从"系省钱物"的演变看宋代国家正常预算的基本模式 [J]. 河北学刊, 1988, (4).

[33] 曹之. 朱熹与宋代刻书 [J]. 武汉大学学报（社会科学版）, 1989, (2).

[34] 汪圣铎. 北南宋物价比较研究 [J]. 宋史研究论文集 [M]. 石家庄: 河北教育出版社, 1989.

[35] 沈津. 美国所藏宋元刻佛经经眼录 [J]. 文献, 1989, (1).

[36] 刘少泉. 唐宋蜀刻版本述略 [J]. 四川大学学报（哲学社会科学版）, 1989, (4).

[37] 李德山. 宋代丛书述略 [J]. 古籍整理研究学刊, 1989, (4).

[38] 李国庆. 两宋刻工说略 [J]. 图书馆工作与研究, 1990, (2).

[39] 胡慧芬. 略论南宋眉山刻本 [J]. 江苏图书馆学报, 1990, (3).

[40] 张政烺. 读《相台书塾刊正九经三传沿革例》[J]. 梅益主编. 中国与日本文化研究（第一集）[M]. 北京: 中国大百科全书出版社, 1991.

[41] 肖东发. 规模空前的宋代地方政府刻书事业——中国古代出版印刷史专论之六 [J]. 编辑之友, 1991, (2).

［42］罗伟国. 宋蜀刻唐人集见闻［J］. 浙江学刊，1992，（3）.

［43］胡振祺. 山西发现的三卷"开宝藏"［J］. 文物季刊，1992（1）.

［44］袁逸. 中国古代的书业广告［J］. 编辑之友，1993，（1）.

［45］袁逸. 唐宋元书籍价格考［J］. 编辑之友，1993，（2）.

［46］沈津. 美国所藏古籍善本述略［J］. 中国文化，1993，（1）.

［47］阙宁辉. 试论坊刻图书的牌记及其广告特色［J］. 出版与印刷，1993，（2）.

［48］高文超. 文化价值：宋代编辑繁荣的原因［J］. 河南大学学报（哲学社会科学版），1993，（4）.

［49］周宝荣. 宋代打击非法出版活动述论［J］. 编辑之友，1994，（3）.

［50］程有庆. 宋蜀刻本《唐六十家集》考辨［J］. 文献，1994，（1）.

［51］顾美华. 宋蜀刻本唐人集述评［J］. 东南文化，1994，（3）.

［52］刘宗翰. 从《相台书塾刊正九经三传沿革例》一文看张政烺先生的版本学成就［J］. 古籍整理出版情况简报，1994，（5）.

［53］赵冬生. 关于山西发现的五卷开宝藏的雕印问题［J］. 晋阳学刊，1994，（5）.

［54］牛达生. 我国最早的木活字印刷品——西夏文佛经《吉祥遍至□和本续》［J］. 中国印刷，1994，（2）.

［55］赵万里. 赵万里谈古籍版本［J］. 中国典籍与文化，1994，（1）.

［56］彭俊玲. 国外对印刷文字与书籍史的研究新动向［J］. 大学图书馆学报，1995，（5）.

［57］祝尚书. 晁公武与宋代四川图书业［J］. 中国典籍与文化，1995，（1）.

［58］赵冬生、陈文秀. 山西高平县发现的两卷《开宝藏》及有关《开宝藏》的雕印情况［J］. 文物，1995，（4）.

［59］方广锠、许培铃. 敦煌遗书中的佛教文献及其价值［J］. 西域研究，1996，（1）.

［60］李瑞良. 福建古代刻书业综述［J］. 中国出版科学研究所编. 第二届全国出版科学研究优秀论文获奖论文集［M］. 北京：中国书籍出版社，1997.

［61］方厚枢. 蓬勃发展的宋代民营出版业［J］. 中国出版，1997，（4）.

［62］史金波. 现存世界上最早的活字印刷品——西夏活字印本考［J］. 北京图书馆馆刊，1997，（1）.

［63］沈津. 美国哈佛燕京图书馆的中国古籍藏书［J］. 世界汉学，1998，（1）.

［64］安家瑶、冯孝堂. 西安沣西出土的唐印本梵文陀罗尼经咒［J］. 考古，1998，（5）.

［65］徐枫．论宋代版权意识的形成和特征［J］．南京大学学报（哲学·人文科学·社会科学），1999，（3）．

［66］曹之．宋代图书编纂之成就［J］．大学图书馆学报，1999，（6）．

［67］徐枫．宋代对出版传播的控制体系与手段［J］．中国出版，1999，（2）．

［68］包伟民．宋代地方财政窘境及其影响［J］．浙江社会科学，1999，（1）．

［69］杨曾文．宋代的佛经翻译［J］．杨曾文、方广锠编．佛教与历史文化［M］．北京：宗教文化出版社，2000.

［70］祝尚书．论宋代的图书盗版与版权保护［J］．文献，2000，（1）．

［71］汝企和．北宋中后期官府校勘述论［J］．中国史研究，2000，（1）．

［72］牛达生．从拜寺沟方塔出土西夏文献看古籍中的缝缋装［J］．文献，2000，（2）．

［73］姚广宜．试论宋代国家图书的编纂及特点［J］．历史教学，2000，（12）．

［74］彭清深．宋明刻书文化精神之审视［J］．故宫博物院院刊，2001，（4）．

［75］汝企和．论两宋馆阁之校勘史书［J］．史学史研究，2001，（1）．

［76］史金波．现存最早的汉文活字印本刍证［J］．中国印刷，2001，（3）．（4）．

［77］曹之．朱熹与出版［J］．出版史料，2002，（2）．

［78］田建平．中国古代出版传播方式及其价值［J］．河北大学学报（哲学社会科学版），2002，（4）．

［79］杨倩描．北宋公用钱"新额"时间考［J］．河北学刊，2002，（5）．

［80］刘浦江．文化的边界——两宋与辽金之间的书禁及书籍流通［J］．东京：中国史学，2002，（12）．

［81］顾宏义．宋代国子监刻书考论［J］．古籍整理研究学刊，2003，（4）．

［82］杨荣新．唐宋时期四川雕版印刷考述［J］．文博，2003，（2）．

［83］孙卫国．西方书籍史研究漫谈［J］．中国典籍与文化，2003，（3）．

［84］李致忠．宋代图书编纂出版纪事——禁约编（1）［J］．文献，2003，（3）．

［85］李致忠．宋代图书编纂出版纪事——禁约编（2）［J］．文献，2003，（4）．

［86］汝企和．南宋馆阁校勘述论［J］．河北大学学报（哲学社会科学版），2003，（3）．

［87］游彪．宋朝邮政管理体制的一个侧面——以进奏院的职责与官方文书的分类为中心［J］．云南社会科学，2003（3）．

［88］李致忠．宋代图书编纂出版纪事——图经（北宋）［J］．文献，2004，（1）．

［89］范军．两宋时期的书业广告［J］．出版科学，2004，（1）．

［90］丁瑜．至臻至美的"郘斋"藏书回归记［J］．艺术市场，2004，（11）．

［91］沈乃文．《事文类聚》的成书与版本［J］．文献，2004，（3）．

［92］祝尚书．论宋代文化中的"眉山现象"［J］．四川大学学报（哲学社会科学

版)，2004，(3)．

［93］柳富铉．国家图书馆所藏开宝藏杂阿含经卷三十、三十九研究［J］．南京师范大学文学院学报，2004，(2)．

［94］董煜宇、关增建．宋代的天文学文献管理［J］．自然科学史研究，2004，(4)．

［95］邓建鹏．宋代的版权问题——兼评郑成思与安守廉之争［J］．环球法律评论，2005，(1)．

［96］李庆立、范知欧．宋代经学著作雕版印刷述论［J］．古籍整理研究学刊，2005，(2)．

［97］马刘凤、张加红．朱熹与刻书［J］．山东图书馆季刊，2005，(4)．

［98］李致忠．宋代图书编纂出版纪事——图经地理（南宋）［J］．文献，2005，(1)．

［99］孔学．宋代书籍文章出版和传播禁令述论［J］．河南大学学报（社会科学版），2005，(6)．

［100］巩本栋．宋人撰述流传丽、鲜两朝考［J］．张伯伟编．域外汉籍研究集刊（第一辑）［M］．北京：中华书局，2005．

［101］王利伟．宋代类书研究（D）．四川大学历史文献学硕士学位论文，2005．

［102］汝企和．北宋官府对医书的校理［J］．北京师范大学学报（社会科学版），2006，(2)．

［103］张志强．海外中国出版史研究概述［J］．中国出版，2006，(12)．

［104］李致忠．北宋版印实录与文献记录［J］．文物，2007，(2)．

［105］李景文．宋代公使库及其刻书［J］．图书情报工作，2007，(11)．

［106］惠慧．从开宝藏看官刻大藏经的雕刻、印刷、流通制度［J］．陕西师范大学学报（哲学社会科学版），2007，(7)．

［107］于文．西方书籍史研究中的社会史转向［J］．国外社会科学，2008，(4)．

［108］周生春、孔祥来．宋元图书的刻印、销售价与市场［J］．浙江大学学报（人文社会科学版），2010，(1)．

［109］姜锡东．宋代真理学的构件和后世的取舍［J］．河北大学学报（哲学社会科学版），2010，(5)．

［110］辛德勇．题天一阁旧藏明刻本《天台集》［J］．燕京学报，2010，10（新29）．

［111］朱迎平．宋人文集刻印的经济考察［J］．上海商学院学报，2010，(5)．

［112］洪庆明．从社会史到文化史：十八世纪法国书籍与社会研究［J］．历史研究，2011，(1)．

［113］方广锠．关于《开宝藏》刊刻的几个问题——写在《开宝遗珍》出版之际［J］．法音，2011，(1)．

［114］王灵光．名家与国宝《妙法莲华经》［J］．文物鉴定与鉴赏，2011，（11）．

［115］陈馨．西汉南越王博物馆藏陶瓷枕［J］．文物，2012，（11）．

［116］刘明．新见宋刊刘仕隆宅本《钜宋广韵》刻年考辨［J］．文物，2014，（6）．

［117］陈涛．宋代的制砚业［J］．姜锡东主编．宋史研究论丛（第十六辑），［M］．
保定：河北大学出版社，2015.

附　　录

附录一　宋代书籍出版机构（者）系列表

一、政府出版①

表附一1：中央政府出版机构

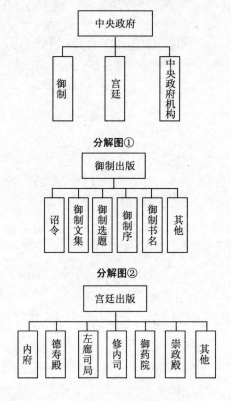

分解图①

分解图②

---

① 路级机构为中央政府派驻地方机构，也可认为是地方行政机构。路级机构出版具款中，部分使用俗称、省称，如：漕司、漕治、庚司、仓台、计台、漕台、漕廨、漕院等。

分解图③

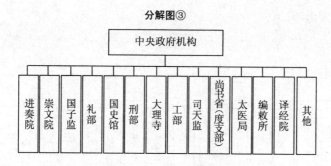

表附一2：地方政府出版机构

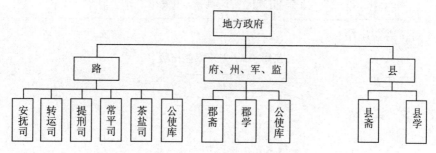

表附一3：政府教育出版机构

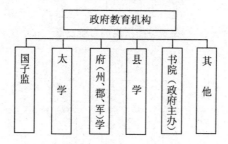

二、坊肆出版（民间商业出版）

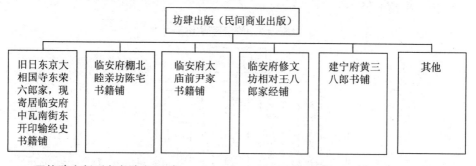

□坊肆出版可考者计有22家

三、私家出版

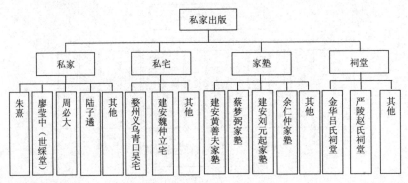

四、书院出版

表附一4：政府书院出版

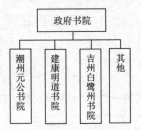

表附一5：民间书院出版

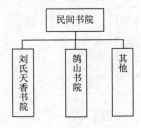

五、宗教出版

表附一6：政府寺院出版

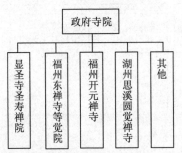

　　□《崇宁藏》、《毗卢藏》等虽然由募捐方式集资雕印，但因为寺院是政府管理的宗教机构，故视之为政府寺院出版。

表附一7：政府道观出版

表附一8：民间宗教出版

六、教育出版机构

表附一9：政府教育出版机构

表附10：民间教育出版机构

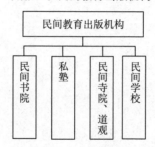

　　□本系列图将宋代书籍出版分为政府出版、坊肆出版、私家出版、书院出版、宗教出版和教育出版凡六类。

　　教育出版、书院出版及寺院、道观出版，具有独立属性。附录一反映了这种特殊性。

　　私家出版有的具有坊肆出版属性。

　　私人舍财（或捐资）是民间宗教出版的基本方式，也含有宗教出版的普遍意义。

附录二 宋代书籍出版知识树

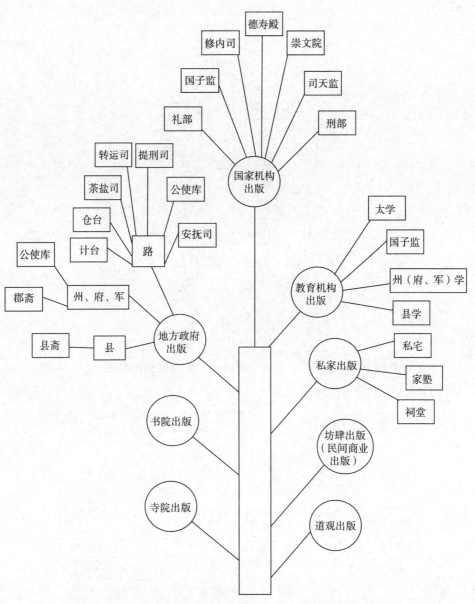

图附一1：书籍出版机构（者）知识树

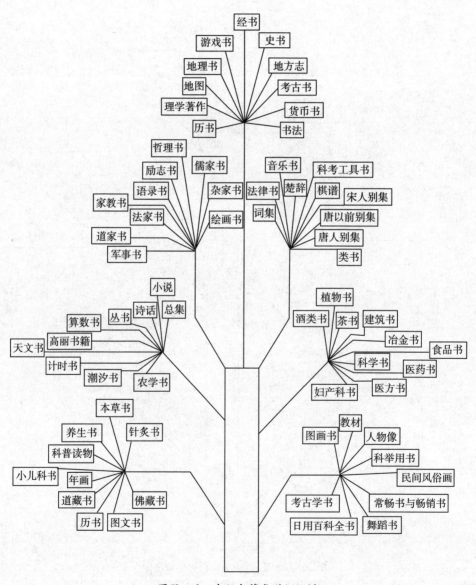

图附一2：出版书籍类型知识树

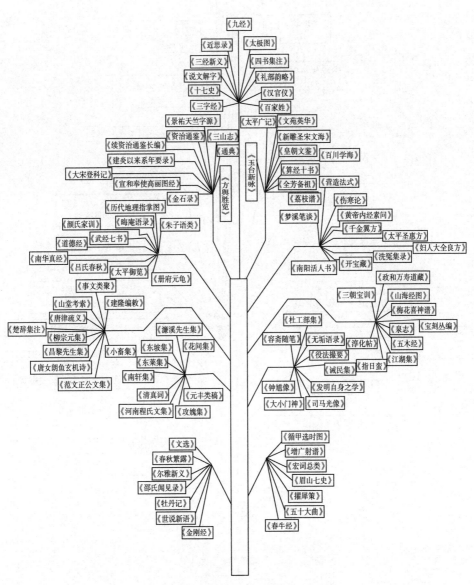

图附一：出版书籍100种知识树

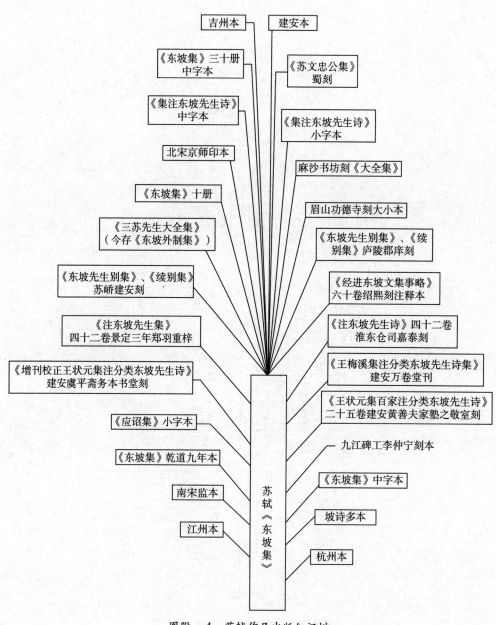

吉州本　　　建安本

《东坡集》三十册
中字本

《苏文忠公集》
蜀刻

《集注东坡先生诗》
中字本

《集注东坡先生诗》
小字本

北宋京师印本

麻沙书坊刻《大全集》

《东坡集》十册

眉山功德寺刻大小本

《三苏先生大全集》
（今存《东坡外制集》）

《东坡先生别集》、《续
别集》庐陵郡庠刻

《东坡先生别集》、《续别集》
苏峤建安刻

《经进东坡文集事略》
六十卷绍熙刻注释本

《注东坡先生集》
四十二卷景定三年郑羽重梓

《注东坡先生诗》四十二卷
淮东仓司嘉泰刻

《增刊校正王状元集注分类东坡先生诗》
建安虞平斋务本书堂刻

《王梅溪集注分类东坡先生诗集》
建安万卷堂刊

《应诏集》小字本

《王状元集百家注分类东坡先生诗》
二十五卷建安黄善夫家塾之敬室刻

《东坡集》乾道九年本

九江碑工李仲宁刻本

南宋监本

《东坡集》中字本

江州本

坡诗多本

苏轼《东坡集》

杭州本

图附一 4：苏轼作品出版知识树

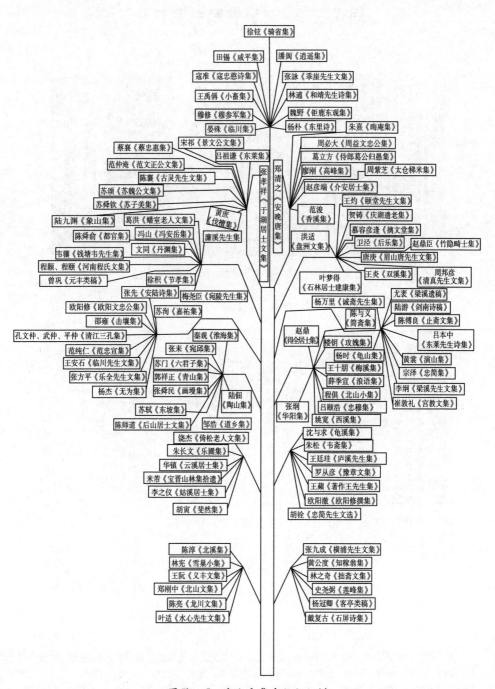

图附一5：宋人文集出版知识树

附录三① 宋版书籍书影选辑

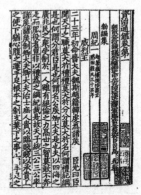

图1：《御注孝经》一卷。
唐玄宗注。
北宋仁宗天圣、明道间
（1023～1033）刊本。
现存日本宫内厅书陵部。

图2：《通典》。
唐杜佑撰。
北宋仁宗朝刊本。
现存日本宫内厅
书陵部。

图3：《尔雅》三卷。
晋郭璞注。
南宋国子监刊本。
现藏台北故宫博物院。

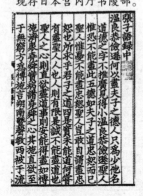

图4：《张子语录》三卷，
《后录》二卷。
南宋福建漕治刊本。
现藏中国国家图书馆。

图5：《外台秘要方》四十卷。
唐王焘撰。
南宋绍兴间（1131～1162）
两浙东路茶盐司刊本。
现藏中国国家图书馆。

图6：《资治通鉴》。
宋司马光撰。
南宋绍兴二年至三年
（1132～1133）两浙东
路茶盐司公使库刊本。
现藏中国国家图书馆。

① 本附录试图以30幅宋代出版书籍之书影为样本反映宋代书籍出版者、书籍种类、风格、内容、主题、体制、体例、版式、插图、牌记等要素之成就，体现代表性。书影选自陈坚、马文大撰辑《宋元版刻图释》，学苑出版社，2008年版。林申清编著《宋元书刻牌记图录》，北京图书馆出版社，1999年版。北京图书馆编《中国版刻图录》，文物出版社，1961年版。

图 7：《汉官仪》三卷。
宋刘攽撰。南宋绍兴九年
（1139）临安府刊本。
现藏中国国家图书馆。

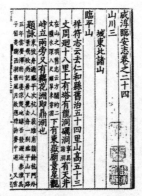

图 8：《咸淳临安志》一百卷。
宋潜说友纂修。南宋咸淳间
（1265～1274）临安府刊本。
现藏南京图书馆。

图 9：《伤寒要旨》一卷，
《药方》一卷。
宋李楫撰。南宋乾道七年
（1171）姑孰郡斋刊本。
现藏中国国家图书馆。

图 10：《金石录》三十卷。
宋赵明诚撰。南宋淳熙间
（1174～1189）龙舒郡斋刊本。
现藏中国国家图书馆。

图 11：《礼记》二十卷。
汉郑玄注。南宋淳熙四年
（1177）抚州公使库刊本。
现藏中国国家图书馆。

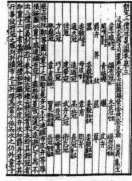

图 12：《新定三礼图》
二十卷。宋聂崇义集注。
南宋淳熙二年（1175）
镇江府府学刊本。
现藏中国国家图书馆。

图13：《昆山杂咏》三卷。
宋龚昱辑。
南宋开禧三年
（1207）昆山县斋刊本。
现藏中国国家图书馆。

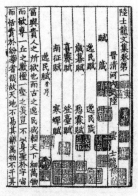

图14：《陆士龙文集》十卷。
晋陆云撰。
南宋庆元六年
（1200）华亭县学刊本。
现藏中国国家图书馆。

图15：《周髀算经》二卷，
汉赵君卿注。南宋嘉定六
年（1213）鲍澣之汀州刊
本，元丰（1078～1085）
监本之覆刻本。
现藏上海图书馆。

图16：《汉书》一百卷。
汉班固撰，唐颜师古注。
南宋嘉定十七年（1224）
白鹭洲书院刊本。
现藏中国国家图书馆。

图17：《朱庆馀诗集》一卷。
唐朱庆馀撰。南宋临安府
陈宅经籍铺刊本。
现藏中国国家图书馆。

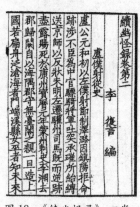

图18：《续幽怪录》四卷。
唐李复言撰。南宋临安府
太庙前尹家书籍铺刊本。
现藏中国国家图书馆。

图19：《昌黎先生集》四十卷，
《外集》十卷，《遗文》一卷。
唐韩愈撰。南宋咸淳间
（1265～1274）廖莹中

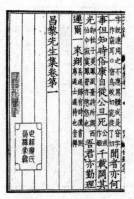

"世綵堂"刊本。
现藏中国国家图书馆。

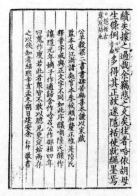

图20：《春秋公羊经传解诂》。
汉何休注、唐陆德明音义。
南宋建安余仁仲万卷堂
绍熙二年（1191）刊本。

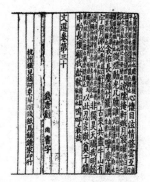

图21：《五臣注》三十卷。
唐吕延济等注。南宋初年
杭州猫儿桥河东岸开笺纸
马铺钟家刊本。
现藏中国国家图书馆。

图22：《抱朴子》。东晋
葛洪撰。南宋临安府荣
六郎家绍兴二十二年
（1152）刊本。

图23：《后汉书》九十卷。
南朝宋范晔撰，唐李贤注。
《志》三十卷。晋司马彪撰，
梁刘昭补注。
南宋王叔边建阳刊本。

图24:《王状元集百家注分类东坡先生诗》二十五卷。宋苏轼撰。南宋建安黄善夫家塾刊本。现藏中国国家图书馆。

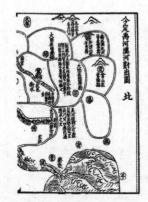

图25:《禹贡论》二卷,《后论》一卷,《山川地理图》二卷。宋程大昌撰。南宋淳熙八年(1181)泉州州学刊本。现藏中国国家图书馆。

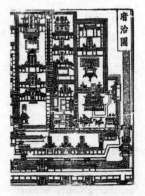

图26:《咸淳临安志》。宋潜说友撰。南宋咸淳间(1265~1274)刊本。现存日本静嘉堂文库。

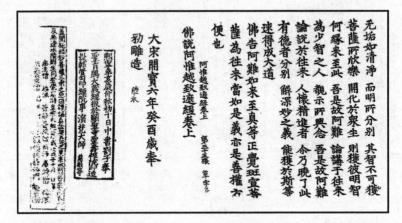

图27:《佛说阿惟越致遮经》三卷。晋释竺法护译。北宋开宝六年(973)刊《开宝藏》本。现藏中国国家图书馆。

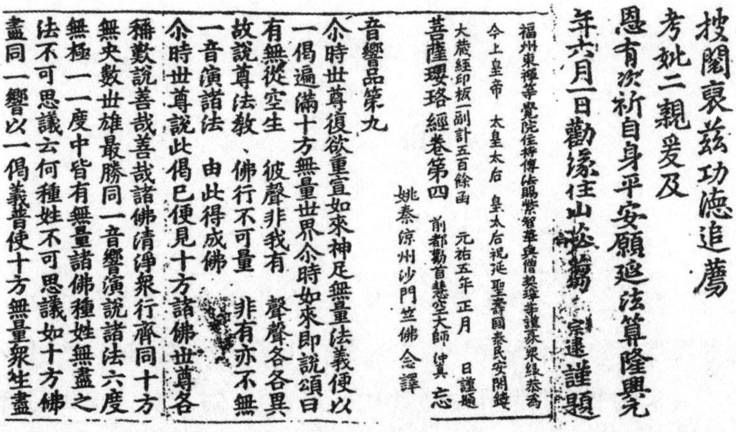

披閱袞茲功德追薦
考妣二親爰及
恩有然祈自身平安願延法算隆興兜
年六月一日勸緣住山法勤 竇達謹題
福州東禪等覺院住持傳法賜紫慧榮 率眾緣奇
今上皇帝 太皇太后 皇太后祝延聖壽齊國泰民安開經
大藏經印板一副計五百餘函 元祐五年正月 日謹題
菩薩瓔珞經卷第四 前都勸首慧志大師 志
姚秦涼州沙門竺佛念譯

音響品第九
爾時世尊復欲重宣如來神足無量法義便以
一偈遍滿十方無量世界爾時如來即說頌曰
有無從空生 彼聲非我有 聲聲各各異
故說尊法教 佛行不可量 非有亦不無
一音演諸法 由此得成佛
爾時世尊說此偈已便見十方諸佛世尊各
稱歎說菩薩清淨梵行齊同十方
無央數世雄最勝同一音響演說諸法六度之
無極一一度中皆有無量諸佛種姓無盡之
法不可思議云何種姓不可思議如十方佛
盡同一響以一偈義普使十方無量眾生盡

图28：《菩萨璎珞经》十三卷。后秦释竺佛念译。北宋元祐五年（1090）福州东禅等觉院刊崇宁《万寿大藏》本。现藏中国国家图书馆。

图29：《佛顶心观世音菩萨大陀罗尼经》扉页画，北宋崇宁元年（1102）刊。

图30：《妙法莲花经》扉页画，南宋建安范生刊。

后　记

首先需要声明，本书为笔者 2012 年完成的历史学博士学位论文。谨以此书，纪念那段难忘的求学时光！此次出版，作了一些必要的修改及校订，增加了附录一《宋代书籍出版机构（者）系列表》、附录二《宋代书籍出版知识树》，并将原来的"致谢"改为了如下"后记"，其他部分，基本保持论文原貌。

我衷心感谢导师汪圣铎先生、姜锡东先生。立雪门下，沐浴春风，深得滋养，夫子之教，涕零难表。二位先生从历史观、史学研究方法、史学素养，到本研究课题体例、文本、语言规范诸方面，言传身教，指点迷津，展示出本色学者的风范与境界。

衷心感谢宋史研究中心的每一位老师，感谢每一位应邀前来讲学的先生。你们精湛的学识、美好的心灵令我仰慕。

衷心感谢新闻传播学院院长白贵、书记卢子震，积极支持我在宋史的园地中学习。

衷心感谢我的研究生及本科生，他们为我打字，我视之为一句句崇高的诗歌。

从 2001 年在大学讲授《中国编辑出版史》迄今已十有余年，对宋朝书籍出版史的专题研究构成了其中最精彩的时光内质。从某种意义上讲，任何古代人文科学之研究，其实都是一种书籍史研究。因此，书籍史研究其价值可想而知。

宋朝总共出版了多少种书箱，每一种书籍的历史及由每一种书籍构成的书籍整体的历史究竟是怎样一幅图景，这二个问题始终诱惑着我。

高尔基说："书籍是人类进步的阶梯"；卡莱尔说："书中整个横卧着过去的灵魂。"宋真宗在其《劝学篇》中干脆以大众话语呈现与传播的口吻亲切写道："富家不用买良田，书中自有千钟粟。安居不用架高堂，书中自有黄金屋。取妻莫愁无良媒，书中有女颜如玉。出门莫愁无人随，书中车马多如簇。男儿欲遂平生志，五经勤向窗前读。"

宋朝创作、编撰与出版的书籍世界中，包涵了中华文明的一切要素，包涵了宋朝的历史映像，包涵了人类文明进步的足迹，包涵了宋真宗功利主义读书观所许下的一切实际理想。

但是宋朝书籍史研究却是残酷的——历史的客观性及原始史料的有限性，使我们不可能透视清晰它的每一根毛发、每一个鲜活的历史细胞。

然而，宋朝毕竟在当时人类文明的基础上创造了书籍出版史上灿烂夺目的一章。本研究力图勾勒并反映这一文明景像，并为此付出了一定的心血。

司马光进呈《资治通鉴》时向神宗作了一句内心独白："臣今筋骸癯瘁，目视昏近，齿牙几无，神识衰耗，目前所为，旋踵遗忘，臣之精力，尽于此书。"笔者深有同感，读博三年，司马光先生之病征已经都具备了。

三年来，我徜徉在宋史研究中心资料室的书海之中，这里的每一本书，一桌一椅都是那么和蔼可亲。置身于此，尘嚣远去，宠辱皆忘，心情宁静，告别了物质主义的世界，大有"波澜不惊，一碧万顷，长烟一空，皓月千里"而"吾谁与归"之感。

人类不能没有书籍，我们更不能没有书籍。关于书籍史的研究，永远是一个没有极限的主题。愿我们共同努力，与书籍史研究相伴永远。

此书即将付梓之际，衷心感谢新闻传播学院院长韩立新教授对本书出版给予大力支持。感谢责任编辑邵永忠先生的支持及辛勤劳动。

田建平
2018 年 10 月于河北大学紫园

责任编辑：邵永忠
封面设计：胡欣欣
责任校对：吕　飞

图书在版编目（CIP）数据

宋代书籍出版史研究／田建平著．—北京：人民出版社，2018.10
（2021.4 重印）
　ISBN 978－7－01－018699－3

Ⅰ.①宋… Ⅱ.①田… Ⅲ.①图书出版—出版事业—文化史—研究—
中国—宋代 Ⅳ.①G239.294.4

中国版本图书馆 CIP 数据核字（2017）第 311743 号

宋代书籍出版史研究

SONGDAI SHUJI CHUBANSHI YANJIU

田建平　著

人 民 出 版 社出版发行
（100706　北京市东城区隆福寺街 99 号）

北京一鑫印务有限责任公司印刷　新华书店经销
2018 年 10 月第 1 版　2021 年 4 月第 3 次印刷
开本：710 毫米×1000 毫米 1/16　印张：21
字数：340 千字

ISBN 978－7－01－018699－3　定价：68.00 元

邮购地址　100706　北京市东城区隆福寺街 99 号
人民东方图书销售中心　电话（010）65250042　65289539